国家级一流本科专业建设成果
省级一流本科线上线下混合课程配套教材
省级精品在线开放课程配套教材
21世纪经济管理新形态教材 · 会计学系列

企业财务管理

吴琳芳 ◎ 主　编
周雪峰　刘常青 ◎ 副主编

清华大学出版社
北京

内 容 简 介

本书以企业财务管理活动为对象，以企业价值最大化为主线，全面、系统地介绍了企业财务管理的理论和实务。全书共分 15 章，分别是：第一章导论，第二章财务分析，第三章财务管理价值观念，第四章财务战略与预算，第五章投资决策原理，第六章投资决策实务，第七章对外长期投资决策，第八章流动资产管理，第九章融资概述，第十章权益资本融资决策，第十一章长期负债资本融资决策，第十二章短期融资决策，第十三章资本结构理论，第十四章资本结构决策，第十五章股利理论与政策。

本书理论联系实际，基础知识与理论前沿相结合、新技术与财务管理相结合、理论阐述与案例分析相结合，注重课程思政，深入浅出，引人入胜，适合选作高等院校会计学、财务管理、金融学、企业管理、市场营销、财政学、税收学等专业的本科教材，也可作为工商企业、银行、证券和保险职业工作者的学习参考书。

图书在版编目 (CIP) 数据

企业财务管理 / 吴琳芳主编 . —北京：清华大学出版社，2023.3

　21 世纪经济管理新形态教材 . 会计学系列

　ISBN 978-7-302-63040-1

　Ⅰ . ①企… 　Ⅱ . ①吴… 　Ⅲ . ①企业管理－财务管理－高等学校－教材 　Ⅳ . ① F275

中国国家版本馆 CIP 数据核字 (2023) 第 042992 号

责任编辑：付潭娇　刘志彬
封面设计：汉风唐韵
版式设计：方加青
责任校对：宋玉莲
责任印制：宋　林

出版发行：清华大学出版社
　　　网　　　址：http://www.tup.com.cn，http://www.wqbook.com
　　　地　　　址：北京清华大学学研大厦 A 座　　　　邮　　编：100084
　　　社 总 机：010-83470000　　　　　　　　　　邮　　购：010-62786544
　　　投稿与读者服务：010-62776969，c-service@tup.tsinghua.edu.cn
　　　质 量 反 馈：010-62772015，zhiliang@tup.tsinghua.edu.cn
印 装 者：北京国马印刷厂
经　　销：全国新华书店
开　　本：185mm×260mm　　　印　　张：26.25　　　字　　数：585 千字
版　　次：2023 年 4 月第 1 版　　　印　　次：2023 年 4 月第 1 次印刷
定　　价：65.00 元

产品编号：100017-01

前　言

"懂财务不只是会计的事儿，小到普通员工的项目审核评估，大到公司IPO上市，不管你是不是老板，都不可避免和财务打交道，是不是具备财务思维，决定了你的天花板有多高。"现任清华大学经管学院会计系主任兼任紫光华宇软件、当代节能置业等公司独立董事的肖星教授如是说。据《财务总监》杂志的调查，在《财富》100强企业的CEO中，有20%曾担任过CFO。然而，在我国企业中却存在着为数不少的不懂财务的经营者。可喜的是，越来越多的经营者已经意识到史玉柱所说的不懂财务的后果，纷纷参加诸如"人人必备的财务思维课"等课程的学习，相关的教材也一时成为畅销书。

我国财务管理教育界早已认识到掌握财务管理知识对企业经营管理的重要性，在经济管理相关专业中均开设了财务管理方面的课程，出版的财务管理教材也几乎达到了"汗牛充栋"的程度。然而，这些教材的内容体系、编排体例、深浅程度、整体质量等五花八门、参差不齐，要在众多的企业财务管理教材中选择一本合意的教材并非易事。

郑州航空工业管理学院商学院经过多年的思考与策划，组织商学院内长期从事财务管理教学与研究的教师编写了本书。本书以企业财务管理活动为对象，以企业价值最大化为主线，全面、系统地介绍了企业财务管理的理论和实务。全书共十五章，分别是：第一章导论，第二章财务分析，第三章财务管理价值观念，第四章财务战略与预算，第五章投资决策原理，第六章投资决策实务，第七章对外长期投资决策，第八章流动资产管理，第九章融资概述，第十章权益资本融资决策，第十一章长期负债资本融资决策，第十二章短期融资决策，第十三章资本结构理论，第十四章资本结构决策，第十五章股利理论与政策。

本书具有以下特点。

（1）理论联系实际。理论源于实践又指导实践。学习财务管理理论的目的之一是用于指导财务管理实践。了解所学理论在实践中的运用情况有助于读者更好地理解理论，因此，为帮助读者了解一些重要的财务管理理论和方法在国内外企业管理中的运用情况，我们在书中安排了数十处"知识链接"栏目，以介绍相关领域的实证调查结果。

（2）基础知识与理论前沿相结合。本书在全面、系统介绍财务管理基础知识的同时，注重吸收国内外财务管理的最新理念，体现财务管理的发展趋势。

（3）深入浅出。财务管理作为一门学科，有一些深奥难懂的理论，如资本结构理论、资本资产定价模型、投资组合理论等。为便于读者更好地理解这些理论，全书采用通俗易懂的语言，对高深的财务管理理论进行深入浅出的阐述，并列举了一些浅显易懂的例子。

（4）引人入胜。"兴趣是最好的老师"。我们在每章开篇安排了一个与该章内容相关的"本章导读"，素材主要来自通俗有趣的小案例或小故事，以吸引读者学习相关内容。

本书由吴琳芳副教授任主编，周雪峰副教授和刘常青教授任副主编，负责结构设计、大纲编写及修改、总纂和定稿工作。全书编写分工是：第一、五和六章由李丰团执笔；第二章由周雪峰执笔；第三、十四章由张靖执笔；第四章由马德水执笔；第七章由陈丽娟执笔；第八章由晁江锋执笔；第九章由郭霖麟执笔；第十章由刘娟执笔；第十一章由程远峰执笔；第十二章由雷淑琴执笔；第十三章由张功富执笔；第十五章由刘常青执笔。

本书在提纲的制定及书稿的撰写过程中，得到了郑州航空工业管理学院商学院领导和有关老师的大力支持、指点和帮助，同时，本书写作参考了大量的财务管理书籍及相关文献，吸收了相关的科研成果，在此，一并表示诚挚感谢！由于编者水平所限，本书难免会存在不足之处，恳请广大读者不吝赐教，以便日后修正和提高。

编　者

2022年10月

目　　录

第一章　导论 1

　　第一节　企业的创立和组织形式 1

　　第二节　财务管理的概念 4

　　第三节　财务管理的目标 9

　　第四节　财务管理的假设 16

　　第五节　财务管理的环节 20

　　第六节　财务管理的环境 23

　　第七节　商业伦理与职业道德 30

第二章　财务分析 37

　　第一节　财务分析概述 38

　　第二节　基本财务报表 45

　　第三节　财务比率分析 49

　　第四节　财务状况综合分析 67

第三章　财务管理价值观念 78

　　第一节　货币时间价值 78

　　第二节　风险与报酬 91

　　第三节　证券估值 97

第四章　财务战略与预算 104

　　第一节　财务战略 104

　　第二节　财务预测 114

　　第三节　财务预算 121

第五章　投资决策原理 135

　　第一节　企业投资概述 135

　　第二节　投资现金流量的分析 140

　　第三节　非折现现金流量方法 147

第四节 折现现金流量方法 149

第五节 投资决策指标的比较 155

第六章 投资决策实务 **161**

第一节 互斥项目的投资决策 161

第二节 资本限额决策 167

第三节 投资时机与投资期选择决策 169

第四节 风险投资决策 172

第五节 通货膨胀条件下的投资决策 183

第七章 对外长期投资决策 **189**

第一节 对外长期投资的特点与原则 189

第二节 对外直接投资 193

第三节 证券投资组合 197

第四节 套利定价理论 203

第八章 流动资产管理 **207**

第一节 现金管理 208

第二节 短期金融资产管理 218

第三节 应收账款管理 221

第四节 存货管理 229

第九章 融资概述 **239**

第一节 金融市场 239

第二节 融资方式 241

第三节 融资渠道 242

第四节 融资模式 243

第十章 权益资本融资决策 **247**

第一节 资本金制度 247

第二节 吸收直接投资 250

第三节 普通股融资 253

第四节 优先股融资 261

第五节 认股权证融资 264

第十一章 长期负债资本融资决策 **270**

第一节 长期借款融资 270

第二节 发行债券融资 281

第三节 可转换债券融资 295

第四节 租赁融资 301

第十二章　短期融资决策 311

　　第一节　商业信用融资 311

　　第二节　商业票据融资 316

　　第三节　短期借款融资 318

　　第四节　其他短期融资方式 322

第十三章　资本结构理论 327

　　第一节　资本结构与企业价值 327

　　第二节　早期的资本结构理论 331

　　第三节　现代资本结构理论 333

第十四章　资本结构决策 346

　　第一节　资本成本 346

　　第二节　杠杆利益与风险的衡量 359

　　第三节　资本结构决策分析 370

第十五章　股利理论与政策 382

　　第一节　股利理论 382

　　第二节　股利政策选择 385

　　第三节　股利支付方式 391

　　第四节　股票分割与股票回购 392

参考文献 397

附表 399

第一章　导论

本章学习提示

本章重点：财务管理的概念、财务管理的目标、财务管理的假设、财务管理的环节、财务管理的环境、商业伦理与职业道德。

本章难点：财务管理的概念、财务管理的目标、财务管理的假设。

本章导读

我国古代计量工具"秤"相传是道商鼻祖范蠡在经商实践中发明的。古代的秤由秤砣、秤杆和秤盘三个部分组成。秤盘是一种由金属或者其他物质构成的装载器械，用以装所称之物。秤砣是利用杠杆原理量物体轻重的器具，相当于砝码。最为讲究的部分是秤杆，它的精妙设计蕴含深刻的商业伦理。

古代的计量单位是十六进制，也就是说十六钱为一两，十六两则为一斤，于是在秤杆上就有十六个刻度。这十六个刻度以星为记，所以每颗星又代表一两。大部分秤星为黄色铜星，不能用黑色，意思是用称做买卖的人要心里边干净，不能为了银钱而昧了良心。

这十六颗秤星都有着自己相应的文化，第一颗星叫作定盘星，它的重量为零，代表基准，剩下的称为准星。前七颗星相传是北斗七星演化而来，告诫人们用称的时候要心中有方向，不能贪恋金银，要在买卖中做到公正公平。后边的六颗星代表东西南北上下六方，这几颗星的意思是做买卖时，要找准位置，不可偏斜，不可缺斤少两。最后三颗星则分别为福、禄、寿三星，这是最有意思的三个说法，若是少了一两就是没福，少了二两则是无禄，亏了三两更是折寿。但如果称高高的，就有了增福添禄加寿的意思。

资料来源：https://www.pfly8.cn/wangluo/81154.html。

第一节　企业的创立和组织形式

一、企业的概念与特征

企业以盈利为目的，运用各种生产要素（如土地、劳动、资本、技术和企业家才能等）向市场提供商品或服务，是依照法定程序成立的，实行自主经营、自负盈亏、独立核算的法人或其他社会经济组织。根据这一定义可知，企业具有以下特征。第一，企业是依法设立的。企业必须具备法律规定的设立条件，依照法律所规定的设立程序依法设立，并取得权利能力和行为能力。第二，企业是一种正式组织，有名称、组织机构、规章制度，因此，不同于以情感、兴趣、爱好和需要为基础自发形成的非正式组织。企业虽然是一种正式组织，但不一定是法人，因为企业还包括个人独资企业和合伙企业等自然人企业。第三，企业是一种经济组织，它以经济活动为中心，实行全面的经济核算，追求并致力于不断提高经济效益，因此，它不同于行政、军事、政党、社团组织和教育、科研、文艺、体育、医疗卫生等事业单位组织。第四，企业是一个以盈利为目的的组织，赢取利润是企业最直接、最基本的目的。企业通过产品经营和资本经营，追求资本增值，实现利润最大化。它与不以盈利为目的的基金会、慈善机构、寺庙等非营利组织不同。

按照不同的分类标准，企业有不同的类型。按照实体的集约程度进行划分，企业可分为单一企业、多元企业、经济联合体和企业集团；按照企业规模进行划分，企业可分为大型企业、中型企业、小型企业、微型企业；按照所有制关系进行划分，企业可分为国有企业、私有企业、中外合资（合作）企业、外商独资企业；按照企业组织形式进行划分，企业可分为独资企业、合伙企业和公司制企业。

二、企业的组织形式

研究财务管理的相关内容，首先要明确财务管理的主体，也就是企业。典型的企业组织形式包括：个人独资企业、合伙企业和公司制企业。

（一）个人独资企业

个人独资企业指依照《中华人民共和国个人独资企业法》在中国境内设立，由一个自然人投资，财产为投资人个人所有，投资人以其个人财产对企业债务承担无限责任的经营实体。独资企业不具有法人资格，其业主对企业生产经营拥有绝对决策和控制权，独享企业盈利并承担企业的全部风险和责任。在我国，个人独资企业的设立、投资人及事务管理、解散和清算等均需根据2000年1月1日起实施的《中华人民共和国个人独资企业法》开展。

独资企业的主要优点是：①创立便捷，设立手续简单，注册资本较低；②有利于企业资产所有权、控制权、经营权、收益权的高度统一，管理效率较高；③业主独享企业利润，只需缴纳个人所得税，无须缴纳企业所得税；④无须向社会公布其财务报表，可在一定程度上保守商业秘密。

但是，独资企业也有其无法克服的缺点，主要表现在：①由于独资企业的资本依赖于业主一人，因此，资本实力不可能非常雄厚，这在一定程度上限制了企业的扩展和大规模经营，企业规模较小，在激烈竞争的市场中面临较大的风险；②业主需要对企业债务承担无限责任，当企业的资产不足以抵偿债务时，业主家庭财产也将被追索，甚至有"牢狱之灾"；③企业的寿命与业主的寿命相连，一旦业主亡故，企业也将"寿终正寝"。

多数独资企业的规模都比较小，抵御经济衰退和承担经营失误的能力不足，其平均存续年限较短。一部分个人独资企业能够发展壮大起来，规模扩大后会发现其固有约束条件被放大，于是转变为合伙企业或公司制企业。

（二）合伙企业

合伙企业是由两个或两个以上的合伙人订立合伙协议，共同出资，合伙经营，共享收益，共担风险，并对合伙债务承担无限连带责任的企业。合伙人之间按照共同商定的合约决定各自的出资额及每人应分享的利润和承担的责任。按合伙人所承担责任的差别，合伙企业可分为普通合伙和有限合伙两种。前者由普通合伙人组成，合伙人对合伙企业债务承担无限连带责任；后者由普通合伙人和有限合伙人组成，普通合伙人对合伙企业债务承担无限连带责任，有限合伙人以其认缴的出资额为限对合伙企业债务承担有限责任。无论是一般合伙企业还是有限合伙企业，均可以按照合伙协议的约定或经全体合伙人决定，委托一个或数个合伙人对外代表合伙企业，执行合伙事务。被委托的合伙人称为执行事务合伙人。只有执行事务合伙人才能对外代表企业，以企业的名义签订合同。合伙企业在法律上不具有法人资格。

合伙企业的主要优点是：①相对于独资企业而言，由于合伙企业的业主人数增加，因此，资本实力相对雄厚，信用较佳；②可以实现不同个人的资本、技术、能力的有机结合，从而形成比独资企业更强、更有创造力的经营实体；③合伙企业无须向社会公布其财务报表，其业主只需缴纳个人所得税即可。

合伙企业的缺点主要表现在：①合伙企业的权力相对分散，可能导致决策缓慢，贻误商机；②合伙企业会因某个合伙人的退出或死亡而即告终止；③合伙企业的资本不能以股票形式出现，不能转让或变现，与公司相比，其所有权的转让比较困难，难以筹集大量的资金；④普通合伙企业的合伙人及有限合伙企业的普通合伙人需要对企业的债务承担无限连带责任。

（三）公司制企业

公司制企业指按照法律规定，由法定人数以上的投资者（或股东）出资建立、自主经营、自负盈亏、具有法人资格的经济组织。根据股东对公司所负责任的不同，公司可分为以下五类：一是无限责任公司，即所有股东无论其出资额多少，对公司的债务均承担连带无限责任；二是有限责任公司，即所有股东均以其出资额为限，对公司债务承担责任；三是两合公司，即由无限责任股东和有限责任股东共同组成的公司，其兼有无限公司和有限公司的特点；四是股份有限公司，即将公司全部资本分为金额相等的股份，所有股东均以其所持股份为限，对公司的债务承担责任；五是股份两合公司，即由无限责任股东和有限责任股东共同组成的公司，是介于无限责任公司和股份有限公司之间的一种股份公司，是两合公司的特殊形式。根据《中华人民共和国公司法》（以下简称《公司法》的规定，目前，我国的公司主要是股份有限公司和有限责任公司两类。

股份有限公司是依照《公司法》的有关规定设立的，其全部资本划分为等额股份，股东以其所持股份为限对公司承担责任，公司以其全部资产对公司的债务承担责任。股份有限公司的主要特征：①全部资本分为等额股份，股份采用股票的形式；②所有股东均以其认缴的股份为限对公司承担责任；③对发起人有人数限制；④股东的股份可以依法自由转让；⑤设立、歇业、解散程序较为复杂；⑥上市公司必须定期向社会公众公布其财务报告。

有限责任公司也称有限公司，是依照《公司法》的有关规定设立的，股东以其出资额为限对公司承担责任，公司以其全部资产对公司的债务承担责任。有限责任公司的主要特征：①所有股东均负有限责任；②资本不分为等额股份，证明股东出资份额的权力证书为出资证明书，而不是股票；③股东必须符合法定人数；④股权转让必须经股东会讨论通过；⑤设立、歇业、解散程序相对简单；⑥无须向社会公众公布其财务报告。

我国《公司法》还允许设立一人有限责任公司（简称"一人公司"），一人公司指只有一个自然人股东或一个法人股东的有限责任公司。一个自然人只能投资设立一家一人公司。一人有限责任公司的股东不能证明公司财产独立于股东自己的财产的，应当对公司债务承担连带责任。

公司这种企业组织形式具有独资、合伙企业不可比拟的优点，主要表现在：①公司的债务责任与股东的个人财产无关，公司及股东对债务的责任均为有限责任；②公司筹集资金相对较容易，从而使公司具有较多的增长机会；③所有权与经营权的分离使企业能聘用高素质的职业管理人员，从而有利于经营管理效率的提高；④无限存续，即使所有权转移仍能保持其法人地位，具有经营上的连续性。

公司这一组织形式的主要缺点：①双重征税，公司在经营活动中获得的利润要缴纳公司所得税，股东分红所得要缴纳个人所得税；②所有权与经营权的高度分离，使得所有者与经营者的委托–代理关系复杂化，从而加大了代理成本；③政府对公司的法律管制相对较严；④股份有限公司的股份自由转让可能导致公司被少数大股东控制；⑤上市公司定期公布财务报告不仅要负担较高的信息报告成本，而且可能泄露公司的商业秘密。

第二节　财务管理的概念

正如人的生存必须要有血液和血液的流动一样，企业的正常运营也离不开资金和资金的运动。为保障资金流动的顺畅，企业管理者必须组织一系列的财务活动，处理好各种财务关系，而这些正是财务管理的主要内容。因此，要理解什么是财务管理，必须先理解企业财务活动和财务关系。

一、财务活动与财务关系

（一）财务活动

企业财务活动是以现金收支为主的企业资金收支活动的总称。在市场经济条件下，一切物资都具有一定的价值，它体现着耗费于物资中的社会必要劳动量。在社会再生产过程中，物资价值的货币表现就是资金。拥有一定数额的资金是进行生产经营活动的必要条件。企业生产经营过程，一方面表现为物资的持续购进和售出；另一方面则表现为资金的支出和收回。从货币资金开始，经过若干阶段，依次转换其资金形态，又回到货币资金的过程称为资金的循环。这种循环周而复始地进行下去，称为资金的周转。资金的循环和周转体现了资金形态的变化，具有时间上的继起性和空间上的并存性。资金运动构成了财务活动的主要内容。

企业财务活动是经营实体涉及资金的活动，即开展生产经营活动所涉及的筹集、运用和分配资金的活动。因此，企业财务活动主要包括筹资引起的财务活动、投资引起的财务活动、经营引起的财务活动和分配引起的财务活动。

1. 企业筹资引起的财务活动

任何企业要从事生产经营活动，就必须首先筹集一定数量的资金。从资金运动的角度来看，企业从各种渠道以各种方式筹集资金是资金运动的起点。在筹资过程中，企业需要解决通过什么方式、在什么时间、筹集多少资金等问题。企业通过发行股票、发行债券、吸收直接投资等方式筹集资金，表现为企业资金收入。偿还借款，支付利息、股利及付出各种筹资费用等，表现为企业资金支出。这种因为资金筹集而产生的资金收支，便是由企业筹资而引起的财务活动。

2. 企业投资引起的财务活动

企业筹集资金是为了把资金用于生产经营活动以便取得盈利，不断增加企业价值。企业把筹集到的资金投资于企业内部，用于购置固定资产、无形资产等，便形成企业的对内投资；企业把筹集到的资金投资于购买其他企业的股票、债券或与其他企业联营进行投资，便形成企业的对外投资。无论是企业购买内部所需的各种资产，还是购买各种证券，都需要支出资金。而当企业变卖其对内投资的各种资产或收回其对外投资时，则会产生资金的收入。这种因企业投资而产生的资金收支，便是由投资而引起的财务活动。企业在资金的投放与使用中必须确定合理的投资规模，通过投资方向和投资方式的选择，确定合理的投资结构，使投资者在承受较小风险的条件下取得较高的报酬。

3. 企业经营引起的财务活动

企业在正常的经营过程中会发生一系列的资金收支。首先，企业要采购材料或商品，以便从事生产和销售活动，还要支付工资和其他经营费用；其次，在企业将产品或商品销售后，可以取得收入，收回资金；最后，如果企业的现有资金不能满足企业的经营需要，那么，企业还要采取短期借款等方式来筹集所需资金。上述资金收支属于企业经营引起的财务活动。

在企业经营引起的财务活动中，主要涉及的是流动资产与流动负债的管理问题，即营运资金的管理。营运资金的管理关键是如何加速资金的周转。在一定时期内，资金周转越快，相同数量的资金就可生产出更多的产品，取得更多的收入，获得更多的报酬。因此，如何加速资金周转、提高资金的利用效率，是财务人员在经营活动引起的财务活动中需要考虑的主要问题。

4. 企业分配引起的财务活动

从资金运动的角度来看，收入的实现过程实质上是货币资金的回收，收回的货币资金在补偿生产经营中的资金耗费后，若有剩余即表现为利润。企业实现的利润首先应缴纳所得税，税后利润再按照国家的有关法律、法规规定提取公积金，剩余部分在发放给所有者和企业留存之间进行合理分配。这种因利润分配而产生的资金收支便属于由利润分配而引起的财务活动。由于资金的分配实质是各相关利益主体之间利益的权衡过程，因此，企业的分配必须在国家有关法律、法规的指导下，根据国家确定的分配原则，合理确定分配的规模与方式，在满足各相关利益主体愿望的基础上，使企业的长期利益最大。

这四个方面不是相互割裂、互不相关的，而是相互联系、相互依存的。企业通过筹资活动筹措到的资金用于投资活动和生产经营活动，企业通过投资和生产经营获得的收益在发放给所有者和企业留存之间进行分配，留存的收益又可以用来补充企业投资所需资金。因而，筹资、投资、经营和分配四个方面的活动伴随着企业生产经营活动的过程，循环往复不断进行，共同构成企业财务活动的完整过程，同时也成为企业财务管理的主要内容。

（二）财务关系

企业财务关系是企业在组织财务活动过程中与有关各方发生的经济关系，这种关系的核心是经济利益。归纳起来，企业财务关系主要表现在以下几个方面。

1. 企业与所有者之间的财务关系

企业与所有者之间的财务关系表现为所有者按约定向企业投入资金，企业向所有者支付投资报酬所形成的经济利益关系。所有者因向企业投入资金而拥有对企业的最终所有权，享受企业收益的分配权和剩余财产的支配权；企业从所有者那里吸收资金，并形成企业的自有资金，拥有法人财产权，并以其全部法人财产权依法自主经营、自负盈亏、照章纳税，对所有者承担资产保值增值责任，向所有者支付投资报酬。所以，企业与所有者之间的财务关系实质上是一种所有权和经营权的关系。

2. 企业与债权人之间的财务关系

企业与债权人之间的财务关系表现为债权人按合同、协议向企业投入资金，企业按合同、协议向债权人支付利息、归还本金所形成的经济利益关系。企业的债权人主要有：①债券持有人；②银行和非银行金融机构等贷款机构；③商业信用提供者；④其他出借资金给企业的单位或个人。债权人向企业投入资金除为了安全收回本金外，更重要的是为了获取固定的利息收入。企业吸收债权人的资金形成借入资金，对此，企业必须按期归还，并依合同、协议的约定支付利息。因此，企业与债权人之间的财务关系实质上是一种债权债务关系。

3. 企业与被投资单位之间的财务关系

企业与被投资单位之间的财务关系表现为企业以购买股票或直接投资的形式向其他企业投资所形成的经济关系。企业以所有者的身份向其他单位投资，应按约定履行出资义务，有权参与被投资单位的利润分配。企业与被投资单位之间的财务关系体现的是所有权性质的投资与受资的关系。

4. 企业与债务人之间的财务关系

企业与债务人之间的财务关系表现为企业将其资金以购买债券、提供借款或商业信用等形式出借给其他单位所形成的经济关系。企业将资金借出后，有权要求其债务人按约定的条件支付利息和归还本金。企业与其债务人的财务关系体现的是债权与债务关系。

5. 企业与税务机关之间的财务关系

企业与税务机关之间的财务关系表现为企业要按税法的规定依法纳税，从而与国家税务机关形成的经济关系。任何企业都要按照国家税法的规定缴纳各种税款，以保证国家财政收入满足社会各方面的需要。及时、足额地纳税是企业对国家的贡献，也是对社会应尽的义务。因此，企业与税务机关的关系反映的是依法纳税和依法征税的权利义务关系。

6. 企业内部各单位之间的财务关系

企业内部各单位之间的财务关系表现为企业内部各单位之间因相互提供产品、劳务而形成的经济利益关系。在实行内部责任核算制的条件下，企业供、产、销各部门，以及各生产单位之间相互提供产品、劳务，必须进行合理的计价结算，严格分清各单位的经济利益与经济责任，充分发挥激励机制和约束机制的作用。由此形成的财务关系实质上是一种货币收支结算关系。

7. 企业与职工之间的财务关系

企业与职工之间的财务关系表现为职工向企业提供劳动，企业向职工支付劳动报酬，从而形成的经济利益关系。企业按照按劳分配的原则，以职工提供劳动的数量和质量为依据，向职工支付工资、奖金、津贴等劳动报酬，由此形成的财务关系实质上是一种分配关系。

二、财务管理的概念及与会计的关系

（一）财务管理的概念

企业财务管理是基于企业再生产过程中客观存在的财务活动和财务关系而产生的，是组织企业财务活动、处理财务关系的一项经济管理工作，其主要内容包括筹资管理、投资管理、营运资金管理与利润分配管理。

企业管理包括生产管理、技术管理、劳动人事管理、设备管理、销售管理、财务管理等多方面的内容。与其他企业管理活动相比，财务管理具有综合性、广泛性和灵敏性等特点。

（1）综合性。在众多的企业管理活动中，有的侧重于使用价值的管理；有的侧重于价值的管理；有的侧重于劳动要素的管理；有的侧重于信息的管理。财务管理作为企业管理的重要组成部分，主要利用价值形式对企业的生产经营活动实施管理，通过价值形式将企业生产经营的各个方面及其他管理工作的质量、效果、问题等综合反映出来，促使企业管理水平和经济效益不断提高。

（2）广泛性。财务管理的广泛性在于它涉及企业生产经营的各个方面、各个部门。在企业中，凡涉及资金的收支活动都与财务管理有关。资金是企业的"血液"，流动于企业各个方面、各个部门，因此，企业的每一项生产经营活动、每一个部门都与财务管理有着广泛的联系，都必须接受财务部门的指导和财务制度的约束，以此促进企业经济效益的提高。

（3）灵敏性。在企业中，生产经营状况如何，管理的效果怎样，都可以迅速地通过各种财务指标反映出来。如决策是否得当、经营是否有方、技术是否先进、生产组织是否合理、产销是否衔接、收入与利润的取得是否合理等，都会迅速影响企业的财务指标，从而有利于及时总结经验、分析问题，不断地提高企业的经济效益。

（二）财务管理与会计的关系

自20世纪80年代以来，我国财务与会计界就财务与会计到底谁包括谁的问题展开了两次大的讨论，关于二者的关系问题主要有"大会计观""大财务观""财会并列观"三种观点。"大会计观"认为，会计具有直接的管理职能，因此，会计应当包括财务，财务是管理的对象，必须对财务实施会计管理。"大财务观"认为，会计工作是财务管理工作的组成部分，他们认为会计核算只是财务管理的一个基本环节，并提出广义的财务管理包括会计，只有狭义的财务管理才与会计并列。"财会并列观"与前述两种观点均不相同，它既不赞成会计包括财务管理，也不赞成财务管理包括会计，因为财务管理与会计的工作性质、内容都不相同，主张二者并列。

实际上，财务管理与会计是并列的。二者虽然关系密切，但它们之间是有区别的。

1. 财务管理与会计的区别

（1）目标不同。财务管理的根本目标在于实现股东财富最大化；而会计的目标只在于如何定期、完整、准确地提供投资者、企业管理者及其他利益相关主体所需要的会计信息，即对外提供会计报表和对内提供内部决策报表。

（2）管理的内容和方法不同。财务管理作为一个完整的系统，其管理方法主要包括财务预测、财务决策、财务计划、财务控制、财务分析和财务检查监督等，它侧重于事前的预测、决策、计划和事中的监督控制。会计则主要把会计作为信息系统，把会计要素的确认、计量、报告作为主要内容，侧重于对事后经济事项进行反映和监督，它以设置会计科目和账户、复式记账、填制凭证、登记账簿、成本核算和编制报表为主要方法。

（3）工作内容不同。财务管理对企业财务活动及其所体现的关系进行管理，即企业资金筹集、运用、耗费、收回及分配等一系列行为，包括资金的运作、企业与各利益相关者的关系处理。而会计人员则主要负责以下工作：提供对外会计报告、对内报告、计划与控制、经济评价、保护企业财产、税务管理等。

（4）工作机构不同。财务机构的设置与否受企业规模的影响，比如，在西方，小型企业一般不单独设立财务管理组织，而大型企业则一般都设置专门的财务管理机构，负责企业的财务会计工作。会计机构的设置不受企业大小的影响，也就是说，所有企业都应当设置会计部门，以加强会计核算。

2. 财务管理与会计的联系

财务管理与会计是密不可分的，其联系主要表现在以下几个方面。

（1）财务管理工作的有效进行必须依赖于会计所提供的信息。财务管理的基本环节包括财务预测、决策、预算、控制、分析，每一个环节都依赖于会计信息。

（2）财务管理工作的好坏可以通过会计信息得以揭示和反映。企业财务状况的好坏很大程度上取决于财务管理的水平。所以，一个企业的理财是否有成效，通过会计信息的分析就可得出结论。

（3）会计信息的提供要满足财务管理的需要。财务管理作为企业管理的重要组成部分，在会计信息方面的要求比其他管理更为迫切。如果会计信息失真，则必然会造成财务分析结果失当、财务预测准确性差、财务决策失误、财务预算约束无效、财务控制乏力，从而造成财务管理混乱、经济效益低下，最终可能导致企业破产清算。

第三节 财务管理的目标

美国著名管理学家彼得·德鲁克在其《管理的实践》一书中提出，一切活动开始于目标的制定，活动的进行以目标为导向，活动的结果以完成目标的程度进行评价。财务管理作为企业的一项重要管理活动，其目标贯穿于企业的整个财务管理过程。正确的财务管理目标是企业财务管理系统良性循环的前提条件，财务管理目标是财务管理研究的起点。

一、财务管理目标的含义和种类

财务管理目标指企业进行财务活动所希望实现的结果，是评价企业财务活动是否合理的标准，它决定着财务管理的基本方向。财务管理目标反映着理财环境的变化，并根据环境的变化做适当调整，因此，不同时期有着不同的财务管理目标。财务管理目标是财务管理理论体系的基本要素和行为导向，是财务管理实践进行财务决策的出发点和归宿。财务管理目标制约财务运行的基本特征和发展方向，是财务运行的一种驱动力。不同的财务管理目标会产生不同的财务管理运行机制。

明确财务管理的目标是搞好财务工作的前提。由于企业财务管理是企业管理的一个组成部分，因此，财务管理的目标必须和企业管理的总体目标保持一致。从根本上讲，企业的目标是通过生产经营活动创造更多的财富，不断增加企业价值。但是，不同国家的企业面临的财务管理环境不同，即使是同一国家的企业，其公司治理结构不同，发展战略不同，所处的生命周期不同，财务管理的目标在体现上述根本目标的同时又有不同的表现形式。

（一）利润最大化

西方经济理论认为，利润代表了企业新创造的财富，利润越多，企业的财富增加得越多，越接近企业的目标。从会计的角度来看，股东权益包括股本、资本公积、盈余公积和未分配利润四部分，其中，只有盈余公积和未分配利润的增加才是由企业当期的经营业绩所致，而这两部分又来源于利润最大化的实现，是企业从净利润中扣除股利分配后的剩余，因此，利润是股东价值的来源，也是企业财富增长的来源。持利润最大化观点的学者认为，企业的财务目标应当使利润额在尽可能短的时间内达到最大。

企业追求利润最大化，追求收入增加的同时还注重成本的降低，这促使企业一方面不断改进技术与工艺、提高产品质量、扩大销售收入，另一方面持续加强企业管理、提高劳动生产率、降低成本费用。在我国，利润是评价企业业绩的重要指标之一。例如：在主板申请上市和增资扩股时，要考察企业最近三年的盈利情况；在国务院国资委对中央企业负责人的考核指标中，年度利润是主要考核指标之一。但是，将利润最大化作为企业财务行为的根本目标，也存在一定的缺陷，主要表现在以下几方面。

（1）利润最大化没有考虑利润实现的时间。不同时点上相等金额的利润所代表的价值不同，因为资金是有时间价值的。例如，A、B两个投资项目，A项目今年获利100万元，而B项目将在明年获利100万元，如果不考虑资金的时间价值，两个项目没有差异；但如果考虑资金的时间价值，则A项目由于其利润获得的时间更早，因而有着更大的价值。

（2）利润最大化没有有效考虑风险问题。一般而言，获取利润与所承担的风险往往存在着一定的对等关系，高利润通常伴随着高风险。如果不考虑风险因素而片面地追求利润最大化，则将会使决策者优先选择高风险的项目。一旦不利的事件发生，企业将陷入困境，甚至可能破产。例如，A、B两个投资项目今年都盈利100万元，但是A项目的利润全部为现金收入，而B项目的利润全部是应收账款，若不考虑风险大小，则两个项目没有差异；如果考虑风险的话，则B项目的应收账款存在着不能收回的风险，A项目的目标实现得更好。

（3）利润最大化没有考虑投入与产出的关系。利润额是一个绝对指标，若不将其与相应的资本投入额联系起来，则很难做出正确的判断与选择。例如，同样获得100万元利润，一个企业投入资本500万元，另一个企业投入600万元，哪一个更符合企业的目标？若不与投入的资本额联系起来，就难以做出正确判断。

（4）利润最大化并不一定能反映企业的真实盈利能力。利润是企业经营成果的会计度量，而对同一经济问题的会计处理方法的多样性和灵活性使利润并不能反映企业的真实盈利情况。例如，调增固定资产折旧年限、调低应收账款坏账准备计提比例均可以使企业的成本费用下降，从而使企业账面利润增加，但实际上，企业财富并没有增加。

（5）利润最大化不能反映企业的未来盈利能力。利润基于历史角度，反映企业过去某一期间的盈利水平，并不能反映企业的未来盈利能力。虽然净利润带来了股东权益和企业财富的增加，但并不意味着企业持续经营和持久盈利的能力增强。

（6）利润最大化目标会导致企业倾向于短期财务决策。利润最大化容易诱使企业只顾实现当前的最大利润，而不顾企业的长远发展；只顾迎合投资者的心理，当期多分红而少积累；只顾局部利润最大，而不顾总体目标的实现，等等。例如，企业可以通过减少研发投入来提高当年的利润，这显然对企业的长期发展不利。

因此，现代财务理论认为，尽管从经济学的角度来看，利润最大化作为企业财务管理目标有一定道理，但它很难适应现代财务管理的要求，因此，它不是财务管理的最优目标，许多公司往往把提高利润作为短期目标。

（二）股东财富最大化

股东财富最大化指通过财务上的合理经营，为股东带来尽可能多的财富。股东创办公司的目的是增加财富，如果公司不能为股东创造价值，那么，股东就不会为公司提供资本，没有了权益资本，公司也就不复存在了。在股份公司中，股东财富由股东所拥有的股票数量和股票市场价格两方面决定。在股票数量一定的情况下，当股票价格达到最高时，则股东财富也达到最大。所以，股东财富最大化又演变为股票价格最大化。在有效资本市场中，股东财富最大化目标可以理解为最大限度地提高股票的价格。股票的价格由其价值决定，而股票的价值一方面取决于企业未来获取现金流量的能力，另一方面也取决于现金流入的时间和风险。

与利润最大化目标相比，股东财富最大化目标的积极意义在于以下几个方面。

（1）考虑了时间价值。股东财富最大化目标考虑了股东未来报酬取得的时间因素，并用资金时间价值原理进行了科学计量。股票的价格取决于股票的价值，而股票的内在价值取决于该股票能给持有人在持有期内带来多少现金流入，它是未来现金流入的现值之和，因此，股票价值的计算考虑了时间因素。

（2）考虑了风险因素。企业的风险越大，投资者要求的必要报酬率就越高，因此，对于利润相同但风险不同的两家公司的股票而言，投资者对风险较高的企业股票的估价会更低，表现为更低的股票价格。

（3）有利于克服企业在追求利润上的短期行为。股票的价值是投资者预计的企业未来现金净流量的现值之和，因此，股东财富最大化不取决于企业过去所赚取的利润，而取决于未来的现金流量。如果经营者存在片面追求利润的短期行为，则尽管其报表上的利润可观，投资者同样会对其短期行为做出正确反映。

（4）有利于对经营者进行考核和奖惩。如果资本市场是有效的，那么，股价则客观公正地反映了经营者努力的水平。股东财富是股价的函数，容易量化。因此，投资者可用股东财富最大化目标是否实现及实现的程度大小对经营者进行绩效考核和奖惩。

但是，我们也应该看到，股东财富最大化也存在一些缺点，主要表现在以下几个方面。

（1）股价并不一定总能正确反映经营者的努力。股票价格的变动除受企业经营因素影响之外，还会受到企业无法控制的因素影响。如果股票价格没有及时、正确地反映经营者认为较好的财务决策，那么，将会使经营者失去信心；如果经营者过分注重股票价格的变动，则可能会使财务决策误入歧途。

（2）目标过于单一。它只强调股东的利益，而对企业其他关系人的利益重视不够，在某些时候可能会影响股东财富最大化的实现。

（3）适用范围较窄。它只适用于上市公司，对非上市公司则很难适用。就我国目前的国情而言，上市公司并不是我国企业的主体。

（三）企业价值最大化

所谓企业价值就是企业资产的市场价值，它等于负债的市场价值与股东权益的市场价值之和。企业价值最大化指通过企业财务上的合理经营，采用最优的财务政策，充分考虑资金的时间价值和风险与报酬的关系，在保证企业长期稳定发展的基础上使企业总价值达到最大。这一定义看似简单，实际上包括丰富的内容，其基本思想是将企业长期稳定发展摆在首位，强调在企业价值增长中满足各方利益关系。

企业价值最大化的财务目标具体包括以下几方面的内容：①强调风险与报酬的均衡，将风险控制在企业可以承受的范围；②创造与股东之间的利益协调关系，努力培养稳定的股东群；③关心本企业职工利益，创造优美、和谐的工作环境；④不断加强与债权人的联系，重大财务决策请债权人参加讨论，培养可靠的资金供应者；⑤关心客户利益，在新产品的研制和开发上有较高投入，不断推出新产品来满足顾客的需求，以保持销售收入的长期、稳定增长；⑥讲求信誉，注意企业形象的宣传；⑦关心政府政策的变化，努力争取参与政府制定政策的有关活动，以争取对自己有利的法规，一旦立法并颁布实施，不管是否对自己有利，都会严格执行；⑧积极参与社会公益活动，提高企业在社会公众中的形象。

如同从利润最大化向股东财富最大化转变一样，从股东财富最大化向企业价值最大化的转变是财务管理目标理论的又一次飞跃，其意义体现在以下几个方面。

（1）企业价值最大化扩大了考虑问题的范围。现代企业理论认为，企业是多边契约关系的总和：股东、债权人、管理层、一般职工等对企业的发展而言，缺一不可。各方都有自身利益，共同参与构成企业的利益制衡机制。如果试图通过损害一方利益而使另一方获利，则会导致矛盾冲突，出现诸如职工罢工、债权人拒绝提供贷款、股东抛售股票、税务机关提出罚款等问题，这些都不利于企业的发展。从这个意义上来说，企业价值最大化能弥补股东财富最大化仅仅考虑股东利益而忽略其他关系人利益的缺陷。

（2）企业价值最大化注重在企业发展中考虑各方利益关系。从上述论述可以看出，确立财务管理目标必须考虑与企业有契约关系的各个方面，但如何考虑仍是一个十分重要的问题。企业价值最大化是在发展中考虑问题，在企业价值的增长中来满足各方利益关系。如果我们把企业的财富比作一块蛋糕，则这块蛋糕可以分为几个部分，分属于企业契约关系的各方——股东、债权人、职工等。从逻辑关系上来看，当企业财富总额一定时，各方的利益是此消彼长的关系，而当企业的财富增加（"蛋糕"做大）时，各方利益都会有所增加，各种契约关系人的利益都会较好地得到满足，这有利于企业财富的增加，能实现财务管理的良性循环。

（3）企业价值最大化目标更符合我国国情。现阶段，我国是一个以社会主义为政治制度、以市场经济为经济模式的国家，现代企业制度在我国有着独特、复杂的发展历程。与国外企业相比，我国企业应更加强调职工的利益与权利，强调社会财富的积累，强调协调各方利益，强调建立企业利益共同体，实现高质量发展。所以，以企业价值最大化作为财务管理目标更符合我国国情。

尽管从理论上看，企业价值最大化是一个相对较为完美的财务管理目标，但在实际运用时也存在一些缺陷：①由于企业价值最大化目标要求企业在财务决策时要考虑各相关者的利益，容易使决策者左右为难，因此，"多目标就是没目标"；②非上市企业的价值确定难度较大，虽然通过专门评价（如资产评估）可以确定其价值，但评估过程受评估标准和评估方式的影响，这使估价不易客观和准确，从而影响企业价值的准确性与客观性。

二、财务管理目标与利益冲突

企业虽然是一个由众多利益相关者组成的利益共同体，但由于不同利益相关者的目标并不完全相同，因此，要实现企业价值最大化的目标，就必须妥善处理好不同相关者之间因利益目标不同而产生的冲突。

（一）代理冲突与财务管理目标

在信息不对称、契约不完备的世界中，拥有信息优势的代理人有可能为一己私利而损害委托人的利益，从而产生委托人与代理人的冲突，这种冲突被称为代理冲突。在所有权与经营权分离的现代化企业中，主要有三组委托代理关系，即股东与管理层、股东与债权人、大股东与小股东，因而形成了三种代理冲突，这些代理冲突的存在及其利益冲突的协调将会影响企业价值最大化财务管理目标的实现程度。

1. 股东与管理层之间的代理冲突与协调

现代化公司制企业的股东一般不直接参与企业的经营管理，而是聘请具有经营管理才能的专业人士来管理企业，股东与管理层之间形成委托代理关系，股东为委托人，管理层为代理人。股东的目标是股东财富最大化，管理层的目标是追求自身利益最大化，在二者的目标冲突过程中，管理层有可能会通过增加报酬、增加闲暇时间或避免承担风险等方式损害股东利益。管理层为了自身利益而背离股东利益的表现主要有两个方面。

（1）道德风险。经营者为了自己的目标，不尽最大努力去实现企业的目标。他们没有必要为提高股价而冒险，股价上涨的好处将归于股东，如若失败，他们的"身价"将下跌。他们不做什么错事，只是不十分卖力，以增加自己的闲暇时间。这样做不构成法律和行政责任问题，只是道德问题，股东很难追究他们的责任。

（2）逆向选择。经营者为了自己的目标而背离股东的目标。例如：装修豪华的办公室，购置高档汽车等；借口工作需要，乱花股东的钱；蓄意压低股票价格，买入股票，导致股东财富受损。

股东与管理层在财务目标上的冲突可以通过解聘、并购和激励三种机制来解决。

（1）解聘。这是一种通过股东来约束管理层的办法。如果管理层未能使股东财富最大化，那么，股东可以在股东大会上行使表决权解聘管理层，后者由于害怕被解聘而被迫约束自己的行为，去为实现股东财富最大化而努力，从而使股东与管理层之间的目标基本一致。但是，由于现代化企业的股权越来越分散，一个股东要联合足够表决权的股东人数确非易事，因此，这一办法在股权分散的企业中运用得越来越少。

（2）并购。这是一种通过市场来约束管理层的办法。如果一家企业的管理层经营决策失误、经营不力，未能采取一切有效措施使企业价值提高，股票价格就有可能一路走低，则该公司就很有可能被其他公司强行并购，相关的管理层也会被解聘。根据国外一项调查，在被并购的公司高层管理人员中，有70%的人员在并购后被立即解雇，其余未被解雇的管理人员日后也很难有升职的机会。一个有被解聘史的经理人要想在经理人市场中再找到工作的难度非常大，因为没有哪个股东会愿意聘请一个有搞垮企业"劣迹"的人来管理其企业。因此，管理层为了避免企业被并购，就必须采取一切措施提高股票市价，增加股东财富。

（3）激励。将管理层的报酬与其绩效挂钩，以使经营者自觉采取满足股东财富最大化的措施。激励有两种基本方式。一是股票期权方式。它允许管理层以固定的价格购买一定数量的公司股票，股票的价格高于固定价格越多，管理层所获得的报酬就越多。管理层为了获取更大的股票涨价益处，就必然会主动采取能够提高股价的行动，而该行动与股东的目标是一致的。目前，西方国家多数上市公司采取经理人员股票期权的方式对其经营者进行激励，实践表明，它确实能较为有效地解决股东与管理层的代理冲突。二是绩效股形式。它是公司运用每股利润、资产报酬率等指标来评价管理层的业绩，视其业绩大小给予管理层数量不等的股票作为报酬的形式。如果公司的经营业绩未能达到规定目标，则管理层将丧失部分原先持有的绩效股。这种方式使管理层不仅为了多得绩效股而不断采取措施来提高公司的经营业绩，而且为了使每股市价最大化，也要采取各种措施使股票市价稳定上升。

2. 股东与债权人之间的代理冲突与协调

债权人将资金贷放给企业后，拥有按约定的固定利率收取利息和到期收回本金的权利，债权人事先知晓借出资金是有风险的，并把这种风险的相应报酬嵌入利率，通常要考虑的因素包括：预计公司新增资产的风险、公司未来的资本结构等。但是，借款合同一旦成为事实，债权人把资金提供给公司，就失去了控制权。股东为了自身利益可以通过经营者伤害债权人的利益，可能采取的方式有以下几种。

（1）股东不经债权人的同意，投资于比债权人预期风险更高的新项目。如果高风险的计划侥幸成功，则超额收益归股东独享；如果计划不幸失败，公司无力偿债，则债权人与股东将共同承担由此造成的损失。尽管按法律规定，债权人先于股东分配破产财产，但多数情况下，破产财产不足以偿债。所以，对债权人来说，超额收益肯定拿不到，发生损失却有可能要分担。

（2）股东为了提高公司的利润，不征得债权人的同意而发行新债，致使旧债券的价值下降，使旧债权人蒙受损失。旧债券价值下降的原因是发行新债后，公司负债比率加大，公司破产的可能性增加。如果公司破产，则旧债权人和新债权人要共同分配破产后的财产，这使旧债券的风险增加，价值下降。尤其是对于不能转让的债券或其他借款而言，债权人没有出售债权以摆脱困境的出路，处境更加不利。

解决债权人与股东之间的冲突，除了寻求法律保护外，往往采取以下方式加以协调。

（1）在借款合同中加入限制性条款，或要求发行债券的企业规定筹集资金的用途、担保方式、信用条款等。

（2）当债权人发现面临的风险增加时，采取提前收回债权或不再提供新债权的方式。

3. 大股东与小股东之间的代理冲突与协调

尽管股权高度分散是现代化公司的特征之一，但在我国，股权集中现象依然严重。据统计，截至2019年年底，沪深3814家上市公司的第一大股东持股比例平均为33.04%，第一大股东持股比例在25%以上的上市公司共有2530家，占全部上市公司的66.33%，其中，有550家公司的第一大股东持股比例在50%以上，处于绝对控股地位。股权高度集中带来的一个显著问题就是大小股东的代理冲突。

大股东持有企业的大多数股份，能够掌握企业的重大经营决策，拥有对企业的控制权。而大多数持有股份数量很小的中小股东则由于与控股股东之间存在着严重的信息不对称，而使得他们的权利很容易被大股东以各种方式侵害。大股东主要采取以下方式侵占中小股东利益。

（1）违规占用上市公司资金。大股东及其他关联方往往大量占用或挪用上市公司从广大股东处募集的资金，掏空上市公司。广大中小股东由于信息不对称而不易察觉，至发现时已损失惨重。

（2）利用上市公司为其担保。大股东通过上市公司为其提供的担保来获得银行提供的贷款，一旦大股东无力偿还银行贷款，则提供担保的上市公司需承担连带赔偿责任，这一损失将由包括中小股东在内的全体股东承担。

（3）利用不公平关联交易转移上市公司利润。大股东往往通过采取不公平关联交易，如低价买入高价卖出等来转移上市公司的资源或利润，调控上市公司的经营业绩，这种做法不仅可以使大量资产和利润落入自己手中，还可以达到操控利润分配的目的。

解决大小股东代理冲突的措施主要有以下几个方面。

（1）完善公司治理结构。使股东大会、董事会和监事会三者有效运作，形成相互制约的机制。具体来说，首先，采取法律措施增强中小股东的投票权、知情权和裁决权。比如，我国《公司法》第106条规定，股东大会选举董事、监事，可以依照公司章程的规定或者股东大会的决议，实行累积投票制。实行累积投票制的直接目的在于防止大股东利用表决优势控制董事、监事的选举，弥补"一股一票"表决制度的弊端。其次，提高董事会中独立董事的比重。独立董事可以代表中小投资者的利益，在董事会中行使表决权。最后，建立健全监事会，真正实现监事会对董事会和管理层的监督，保证监事会在实质上的独立性。

（2）加强对大股东的内部监督和外部监督。从内部来看，完善独立董事的激励与约束机制，实施大股东表决回避制度，推进大股东诚信体系建设等应是目前的工作重点。从外部来看，加大对大股东的市场监管力度，尤其是对控股股东内幕交易行为的监管，严格信息披露制度，防止大股东之间为攫取私利而进行的勾结行为，建立健全大股东之间相互制衡的机制。

（3）加强中小股东的法律保护。从法律上加强对中小股东利益的保护，建立保护中小股东的法律体系，加大对大股东滥用权力的惩罚力度，从而促进上市公司持续健康发展。

（4）在监管手段上做到法律手段与市场手段并重。法律手段不仅应加强相应法律法规制度的建设，更应保证法律制度的执行效率。在市场手段上，应充分发挥媒体和社会中介机构的监督作用。

（二）社会责任与财务管理目标

企业在实现股东财富最大化目标时，需要承担必要的社会责任。从表面或短期来看，社会责任的承担会在一定程度上减少股东财富，而逃避社会责任，甚至伤害社会利益，反而会提高企业的价值；但从长远来看，企业财务管理目标与企业社会责任是一致的。社会责任理论强调企业在进行决策时考虑社会利益，这并不意味着就由此否定了企业价值和企业财务管理目标的实现。相反，二者是一个相互促进的过程。社会责任的履行必须以企业正常的财务管理目标的实现为前提，而企业承担社会责任在一定程度上则有利于促进企业财务管理目标的实现。随着社会的不断发展，政府乃至全社会必将把企业履行社会责任作为衡量企业经营业绩、评价企业信誉的重要指标。

当然，履行社会责任会给公司经营带来一定的不利影响。一方面，如果企业一味追求利润，而不负社会与环境责任，则不仅会使企业员工、消费者、社会公众的利益受到某种程度的损害，而且在一定程度上会加剧社会利益冲突，在一定范围内造成不同利益群体之间的对立，最终会影响宏观环境的持续改善和社会的和谐发展，因此，企业发展就缺乏了适宜的经营环境。另一方面，不考虑企业的财务状况而盲目承担社会与环境责任将会危及企业的生存。过分强调企业的社会责任，把对利润的追求放在次要位置，企业会一步一步地失去履行社会责任的基础，最终，企业会因倒闭而给社会增加更多负担。

在要求企业自觉承担大部分社会责任的同时，也要通过法律等强制命令规范企业的社会责任，并让所有企业均衡地分担社会责任的成本，以维护那些自觉承担社会责任的企业的利益。

第四节　财务管理的假设

财务管理假设是人们利用自己的知识，根据财务活动的内在规律和理财环境的要求所提出的，具有一定事实依据的假定或设想，是对一定社会经济条件下财务管理活动的一般规律性推断，是对客观环境进行抽象和主观判断相结合的结果。财务管理假设是进一步研究财务管理理论和实践问题的基本前提，其虽然与财务管理逻辑发展相关，但假设的结果还有待于实践的检验，不构成对财务管理的实际指导和规范。

一、理财主体假设

理财主体假设指企业的财务管理工作应限制在每一个在经济上和经营上具有独立性的组织之内。它明确了财务管理工作的空间范围，将一个主体的理财活动同另一个主体的理财活动相区分。

理财主体应具备以下特点：①理财主体必须有独立的经济利益；②理财主体必须有独立的经营权和财权；③理财主体一定是法律实体，但法律实体不一定是理财主体。

与会计上的会计主体相比，理财主体的要求更严格。例如，某个主体虽然有独立的经济利益，但由于不是法律实体，因此该主体只是会计主体，而不是理财主体，如一个企业的分厂。如果某主体是法律实体，但没有独立的经营权和财权，则也不是理财主体。当然，在实际工作中，为了管理上的要求，会人为地确定一些理财主体。例如，对一个分厂实行承包经营，赋予它比较大的财权，这个分厂也就有了理财主体的性质。一个真正的理财主体必须具备上述三个条件。对于一个相对的理财主体而言，条件可适当放宽，可以根据实际工作的具体情况和一定单位权、责、利的大小，确定特定层次的理财主体。

由理财主体假设可以派生出自主理财假设。从上述理财主体的概念中可知，凡是成为理财主体的单位都有财务管理上的自主权，即可以自主地从事筹资、投资和分配活动。当然，自主理财并不是说财权完全集中在财务人员手中，在现代化的企业制度情况下，财权是在所有者、经营者和财务管理人员之间进行分割的。两权分离的推行使财权回归企业，经营者有权独立地进行财务活动，包括筹资、投资和分配等重要决策。"经理革命"的出现则进一步为企业成为理财主体奠定了基础。

理财主体假设为正确建立财务管理目标，科学划分权责关系奠定了理论基础。

二、持续经营假设

持续经营假设指理财的主体是持续存在的，并能执行其预计的经济活动。在设定企业作为理财主体以后，就面临一个问题——这个企业能存在多久。企业可能是持续经营的，也可能会因为某种原因而发生变更甚至终止营业。在不同的条件下，所采用的财务管理原则和财务管理方法也是不一样的。由于绝大多数企业都能持续经营下去，破产、清算的毕竟是少数，即使可能发生破产，也难以预计发生的时间。因此，在财务管理上，除非有证据表明企业将破产、关闭，否则，都假定企业在可以预见的将来能持续经营。

持续经营假设可以派生出理财分期假设。按理财分期假设，可以把企业持续不断的经营活动人为地划分为一定期间，以便分阶段考核企业的财务状况和经营成果。根据持续经营假设，企业自创立之日起，直到解散停业为止，其生产经营活动和财务活动都犹如奔腾的长江一样川流不息、持续不断。企业在其存在期内的财务状况是不断变化的，直到停业之日才停止变动。为了分阶段考核企业的经营成果和财务状况，必须将持续经营的企业人为地划分为若干个期间，这就是理财分期假设的现实基础。

持续经营假设是财务管理上一个重要的基础前提，我们说，在确定筹资方式时，要注意合理安排短期资金和长期资金的关系，在进行投资时，要合理确定短期投资和长期投资的关系，在进行收益分配时，要正确处理各个利益集团短期利益和长期利益的关系，都是建立在此项假设基础之上的。

三、有效市场假设

有效市场假设指财务管理所依据的资金市场是健全和有效的。只有在有效市场上，财务管理才能正常进行，财务管理理论体系才能建立。最初提出有效市场假设的是美国财务管理学者法玛（Fama），法玛在1965年和1970年各发表了一篇文章，将有效市场划分为三类：①弱式有效市场。在弱式有效市场中，证券价格充分反映了历史上一系列交易价格和交易量中所隐含的信息，从而使投资者不可能通过分析以往价格获得超额利润。也就是说，要想获得超额利润，就必须寻求历史价格信息以外的信息。②半强式有效市场。在半强式有效市场上，证券价格不仅反映历史信息，还能反映所有的公开信息。也就是说，如果半强式有效假说成立，市场中的技术分析和基本分析都将失去作用，内幕消息可能获得超额利润。③强式有效市场。在强式有效市场上，证券价格不仅反映历史和公开的信息，还反映内部信息。由于价格能充分反映所有公开和私下的信息，因此，对于投资者来说，不能从公开和非公开的信息分析中获得超额收益，所以内幕信息无用。

有效市场假设的派生假设是市场公平假设。它指理财主体在资金市场筹资和投资等完全处于市场经济条件下的公平交易状态。市场不会抹杀某一理财主体的优点，也不会无视某一理财主体的缺点。理财主体的成功和失败都会公平地在资金市场上得到反映。因此，每一个理财主体都会自觉地规范其理财行为，以便在资金市场上受到好评，以利于今后的财务管理工作。市场公平假设还暗含着另外一个假设，即市场是由众多的理财主体在公平竞争中形成的，单一理财主体无论其实力多强，都无法控制市场。

有效市场假设是建立财务管理原则，决定筹资方式、投资方式，安排资金结构、确定筹资组合的理论基础。如果市场无效，则很多理财方法和财务管理理论都无法建立。

四、资金增值假设

资金增值假设指通过财务管理人员的合理营运，企业资金的价值可以不断增加。这一假设实际上指明了财务管理存在的现实意义。因为财务管理是对企业的资金进行规划和控制的一项管理活动，如果在资金运筹过程中不能实现资金的增值，则财务管理也就没有存在的必要了。但是，资金增值只能是一种假设，不能是一项规律。因为在财务管理中，在做出投资决策时，一定是假定这笔投资是增值的，如果假定出现亏损，那么这笔投资就不会发生了。

资金增值假设的派生假设是风险与报酬同增假设。此项假设指风险越高，获得的报酬也越高。资金的运筹方式不同，获得的报酬也不一样。例如，国库券基本是无风险投资，而股票是风险很大的投资，为什么还有人将巨额资金投向股市呢？这是因为他们假设股票投资取得的报酬要远远高于国库券的报酬。同样，有人将资金投向食品行业，有人却将资金投向房地产行业，也有人将资金投向衍生金融工具，他们同样是根据风险与报酬同增这一假设来进行决策的。风险与报酬同增假设实际上暗含着另外一项假设，即风险可计量假设。因为如果风险无法计量，那么，财务管理人员就不知道哪项投资风险大，哪项投资风险小，风险与报酬同增假设也就无从谈起。

资金增值假设说明了财务管理存在的现实意义，风险与报酬同增假设又要求财务管理人员不能盲目追求资金的增值，因为过高的报酬会带来巨大的风险。此两项假设为科学地确立财务管理目标、合理安排资金结构、不断调整资金投向奠定了理论基础。风险报酬原理、利息率的预测原理、投资组合原理也都是依据此项假设来展开论述的。

五、理性理财假设

理性理财假设指从事财务管理工作的人员都是理性的理财人员，因而，他们的理财行为也是理性的。他们都会在众多的方案中选择最有利的方案。在实际工作中，财务管理人员分为两类：理性的和盲目的。但不管是理性的还是盲目的，他们都认为自己是理性的，都认为自己做出的决策是正确的，否则，他们就不会做出这样的决策。尽管存在一部分盲目的理财人员，但从财务管理理论研究来看，只能假设所有的理财行为都是理性的，因为盲目的理财行为是没有规律的。没有规律的事情无法上升到理论的高度。

理性理财的第一个表现就是理财是一种有目的的行为，即企业的理财活动都有一定的目标。当然，在不同的时期，不同的理财环境中，对理性理财行为的看法是不同的。例如，在过去计划经济的年代里，企业的主要任务是执行国家下达的总产值指标，而企业领导人职位的升迁及职工个人利益的多少均由完成的产值指标的程度来决定，这时所做出的理财决策无疑是为了实现产值的最大化。今天看来，这种行为不是理性的，因为它造成了只讲产值、不讲效益、只求数量、不求质量、只抓生产、不抓销售、只重投入不重挖潜等种种对企业长期健康发展有害的理财行为。但是，在当时，人们会认为这种理财行为是正确的，是理性的。可见，理性理财假设中的理性是相对的，是相对具体理财环境而言的。

理性理财的第二个表现是理财人员会在众多方案中选择一个最佳方案，即表现为财务管理人员要通过比较、判断、分析等手段，从若干个方案中选择一个有利于财务管理目标实现的最佳方案。

理性理财的第三个表现是当理财人员发现正在执行的方案是错误的方案时，都会及时采取措施进行纠正，以便使损失降至最低。

理性理财的第四个表现是财务管理人员都能吸取以往工作的教训，总结以往工作的经验，不断学习新的理论，合理应用新的方法，使理财行为由不理性变为理性，由理性变得更加理性。

尽管上述四个方面为理性理财行为假设提供了理论依据，但在实际工作中，仍有个别理财行为不是理性行为。另外，即使所有的理财行为都是理性行为，也不一定完全导致理性的结果。因此，理财的理性行为只是一种假设，不是事实。

理性理财假设可派生出资金再投资假设。这一假设指当企业有了闲置的资金或产生了资金的增值都会用于再投资。换句话说，企业的资金在任何时候都不会大量闲置。因为理财行为是理性的，所以，企业必然会为闲置的资金寻找投资途径。因为市场是有效的，所以能够找到有效的投资方式。财务管理中的资金时间价值原理，净现值和内部报酬率的计算等，都是建立在此项假设基础之上的。

理性理财行为是确立财务管理目标，建立财务管理原则，优化财务管理方法的理论前提。例如，财务管理的优化原则，财务管理的决策、计划和控制方法等都与此项假设有直接联系。

第五节   财务管理的环节

要做好财务管理工作，实现财务管理目标，就需要掌握财务管理的基本环节。财务管理环节指财务管理工作的各个阶段，包括财务管理的各种业务手段。企业财务管理过程从总体上可划分为五个基本环节，即财务预测、财务决策、财务预算、财务控制和财务分析。对于持续经营的企业而言，财务决策在这些环节中处于关键地位。五个环节相互联系，周而复始，形成财务管理的循环系统。

一、财务预测

财务预测指利用企业过去的财务活动资料，结合市场变动情况，为把握未来和明确前进方向而对企业财务活动的发展趋势做出科学的预计和测量。财务预测的主要任务是：通过测算企业财务活动的数据指标，为企业决策提供科学依据；通过测算企业财务收支的变动情况，确定企业未来的经营目标；通过测算各项定额和标准，为编制计划、分解计划指标提供依据。财务预测的内容一般包括资金需要量的预测、成本费用预测、销售收入预测、利润总额与分配预测，以及有关长短期投资额的预测等。

财务预测需按一定的程序进行，一般程序如下。

（1）明确预测目标。财务预测的目标即财务预测的对象和目的。预测目标不同，则预测资料的搜集、预测模型的建立、预测方法的选择及预测结果的表现方式等也有不同的要求。为了达到预期的效果，就必须根据管理决策的需要，明确预测的具体对象和目的，如目标利润、资金需要量、现金流量等，从而规定预测范围。

（2）搜集整理资料。根据预测对象的目的，广泛搜集与预测目标相关的各种资料信息，包括内部和外部资料、财务和生产技术资料、计划和统计资料等。对所搜集的资料除进行可靠性、完整性和典型性的检查外，还必须进行归类、汇总、调整等加工处理，使资料符合预测的需要。

（3）建立预测模型。按照预测的对象，找出影响预测对象的一般因素及其相互关系，建立相应的预测模型，对预测对象的发展趋势和水平进行定量描述，以此获得预测结果。常见的财务预测模型有因果关系预测模型、时间序列预测模型及回归分析预测模型等。

（4）实施财务预测。将经过加工整理的资料利用财务预测模型，选取适当的预测方法，进行定性、定量分析，确定预测结果。

二、财务决策

财务决策是财务人员在财务预测的基础上，根据财务目标的总要求，运用专门的方法，从各种备选方案中选择最佳方案的过程。当然，当财务活动的预期方案只有一个时，决定是否采用这个方案也属于决策问题。在市场经济条件下，财务管理的核心是财务决策，财务预测是为财务决策服务的，决策关系到企业的兴衰成败，同时，财务决策又是财务预算的前提。

财务决策的内容非常广泛，一般包括筹资决策、投资决策、利润分配决策和其他决策。筹资决策主要解决如何以最小的资本成本取得企业所需的资本，并保持合理的资本结构的问题，包括确定筹资渠道和方式、筹资数量与时间、筹资结构比例关系等；投资决策主要解决投资对象、投资数量、投资时间、投资方式和投资结构的优化选择问题；利润分配决策在股份公司也称为股利政策，主要解决股利的合理分配问题，包括确定股利支付比率、支付时间、支付数额等；其他决策包括企业兼并与收购决策、企业破产与重整决策等。

财务决策的主要程序如下。

（1）确定决策目标。由于各种不同的决策目标所需的决策分析资料不同，所采取的决策依据也不同，因此，只有明确决策目标，才能有针对性地做好各个阶段的决策分析工作。

（2）提出备选方案。以确定的财务目标为主，考虑市场可能出现的变化，结合企业内外有关的财务和业务活动资料以及调查研究材料，提出实现目标的各种可供选择的方案。

（3）选择最优方案。在备选方案提出后，根据决策目标，采用一定的方法分析，评价各种方案的经济效益，在综合权衡后，从中选择最优方案。

三、财务预算

财务预算用货币计量的方式将财务决策目标所涉及的经济资源进行配置，以计划的形式具体地、系统地反映出来。财务预算位居财务管理过程的中间环节，是以财务决策确立的方案和财务预测提供的信息为基础来编制的，是财务预测和财务决策的具体化，是控制和分析财务活动的依据。企业编制的财务预算主要包括现金预算、预计资产负债表、预计损益表等。

财务预算的一般程序如下。

（1）分析财务环境，确定预算指标。根据企业的外部宏观环境和内部微观状况，运用科学的方法，分析与所确定经营目标有关的各种因素，按照总体经济效益的原则，确定主要的预算指标。

（2）协调财务能力，组织综合平衡。合理安排企业的人力、物力和财力，使之与企业经营目标要求相适应，使资金运用同资金来源平衡、财务收入与财务支出平衡。

（3）选择预算方法，编制财务预算。以经营目标为中心，以平均先进定额为基础，编制企业的财务预算，并检查各项有关的预算指标是否密切衔接、协调平衡。

财务预算是企业全面预算体系的重要组成部分。企业全面预算体系包括特种决策预算、日常业务预算和财务预算三大类。特种决策预算是不经常发生的一次性业务的预算，又称为资本支出预算，其主要是针对企业长期投资决策编制的预算，如厂房扩建预算、购建固定资产预算等；日常业务预算是与企业日常经营业务直接相关的预算，如销售预算、生产预算、直接材料预算、直接人工预算、制造费用预算、产品生产成本预算、销售及管理费用预算等；财务预算是企业在计划期内预计现金收支、经营成果和财务状况的预算，也称为总预算。

四、财务控制

财务预算的执行要依靠财务控制。财务控制在财务管理的过程中，利用有关信息和特定手段，对企业财务活动施加影响或调节，以便实现预算指标，提高经济效益。它是财务管理人员为保证财务管理工作顺利进行，完成财务预算目标而采取的一系列行动。在企业经济控制系统中，财务控制是一种连续性、系统性和综合性最强的控制，也是财务管理经常进行的工作。

财务控制从不同的角度有不同的分类，从而形成了不同的控制内容、控制方式和控制方法：①按控制的时间分为事前控制、事中控制和事后控制；②按控制的依据分为预算控制和制度控制；③按控制的对象分为收支控制和现金控制；④按控制的手段分为绝对数控制和相对数控制。

实行财务控制是落实预算任务、保证预算实现的有效措施。一般而言，财务控制需实施以下步骤。

（1）确定控制目标。财务控制目标一般可以按财务预算指标确定，对于一些综合性的财务控制目标而言，应当按照责任单位或个人进行分解，使之能够成为可以具体掌握的可控目标。

（2）建立控制系统。按照责任制度的要求，落实财务控制目标的责任单位和个人，形成从上到下、从左到右的纵横交错的控制组织。

（3）信息传递与反馈。这是一个双向流动的信息系统，它不仅能够自下而上地反馈财务预算的执行情况，还能够自上而下地传递调整财务预算偏差的要求，做到上情下达，下情上报。

（4）纠正实际偏差。根据信息反馈，及时发现实际脱离计划的情况，分析原因，采取措施加以纠正，以保证财务计划的完成。

五、财务分析

财务分析是以企业财务报告反映的财务指标为主要依据，采用适当的方法，对企业的财务状况、经营成果和未来前景进行评价和剖析的一项业务手段。通过财务分析，可以分析计划期内的财务预算完成情况以及财务指标的发展变化情况，并查明原因，提出改进措施，为以后进行财务预测、决策和编制预算提供依据。

财务分析从不同的角度有不同的分类：根据分析的内容可分为偿债能力分析、营运能力分析、盈利能力分析、发展能力分析和综合分析；根据分析的方法可分为纵向分析和横向分析等。企业可根据需要选择适合企业自身需要的分析方法组成财务分析方法体系。

财务分析的一般步骤如下。

（1）占有资料，掌握信息。开展财务分析应首先充分占有有关资料和信息。财务分析所用的资料通常包括财务预算等计划资料、本期财务报表等实际资料、财务历史资料及市场调查资料。

（2）指标对比，揭露矛盾。对比分析是揭露矛盾、发现问题的基本方法。财务分析要在充分占有资料的基础上，通过数量指标的对比来评价企业业绩，发现问题，找出差异。

（3）分析原因，明确责任。影响企业财务活动的因素有生产技术方面的，也有生产组织方面的；有经济管理方面的，也有思想政治方面的；有企业内部的，也有企业外部的。这就要求财务人员运用一定的方法从各种因素的相互作用中找出影响财务指标的主要因素，以便分清责任，抓住关键。

（4）提出措施，改进工作。要在掌握大量资料的基础上，去伪存真，去粗取精，由此及彼，由表及里，找出各种财务活动之间以及财务活动同其他经济活动之间的本质联系，然后提出改进措施。提出的措施应明确具体，切实可行，并通过改进措施落实，进而推动企业财务管理的发展。

第六节　财务管理的环境

任何事物都是在一定环境条件下生存和发展的，是一个与其环境相互作用、相互依存的系统。作为人类重要实践活动之一的财务管理活动也不例外。企业的财务管理环境又称为理财环境，是对企业财务活动和财务管理产生影响、作用的企业内外部的各种条件之和。在财务管理活动中，财务管理主体需要不断地对财务管理环境进行审视和评估，并根据其所处的具体财务管理环境的特点，采取与之相适应的财务管理手段和管理方法，以实现财务管理的目标。与自然环境相比，理财环境的变动更加频繁无规律，因此，企业开展财务管理活动更需要对理财环境进行比较全面和深入的了解，并预测其发展趋势。

企业的财务管理环境包括政治、法律、经济、社会文化、技术等多个方面，本节主要讨论企业难以控制的几种重要环境，即经济环境、法律环境和金融市场环境。

一、经济环境

财务管理的经济环境指影响企业财务管理的各种经济因素，如经济周期、经济发展水平、通货膨胀状况等。

（一）经济周期

在市场经济条件下，经济通常不会出现较长时间的持续增长或较长时间的衰退，而是在波动中前进，一般要经历复苏、繁荣、衰退、萧条几个阶段的循环，这种循环被称为经济周期。在不同的经济周期，企业财务管理所面临的环境存在较大差异，因此，企业应采取的理财策略也不相同（如表1-1所示）。一般来说，在经济复苏阶段，社会购买力逐步提高，企业应增加厂房设备和存货，引入新产品，增加雇员，为企业今后的发展奠定基础。在经济繁荣阶段，市场需求旺盛，销售大幅度上升，企业继续购买厂房设备，增加存货，扩招雇员，这就要求财务人员迅速筹集所需资金。在经济衰退阶段，企业应停止此前的扩张策略，出售多余的设备，停产亏损产品，停止长期采购，削减存货，停止扩招雇员。在萧条阶段，企业应维持现有规模，削减管理费用和存货，裁减雇员，设置新的投资标准，适当考虑一些低风险的投资机会。总之，面对周期性波动，财务人员必须预测经济发展变化情况，适当调整财务政策。

表1-1　经济周期中的理财策略

复　苏	繁　荣	衰　退	萧　条
1.增加厂房设备	1.扩充厂房设备	1.停止扩张	1.建立投资标准
2.实行长期租赁	2.继续增加存货	2.出售多余设备	2.保持市场份额
3.增加存货	3.提高产品价格	3.停产不利产品	3.削减管理费
4.引入新产品	4.开展营销规划	4.停止长期采购	4.放弃次要部门
5.增加劳动力	5.增加劳动力	5.削减存货	5.削减存货
		6.停止扩招雇员	6.裁减雇员

（二）经济发展水平

经济发展水平指一个国家经济发展的规模、速度和所达到的水准。财务管理的发展水平和经济发展水平密切相关：经济发展水平越高，财务管理水平也越高；经济发展水平越低，财务管理水平也越低。

发达国家经历了较长时间的资本主义经济发展历程，经济发展水平、资本的集中和垄断已达到了相当高的程度，经济发展水平在世界处于领先地位，这些国家的财务管理水平比较高，具体表现在以下几个方面：①财务管理理论的研究成果较多，如资本结构理论、投资组合理论、资本资产定价模型、套利定价模型、期权定价模型等，且这些理论模型能较好地指导理财实践；②在财务管理"工具箱"中，可选用的工具（方法）多，如杠杆租赁、售后租回、无差别点分析、净现值法、内含报酬率法等；③大数据、人工智能、移动互联网、云计算、物联网、区块链等新技术较早得以在财务管理中应用，如国际四大会计师事务所均已开发出各自的财务机器人。

发展中国家都在千方百计地提高本国的经济发展水平。目前，这些国家一般呈现以下特征：基础较薄弱、发展速度较快、经济政策变更频繁、国际交往日益增多。这些因素决定了发展中国家的财务管理具有以下特征：①财务管理的总体发展水平在世界上处于中间地位，但发展速度比较快；②与财务管理有关的法律政策频繁变更，给企业理财造成许多困难；③财务管理实践中还存在着财务目标不明、财务管理方法简单等不尽如人意之处。

不发达国家是经济发展水平很低的那些国家，这些国家的共同特征一般表现为以农业为主要经济部门，工业特别是加工工业很不发达，企业规模小，组织结构简单，这就决定了这些国家的财务管理呈现出水平很低、发展较慢、作用不能很好发挥等特征。

（三）经济政策

经济政策指国家或政府为了增进整个社会经济福利、改进国民经济的运行状况、达到一定的政策目标而有意识和有计划地运用一定的政策工具制定的解决经济问题的指导原则和措施，包括货币政策、财税政策、产业政策、金融政策、外汇政策、外贸政策等。政府为调控宏观经济所制定的不同经济政策对微观的企业财务管理有着不同的影响。例如：国家在采取收缩的调控政策时，会导致企业的现金流入减少，现金流出增加，资金紧张，投资压缩；反之，当国家采取扩张的经济政策时，对企业的影响则与上述情况相反。企业在做财务决策时，要认真研究政府的政策，只有按照政策导向行事，才能扬长避短。

除了经济政策本身的影响外，经济政策不确定性也是影响企业财务决策的重要因素之一。经济政策不确定性变化会影响企业管理层对未来经济政策的制定、实施和政府干预程度等方面的预期。当经济政策不确定性上升时，产品需求不确定性升高，管理层对未来经济形势的判断越发困难。考虑到管理层通常是风险规避的，因此会减弱投资意愿，投资规模下降势必会减少融资需求。此外，经济政策不确定性上升会使企业现金流的不确定性增大，为避免无法按期偿还债务带来的破产风险，企业通常会降低债务融资规模。

（四）通货膨胀

通货膨胀指因货币供给大于货币实际需求，经济运行中出现全面、持续物价上涨的现象。通货膨胀不仅降低了消费者的购买力，还给企业财务管理带来了很大的困难。通货膨胀对企业财务管理的影响通常表现在以下几个方面：①资金占用的大量增加，增加了企业的资金需求；②企业的利润虚增容易导致资金流失；③利率上升，资金筹集成本增加；④证券价格下跌，筹资难度增大。当企业面对通货膨胀时，为了避免通货膨胀给企业带来的巨大损失，财务人员必须对通货膨胀有所预测。为了实现预期的报酬率，必须加强收入与成本管理。同时，使用套期保值等方法尽量减少损失，如提前购买设备与存货、买进现货卖出期货、减少货币的持有量等。

二、法律环境

财务管理的法律环境指企业发生经济关系时所应遵守的各种法律、法规和规章。国家管理企业经济活动和经济关系的手段包括行政手段、经济手段和法律手段三种。随着经济体制改革不断深化，行政手段逐步减少，而经济手段，特别是法律手段日益增多，把越来越多的经济关系和经济活动的准则用法律的形式固定下来。每个企业在进行各项财务活动时，必须依法处理各种财务关系，并学会用法律来保护自己的合法权益。

（一）企业组织法规

企业组织法规是对企业设立、变更、终止过程中发生的经济管理关系和企业内部管理过程中发生的经济关系的法律规范的总称。由于企业的类型很多，且不同企业又具有不同的特性，因此，对它们实施管理的要求和手段就不完全相同，这就形成了针对各种不同企业的组织法规，包括《中华人民共和国公司法》（以下简称《公司法》）以及

《中华人民共和国个人独资企业法》《中华人民共和国合伙企业法》《中华人民共和国中外合资经营企业法》《中华人民共和国中外合作经营企业法》《中华人民共和国外资企业法》等。这些法规既是企业的组织法，又是企业的行为法。企业的所有生产经营活动都应遵守上述各项法律，企业的自主权不能超出法律的限制。例如，《公司法》对公司的设立条件、设立程序、组织机构、组织变更和终止的条件和程序都作了规定，公司从组建到经营，一直到终止，都必须严格按《公司法》的规定来进行，因此，《公司法》是约束公司财务管理的最重要法规，公司的财务活动不能违反《公司法》。

（二）财务会计法规

企业的财务会计法规制度指规范企业财务与会计活动，协调企业财务关系的各种法令文件。它主要包括《中华人民共和国会计法》（以下简称《会计法》）以及《企业会计准则》《企业财务通则》《企业会计制度》《企业财务会计报告条例》《会计基础工作规范》等。《会计法》是一切会计工作最重要的根本大法，1985年初次颁布实施，后经多次修订，最近一次的修订时间为2017年，对会计核算、会计监督、会计机构和人员，以及法律责任做出了明确规定。《企业财务通则》是各类企业开展财务活动、实施财务管理的基本规范。我国《企业财务通则》最早颁布于1992年，修订于2006年。修订后的《企业财务通则》围绕企业财务管理环节，明确了资金筹集、资产营运、成本控制、收益分配、信息管理、财务监督六大财务管理要素，并结合不同财务管理要素，对财务管理方法和政策要求做出规范。

企业规模不同，所适用的会计准则也不相同。《企业会计准则》是针对所有企业制定的会计核算规则，分为基本准则和具体准则，实施范围是大中型企业，最早颁布于1992年，2006年进行了重大修订，新修订的《企业会计准则——基本准则》于2007年1月1日起在上市公司中率先实施，2008年1月1日起在国有大中型企业中实施。近年来，财政部又陆续出台了多项修订及解释，到目前为止，形成了由1个基本准则、42个具体准则组成的企业会计准则体系。另外，财政部还针对执行过程中出现的一些问题发布了15个《企业会计准则解释》。

（三）税收法规

税法是国家制定的用以调整国家与纳税人之间的在征纳税方面的权利与义务关系的法律规范的总称。目前，我国有关税收的立法按照税法征收对象的不同可以分为以下四种。①对于流转额课税的税法而言，其征税对象为企业销售所得，主要包括增值税、消费税、关税等。这类税法的特点是与商品生产、流通、消费有密切联系。②对于所得额课税的税法而言，主要包括企业所得税和个人所得税，其特点是可以直接调节纳税人收入，发挥其公平税负、调整分配关系的作用。③对于财产、行为课税的税法而言，其主要是对财产的价值或某种行为的课税，包括房产税、车船税、印花税等税法。④对于自然资源税的税法而言，主要是为保护和合理使用国家自然资源而课征的税，包括资源税、城市维护建设税等。

税负是企业的一项支出，增加企业货币资金流出，对企业的财务管理活动有重大影响。企业无不希望在不违反税法的情况下减轻税收负担。但是，企业要进行各项财务活动，就必须严格遵守现行税收法规，绝不能在纳税行为已经发生时去偷税漏税。

三、金融市场环境

在现代经济体系中，对经济运行起主导作用的三大市场分别是要素市场、产品市场和金融市场。金融市场是引导资本流动、沟通资本由盈余部门向短缺部门转移的市场。现代财务管理与金融市场有着十分密切的关系，没有发达的金融市场，就不会有发达的财务管理实践，也不会有完善的财务管理理论与方法。

（一）金融市场与企业理财

金融市场环境对企业财务活动的影响主要体现在以下几方面。

（1）为公司筹资和投资提供场所。金融市场上存在着多种多样、方便灵活的筹资方式。当公司需要资金时，可以到金融市场上选择合适的筹资方式筹集所需资金，以保证生产经营的顺利进行；当企业有多余的资金时，可以到金融市场选择灵活多样的投资方式，为资金寻找出路。

（2）公司可通过金融市场实现长短期资金的互相转化。当企业持有的是长期债券和股票等长期资产时，可以在金融市场转手变现，成为短期资金，而远期票据也可以通过贴现变为现金；与此相反，短期资金也可以在金融市场上转变为股票和长期债券等长期资产。

（3）金融市场为企业理财提供相关信息。金融市场的利率变动和各种金融性资产的价格变动都反映了资金的供求状况、宏观经济状况，甚至是发行股票及债券公司的经营状况和盈利水平。这些信息是企业进行财务管理的重要依据，财务人员应随时关注。

（二）金融市场的构成要素

金融市场由主体、客体和金融市场调节机制等组成。金融市场主体指在金融市场上进行金融交易的市场参与者，包括个人、企业、金融机构、政府等。金融市场的客体指金融市场上的买卖对象，如商业票据、国库券、股票、债券、大额可转让定期存单等各种信用工具，或称金融性资产。金融市场调节机制是通过资金价格（利率）调节金融市场中资金供求关系以实现社会资金合理配置的机制。

（三）金融市场的分类

（1）按期限分为短期金融市场和长期金融市场，即货币市场和资本市场。货币市场又称为短期资金市场或短期金融市场，指交易期限在一年以内的金融市场。货币市场的主要特点是融资期限短、信用工具流动性强，其功能在于满足交易者的资金流动性需求。货币市场包括短期存贷市场、银行同业拆借市场、商业票据贴现市场、短期债券市场等。资本市场指交易期限在一年以上的金融市场，主要用于满足工商企业的中长期投资需求和政府弥补赤字的资金需求。资本市场包括长期存贷市场和股票、长期债券等证券市场。

（2）按证券交易的模式分为初级市场和次级市场，即发行市场和流通市场。发行市场亦称为初级市场或一级市场，指各种新发行的证券第一次出售给公众时所形成的场所。由于证券的发行者不容易与分散的、众多的货币持有者进行直接交易，因此，由投资银行承购包销是证券发行的主要行销方式。流通市场又称为二级市场，是进行各种已发行证券转手买卖交易的市场。二级市场上的交易不会增加发行在外的金融资产的总额，但它的存在会增加金融资产的流动性。二级市场的存在使个人和机构投资者更容易做出购买新证券的决策，因为他们可以很方便地在二级市场上卖掉已有证券，以获取资金，并购买新证券。因此，完善的二级市场会提高一级市场的效率。

（3）按金融工具大类分为股票市场、债券市场、货币市场、外汇市场、期货市场、期权市场。在这六大市场中，前三个市场又被称为有价证券市场，这三个市场的金融工具主要发挥筹措和投放资本或资金的功能。无论是从市场功能上，还是从交易规模上，有价证券市场都构成了整个金融市场的核心部分。外汇市场的交易工具主要是外国货币，这个市场具有买卖外国通货和保值投机的双重功能，它对国际企业财务管理具有特别重要的意义。期货市场和期权市场主要是用来防止市场价格和市场利率剧烈波动给筹资、投资活动造成巨大损失的保护性机制。因此，这两个市场又可称为保值市场。

（4）按组织方式的不同可划分为场内交易市场和场外交易市场。前者是有组织的、集中的场内交易市场，即证券交易所，它是证券市场的主体和核心；后者是非组织化的、分散的场外交易市场。传统的场外交易往往是在电话中成交的零散的小型交易，随着电子科技与网络的发展与普及，大部分公司的债券和股票都通过网络交易，场外交易也变得越来越有组织、有秩序，逐渐成为证券交易所必要的补充。

（四）金融工具

金融工具也被称为信用工具或交易工具。《国际会计准则委员会第32号金融工具：披露和列报》对金融工具的定义如下："一项金融工具是使一个企业形成金融资产，同时使另一个企业形成金融负债或权益工具的任何合约。"金融工具可以分为基础金融工具和衍生金融工具。

（1）基础金融工具。基础金融工具是金融工具的一类，包括企业持有的现金、存放于金融机构的款项、权益性证券（股票）、债券性证券（债券）、股票价格指数，以及代表在未来期间收取或支付金融资产的合同权利或义务等。基础金融工具是衍生金融工具产生和运用的基础。

（2）衍生金融工具。衍生金融资产也叫衍生金融工具，又称"金融衍生产品"，是与基础金融产品相对应的一个概念，指建立在基础产品或基础变量上，其价格随基础金融产品的价格（或数值）变动的派生金融产品。衍生金融工具基础的变量则包括利率、汇率、各类价格指数、通货膨胀率，甚至是天气（温度）指数等。

衍生金融工具是在货币、债券、股票等传统金融工具的基础上衍化和派生的，由于其价值依赖于衍生金融工具，因此它可以用来套期保值，也可以用来投机。公司可以利用衍生金融工具进行套期保值或转移风险，但不应依靠其投机获利。

（五）利率及其测算

利率是衡量资金增值量的基本单位，指一定时期内利息额与借贷金额（本金）的比率。利率是金融市场上资金交易的价格，也就是说，资金作为一种特殊商品，其在市场上的交易买卖是以利率作为价格标准的。资金的融通实质上是资源通过利率这个价格体系在市场机制作用下实现的再分配。

利率的高低将直接影响企业的筹资、投资等财务活动。利率是决定企业资金成本的主要因素，同时也是企业筹资、投资的决定性因素，对金融环境的研究必须注意利率现状及其变动趋势。要预测利率的变动趋势，就必须先了解利率的构成。一般而言，利率由三个部分构成：纯利率、通货膨胀补偿率、风险报酬。因此，利率的计算公式可表示为：

$$利率 = 纯利率 + 通货膨胀补偿率 + 风险报酬$$

1. 纯利率

纯利率指无通货膨胀、无风险情况下的平均利率。纯利率的高低受平均利润率、资金供求关系和国家利率管制的影响。首先，利率是利润的一部分，利息率依存于利润率，并受平均利润率的制约；其次，在平均利润率不变的情况下，金融市场上的资金供求关系决定市场利率水平。在实际工作中，要精确测定纯利率是非常困难的，因此，通常以无通货膨胀情况下的无风险证券（如国库券）的利率来代表纯利率。

2. 通货膨胀补偿率

通货膨胀使货币贬值，使投资者的实际报酬下降。因此，投资者会在纯利率的水平上加上通货膨胀附加率，以弥补通货膨胀造成的购买力损失。因此，无风险证券的利率除纯利率之外，还应加上通货膨胀因素。例如，政府发行的短期无风险证券（如国库券）的利率就是由这两部分组成的，即

$$短期无风险证券利率 = 纯利率 + 通货膨胀补偿率$$

例如，假设纯利率为3%，预计下一年度的通货膨胀率为5%，则1年期无风险证券的利率应为8%。值得注意的是，计入利率的通货膨胀补偿率不是过去实际达到的通货膨胀水平，而是对未来通货膨胀的预期。

3. 风险报酬

风险报酬是投资者要求的纯利率和通货膨胀补偿之外的风险补偿。有关的实证研究表明：公司长期债券的风险大于国库券，投资者要求的收益率也高于国库券；普通股票的风险大于公司债券，要求的收益率也高于公司债券；小公司股票的风险大于大公司的股票，要求的收益率也高于大公司股票。风险越大，要求的收益率就越高，风险与收益的对应关系是财务管理者应建立起来的最基本观念。风险报酬又分为违约风险报酬、流动性风险报酬和期限风险报酬三种，因此，风险报酬又可表示为：

$$风险报酬 = 违约风险报酬 + 流动性风险报酬 + 期限风险报酬$$

1）违约风险报酬

违约风险是借款人未能按时支付利息或未能如期偿还贷款本金的可能性。违约风险越大，投资人要求的利率报酬越高。债券评级实际上就是评定违约风险的大小。信用等级越低，违约风险越大，资金提供者要求的违约风险报酬越高。国库券等证券由政府发行，可以视为没有违约风险，其利率一般较低。非投资级的垃圾债券的违约风险较大，因此其利率也较高。在到期日和流动性等条件相同的情况下，各信用等级债券的利率水平与国库券利率之间的差额便是违约风险报酬率。

2）流动性风险报酬

流动性指某项资产迅速转化为现金的可能性。如果一项资产能迅速转化为现金，则说明该资产的变现能力强，流动性好，流动性风险小；反之，则说明其变现能力弱，流动性差，流动性风险大。各种有价证券的变现能力是不同的。政府债券和大公司的股票容易被人接受，投资人随时可以出售以收回投资，变现力很强。与此相反，一些小公司的债券鲜为人知，不易变现，流动性风险就较大。与流动性风险较小的证券相比，对于流动性较大的证券而言，投资者要求的收益率通常会高1～2个百分点，以作为承担流动性风险的补偿，这个利差即为流动性风险报酬。

3）期限风险报酬

期限风险报酬指因到期时间长短不同而形成的利率差别。到期时间越长，在此期间的不确定性越大。如果市场利率上升，则投资者遭受损失的风险越大。期限风险报酬是对投资者承担利率变动风险的一种补偿。一般而言，因受到期风险的影响，长期利率会高于短期利率，但有时也会出现相反的情况。这是因为短期投资有另一种风险，即购买短期债券的人在债券到期时，由于市场利率下降，找不到获利较高的投资机会，还不如当初投资于长期债券。这种风险被称为再投资风险。对财务人员来说，尽可能较为准确地预测未来的利率走势，在其上升时使用长期资金来源，在其下降时使用短期资金来源。

实际上，利率很难准确地预测出来。利率的波动，以及与此相关的股票和债券价格的波动给企业理财带来机会，同时也带来挑战。企业在为过剩资金选择投资方案时，可以利用这种机会获得营业以外的额外收益。例如，在企业购入长期债券后，市场利率下降，那么，按固定利率计算的债券价格就会上涨，企业可以通过出售债券获得比预期更多的现金流。当然，如果出现相反的情况，企业将会蒙受损失。在选择筹资来源时，情况与此相似。在预定利率持续上升时，以当前较低利率发行长期债券，可以节省资金成本。如果后来事实上利率下降了，则企业将承担比市场利率更高的资金成本。

第七节　商业伦理与职业道德

在市场经济条件下，企业作为具有独立法人财产权、自主经营和自负盈亏的经济实体，必然要与外部和内部发生各种关系，这些关系既有利益关系，也包含各种伦理关系。企业要进行正常的生产经营活动，一方面要处理好各种利益关系，另一方面也必须把握其中的伦理关系，树立自己的伦理理念，并以此为指导确立经营实践中的伦理准则和道德规范。

一、商业伦理

（一）商业伦理的概念与功能

伦理指在处理人与人、人与社会相互关系时应遵循的道理和准则。商业伦理以企业为行为主体，以企业经营管理的伦理理念为核心，是企业在处理内外部各种关系时的道德品质、道德规范及道德实践的总和。作为一种"善与恶"或"应该与不应该"的规范，具有群体性、中介性、内隐性、地域性和双向性等特点。

商业伦理是维系商业社会存在的基础，是调节企业与社会、个人与企业、各个企业之间的利益差异和冲突的规范，具有调节功能、认识功能和教育功能。

（1）商业伦理的调节功能。商业伦理的调节功能是运用其特有的评价方式来指导和纠正人们的行为，协调人际关系的一种实际活动能力。在现实生活中，善恶矛盾和道德冲突是普遍存在的。善恶矛盾和道德冲突的解决始终离不开伦理调节的参与，而且必然有调节成功和调节失败两种后果。当然，伦理调节功能也不是孤军奋战，往往与其他调节方式一道运行。如反垄断、反欺诈、反偷税漏税等，既是经济调节也是行政调节。既是法律调节也是伦理调节。至于道德评价、道德教育、道德修养乃至全社会的道德建设，都有伦理调节功能在发挥作用。伦理调节的依据是社会生活所确立的善恶标准，它是道德原则、道德规范、道德范畴和社会道德观念的本质抽象和集中概括。

（2）商业伦理的认识功能。商业伦理的认识功能指伦理所固有的，反映自己伦理关系和伦理现象的能力。其表现为道德标准、道德意识、道德原则、道德规范、道德范畴和道德理论体系等。伦理的认识功能所认识的是那些能够指导人们正确选择自己行为的道德和能力，指导人们在处理人与人之间利益关系时做出正确判断的知识和能力，指导人们具有一种选择正确生活道路的学识和能力等。总的来说，伦理认识功能所认识的内容包括：道德主体对道德关系和道德现象的认识、道德主体对道德客体与现实世界的价值关系的认识。

（3）商业伦理的教育功能。商业伦理的教育功能指伦理通过评价活动和激励方式造成社会舆论，形成社会风尚，树立道德榜样，塑造理想人格，以培养科学的道德意识和崇高的道德品质。伦理教育的意义在于它可以通过家庭、学校、职业、社会等各种渠道，采取视觉、听觉、行动等多种方式向人们灌输和传播道德科学知识，帮助人们懂得善恶是非，树立正确的道德观念，唤起人们的道德自觉性，从而自觉按照一定的善恶标准来调节自己的行为，达到优化品德结构的目的。

（二）商业伦理的判断标准

一个商业行为从商业伦理的角度来看是对还是错，其判断标准是什么？"商业伦理学科之父"曼纽尔·贝拉斯克斯对商业中的伦理原则进行了系统的总结和分析，认为主要有效用、权利、正义、关怀四个标准。

（1）效用标准。效用指某种行为给社会带来的净收益。效用标准用行为的效用来评价行为的道德与否，当且仅当行为产生的效用大于其他替代行为的总效用时，该行为合乎伦理。换言之，当多个行为可供选择时，行为人应选择效用最大的行为，这就是符合商业伦理的。桑德尔教授在其主讲的哈佛公开课"公平与正义"中举了一个例子：假设你开着火车，刹车失灵了，铁路的前方有五个工人在作业，眼看火车就要撞死他们了，这时，你发现旁边有个岔道，而岔道上只有一个工人在作业，此时，你是选择转弯，只撞死一个工人，还是继续往前开，撞死五个人呢？在这个例子中，效用主义者将选择转弯，因为他们认为与撞死五个人相比，撞死一个人对社会的损失更小，即效用更大。

（2）权利标准。与效用原则相反，权利标准反对以行为的效用来衡量行为的道德价值。德国古典哲学家伊曼努尔·康德认为，所有人都拥有某些道德权利与义务，无论履行这些权利与义务是否会为自己和他人提供任何效应。也就是说，每个人都有获得平等对待的道德权利，每个人也有义务平等地对待他人。在上例中，如果基于权利标准，则火车司机选择转弯的行为是不符合伦理的，因为那一个工人和另外五个工人一样，都有平等的道德权利，他们的生命具有同样的价值。

（3）正义标准。正义通常指人们按一定道德标准所应当做的事，包括分配正义、应报正义和补偿正义三种。分配正义指分配领域中的正义，要求平等的人必须得到公平对待，不平等的人必须得到差别对待。基于平等的正义原则包括平均主义原则、贡献大小原则、需求和能力原则、自由主义原则和综合平等原则。应报正义是关于惩罚过失者的正义。只有满足以下三个条件时，惩罚过失者才是正义的：①非无知和无能；②确信被惩罚者真的犯有过失；③惩罚必须一致且与过失相符合。补偿正义指为个人因他人过失而遭受的损失提供补偿的正义。

（4）关怀标准。关怀标准认为道德的任务不是遵循普遍和公正的道德原则，而是照顾和回应与我们有宝贵及亲密关系的特定人群。它强调两个道德要求：第一，每个人都生活在特定的关系网络之中，应维持和培养与特定个人和群体的具体和宝贵的关系，如父母、老师、夫妻、同学、老乡、战友等；第二，每个人都应对那些与其有特殊关系的人给予特殊关怀，尤其是当他们处于弱势情况下时，更应如此。

在商业实践中，上述四个标准到底该遵循哪一个呢？理想的做法是对这四个标准都予以考虑，即决策时要考虑：①是否达到了效益最大、伤害最小；②是否符合受影响者的道德权利；③是否做到了效益与负担的公正分配；④是否适当关怀了亲近之人。但在伦理决策实践中，要想同时满足四个方面的要求，做到面面俱到，是非常困难的。

二、财务职业道德

道德是社会意识形态之一，是人们共同生活及行为的准则和规范。道德与伦理既有联系，又有区别。长期以来，许多学者都认为道德与伦理是含义相同的两个概念，是同义词，指的都是社会道德现象。但同时，伦理与道德又存在着区别。伦理重在探讨

"人"与"伦"的关系，道德重在探讨"人"与"理"的关系；伦理具有客观性与实在性，而道德具有主观性与个别性。

职业道德指在一定职业活动中应遵循的、体现一定职业特征的、调整一定职业关系的职业行为准则和规范，它具有职业性、实践性、继承性和多样性等特点。不同地区、不同民族的道德标准可能并不完全相同，不同职业的道德也可能存在差异。财务（会计）作为一个有着漫长历史的职业，也有着具有显著特征的职业道德。会计职业道德指在会计职业活动中遵循的、体现会计职业特征的、调整会计职业关系的职业行为准则和规范。它是引导和制约会计行为，调整会计人员与社会、会计人员与不同利益集团，以及会计人员之间关系的社会规范。

在我国，《中华人民共和国会计法》《会计基础工作规范》《关于加强会计人员诚信建设的指导意见》等法律法规均对会计职业道德规范提出了明确要求。其中，《中华人民共和国会计法修订草案（征求意见稿）》（2019年）中关于会计职业道德的规定有两处。第四十一条：会计人员应当遵守职业道德，提高专业能力。对会计人员的诚信管理和教育培训工作应当加强。第二十六条要求建立与实施内部控制时要强化全体员工的职业道德教育。财政部于2019年修订的《会计基础工作规范》要求各单位督促会计人员遵守职业道德，要求会计人员自觉遵守职业道德，在第2章第一节中，从八个方面对会计人员职业道德的具体内容进行了明确规范。财政部于2018年发布的《关于加强会计人员诚信建设的指导意见》提出：引导会计人员自觉遵纪守法、勤勉尽责、参与管理、强化服务，不断提高专业胜任能力；督促会计人员坚持客观公正、诚实守信、廉洁自律、不做假账，不断提高职业操守。综合我国有关法律法规关于会计职业道德规范的规定，我国财务（会计）职业道德规范的内容包括：遵纪守法、爱岗敬业、参与管理、强化服务、客观公正、诚实守信、廉洁自律、不做假账。

（一）遵纪守法

遵纪守法指财务人员在处理业务过程中，要严格按照法律法规办事，不为主观或他人意志所左右。遵纪守法是财务职业道德的核心，是财务人应坚守的"底线"。遵纪守法要求财务人员熟悉、遵循和坚持财务法律法规。只有熟悉财务法律法规，才能按法律法规办事，才能保证财务信息的真实性和完整性。财务法律法规是财务人员开展财务工作的标准和参照物，财务人员在会计核算和监督时要自觉、严格遵守各项法律法规，将单位的具体经济业务事项与相关规定相对照，做出是否合法合规的判断，对不合法的经济业务不予受理。财务人员在开展工作时，应坚持对法律负责，对国家和社会公众负责的准则，敢于同违反法律法规和财务制度的现象进行斗争，确保财务信息的真实性和完整性。

（二）爱岗敬业

爱岗就是财务人员热爱本职工作，其具体表现为安心本职工作，忠于职守。财务人员无论从事什么岗位的财务工作，只有安心本职岗位，才会尽心尽力地做好本职工作。

敬业指财务人员敬重财会职业，视财务工作为崇高事业。具体表现为对工作认真负责，积极主动，不怕辛劳，任劳任怨，一丝不苟，勇于对自己提供的财务数据负责，对自己处理的财务事项负责，对自己进行的财务监督结果负责。爱岗和敬业互为前提，相辅相成。爱岗是敬业的基础，敬业是爱岗的升华。

爱岗敬业的基本要求如下。①正确认识财务职业，树立爱岗敬业精神。只有对财务工作有正确的认识，才会热爱财务工作，敬重财务职业。②忠于职守，任劳任怨。忠于职守是爱岗的具体表现形式，具体表现为对单位、社会公众和国家利益负责。任劳任怨则是敬业精神的一种具体表现形式，它要求财务工作者必须具有不怕艰苦、不怕辛劳、不计得失、默默无闻的工作态度，只有这样，才能出色地完成财务工作任务。③认真负责，兢兢业业。每一个岗位的财务人员都应严格按照岗位职责规定的程序和要求，认真负责、兢兢业业地处理业务，并将这种工作作风贯穿于财务工作的各个环节。

（三）参与管理

参与管理就是参加管理活动，为管理者当参谋，为管理活动服务。财务管理是企业管理的中心，在企业管理中具有十分重要的作用。当前，我国已进入新时代，经济增长已由高速增长转向高质量增长，大数据、人工智能、移动互联网、云计算、物联网、区块链、量子科技等新技术和新应用不断涌现，整个社会经济表现为不稳定（volatile）、不确定（uncertain）、复杂（complex）、模糊（ambiguous）。在这个被称为"乌卡"（VUCA）的时代，企业管理者的决策环境更加不确定，更加需要财务人员为管理层的决策提供支持。因此，财务人员应积极主动地融入业务活动，向单位领导反映本单位的财务、经营状况及存在的问题，主动提出合理化建议，积极参与市场调研和预测，参与决策方案的制定和选择，参与决策的执行、检查与监督，为管理层的经营管理和决策活动当好助手和参谋。

（四）强化服务

美国会计学会早在1996年就提出"会计是提供鉴定、计量和传递会计信息的一项服务"。可从对外、对内两个维度来理解财务服务：对外，财务通过财务报表的编制和披露来满足投资者、债权人、政府等信息使用者的需求，实现会计信息决策有用性的目标；对内，发挥财务的管理作用，为提高企业管理效率服务，实现企业价值最大化的目标。

强化服务的基本要求如下。①树立服务意识。财务人员无论处在单位的哪个层次，都应摆正自己的位置，时刻牢记财务人员为单位、为国家、为投资者和债权人、为员工服务的宗旨。②树立新时代理财观。要正确处理好当前与长远的关系，立足现在，谋划未来。③文明服务。要求财务人员在工作中态度温和，语言文明，礼貌待人，以理服人。

（五）客观公正

客观指按照事物的本来面目，不人为地夸大或缩小。公正就是平等、公平、正直，不偏不倚。对财务人员而言，客观包括真实性和可靠性两层含义。只有以经济活动的真实性作为前提，以财务处理过程的可靠性作为保证，才能达到客观的要求。与客观相比，公正更强调诚实的品质和公正的态度，重点是对财务信息使用者的公正。客观是公正的基础，公正是客观的反映。要达到公正，仅仅做到客观是不够的。公正不仅仅指诚实、真实、可靠，还包括在真实、可靠中做出公正的选择。

客观公正的基本要求如下。①端正态度。没有客观的态度和公正的品质，就不可能造就尊重事实的现实。客观公正是财务人员必须具备的行为品德，是财务职业道德规范的灵魂。②坚持真实性、完整性原则。③敢讲真话。讲真话指讲话要实事求是，反映事物的本来面目。敢讲真话是做人的基本品质，更是财务人员应具备的品德。

（六）诚实守信

诚实指人的言行与内心想法一致，不说假话。守信，即遵守信用，遵守自己所做的承诺。诚实守信是我国社会主义核心价值观的主要内容，是财务人员职业道德的基本素养。市场经济是"信用经济"。信用是维护市场经济健康发展的前提，是市场经济社会赖以生存的基石。社会主义市场经济越发展，越要求财务人员讲诚实、守信用。

诚实守信的基本要求如下。①做老实人。要求财务人员说真话、实话，不夸大，不缩小，不隐瞒，如实反映经济业务事项；要求财务人员工作认真、踏实，不弄虚作假，不欺上瞒下；要求财务人员言行一致，实事求是，提供真实、完整的财务信息。②讲信誉、守信用。财务人员在工作中讲信誉、守信用，主要应从以下几个方面做起：对股东讲诚信，提供真实可靠的会计信息；对国家讲诚信，认真执行国家的财经法规，及时足额缴纳税收；对债权人讲诚信，履行借款协议，及时偿还到期债务和按时支付借款利息；对供应商讲诚信，按合同支付货款；对员工讲诚信，按期支付职工薪酬；对顾客讲诚信，合理制定产品销售价格。

（七）廉洁自律

廉洁指不损公肥私，不贪图钱财。自律指自己约束自己，是行为主体按照一定的标准，自己约束、控制自己的思想和言行。廉洁是基础，自律是保证。自律的核心是用廉洁的道德理念抑制自己的不良欲望。会计职业自律包括财务人员自律和行业自律。财务人员自律指财务人员以人生观、价值观来约束自己的言行，是一种自愿、自觉、自发的行为。行业自律指职业组织对整个职业的财务行为进行自我约束、自我控制。财务工作是与钱、财、物打交道的工作，如果没有廉洁自律的职业道德，就不可能做到"常在河边走，就是不湿鞋"。

廉洁自律的基本要求如下。①树立正确的人生观、价值观和权力观。只有拥有正确的人生观和价值观，财务人员在工作中才能自觉抵制拜金主义、个人主义和享乐主义等错误思想，做到廉洁自律。财务人员还要树立正确的权力观，把权力看作做好财务工作的条件，看作一种责任。②公私分明，不占不贪。财务人员要不占小便宜、不贪污受贿；不得利用职务之便将单位钱财据为己有，只能获取合法的劳动报酬和享受员工应得的福利待遇；在处理经济事项时，认真执行财经法规，确保单位资产安全。③正确使用手中的权力。根据财经法规的规定，财务人员在经办财务事项中拥有一定的职权，如财务预算编制权、费用报销审核权、资金使用计划执行情况检查和考核权、库存现金保管权、财产物资稽核权等。正确使用这些权力是财务人员廉洁自律的基本要求。

（八）不做假账

"不做假账"是对财务职业道德的高度概括，也是《中华人民共和国会计法》（以下简称《会计法》）、《企业会计准则》《企业财务通则》的基本要求。作为一名财务人员，无论是企业、事业单位的财务工作者，还是中介机构的注册会计师，都应严格遵守客观、公正的立场，真实、完整地反映经济活动，不得弄虚作假。2001年10月29日，时任国务院总理朱镕基视察国家会计学院时欣然题词"诚信为本、操守为重，坚持准则，不做假账"，并将其作为国家会计学院的校训。

"不做假账"的基本要求如下。①深刻理解"不做假账"的现实意义。"不做假账"有助于贯彻实施《中华人民共和国会计法》，企业"走出去"，从源头上治理腐败，实现我国经济高质量发展。只有充分认识"不做假账"的重要意义，财务人员才能主动地"不做假账"，也才能更好地抵制来自有关单位或个人要求做假账的压力。②坚持准则，顶住外来压力，坚决不做假账。财务人员要严格按照会计法律制度办事，不为主观或他人意志左右，坚持准则，如实披露会计信息，不做假账。

思考题

1. 财务管理与会计之间有哪些区别和联系？
2. 利润最大化、股东财富最大化和企业价值最大化分别有哪些优点和缺点？
3. 要实现企业价值最大化的目标，就必须妥善处理好哪些利益关系？
4. 财务管理假设对企业的理财活动会产生哪些影响？
5. 财务管理由哪些环节组成？其中的关键环节是什么？
6. 利率由哪些因素构成？如何测算？
7. 如何培养自身的商业伦理意识和财务职业道德？

扩展阅读 1.1

企业财务管理目标选择的启示

第二章 财务分析

本章学习提示

本章重点：财务分析的方法，财务比率的计算，公司各种财务能力分析，公司财务状况综合分析。

本章难点：利用财务比率分析公司各种财务能力，公司财务状况综合分析。

财务分析是财务管理的重要环节和基础工作，目的是将财务数据转换为更有用的信息，帮助报表使用者进行相关决策。财务分析既是过去财务活动的总结，又是未来财务预测的前提，在财务管理循环中起着承上启下的重要作用。

本章导读

2020年1月，知名机构浑水在推特上发表了一篇关于瑞幸咖啡的报告，该报告直指瑞幸咖啡造假。这篇长达89页的报告瞬间让行业炸开了锅。2月3日，瑞幸否认浑水的所有指控，但是浑水再度在推特上发布了一份来自尘光研究的报告，称瑞幸咖啡存在财务造假和业务数据造假。因此，号称史上上市最快的企业"理所当然"地引起了社会的密切关注。

瑞幸咖啡自2017年10月成立，在短短两年的时间内开设了3000家门店，并在2019年5月成功上市，市值达42.5亿美元。买二送一、买五送五和免费送好友咖啡等铺天盖地的宣传和疯狂补贴，吸引了广大咖啡爱好者的目光。在瑞幸咖啡取得巨大成功的同时，争议也一直伴随其左右，它被质疑烧钱补贴，商业模式难以为继。浑水发布的两次做空报告都指出瑞幸咖啡从2019年第三季度开始捏造财务和运营数据，夸大门店的日订单量及每笔订单包含的商品数和净售价，从而营造出单店盈利的假象。浑水的这一举动引起了监管部门、投资机构和社会公众的重视。2020年7月31日，财政部完成对瑞幸咖啡境内运营主体会计信息的质量检查。在检查中发现，2019年4月—2019年年末，瑞幸咖啡通过虚构商品券业务增加交易额22.46亿元（人民币，下同），虚增收入21.19亿元（占对外披露收入51.5亿元的41.15%），虚增成本费用12.11亿元，虚增利润9.08亿元。

瑞幸咖啡也为此承受了相应的处罚。2020年6月29日，瑞幸停牌并退市，市值从峰值的120亿美元下跌到不足3.5亿美元。2020年9月18日，市场监管总局及上海、北京市场监管部门对瑞幸咖啡（中国）有限公司、瑞幸咖啡（北京）有限公司和北京车行天下咨询服务有限公司等45家涉案公司做出行政处罚决定，处罚金额共计6100万元。

资料来源：https://finance.sina.com.cn/stock/relnews/us/2020-05-22/doc-iirczymk 3036634.shtml。

第一节   财务分析概述

财务分析是财务管理的基础工作之一，它以企业财务报表及其他相关财务资料为依据，对企业财务活动的过程和结果进行研究和评价，目的在于判断企业的财务状况，诊察企业经营活动的利弊得失，以便进一步预测企业未来的发展趋势，为财务决策、财务预算和财务控制提供依据。

一般认为，财务分析产生于19世纪末。最早的财务分析主要是以银行为服务对象的信用分析。资本市场形成后出现了盈利分析，财务分析的对象由贷款银行扩大到投资人。随着资本市场的发展，企业筹资范围和渠道也不断增加，公司规模越来越大并日渐成熟，企业财务报表的使用范围不断扩展，以企业盈利能力、筹资结构、利润分配为基础的外部财务分析体系逐渐成熟，并扩大到以改善内部管理为目的的财务分析。

财务分析是以企业财务报告提供的有关数据为主要依据，采用专门的方法，对企业过去的财务状况、经营成果及未来前景进行系统分析和评价的一项业务手段。财务分析的一般内容包括评价企业过去的经营业绩，衡量企业现在的财务状况，预测企业的未来发展趋势等。财务分析根据特定目的一般可分为流动性分析、盈利性分析和财务风险分析等。

无论是静态的资产负债表，还是动态的利润表与现金流量表，它们所提供的有关财务状况和经营成果的信息都是历史性的描述。尽管过去的信息是进行决策的主要依据之一，但过去未必能代表现在和将来。因此，财务报表上所列示的各类项目的金额，如果孤立起来看，是没有多大意义的，必须将其与其他项目金额相关联或相比较才能成为有意义的信息，以能供决策者使用，而这些正是财务分析所要解决的问题。

一、财务分析的目的

财务分析的主要依据是财务报告，但财务报告的信息使用者是多方面的，他们与企业的经济利益关系往往有所不同，因此，对企业财务状况的关注点也就有所侧重。企业对外发布以财务报表为主体的财务报告是根据所有信息需求者的一般要求设计的，往往难以适合特定使用人的特定要求。报表使用人要从中选取自己需要的信息，重新加工，使之满足特定的决策需求。

财务分析的目的根据使用人对财务信息的需求不同而有所区别。

（1）股东。股东即企业的所有者或股权投资者，是以股权形式向企业投入资金的自然人或法人，包括股权投资者和潜在的股权投资者，他们是财务分析的主体。其进行财务分析的根本目的是了解企业的盈利能力状况，因为企业盈利能力的大小直接关系到股东投入资本能否实现资本保值和增值，是股东投资决策的直接影响因素。同时，股东作为委托人，还需要借助财务报告分析考察公司经理人对受托责任的履约情况。另外，股东按照其持股比例的不同，可以分为控股股东和中小股东，两类股东进行财务分析的目的也存在一定的差异性。就控股股东而言，由于其在公司核心决策层中占据重要地位，因此能够控制公司的经营决策和财务决策，甚至能进行各种关联交易。同时，他们还承担较大的经济风险，因为公司一旦破产，他们蒙受的经济损失将远大于中小股东。这使其更加注重公司的长期发展，对报表信息中的资产和资本结构、长期投资机会等非常重视。相对而言，中小股东的投资收益主要来源于资本利得和现金分红，因此，在财务分析中，他们主要关注企业的短期盈利水平、现金流量状况和股利分配政策等。

（2）债权人。债权人包括贷款银行、融资租赁出租方、企业债券持有者等。由于企业的偿债能力会直接影响债权人的放款决策，因此，债权人也是财务分析的重要主体。债权人进行财务分析的目的一般包括：①是否发放贷款，要分析报酬和风险；②了解短期偿债能力，要分析资产流动状况；③了解长期偿债能力，要分析资本结构和盈利状况；④是否转让债权，要分析其价值。

（3）企业管理层。企业管理层主要指经理人，其对企业所有者承担经营管理责任，对企业的经营成败负主要责任。客观地讲，他们对财务报告信息的需求远没有外部投资者迫切，因为他们本身就是信息的发布者，对信息的真实公允程度有清晰的认识。同时，内部管理会计系统能够提供更客观、私密和多样化的信息。这些均大大削弱了其对财务报告的需求程度，但这并不意味着他们会降低对财务报告的重视程度。为了编制财务计划，估计企业的财务状况，有效筹措外部资金和改善财务决策，经理人员必须进行财务分析，且财务分析的目的是综合和多方面的，涉及的内容最广泛，几乎涵盖财务信息外部使用人关心的所有问题。

（4）其他企业。其他企业包括集团内部的其他企业，以及集团外部由于相互提供产品和劳务而与企业发生商业信用和结算关系的企业。通过财务分析，其他企业可以确定销售信用条件、是否延长付款期、是否与企业建立业务关系或修订与企业的现有关系，以及是否增加投资以控制相关企业的生产经营等。

（5）政府职能部门。政府的部分职能部门对企业有监督智能，具体履行往往需要借助财务报告分析。其分析财务报告的主要目的是监督企业是否遵循了相关政策法规、是否涉嫌偷税漏税、是否存在垄断等，进而维护市场经济秩序稳定有序，保障国家和社会利益。具体而言：市场监督部门通过财务报告分析，并辅以其他信息来审核企业经营的合法性，进行产品质量监督和安全检查，判断企业是否存在搭售、滥用市场支配地位等不公平交易行为；税务部门主要关注企业的盈利水平和资产增减变动情况，以判断是否存在偷税漏税的嫌疑；国资委主要考虑国有企业投入资本的保值和增值情况，关注企业的盈利能力和可持续发展能力；发改委则考察企业是否涉及价格垄断；商务部针对的则是企业是否存在涉及垄断的并购行为。

（6）雇员和工会。企业职工为其前途担心，工会为职工利益着想，他们自然关心企业的财务状况，尤其要通过分析来判断企业盈利与雇员收入、保险、福利之间是否相适应。

（7）中介结构。审计人员通过财务分析可以确定审查重点；财务分析领域的逐渐扩展与咨询业的发展有关。在一些国家，财务分析师已成为专门的职业，他们通过财务分析为各类报表使用人提供专业咨询。

二、财务分析的分类与要求

（一）财务分析的分类

由于进行财务分析的角度不同，因此，财务分析可以分为不同的形式。

（1）按财务分析的内涵，财务分析有广义和狭义两个层次。狭义的财务分析是财务报表分析，即根据财务报表资料对企业的财务状况、经营成果、现金流量及其变动情况进行的分析。广义的财务分析指以会计核算资料为主，结合统计核算资料、业务核算资料和经济调查资料，对企业的财务状况、经营成果、现金流量及其变动情况进行分析。

财务分析是企业经济活动分析的重要组成部分。本章内容主要是狭义的财务分析。

（2）按财务分析的主体不同划分，财务分析有内部分析和外部分析。内部分析指企业内部经营者对企业财务状况的分析。外部分析指企业外部的投资者、债权人及政府部门等根据各自需要和分析目的，对企业的相关情况进行的财务分析。

内部分析和外部分析并不是完全孤立或隔离的，要保证财务分析的准确性。内部分析有时也应站在外部分析的角度进行，而外部分析也应考虑或参考内部分析的结论，以避免出现片面性。

（3）按财务分析的分析方法不同划分，财务分析有静态分析和动态分析。静态分析是根据某一时点或某一时期的会计报表相关信息，分析报表中各项目或报表之间各项目关系的财务分析形式。动态分析根据几个时期的会计报表或相关信息分析财务变动状况。

静态分析与动态分析各有优点与不足，要全面、客观地分析财务报表，这两类分析必须相互结合。

（4）按财务分析的内容与范围不同划分，财务分析有综合分析和专题分析。综合分析指对企业在一定时期内，生产经营各方面的情况进行系统、综合、全面的分析与评价。专题分析指根据分析主体或分析目的的不同，对企业生产经营过程中某一方面的问题所进行的较深入的分析。财务分析的专题分析有破产预测、审计师的分析性检查程序等。

（5）按财务分析依据的资料不同划分，财务分析有财务报表分析和内部报表分析。

（二）财务分析的要求

要做好财务分析，充分发挥财务分析的作用，就必须满足一定的前提条件。这些条件包括统一的财务会计制度、产权清晰的企业制度和完善的信息披露制度等。在此基础上，为健全与完善财务分析理论，搞好财务分析实务，还必须做到以下几点。

1. 创造与完善财务分析条件

财务分析的前提条件是进行财务分析的基本要求。要完善和发展财务分析理论与方法，就必须满足这些条件，或采取措施创造与完善这些条件。

2. 学习与掌握财务分析方法

财务分析的起点是财务报表，正确理解财务报表是进行财务分析的前提。要搞好财务分析，除了必要的外部条件或信息资料外，关键还在于分析者的理论与实践水平。

3. 建立与健全财务分析组织

随着现代企业制度的建立，企业的财务分析工作将逐步走上制度化、规范化的道路。这就要求企业必须建立与健全完善的财务分析组织体系，及时、系统、全面地分析企业的经营状况和财务状况。

三、财务分析的程序与步骤

公司的经营者、投资人、债权人和其他报表使用者进行财务分析的侧重点不同，分析方法也可能不同，但进行财务分析时的程序大同小异。科学的程序是财务分析顺利进行的有效保证。财务分析的基本程序是财务分析的基本步骤，一般包括以下几个阶段。

（一）确定分析内容

财务分析的内容包括分析企业的资本结构、风险程度、盈利能力、经营成果等。报表的不同使用者对财务分析内容的要求不完全相同。

公司的债权人关注公司的偿债能力，通过流动性分析，可以了解公司清偿短期债务的能力；投资人更加关注公司的发展趋势，尤其侧重公司盈利能力及资本结构的分析；而公司经营者对公司经营活动的各个方面都必须了解。此外，作为经营者还必须了解本行业其他竞争者的经营情况，以便今后更好地为本公司的生产经营进行决策分析，如销售产品定价决策。

（二）搜集有关资料

一旦确定了分析内容，就需尽快着手搜集有关经济资料，这些资料是进行财务分析的基础。分析者要掌握尽量多的资料，包括公司的财务报表，以及统计核算、业务核算等方面的资料。

（三）运用特定方法进行比较分析

在占有充分的财务资料后，即可运用特定分析方法来比较分析，以达到财务分析的目的。经营者借此寻找公司经营中存在的问题，分析问题产生的原因。财务分析的最终目的是进行财务决策。只有分析问题产生的原因并及时将信息反馈给有关部门，才能做出决策或帮助有关部门进行决策。

四、财务分析的方法

财务分析的方法灵活多样。根据分析对象、企业实际情况和分析者的目的不同，往往选用不同的分析方法。财务分析的基本方法包括比较分析法和因素分析法。

（一）比较分析法

比较分析法（又称对比法）是通过两个或几个经济指标在数据上的比较，揭示经济指标之间数量关系和差异的一种分析方法。它是财务分析中普遍使用的最基本的分析方法。比较分析的具体方法通常可根据不同的比较标准进行分类。

1. 按比较对象分类

（1）与计划或预算比，即实际执行结果与本期计划指标、长远规划指标、理论数或定额数进行对比，也称差异分析。

（2）与本企业历史比，即实际执行结果与不同时期（2～10年）的实际、历史最好水平、有典型意义的数据进行比较，是纵向分析。其中，连续几个时期的指标相比较也称趋势分析。

在进行纵向分析时：如果选取的比较基准是本企业某一固定时期的数额，则称为定基分析；如果选取的比较基准是每一分析期的上一期数额，则称为环比分析。

（3）与同类企业比，即实际执行结果与本地区内同类企业的同期行业平均数或竞争对手进行比较，或与国内同类企业同期的行业平均数或竞争对手比较，或与国际同类企业的同期行业平均数或竞争对手进行比较，也称横向分析。

2. 按比较内容分类

（1）比较会计要素的绝对数指标，即财务报表项目的总金额，也称总量比较。

（2）比较结构百分比。将某一总体财务项目的总额视为100%，将总体项目中的各个具体项目以相当于总额的百分比来表示，用以说明某一总体财务项目的构成比例及其合理性。

（3）比较财务比率。财务比率反映了两个可比财务数据之间的内在联系。财务比率比较重在分析，也就是说，财务比率比较要以财务比率的计算为基础，在计算的基础上对其加以说明和解释。

（二）因素分析法

因素分析法是依据分析指标与其影响因素之间的关系，从数量上确定各因素对分析指标影响方向和影响程度的一种方法。采用这种分析方法的出发点在于当影响分析指标的因素有若干个时，假定其他各个因素都无变化，按顺序确定每一个因素单独变化对分析指标的影响。

因素分析法根据其分析特点可分为连环替代法和差额分析法两种。

1. 连环替代法

连环替代法是因素分析法的基本形式，其名称是由其分析程序的特点决定的。即根据影响分析指标的各个因素之间的依存关系，按顺序用各因素的比较值（通常为实际值）替代基准值（通常为计划值或标准值），据此测定各因素对分析指标的影响。

【例2-1】某企业计划2019年生产甲产品80件，生产产品只耗用一种A材料，单位产品材料计划消耗量为12kg/件，材料计划单价为45元/kg。本年实际完工甲产品90件，材料的实际消耗量为11kg/件，材料实际单价为50元/kg。

由于生产产品的材料费用是由产品产量、单位产品材料消耗量和材料单价三个因素的乘积构成的，因此，可以把材料费用这一总指标分解为三个因素，然后逐个分析它们对材料费用总额的影响程度。现将相关指标及数据列入表2-1。

表2-1　生产甲产品的相关资料

项　　　目	单　　位	计　划　数	实　际　数
产品产量	件	80	90
单位产品材料消耗量	千克	12	11
材料单价	元/kg	45	50
材料费用总额	元	43 200	49 500

根据表中资料，材料费用总额实际数较计划数增加6300元，这是分析对象。运用连环替代法，可以计算出各因素变动对材料费用总额的影响程度。

计划指标：　$80 \times 12 \times 45 = 43\,200$（元）　　　　　　　　　　①

第一次替代：$90 \times 12 \times 45 = 48\,600$（元）　　　　　　　　②

第二次替代：$90 \times 11 \times 45 = 44\,550$（元）　　　　　　　　③

第三次替代：$90 \times 11 \times 50 = 49\,500$（元）（实际指标）　④

分析：

②-①=（48 600-43 200）=5400（元）　　　　　　　产量增加的影响

③-②=（44 550-48 600）=-4050（元）　　　　　　材料节约的影响

④-③=（49 500-44 550）=4950（元）　　　　　　　价格提高的影响

5400-4050+4950=6300（元）　　　　　　　　　　　全部因素的影响

2. 差额分析法

差额分析法是连环替代法的一种简化形式，其因素分析的原理与连环替代法是相同的，区别只在分析程序上。差额分析法直接利用影响分析指标各因素的实际数与计划数的差额，在假定其他因素不变的条件下，计算各因素对分析指标的影响程度。

【例2-2】仍以【例2-1】及表2-1所列数据为例，可运用差额分析法计算各因素变动对材料费用的影响。

分析对象：材料费用总差异=（49 500-43 200）=6300（元）

因素分析：

（1）产量增加对材料费用的影响为

$$（90-80）\times 12 \times 45 = 5400（元）$$

（2）材料消耗节约对材料费用的影响为

$$90 \times （11-12）\times 45 = -4050（元）$$

（3）材料价格提高对材料费用的影响为

$$90 \times 11 \times （50-45）= 4950（元）$$

验证：

$$全部因素变动的影响对材料费用的影响为$$
$$5400-4050+4950=6300（元）$$

五、财务分析的局限性

财务分析是一项专业性较强的综合工作。财务分析的结果不仅取决于分析者的知识水平，常常还会受到一些客观因素的制约和影响。

（一）财务报表本身的局限性问题

财务报表的编制以一系列基本假设为前提，也就是说，财务报表是在几个假设成立的条件下对企业的财务状况进行披露，不能认为报表揭示了企业经营的全部实际情况。①资产的价值只代表历史成本，而不能反映其现行成本或变现价值；②币值稳定的假设未考虑通货膨胀因素；③稳健原则要求预计损失而不要求预计收益，有可能夸大费用，少计收益和资产；④会计分期的假设要求企业仅仅呈报短期的经营成果和财务状况，而不要求提供反映企业长期潜力的信息。

（二）财务报表的真实性问题

财务分析结论的准确性依赖于财务报表本身的真实性。为提高财务分析结论的准确性，分析者应注意一些与报表真实性相关的问题，如财务报告的规范性、财务报表是否完整、财务数据是否存在反常现象，以及审计师的声誉及其出具的审计报告类型。

（三）财务报告的可比性问题

《企业会计准则》往往允许不同企业对同一会计事项可以合理选择不同的会计处理方法。例如，固定资产折旧方法有直线法、双倍余额递减法等，存货计价可以采用先进先出法或移动加权平均法等。尽管财务报表附注会披露企业的会计政策，但财务报表的使用分析者未必能够意识到不同企业采用不同会计政策造成的经营成果和财务状况的差异；即使意识到了差异的存在，也未必有能力完成可比性的调整工作；就算财务分析人员意识到了差异的存在，并且有能力完成可比性的调整工作，但是否进行调整，还要考虑成本效益原则。

（四）比较分析法的比较标准问题

在采用比较分析法进行财务分析时，必须选择比较的基础，并以此作为评价企业当期实际数据的比较基准，一般包括本企业历史数据、计划（或预算）数据和同行业数据。

趋势分析以本企业的历史数据为比较基础。企业的经营环境常常会发生变化，历史数据代表过去，并不代表合理性。

实际与计划（或预算）数据之间的差异分析是企业管理者进行财务分析的常用形式。通过差异分析，将实际执行结果与计划（或预算）进行比较，出现的差异可能是由于计划执行不当，也可能是因为作为标准的预算不够合理，而不仅仅是在执行中出了问题。

在进行横向比较时，一般选用同行业平均数据作为标准。同行业的平均数据只起一般性的指导作用，不一定是最合理的水平。有的企业实施多元化经营，没有明确的行业归属，这时，同行业比较就更困难。

总之，进行财务分析时应准确理解比较基础并选用合适的标准，标准选用不当将导致分析结果不准确，甚至错误，从而造成决策失误。

第二节　基本财务报表

财务分析以公司的会计核算资料为基础，通过对会计所提供的核算资料进行加工整理，得出一系列科学的、系统的财务指标，以便进行比较分析和评价。这些会计核算资料包括日常核算资料和财务报告。财务分析主要以财务报告为基础，日常核算资料只偶尔作为财务分析的一种补充资料。公司的财务报告主要包括财务报表及财务状况说明书。财务报表是对企业财务状况、经营成果和现金流量的结构性表述，包括资产负债表、利润表、现金流量表、所有者权益（或股东权益）变动表及报表附注等。以财务报表为主要资料进行财务分析，可以系统地揭示公司的偿债能力、营运能力、盈利能力等财务状况。下面主要介绍财务分析中常用的基本会计报表：资产负债表、利润表和现金流量表。

一、资产负债表

资产负债表是反映公司某一特定日期财务状况的会计报表。资产负债表是根据"资产=负债＋所有者权益"这一会计恒等式，按照一定的分类标准和次序将资产、负债和所有者权益进行适当排列而编制的。在资产负债表中：资产按流动性由强到弱依次排列；负债和所有者权益反映了公司资金的来源，负债排列在前，所有者权益在后；在负债中，流动负债在前，非流动负债在后。

资产负债表是进行财务分析的一张重要财务报表，它能够提供企业的资产结构、资产流动性、资金来源状况、负债水平及负债结构等财务信息。分析者通过对资产负债表进行分析，可以了解企业的偿债、营运等财务能力，为股东、债权人及管理者提供决策依据。表2-2是HD航空公司在2019年12月31日的资产负债表。

表2-2　资产负债表

编制单位：HD航空公司　　　　　　　　　2019年12月31日　　　　　　　　　单位：万元

资　　产	年初余额	年末余额	负债或股东权益	年初余额	年末余额
流动资产：			流动负债：		
货币资金	64 024	55 656	短期借款	53 050	65 000
交易性金融资产	0	6835	交易性金融负债	0	1320
应收票据	5786	11 808	应付票据	39 704	93 934
应收账款	83 051	214 224	应付账款	112 530	149 005
预付款项	4173	5423	预收款项	7880	149

资　产	年初余额	年末余额	负债或股东权益	年初余额	年末余额
应收利息	0	0	应付职工薪酬	16 427	9169
应收股利	0	0	应交税费	4313	3393
其他应收款	220	80 692	应付利息	0	0
存货	392 872	261 693	应付股利	0	0
一年内到期的非流动资产			其他应付款	38 807	14 457
其他流动资产	2485	2002	一年内到期的非流动负债	190 062	209
流动资产合计	552 611	638 333	其他流动负债	3950	3950
非流动资产：			流动负债合计	466 723	340 586
可供出售金融资产	7967	0	非流动负债：		
持有至到期投资	3268	3172	长期借款		
长期应收款	0	0	应付债券	0	480
长期股权投资	31 016	30 939	长期应付款	7060	43
投资性房地产	0	8004	专项应付款	0	0
固定资产	242 128	63 059	预计负债	4499	4395
在建工程	213 967	82 026	递延所得税负债	510	0
工程物资	0	0	其他非流动负债		
固定资产清理	0	1197	非流动负债合计	12 069	4918
生产性生物资产	0	0	负债合计	478 792	345 504
油气资产	0	0	股东权益：		
无形资产	24 607	11 552	股本	71 711	71 711
开发支出	5689	0	资本公积	436 471	314 721
商誉	0	0	减：库存股	0	0
长期待摊费用	556	164	盈余公积	20 771	17 252
递延所得税资产	2779	2238	未分配利润	82 323	94 455
其他非流动资产	5480	2959	股东权益合计	611 276	498 139
非流动资产合计	537 457	205 310			
资产总计	1 090 068	843 643	负债和股东权益总计	1 090 068	843 643

二、利润表

利润表又称损益表，是反映公司在一定期间内生产经营成果的会计报表。利润表是按照"利润=收入－费用"这一公式编制的，表中项目按利润形成情况列示。利润表先将净利润的计算过程分为营业收入与支出、期间费用、投资收益、营业外收支、所得税费用等几个层次，然后将不同层次的收入与费用配比，逐步得出营业利润、利润总额和净利润。利润表反映了公司的生产经营成果，据此可以分析公司的经济效益和盈利能力，并为预测公司未来的收益状况提供重要资料。表2-3是HD航空公司2019年度的利润表。

表2-3 利 润 表

编制单位：HD航空公司   2019年度   单位：万元

项 目	上 年 数	本 年 数
一、营业收入	302 016	441 972
减：营业成本	288 184	415 827
税金及附加	296	283
销售费用	2597	2113
管理费用	12 343	12 050
财务费用	10 574	10 856
资产减值损失		
加：公允价值变动收益（损失以"-"号填列）	10 969	8766
投资收益（损失以"-"号填列）	17 942	426
其中：对联营企业和合营企业的投资收益		
二、营业利润（亏损以"-"号填列）	16 933	10 035
加：营业外收入	1121	2738
减：营业外支出	1460	2428
其中：非流动资产处置损失		
三、利润总额（亏损总额以"-"号填列）	16 594	10 345
减：所得税费用	2200	1984
四、净利润（净亏损以"-"号填列）	14 394	8361
五、每股收益：		
（一）基本每股收益	0.1995	0.1156
（二）稀释每股收益	0.1995	0.1156

三、现金流量表

现金流量表是以现金及现金等价物为基础编制的财务状况变动表，是公司对外报送的一张重要的会计报表。现金流量表为会计报表使用者提供公司一定会计期间内现金及现金等价物的流入和流出信息，以便报表使用者了解和评价企业获取现金和现金等价物的能力，并据此预测公司的未来现金流量。表2-4是HD航空公司2019年度的现金流量表。

表2-4 现金流量表

编制单位：HD航空公司   2019年度   单位：万元

项 目	本 期 金 额	上 期 金 额
一、经营活动产生的现金流量：		
销售商品、提供劳务收到的现金	252 766	260 338
收到的税费返还	1538	47
收到其他与经营活动有关的现金	2213	1630
经营活动现金流入小计	256 517	262 015
购买商品、接受劳务支付的现金	173 898	154 381
支付给职工以及为职工支付的现金	65 874	85 812

项　　目	本 期 金 额	上 期 金 额
支付的各项税费	3486	1540
支付其他与经营活动有关的现金	10 746	10 745
经营活动现金流出小计	254 004	252 478
经营活动产生的现金流量净额	2513	9537
二、投资活动产生的现金流量:		
收回投资收到的现金		18 462
取得投资收益收到的现金	102	106
处置固定资产、无形资产和其他长期资产收回的现金净额	10 665	13 293
处置子公司及其他营业单位收到的现金净额		
收到其他与投资活动有关的现金	5407	6551
投资活动现金流入小计	16 174	38 412
购建固定资产、无形资产和其他长期资产支付的现金	23 633	51 377
投资支付的现金		
取得子公司及其他营业单位支付的现金净额		
支付其他与投资活动有关的现金	2384	1094
投资活动现金流出小计	26 017	52 471
投资活动产生的现金流量净额	−9843	−14 059
三、筹资活动产生的现金流量:		
吸收投资收到的现金		
取得借款收到的现金	231 950	190 000
收到其他与筹资活动有关的现金		
筹资活动现金流入小计	231 950	190 000
偿还债务支付的现金	220 000	136 950
分配股利、利润或偿付利息支付的现金	133 22	8400
支付其他与筹资活动有关的现金		570
筹资活动现金流出小计	233 322	145 920
筹资活动产生的现金流量净额	−1372	44 080
四、汇率变动对现金的影响	87	41
五、现金及现金等价物净增加额	−8615	39 599
加: 期初现金及现金等价物余额	64 023	24 424
六、期末现金及现金等价物余额	55 408	64 023

现金流量表反映了企业在一定会计期间的现金流量状况，它将企业的现金流量划分为经营活动产生的现金流量、投资活动产生的现金流量和筹资活动产生的现金流量三类，是按照收付实现制原则编制而成的，将权责发生制下的盈利信息调整为收付实现制下的现金流信息。为正确分析现金流量表，必须明确以下三个重要概念：现金、现金等价物和现金流量。

（1）现金。现金流量表中的现金指企业的库存现金及可以随时用于支付的存款，包括库存现金、银行存款和其他货币资金。但是，在银行存款和其他货币资金中，不能随时用于支付的存款不属于现金，如定期存款。

（2）现金等价物。现金等价物指企业持有的期限短（三个月以内）、流动性强、易于转换为已知金额现金、价值变动很小的投资。现金等价物由于其支付能力和现金的差别不大，因此可以视为现金。现金等价物通常包括3个月内到期的债券投资等。股权投资变现的金额通常具有不确定性，因而不属于现金等价物。

（3）现金流量。现金流量是企业在一定时期内的现金和现金等价物的流入和流出数量，主要包括经营活动产生的现金流量、投资活动产生的现金流量和筹资活动产生的现金流量三类。经营活动指企业投资活动和筹资活动以外的所有交易和事项，如销售商品、提供劳务、购买商品、接受劳务、支付税款等。投资活动指企业长期资产的购建和不包括现金等价物范围内的投资及其处置活动，如购建或处置固定资产、对外长期投资和收回投资等。筹资活动指导致企业资本及债务规模和结构发生变化的活动，如向银行借款或还款、发行股票和债券、支付利息或股利等。

第三节　财务比率分析

财务比率根据财务报表中的数据计算出反映财务报表各项目之间相互关系的比值。财务比率分析在财务管理中具有十分重要的价值，通过财务比率分析，可以对公司进行偿债能力分析、资产营运能力分析、盈利能力分析和发展能力分析，此外，对上市公司而言，还可以进行财务分析。

一、偿债能力分析

偿债能力指企业偿还其债务（含本金和利息）的能力，通常以其资产的流动性为衡量标准，分为短期偿债能力和长期偿债能力。短期偿债能力指企业以其流动资产支付在一年内即将到期的流动负债的能力。长期偿债能力是企业以其资产或劳务支付长期债务的能力。企业的长期偿债能力不仅受其短期偿债能力的制约，还受企业获利能力的影响。

偿债能力分析通过对企业变现能力和债权物质保障程度进行分析，观察和判断企业偿还到期债务能力的强弱。通过偿债能力的研究与分析，可以揭示一家企业财务风险的大小。

（一）短期偿债能力分析

对于短期债权人而言，他们最关心的是企业是否有足够的现金和其他能在短期内转化为现金的资产，以支付即将到期的债务。企业若无法满足债权人的要求，则可能会引起破产或造成生产经营的混乱。短期偿债能力体现在公司流动资产与流动负债的对比关系中，反映流动资产对偿付流动负债的保障程度。因此，短期偿债能力分析要揭示企业流动资产与流动负债的适应程度，查明企业资产变现能力的强弱，可通过流动比率、速动比率和现金比率等指标来进行分析。

1. 流动比率

流动比率是流动资产与流动负债的比值，其计算公式为：

$$流动比率 = \frac{流动资产}{流动负债}$$

流动比率表明企业的每一元流动负债有多少流动资产作为偿付保证，该比率越大，说明企业对短期债务的偿付能力越强。但流动比率过高，则说明企业有较多的资金滞留在流动资产上，从而影响其获利能力。因此，流动比率应保持一定的幅度，通常认为，该比率保持在2（倍）左右为宜。但在具体分析企业的流动比率时，应根据不同行业、不同经营性质和不同营业周期的特点加以分析。即使同一家企业，在不同的时期（如旺季与淡季），流动比率也可能会有较大差别。因此，确切地说，流动比率在大大超过1，但又控制在2以下时，既有利于加速资产的流动性，又能保证企业的流动资产在清偿流动负债后有余力去应付日常活动中的其他资金需求。

由于流动比率计算没有考虑流动资产的构成，因此，即使一家公司的流动比率高，也不能绝对地认为其短期偿债能力强，往往还需结合速动比率等其他指标的分析，只有这样，才能更确切地反映企业的短期偿债能力。

2. 速动比率

比流动比率更能进一步揭示企业变现能力的财务比率指标是速动比率，也称为酸性测试比率。速动比率是速动资产与流动负债的比值。速动资产指那些可以立即转换为现金来偿付流动负债的流动资产，一般是从流动资产中减去变现能力较差的存货项目之后的余额。速动比率的计算公式为：

$$速动比率 = \frac{速动资产}{流动负债}$$

在企业的流动资产中，存货的变现周期较长，而且可能发生损耗和出现滞销积压，流动性较差。把存货从流动资产总额中减去而计算出的速动比率，反映的短期偿债能力会更加令人信服。

通常认为速动比率应保持在1左右，这样才算具有良好的财务状况和较强的短期偿债能力。但这也仅是一般看法，没有统一标准。行业不同，速动比率会有很大的差别。例如：采用大量现金销售的商店，几乎没有应收账款，小于1的速动比率则是比较合理的；相反，一些应收账款较多的企业，速动比率可能要大于1才会被认为是合理的。

影响速动比率可信性的重要因素是应收账款的变现能力。应收账款变现的速度快慢、坏账发生的多少都会对企业短期偿债能力产生影响。

3. 现金比率

现金比率又称即付比率，指企业现金类资产（现金和现金等价物）与流动负债之间的比率关系。其计算公式为：

$$现金比率 = \frac{现金类资产}{流动负债}$$

选取从速动资产中减去应收账款后的现金类资产而计算的现金比率,是对流动比率和速动比率的进一步分析,它是评价企业流动资产中的现金、银行存款和短期有价证券用于偿付流动负债的指标,较之于流动比率和速动比率而言更为严格,因为现金资产是企业偿还债务的最终手段。

一般认为,现金比率保持在0.2以上为好。但也不能认为该项指标越高越好,因为现金比率太高也可能是由于企业拥有大量不能盈利的现金和银行存款所致。因此,将流动比率、速动比率和现金比率结合起来分析和评价企业的短期偿债能力,其结果比依据某一单项指标更为全面和准确。

【例2-3】 根据表2-2的相关资料,试对HD航空公司2019年的短期偿债能力进行分析。

1. 公司2018年度的短期偿债能力指标:

(1) 流动比率 $=\dfrac{552\,611}{466\,723}=1.18$

(2) 速动比率 $=\dfrac{552\,611-392\,872}{466\,723}=0.34$

(3) 现金比率 $=\dfrac{64\,024+0}{466\,723}=0.14$

2. 公司2019年的短期偿债能力指标:

(1) 流动比率 $=\dfrac{638\,333}{340\,586}=1.87$

(2) 速动比率 $=\dfrac{638\,333-261\,693}{340\,586}=1.11$

(3) 现金比率 $=\dfrac{55\,656+6835}{340\,586}=0.18$

3. 列表对比评价。将上述计算数据列入表2-5。

表2-5　HD航空公司的短期偿债能力分析表

指 标 名 称	2018年度	2019年度	简　　评
流动比率	1.18	1.87	较低,较上年大幅上升
速动比率	0.34	1.11	尚可,较上年大幅上升
现金比率	0.14	0.18	偏低,较上年小幅上升

4. 综合评价。从短期偿债能力比率指标的计算结果来看,该公司的流动比率未达到公认的评价标准,流动比率小于2,说明公司的短期偿债能力不强,但与上年度相比,上升幅度较大。速动比率达到了公认的评价标准,且与上年度相比上升幅度较大,说明公司的速动资产尚可。但公司的现金比率却小于0.2的一般标准,表明公司拥有的现金资产比例较低。尽管如此,现金比率与上年度相比,呈现小幅上升的趋势。总体而言,公司的短期偿债能力不强,但是从发展趋势来看,呈上升趋势。

（二）长期偿债能力分析

对于长期债权人来说，他们更注重从长远的观点来评价企业的偿债能力。企业的长期偿债能力与企业的盈利能力、资本结构有着十分密切的关系。衡量企业长期偿债能力的指标较多，通常包括资产负债率、产权比率、利息保障倍数和长期负债与营运资金的比率等。

1. 资产负债率

资产负债率是负债总额除以资产总额的百分比，也就是负债总额与资产总额的比例关系，又称负债比率。资产负债率是从总体上表明企业的债务状况、负债能力和债权保障程度的一个综合指标。它能反映资产占用资金中有多大比例是通过借债筹资形成的，也可以衡量企业在清算时保护债权人利益的程度。其计算公式为：

$$资产负债率 = \frac{负债总额}{资产总额} \times 100\%$$

企业的债权人、所有者及经营者往往从不同的角度来评价这一比率。

对于债权人而言，他们最为关心的是其贷给企业资金的安全性，即到期能否收回本息。如果公司总资产中由所有者提供的部分较少，则意味着风险主要由债权人承担，这显然对其不利。因此，债权人总是希望该比率越低越安全。

对于所有者而言，他们关心的主要是投入资本收益率的高低。如果负债的利息率低于总资产收益率，则负债比例越大，所有者的投资收益也越大。这样，所有者就希望能通过增加负债来提高资本收益率，并从中获得更多利益。

从公司经营者的角度来看，则希望将资产负债率控制在一个合理水平。资产负债率高，则说明企业扩展经营的能力强，股东权益的运用越充分。但债务太多会影响债务的偿还能力，加大企业的财务风险，一旦发生经营不利的情况，企业将难以承受沉重的债务负担，甚至可能因出现资不抵债而导致公司破产。

资产负债率的合理水平一般在50%左右。但具体而言，到底应为多少，要根据公司的经营情况，特别是盈利能力等进行综合考察。

2. 产权比率

产权比率也是衡量长期偿债能力的指标之一。它是负债总额与所有者权益总额的比率。这一比率可用来衡量权益资本对借入资本的保障程度。其计算公式为：

$$产权比率 = \frac{负债总额}{所有者权益总额} \times 100\%$$

该项指标反映了由债权人提供的资本与所有者（股东）提供的资本的相对关系，反映企业基本财务结构是否合理或稳定。产权比率高，则说明是高风险、高报酬的财务结构；产权比率低，则说明是低风险、低报酬的财务结构。企业应对收益与风险进行权衡，力求保持合理、适度的财务结构，以便既能提高盈利能力，又能保障债权人的利益。一般而言，产权比率应小于100%，即借入资本小于股权资本较好，但也不能一概而论。

产权比率与资产负债率对评价企业偿债能力的作用基本相同，两者的主要区别在于：资产负债率侧重于分析债务偿付安全性的物质保障程度，产权比率则侧重于揭示公司财务结构的稳健程度，以及权益资本对财务风险的承受能力。

3. 利息保障倍数

利息保障倍数指企业一定时期内所获得的息税前利润与当期所支付利息费用的比率，用以衡量企业以所获取利润总额承担支付利息的能力，也叫利息支付倍数。计算公式为：

$$利息保障倍数=\frac{息税前利润}{利息费用}$$

或

$$利息保障倍数=\frac{净利润+所得税+利息费用}{利息费用}$$

在实务中计算该指标时，如果"利息费用"的数据难以取得，则可用利润表中"财务费用"的数据来替代计算。

利息保障倍数不仅反映了企业获利能力的大小，而且反映了获利能力对偿还到期债务的保证程度，它既是企业举债经营的前提依据，又是衡量企业长期偿债能力大小的重要标志。一般来说，利息保障倍数越高越好，这个指标较高，就意味着利息费用的支付较有保障。对于分期还本付息的长期负债来说，如果企业在支付债务利息方面不存在困难，则通常也就有可能再借款用于偿还到期的债务本金，形成良性循环。反之，利息保障倍数越小，则表明企业可用于支付利息的利润越少。当该比率小于1时，则表示企业的盈利能力根本无法承担举债经营的利息支出，此时，企业已陷入财务困境之中，举债的安全保障已成问题。

4. 长期负债与营运资金的比率

长期负债除以营运资金称为长期负债与营运资金比率。其计算公式为：

$$长期负债与营运资金比率=\frac{长期负债}{营运资金}$$

其中，

$$营运资金=流动资产-流动负债$$

长期负债会随时间的推移不断延续地转化为流动负债，因此，流动资产除了要满足偿还流动负债的要求外，还必须有能力偿还到期的长期负债。如果保持一定数量和比例的营运资金，就不会因为这种转化而造成企业无法偿还到期的长期债务，长期债权人和短期债权人都会感到其债权有安全保障。

企业的长期偿债能力与其盈利能力是相互关联的。如果企业的盈利能力不强，则未来就很难有充足的现金流入量，这必然影响公司的偿债能力。因此，在分析企业长期偿债能力时，还应进一步分析其盈利能力。

【例2-4】根据表2-2与表2-3的相关资料，试对HD航空公司2019年的长期偿债能力进行分析。

1. 公司2018年的长期偿债能力指标：

（1）资产负债率 $=\dfrac{478\,792}{1\,090\,068}\times100\%=43.92\%$

（2）产权比率 $=\dfrac{478\,792}{611\,276}\times100\%=78.33\%$

（3）利息保障倍数 $=\dfrac{16\,594+10\,574}{10\,574}=2.57$

（4）长期负债与营运资金比率 $=\dfrac{12\,069}{552\,611-466\,723}\times100\%=14.05\%$

2. 公司2019年的长期偿债能力指标：

（1）资产负债率 $=\dfrac{345\,504}{843\,643}\times100\%=40.95\%$

（2）产权比率 $=\dfrac{345\,504}{498\,139}\times100\%=69.36\%$

（3）利息保障倍数 $=\dfrac{10\,345+10\,856}{10\,856}=1.95$

（4）长期负债与营运资金比率 $=\dfrac{4918}{638\,333-340\,586}\times100\%=1.65\%$

3. 列表对比评价。将上述计算数据列入表2-6。

表2-6　HD航空公司长期偿债能力分析表

指 标 名 称	2018年度	2019年度	变 动 幅 度	简　　评
资产负债率	43.92%	40.95%	-6.76%	正常
产权比率	78.33%	69.36%	-11.45%	正常
利息保障倍数	2.57	1.95	-24.12%	正常
长期负债与营运资金比率	0.14	0.01	-92.86%	好

4. 综合评价。从上面的计算分析可以看出，该公司的资产负债率、产权比率较上一年呈不同幅度的下降趋势，其中，资产负债率的下降幅度达到了6%，说明公司的经济实力增强，资金来源较为充足。利息保障倍数大于1，说明公司偿还利息的能力较强，但与上年度相比，呈下降趋势，说明公司的偿债能力仍需加强。长期负债与营运资金比率大于0且小于1，说明公司的长期负债不超过营运资金，表明公司的流动资产有比较充足的能力偿还长期债务。

二、营运能力分析

营运能力指企业对其所拥有的经济资源的配置和利用能力，从价值的角度来看，就是企业对所占有资金的利用效果。一般情况下，企业管理人员的经营管理能力，以及对资源的配置能力都可通过相关的财务指标反映出来。

企业在资源配置上是否有效或高效，可以直接从企业资产结构状况、周转状况及运用状况等方面反映出来，这不但能从不同方面反映企业的财务状况，而且在一定程度上或某些方面，也可反映企业的短期偿债能力和盈利能力。

企业的营运能力最终是通过资产的运作体现出来的。对企业营运能力分析的内容包括流动资产营运能力分析和总资产营运能力分析，其中，重点是对流动资产中的应收账款、存货等内容进行分析。

（一）应收账款周转率

及时收回应收账款，不仅能增强企业的短期偿债能力，还能反映出企业在管理应收账款方面的效率。应收账款周转率指企业年度内应收账款转为现金的平均次数，它说明应收账款流动的速度。其计算公式为：

$$应收账款周转率 = \frac{营业收入}{平均应收账款余额}$$

$$平均应收账款余额 = \frac{期初应收账款余额 + 期末应收账款余额}{2}$$

用时间表示的周转速度是应收账款周转天数，也叫应收账款回收期或平均收现期，它表示企业从取得应收账款的权利到收回款项转换为现金所需的时间。其计算公式为：

$$应收账款周转天数 = \frac{360}{应收账款周转率}$$

应收账款周转率是分析企业应收账款变现能力和管理效率的财务比率。应收账款周转次数多或应收账款周转天数少表明企业对流动资金的运用和管理效率高，企业组织收回应收账款的速度快，形成坏账损失的风险小，流动资产流动性好，短期偿债能力强。反之，应收账款周转次数少或应收账款周转天数多表明企业对流动资金的运用和管理效率低，企业组织收回应收账款的速度慢，形成坏账损失的风险大，流动资产流动性差，短期偿债能力弱。

（二）存货周转率

存货周转率是衡量存货变现能力强弱和存货是否过量的指标。存货周转率指企业一定时期内的销售成本与存货平均余额的比率。该指标有存货周转次数和存货周转天数两种表示方法。其计算公式为：

$$存货周转率 = \frac{营业成本}{平均存货}$$

$$存货周转天数 = \frac{360}{存货周转率}$$

$$平均存货 = \frac{期初存货余额 + 期末存货余额}{2}$$

存货周转率从存货变现速度的角度来分析企业的销售能力及存货的适量程度。存货周转次数越多，说明存货的变现速度越快，企业的销售能力越强，企业控制存货的能力越强；反之，存货周转次数越少，说明存货的变现速度越慢，企业的销售能力越弱，存货积压，营运资金沉淀与存货数量较大。

分析存货周转率时应注意以下两点。

（1）存货批量的影响。当存货批量很小时，存货可以较快地进行转换，因而存货周转率较快。但当存货批量过小，甚至使得企业的库存低于安全储备量时，则可能会导致经常性的缺货，影响企业的正常生产经营。

（2）企业采用不同的存货计价方法会影响存货周转率指标的大小。因此，在分析企业不同时期或不同企业的存货周转率时，应考虑存货计价方法不同所产生的影响。

（三）流动资产周转率

流动资产周转率是企业一定时期内营业收入与平均流动资产余额的比值。该指标有流动资产周转次数和流动资产周转天数两种表示方法。其计算公式为：

$$流动资产周转次数=\frac{营业收入}{平均流动资产余额}$$

$$流动资产周转天数=\frac{360}{流动资产周转次数}$$

$$平均流动资产余额=\frac{期初流动资产余额+期末流动资产余额}{2}$$

该项指标反映流动资产在一定时期内的周转速度和营运能力。流动资产周转速度快，相当于相对扩大了流动资产投入，或相对节约了流动资产，增强了企业的盈利能力和偿债能力；当流动资产周转速度慢时，就需要通过补充流动资产来参加周转，以形成较多的流动资金占用，降低企业的盈利能力和偿债能力。

（四）总资产周转率

总资产周转率是企业一定时期内营业收入与资产总额的比值。该指标也有总资产周转次数和总资产周转天数两种表示方法。其计算公式为：

$$总资产周转次数=\frac{营业收入}{平均资产总额}$$

$$总资产周转天数=\frac{360}{总资产周转次数}$$

$$平均资产总额=\frac{期初资产总额+期末资产总额}{2}$$

该项指标反映资产总额的周转速度。资产周转速度越快，表明企业的资产闲置越少，销售能力越强。企业可以通过薄利多销的方法加快资产周转，以增加利润绝对额。

各项资产营运能力指标除了可以用以衡量企业运用资产赚取收入的能力大小外，还可以和反映盈利能力的指标结合使用，从而达到全面评价企业盈利能力的目的。另外，应收账款和存货周转率指标也可对企业短期偿债能力的分析评价做一补充。

【例2-5】根据表2-2与表2-3的相关资料，试计算HD航空公司2019年的资产营运能力指标。

（1）应收账款周转率：

$$平均应收账款余额=\frac{83\,051+214\,224}{2}=148\,637.5（万元）$$

$$应收账款周转次数=\frac{441\,972}{148\,637.5}=2.97（次）$$

$$应收账款周转天数=\frac{360}{2.97}=121（天）$$

（2）存货周转率：

$$平均存货=\frac{392\,872+261\,693}{2}=327\,282.5（万元）$$

$$存货周转次数=\frac{415\,827}{327\,282.5}=1.27（次）$$

$$存货周转天数=\frac{360}{1.27}=283（天）$$

（3）流动资产周转率：

$$平均流动资产=\frac{552\,611+638\,333}{2}=595\,472（万元）$$

$$流动资产周转次数=\frac{441\,972}{595\,472}=0.74（次）$$

$$流动资产周转天数=\frac{360}{0.74}=486（天）$$

（4）总资产周转率：

$$平均资产总额=\frac{1\,090\,068+843\,643}{2}=966\,855.5（万元）$$

$$总资产周转次数=\frac{441\,972}{966\,855.5}=0.46（次）$$

$$总资产周转天数=\frac{360}{0.46}=783（天）$$

三、盈利能力分析

盈利能力指企业生产经营活动获取利润的能力。这是投资者投资企业的初衷，也是企业经营管理人员经营的具体目标。良好的盈利能力不仅是企业吸收投资和借款的重要前提，而且是评价企业经营业绩的基本标准。因此，盈利能力分析是财务分析的重点内容。

反映企业盈利能力的指标很多，主要有营业毛利率、营业净利率、总资产收益率、净资产收益率、资本保值增值率等指标。

（一）营业毛利率

营业毛利率是营业毛利占营业收入的百分比，其中，营业毛利是营业收入与营业成本的差额。其计算公式为：

$$营业毛利率=\frac{营业收入-营业成本}{营业收入}\times100\%$$

营业毛利率表示每1元营业收入扣除营业成本后有多少钱可以用于补偿各项期间费用和形成盈利。它反映了企业销售产品或商品的初始获利能力。该比率越大越好，越大就说明每增加一元营业收入的毛利就越大。

通常来说，营业毛利率随行业的不同而高低各异，但同一行业的毛利率一般相差不大。与同行业的平均毛利率进行比较，可揭示公司在定价政策、商品销售或产品生产成本控制方面的问题。

（二）营业净利率

营业净利率指净利润与营业收入的百分比。其计算公式为：

$$营业净利率=\frac{净利润}{营业收入}\times100\%$$

营业净利率是反映企业营业活动最终获利能力的指标。该比率越高，说明企业的盈利能力越强。该指标除了和营业毛利率一样，除受行业特点、价格高低和成本水平等因素影响外，还会受到诸如期间费用、其他业务利润、投资收益、营业外收支、所得税率等因素的影响，具体分析时应多加注意。

从指标的计算可以看出：只有当利润总额的增长速度快于营业收入的增长速度时，营业净利率才会上升；企业采用薄利多销的政策会降低营业净利率；销售品种结构或经营业务改变也会影响企业的营业净利率。可见，营业净利率既反映企业的成本费用水平，也反映企业的经营方针和策略对盈利能力的影响。

（三）总资产收益率

总资产收益率（return of assets，ROA）又称总资产报酬率，反映企业综合利用全部经济资源的获利能力。其计算公式为：

$$总资产收益率=\frac{息税前利润}{平均资产总额}\times100\%$$

$$平均资产总额=\frac{期初资产总额+期末资产总额}{2}$$

总资产收益率是从总体上反映企业投入与产出，所用与所得对比关系的一项经济效益指标。该比率表明企业资产利用的综合效果，总资产收益率越高，说明企业盈利能力越强。这项指标既是财务管理中的一个重要指标，也是总公司对分公司下达的经营目标，更是进行内部考核的主要指标。它对综合分析企业的经济效益和正确进行投资决策，都具有十分重要的作用。

（四）净资产收益率

净资产收益率（return of equity，ROE）又称所有者权益报酬率、股东权益报酬率或权益资本净利率，是净利润与净资产的比率。其计算公式为：

$$净资产收益率 = \frac{净利润}{平均净资产} \times 100\%$$

$$平均净资产总额 = \frac{期初净资产 + 期末净资产}{2}$$

净资产收益率是反映企业盈利能力的核心指标，是评价企业自有资本及积累获取报酬水平的最具综合性与代表性的指标，反映企业资本运营的综合效益。该指标通用性强，适应范围广，不受行业局限，在国际上的综合评价中使用率非常高。通过对该指标进行综合对比分析，可以看出企业盈利能力在同行业中所处的地位，以及与同类企业的水平差异。

净资产收益率越高，投资者投入资本所获得的收益就越大，对投资者（包括潜在投资者）的吸引力越大。作为一个综合性很强的分析评价指标，不仅是投资者衡量企业盈利能力，作为投资决策导向的依据，还是企业资本结构决策分析中的参考指标。

（五）资本保值增值率

资本保值增值率反映企业所有者投入企业的资本保全和增值情况。它是期末所有者权益总额与期初所有者权益总额的比率。其计算公式为：

$$资本保值增值率 = \frac{期末所有者权益总额}{期初所有者权益总额} \times 100\%$$

该指标通常大于1，分析时必须分清期末所有者权益总额的增加是由于所有者在分析期增加投入资本所致，还是由于企业保留盈余所致。剔除所有者权益项目中投入资本的金额后，该指标也可以反映企业的盈利能力。同时，还要考虑货币时间价值和通货膨胀因素的影响。

资本保值增值率指标从两个方面考核企业经营者对所有者权益的保障程度。一方面，要求企业按照资本保全原则管好、用好投资者投入的资本。在生产经营期间，除了投资者依法转让投资外，各方不得以任何理由抽走资本金。资本保值是企业持续经营和实现自负盈亏的前提条件。企业只有保持与其生产经营规模相适应的资本金，才能保证财务状况的安全性和稳定性，才能为提高企业的盈利能力奠定基础。另一方面，要求实现盈利的企业还要注重内部积累和再投入，以保证企业的发展和约束能力，增强企业长期盈利能力，从长远角度保障投资者的权益。

除了上面介绍的五类指标外，出于一些特定目的，还可利用其他指标分析企业的盈利能力。比如，企业的经营者可以从耗费与产出的角度选用成本费用利润率等指标来进一步分析企业的盈利能力。

$$成本费用利润率 = \frac{利润总额}{成本费用总额} \times 100\%$$

其中，

成本费用总额 = 营业成本 + 营业税金及附加 + 销售费用 + 管理费用 + 财务费用

【例2-6】　根据表2-2与表2-3的相关资料，试计算HD航空公司2019年的盈利能力指标。

（1）2019年的营业毛利率$=\dfrac{441\,972-415\,827}{441\,972}\times100\%=5.92\%$

2018年的营业毛利率$=\dfrac{302\,016-288\,184}{302\,016}\times100\%=4.58\%$

（2）2019年的营业净利率$=\dfrac{8361}{441\,972}\times100\%=1.89\%$

2018年的营业净利率$=\dfrac{14\,394}{302\,016}\times100\%=4.77\%$

（3）总资产收益率：

平均资产总额$=\dfrac{1\,090\,068+843\,643}{2}=966\,855.5$（万元）

总资产收益率$=\dfrac{10\,345+10\,856}{966\,855.5}\times100\%=2.19\%$

（4）净资产收益率：

平均净资产$=\dfrac{611\,276+498\,139}{2}=554\,707.5$（万元）

净资产收益率$=\dfrac{8361}{554\,707.5}\times100\%=1.5\%$

（5）资本保值增值率$=\dfrac{498\,139}{611\,276}\times100\%=81.49\%$

四、发展能力分析

发展能力指企业未来生产经营活动的发展趋势和发展潜能，也称为成长性。企业发展能力分析是从动态角度对企业成长性进行的一种判断，根据企业过去的资料来推测企业的未来。一方面，在日益激烈的市场竞争中，企业价值在很大程度上取决于未来的获利能力，以及企业营业收入、利润和股利的未来增长，而不是企业过去或目前所获得的收益情况。另一方面，发展能力是企业偿债能力、营运能力和盈利能力的综合体现。无论是增强企业的盈利能力、偿债能力，还是提升企业的资产营运能力，都是为了企业未来的生存和发展需要。企业发展能力对股东、债权人、管理者及其他相关利益团体至关重要。因此，发展能力分析是财务分析的重点内容。

企业要获得发展和成长，就必须依赖于营业收入、利润、股东权益和资产等方面的增长。企业发展能力分析通过计算和分析营业收入增长率、利润增长率、股东权益增长率和资产增长率等指标，衡量企业在营业收入、利润、股东权益和资产等方面的发展能力。

（一）营业收入增长率

营业收入增长率是本年营业收入增长额与上年营业收入额的比率。其计算公式为：

$$营业收入增长率=\dfrac{本年营业收入增长额}{上年营业收入额}\times100\%$$

本年营业收入增长额=本年营业收入额-上年营业收入额

营业收入增长率反映营业收入在一年以内增长的幅度。营业收入增长率为正数，说明企业本期销售规模扩大。营业收入增长率越高，说明企业的营业收入增长得越快，销售情况越好，发展能力越强；反之，说明企业销售规模变小，销售出现负增长，销售情况差，发展能力弱。营业收入增长率指标数值的大小受销售增长基数的影响，此外，营业收入的短期异常波动也会影响增值率指标的大小。

（二）利润增长率

利润增长率是企业本年利润总额增长额与上年利润总额的比率。其计算公式为：

$$利润增长率 = \frac{本年利润总额增长额}{上年利润总额} \times 100\%$$

本年利润总额增长额=本年利润总额-上年利润总额

利润增长率是反映企业利润总额在一年之内增长幅度的比率。利润增长率为正数，说明企业本期利润总额增加。利润增长率越高，说明企业未来的发展前景越好；反之，则说明企业本期利润总额减少，利润降低，企业的发展前景受挫。

（三）股东权益增长率

股东权益增长率是某一年度内企业股东权益增长额与年初股东权益的比率，也称为资本积累率，其计算公式为：

$$股东权益增长率 = \frac{本年股东权益增长额}{年初股东权益} \times 100\%$$

本年股东权益增长额=年末股东权益-年初股东权益

股东权益增长率反映企业经过一年的生产经营后，股东权益的增长幅度。股东权益增长率越高，则表明企业本年股东权益增加的越多，企业自有资本的积累能力增强，企业未来的发展能力越好；反之，则表明本年度股东权益增加的越少，企业自有资本积累的越慢，企业未来的发展机会较少。

（四）资产增长率

资产增长率指某一年的资产增长额与年初资产总额的比率，其计算公式为：

$$资产增长率 = \frac{本年资产增长额}{年初资产总额} \times 100\%$$

本年资产增长额=年末资产总额-年初资产总额

资产增长率是用来反映企业资产总规模增长幅度的比率。资产增长率为正数，则说明企业本年资产规模增加。资产增长率越大，则说明资产规模扩张的越快，企业发展潜力越大。反之，则说明企业本年资产规模缩减，资产出现负增长。

上述四项财务比率分别从不同角度反映了企业的发展能力。需要说明的是，在分析企业发展能力时，仅用一年的财务比率不能正确评价企业的发展能力，只有计算连续若干年的财务比率，才能正确评价企业发展能力的持续性。

【例2-7】 根据表2-2与表2-3的相关资料，试计算HD航空公司2019年的发展能力指标。

1. 营业增长率$=\dfrac{441\,972-302\,016}{302\,016}\times100\%=46.34\%$

2. 利润增长率$=\dfrac{10\,345-16\,594}{16\,594}\times100\%=-37.66\%$

3. 股东权益增长率$=\dfrac{498\,139-611\,276}{611\,276}\times100\%=-18.51\%$

4. 资产增长率$=\dfrac{843\,643-1\,090\,068}{1\,090\,068}\times100\%=-22.61\%$

五、上市公司的财务分析

（一）上市公司的财务分析依据

公司发行的股票或债券如果在证券交易所公开挂牌交易，则习惯称为上市公司。各国有关证券市场的法律法规都规定了上市公司的持续信息披露制度，要求公司在其证券挂牌交易期间自觉持续地披露规定的内容。通常，上市公司进行信息披露的公告主要有招股说明书、上市公告、定期报告和临时公告等内容。这些公告中的大部分信息都与企业的财务活动有关，特别是其中的财务报告，其是对上市公司进行财务分析的主要依据。

1. 招股说明书

招股说明书是股票发行公司向社会公众发布的旨在公开募集股份的书面文件，其主要内容和财务信息包括：募集资金的运用计划、投资风险和对策、股利分配政策、验资证明、经营业绩、股本、债务、盈利预测及财务报告。

2. 上市公告

公司发行的股票获准在证券交易所挂牌交易后，上市公司应当发布上市公告书。上市公告书的内容除应包括招股说明书的主要内容外，还应包括：股票获准在证券交易所交易的日期，股票发行情况及股权结构，公司创立大会或者股东大会同意公司股票在交易所交易的决议，公司高管简况及其持有本公司证券的情况，公司近三年或者成立以来的经营业绩和财务状况及下一年的盈利预测文件等。

3. 定期报告

定期报告分为年度报告和中期报告。年度报告的主要内容包括公司概况，公司财务会计报告和经营情况，已发行的股票、公司债券情况，大股东及其持股情况等。

中期报告的主要内容包括公司财务报告和经营情况，涉及公司的重大诉讼事项，已发行的股票、公司债券变动情况，提交股东大会审议的重要事项等。

我国上市公司中期报告中的财务报告，除证券监管部门规定的特别情况外，一般无须经会计师事务所审计。因此，在对上市公司进行财务分析时，还应注意财务报告是否经过审计，以及出具的审计报告类型。

4. 临时公告

上市公司要就一些重大事件向社会及时公告。重大事件指某些事件的发生对上市公司原有财务状况和经营成果已经或将要产生较大影响，并可能影响公司的股票交易价格。对于这些重大事件而言，上市公司应立即报告证券监管部门，并向社会公布说明事件的性质。

这些重大事件包括：公司的经营方针和经营范围发生重大变化；公司的重大投资行为和重大的购置财产决定；公司订立重要合同，而该合同可能对公司的资产、负债、权益和经营成果产生重要影响；发生重大债务和未能清偿到期债务的违约情况；发生重大亏损或遭受超过净资产10%以上的重大损失；公司减资、合并、分立、解散及申请破产；涉及公司的重大诉讼，以及法院依法撤销股东大会、董事会的决议等。

（二）上市公司财务分析的主要指标

鉴于上市公司的资本划为等额股份、股本增加频繁等特点，对其进行财务分析较之于其他类型的企业组织形式就有所不同。上市公司投资者众多，对其盈利能力的分析考察是各方关注的重点。除了前述各项指标外，净资产收益率、每股收益、每股净资产等构成了上市公司财务分析的主要财务指标。

1. 净资产收益率

$$净资产收益率 = \frac{净利润}{平均股东权益} \times 100\%$$

2. 每股收益

每股收益是本年（或本期）净利润与年末（或期末）普通股股份总数的比值，也称为每股利润或每股盈余，是衡量上市公司盈利能力最常用的财务分析指标。其计算公式为：

$$每股收益 = \frac{净利润}{年末普通股股份总数}$$

计算该指标时要注意以下问题。

（1）合并报表问题。编制合并报表的公司应以合并报表数据计算该指标。

（2）优先股问题。如果公司发行了不可转换的优先股，则计算时要扣除优先股股数及其分享的股息，以使每股收益反映普通股的收益状况。

$$每股收益 = \frac{净利润-优先股股息}{年末股份总数-年末优先股股份总数}$$

（3）年度中的普通股增加或减少问题。在某个会计期间，公司发行在外的普通股股数如发生变化，则应根据发生变化前后的时间比例加权平均计算发行在外的普通股股数。

$$平均发行在外的普通股股数 = \frac{\sum(发行在外普通股股数 \times 发行在外月份数)}{12}$$

（4）复杂股权结构问题。除了普通股与不可转换的优先股外，公司股权结构中可能还有可转换优先股、可转换债券、认股权证等。它们都有可能造成公司普通股的增加，从而导致每股收益摊薄减少，这称为"稀释"。

投资者在分析上市公司的财务状况时，最为关心的一个指标就是每股收益。每股收益反映了公司每一股所具有的当前获利能力。考察历年每股收益的变动情况是研究公司经营业绩变化最简单的方法。

在利用每股收益指标分析企业的盈利能力时，需要注意以下几个方面。

（1）公司财务报表上的净利润数字是根据一定时期的会计制度核算出来的，并不一定能真实地反映出公司的实际获利情况，采取不同的会计处理方法，可能会取得不同的盈利数字。

（2）公司应收账款的变化情况是否与公司营业收入的变化相适应。如果应收账款的增长速度大大超过收入的增长速度，则很可能导致一部分已计入利润的收入最终收不回来，这样的净利润数字当然要"打折扣"。公司每年计提的固定资产折旧是否足够。如果这些资产的实际损耗与贬值的速度大于其折旧速度，则当企业进行设备更新换代时，就要付出比预期更高的价格，这就需要低估当前账面的盈利数字。

（3）在研究公司的每股收益变化时，还必须同时参照其净利润总值与总股本的变化情况。由于不少公司都有股本扩张的经历，因此必须注意不同时期的每股收益数字的可比性。公司的净利润绝对值可能在实际上是增长了，但由于有较大比例的送股、转股及配股，因此，每股收益往往被摊薄变小，可能表现出减少的迹象。但不能以此便认为公司的盈利能力降低，需要客观分析。

（4）公司的并购业务引起每股收益的变化。比如，上市公司收购了另一家公司，从而将该公司的利润纳入本期的报表中，由于该公司的盈利能力与母公司往往有较大差异，因此，很容易地使每股收益得到增长或大幅下降。

与每股收益相联系，还派生了其他一些财务分析指标。

$$普通股每股股利 = \frac{股利总额}{年末普通股股份总数}$$

普通股获得的现金股利的多少，不仅取决于公司获利的水平，还取决于公司的股利政策，以及现金流量是否充裕。

$$股利支付率 = \frac{每股股利}{每股收益} \times 100\%$$

股利支付率表明公司的净收益中有多少比例派发给了股东，体现了公司的股利分配政策。没有一个具体的标准来判断股利支付率以多少为宜，公司现金流量是否充裕、有没有更好的投资项目，甚至金融市场的利率变化都会影响公司的股利政策。

$$留存收益比率 = \frac{净利润 - 全部股利}{净利润} \times 100\%$$

留存收益比率是净利润减去全部股利（包括优先股股利和普通股股利）后的余额与净利润的比率，它从另一个角度反映公司的股利分配政策。

$$股利保障倍数 = \frac{每股收益}{普通股每股股利}$$

股利保障倍数从公司盈利能力的角度来分析公司股东获得股利收益的保障程度。

3. 每股净资产

每股净资产是公司期末净资产（即股东权益）与期末普通股股份总数的比值，也称为每股账面价值。其计算公式为

$$每股净资产 = \frac{期末股东权益}{期末普通股股份总数}$$

式中，期末股东权益指已扣除优先股权益后的余额。

每股净资产反映的是发行在外的每股普通股所代表的企业净资产成本，即账面权益。每股净资产在理论上提供了股票的最低价值。

（三）上市公司的市场价值分析

上市公司的股票价格是证券交易所各方参与者竞价交易的结果，其现实影响因素众多。投资者通常可以将股票市价与一些财务指标结合起来，以形成一些指标来分析公司股价。这些反映市场价值的指标主要有市盈率、股利回报率、市净率和Q比率等，它们从不同角度折射公司价值的市场表现。

1. 市盈率

市盈率是上市公司普通股每股市价相当于每股收益的倍数，反映投资者对上市公司的每一元净利润愿意支付的价格，可以用来评估股票的投资报酬和风险。其计算公式为

$$市盈率（倍数） = \frac{普通股每股市价}{每股收益}$$

公式中的每股收益通常使用过去一年的利润，有时分析家也用估计数预测下一年度的市盈率和股价。

市盈率是衡量公司相对价值的指标，市盈率越高，公司股价走势越高，表明投资者对公司未来盈利的预期越高，愿意以较高的价格购买该公司的股票，所以，一些成长性较好的公司的股价通常要高一些。但是，如果一只股票的市盈率过高，则意味着以现价购买这家公司的股票具有较高的投资风险。

2. 股利回报率

股利回报率是普通股每股股利与股价的比率，其计算公式为：

$$股利回报率 = \frac{普通股每股股利}{普通股每股市价}$$

公司股票持有者获得收益的途径有两个：一是收入收益，即现金股利；二是资本收益，即取得股价上涨的收益。现金股利通常是投资者投资股票最保守的收益值，而其投资的主要目的则是通过股票价差来获取资本收益。

3. 市净率

反映股票市价和每股净资产关系的比率称为市净率，其计算公式为：

$$市净率（倍数）=\frac{每股市价}{每股净资产}$$

每股市价是公司资产及其未来收益能力的现在价值，它是证券市场交易的结果。把每股净资产和每股市价联系起来，可以说明市场对公司资产质量的评价。

市净率表明股价以每股净资产的若干倍进行流通转让，分析股价相对于股票的账面价值而言是否被过高估计。它是投资者判断公司股票投资价值的重要指标。一般而言，该指标值越低越好。

4. Q比率

Q比率是著名经济学家吉姆斯·托宾（James Tobin）首倡的，其计算公式为：

$$Q比率=\frac{公司市价}{资产重置成本}$$

公司市价是公司所有债务的市场价值与公司股票的市场价值之和。一家公司的Q比率若小于1，则表明该公司处于生死关头；Q比率越大，则表明公司的行业吸引力和竞争强度越大。

【例2-8】 根据表2-2与表2-3的相关资料，假如HD航空公司为上市公司，股本总额4000万股（每股股票面值1元），公司没有发行优先股和可转换债券，当年也没有增资扩股或股份回购。2019年12月31日的公司股票收盘价为15元，公司欲发放的2019年现金股利为412万元。上市公司2019年的相关指标计算如下。

$$净资产收益率=\frac{8361}{554\,707.5}\times100\%=1.51\%$$

$$每股收益=\frac{8361}{71\,711}=0.12（元）$$

$$每股股利=\frac{412}{4000}=0.103（元）$$

$$股利保障倍数=\frac{0.12}{0.103}=1.17$$

$$股利支付率=\frac{0.103}{0.12}\times100\%=85.83\%$$

$$留存盈利比率=\frac{8361-412}{8361}\times100\%=95.07\%$$

$$每股净资产=\frac{498\,139}{4000}=124.53（元）$$

$$市盈率（倍数）=\frac{15}{0.12}=125$$

$$股利回报率=\frac{0.103}{15}\times100\%=0.69\%$$

$$市净率（倍数）=\frac{15}{124.53}=0.12$$

扩展阅读2.1

分行业财务指标
统计平均值

第四节　财务状况综合分析

　　无论是基本的财务比率分析，还是企业之间的比较分析，或是多时期的比较分析，基本都是根据资产负债表、损益表或现金流量表的某些项目及比率，对企业偿债能力、营运能力和盈利能力等其中的某一方面进行分析评价，往往难以说明企业的整体财务状况。因此，必须在上述财务分析的基础上对企业财务状况进行综合分析，只有这样，才能全面认识企业的财务状况，找到企业经营中存在的主要问题，为企业会计信息使用者进行相关决策提供全面的财务信息。

一、杜邦财务分析体系

　　杜邦财务分析体系是利用几种主要的财务比率之间的内在联系，对企业财务状况和经济效益进行综合分析和评价的一种系统评价方法。它是由美国杜邦公司率先采用的一种财务评价方法，故又称杜邦财务体系（The DuPont Financial Analysis System）。杜邦体系的关键在于建立一套指标间具有系统联系的财务比率体系，并确定一个总指标（通常使用净资产收益率），然后利用指标分解的方法建立起指标之间的相互联系，通过数据的替代，确定各个从属指标变动对总指标的影响。如图2-1所示。

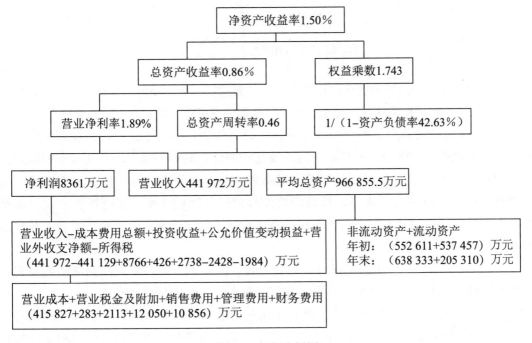

图2-1　杜邦分析图

　　杜邦体系各主要指标之间的关系如下。

净资产收益率=总资产净利率×权益乘数

=营业净利率×总资产周转率（次数）×权益乘数

其中：

$$营业净利率=\frac{净利润}{营业收入}$$

$$总资产周转率（次数）=\frac{营业收入}{平均总资产}$$

$$权益乘数=资产/所有者权益=\frac{1}{1-资产负债率}$$

注意，各式中的资产负债率指平均资产负债率，即全年平均负债总额与全年平均资产总额的百分比。

【例2-9】 以HD航空公司2019年的财务报表提供的数据为例，运用杜邦财务分析体系可表示为如图2-1所示。

其中，公司的平均资产负债率为：

$$\frac{(478\,792+345\,504)/2}{(1\,090\,068+843\,643)/2}\times100\%=42.63\%$$

权益乘数为

$$\frac{1}{1-42.63\%}=1.743$$

或

$$\frac{\dfrac{1\,090\,068+843\,643}{2}}{\dfrac{611\,276+498\,139}{2}}=1.743$$

杜邦分析对公司的财务状况进行综合分析。它通过一些主要财务指标的关系，直观、明了地反映出公司的财务状况。运用杜邦财务分析体系可以了解到以下财务信息。

（1）净资产收益率是一个综合性最强、最具代表性的财务比率，是杜邦系统的核心。其他各项指标都围绕这一核心，通过彼此间的依存制约关系揭示企业的获利能力及其前因后果。公司的财务目标是使股东财富最大化。净资产收益率反映所有者投入资本的获利能力，反映公司筹资、投资、资产运营等活动的效率，提高净资产收益率是实现公司财务目标的基本保证。该指标的高低取决于营业净利率、总资产周转率与权益乘数。

（2）营业净利率反映公司净利润与营业收入的关系。提高营业净利率是提高公司盈利的关键，主要途径有两个：一是扩大营业收入，二是降低成本费用。

（3）总资产周转率揭示企业资产总额实现营业收入的综合能力。公司应联系营业收入分析企业资产的使用是否合理，资产总额中流动资产和非流动资产的结构安排是否适当。此外，还必须对流动资产和非流动资产的内部结构，以及影响资产周转率的各项具体因素进行分析。

（4）权益乘数反映所有者权益（股东权益）与总资产及其资金来源的关系。权益乘数越大，说明公司资金来源中的负债比例越高，这可能会给公司带来较大的财务杠杆利益，但同时也可能会给公司带来较大的偿债风险。因此，公司既要合理使用全部资产，又要妥善安排资本结构。

杜邦财务分析体系是分解财务比率的方法，而不是另外新建指标，其关键在于对指标的理解和运用，而不是计算。通过杜邦体系自上而下地层层分析，不仅可以揭示公司各项主要财务指标间的结构联系，查明影响公司盈利能力变动的主要因素，而且能为决策者科学理财、提高公司经营效益提供方向和思路。提高公司效益的根本在于扩大销售、节约成本、合理投资、加速资金周转、优化资本结构、确立风险意识等。同时，通过杜邦分析也为企业提供了财务目标的分解控制途径。自下而上地运用杜邦分析，可以考察企业经营活动中各项财务指标的实际情况，为企业的财务控制和财务考核提供基本的路径和范围，有利于企业财务管理中责、权、利关系的进一步明确，为建立有效的内部财务管理体系奠定基础。

二、沃尔评分法

亚历山大·沃尔（Alexander Wall）是财务状况综合评价的先驱者之一。1928年，他创立了综合比率评价体系，将流动比率、产权比率、固定资产比率、存货周转率、应收账款周转率、固定资产周转率、自有资金周转率等7项财务比率用线性关系结合起来，并分别给定了各自在总评价分值中所占的比重，总和为100分。然后将实际比率与事先确定的标准比率进行比较，评出每项指标的得分，最后求出总评分，以此来评价该企业的综合绩效。以HD航空公司为例，表2-7列出了沃尔比重分析法选择的财务比率及其评分的简要程序。

表2-7　沃尔比重分析法

财 务 比 率	比重 ①	标准比率 ②	实际比率 ③	相对比率 ④=③/②	评分 ⑤=①×④
流动比率	25	2.0	1.87	0.94	23.50
净资产/负债	25	1.5	1.45	0.97	24.25
资产/固定资产	15	2.5	13.38	5.35	80.25
销售成本/存货	10	8.0	1.59	0.20	2.00
销售额/应收账款	10	6.0	2.06	0.34	3.40
销售额/固定资产	10	4.0	7.01	1.75	17.50
销售额/净资产	5	3.0	0.89	0.30	1.50
合计	100				152.40

沃尔评分法从理论上讲有弱点，即未证明为什么采取这七项指标，而不是更多或更少，或选择其他指标，以及未能证明每个指标所占比重的合理性。

耐人寻味的是，很多理论上相当完善的经济计量模型在实践中往往很难应用，而企业实际使用并行之有效的模型却又在理论上无法证明。这可能是因为人类对经济变量之间数量关系的认识还相当肤浅。尽管沃尔评分法在理论和技术上有一些缺陷，但其对后来的绩效评价体系的发展提供了思路和方法。

三、业绩评价

业绩评价指运用数理统计和运筹学的方法，通过建立综合评价指标体系，对照相应的评价标准，按照一定的程序，通过定量与定性的对比分析，对企业一定经营期间的获利能力、资产质量、债务风险，以及经营增长等方面的经营者的经营业绩和努力程度进行的综合评判。业绩评价由财务业绩定量评价和管理业绩定性评价两部分组成。

在我国，业绩评价不仅对提高国有企业资产的运作效率，确保国有资产的保值与增值具有十分重大的现实意义，而且对促进证券市场的健康发展及优化银行信贷管理也有深远影响。

我国财政部等四部委在1999年6月1日联合印发了《国有资本金效绩评价规则》及《国有资本金效绩评价操作细则》，2002年又对《国有资本金效绩评价操作细则》做了修订。这是迄今为止我国最为科学、最为完备的企业经营效绩评价体系。就工商类竞争性企业而言，该评价体系的重点是评价企业的资本效益状况、资产经营状况、偿债能力状况和发展能力状况等4项内容，以全面反映企业的生产经营状况和经营者业绩。它与西方企业实施的平衡计分卡既有相似之处，又有不同的地方，在内外产生动因及指标类型上它们趋于一致，而在指标的相关性、财务指标与非财务指标的融合方式及业绩指标的层次性等诸多方面，它们又表现出明显的不同。

（一）我国企业效绩评价体系的构成

企业效绩评价体系是由一系列与业绩评价相关的评价制度、评价指标体系、评价方法、评价标准以及评价机构等形成的有机整体，由效绩评价制度体系、效绩评价指标体系和效绩评价组织体系3个子体系组成。

1. 效绩评价制度体系

效绩评价制度体系主要由以下文件组成：《国有资本金效绩评价规则》《国有资本金效绩评价操作细则》《国有资本金效绩评价指标解释》《国有资本金效绩评价计分方法》《国有资本金效绩评价标准》《企业效绩评价行业基本分类》《国有资本金效绩评价专家咨询组工作规则》《国有资本金效绩评价文本格式》。

2. 效绩评价组织体系

效绩评价组织体系由效绩评价管理机构、组织机构和实施机构组成。

各级财政部门是效绩评价的管理机构，负责制定效绩评价工作实施办法和组织协调。组织机构由各级财政、经贸、人事等综合部门和有关行业主管部门组成，主要职能是：选择评价对象；负责成立评价工作组和专家咨询组；制订工作计划；审定实施方案；对评价报告进行审核等。实施机构指由评价组织机构成立的评价工作组和专家咨询组，以及接受委托的社会中介机构等，负责进行效绩评价的具体操作。

（二）效绩评价指标体系

企业效绩评价指标体系可横向分为四个部分，纵向分为三个层次，形成立体结构。四个部分分别反映企业的财务效益状况、资产营运状况、偿债能力状况和发展能力状况，通过八项基本指标、12项修正指标和八项评议指标等三个层次对企业效绩进行层层深入分析。指标体系如表2-8所示。

表2-8　工商类竞争性企业效绩评价指标体系

评价内容与权数	财务业绩（70%）		管理业绩（30%）
	基本指标与权数	修正指标与权数	评议指标与权数
财务效益状况（38）	净资产收益率（25） 总资产报酬率（13）	资本保值增值率（12） 主营业务利润率（8） 盈余现金保障倍数（8） 成本费用利润率（10）	1.经营者基本素质（18） 2.产品市场占有能力（服务满意度）（16） 3.基础管理水平（12） 4.发展创新能力（14） 5.经营发展战略（12） 6.在岗员工素质（10） 7.技术装备更新水平（服务硬环境）（10） 8.综合社会贡献（8）
资产营运状况（18）	总资产周转率（9） 流动资产周转率（9）	存货周转率（5） 应收账款周转率（5） 不良资产比率（8）	
偿债能力状况（20）	资产负债率（12） 已获利息倍数（8）	现金流动负债比率（6） 速动比率（4）	
发展能力状况（24）	销售（营业）增长率（12） 资本积累率（12）	三年资本平均增长率（9） 三年销售平均增长率（8） 技术投入比率（7）	

1. 基本指标

基本指标是评价企业效绩的核心指标，由反映企业财务效益状况、资产营运状况、偿债能力状况、发展能力状况的四类八项计量指标构成，评价结果反映效绩评价内容的基本情况，可以形成企业效绩评价的初步结论。

各基本指标的计算公式如下。

（1）净资产收益率 $= \dfrac{净利润}{平均净资产} \times 100\%$

（2）总资产报酬率 $= \dfrac{息税前利润总额}{平均资产总额} \times 100\%$

（3）总资产周转率（次数）$= \dfrac{主营业务收入净额}{平均资产总额}$

（4）流动资产周转率（次）$= \dfrac{主营业务收入净额}{平均流动资产总额} \times 100\%$

（5）资产负债率 $= \dfrac{负债总额}{资产总额} \times 100\%$

（6）已获利息倍数$=\dfrac{\text{息税前利润总额}}{\text{利息支出}}$

（7）销售（营业）增长率$=\dfrac{\text{本年主营业务收入增长额}}{\text{上年主营业务收入总额}}\times100\%$

（8）资本积累率$=\dfrac{\text{本年所有者权益增长额}}{\text{年初所有者权益}}\times100\%$

2. 修正指标

修正指标是用以对基本指标进行校正的重要辅助指标，它依附于基本指标而发挥作用。其基本功能是依据企业有关实际情况对基本指标评价结构进行逐一修正，以此形成企业效绩评价的基本定量分析结论，具体由12项计量指标构成。考虑到我国国有企业经营管理中存在着诸如经营者为完成任期目标而虚增利润，企业管理不善、盲目投资等实际问题，为真实准确地评价企业绩效，可通过设置修正指标，对初步评价指标结果进行修正。

各修正指标的计算公式如下。

（1）资本保值增值率$=\dfrac{\text{扣除客观因素后的年末所有者权益}}{\text{年初所有者权益}}\times100\%$

（2）主营业务利润率$=\dfrac{\text{主营业务利润}}{\text{主营业务收入净额}}\times100\%$

（3）盈余现金保障倍数$=\dfrac{\text{经营现金净流量}}{\text{净利润}}$

（4）成本费用利润率$=\dfrac{\text{利润总额}}{\text{成本费用总额}}\times100\%$

（5）存货周转率（次）$=\dfrac{\text{主营业务成本}}{\text{存货平均余额}}$

（6）应收账款周转率（次）$=\dfrac{\text{主营业务收入净额}}{\text{应收账款平均余额}}$

（7）不良资产比率$=\dfrac{\text{年末不良资产总额}}{\text{年末资产总额}}\times100\%$

（8）现金流动负债比率$=\dfrac{\text{经营现金净流量}}{\text{流动负债}}\times100\%$

（9）速动比率$=\dfrac{\text{速动资产}}{\text{流动负债}}\times100\%$

（10）三年资本平均增长率$=\left(\dfrac{\text{年末所有者权益总额}}{\text{三年前年末所有者权益总额}}-1\right)\times100\%$

（11）三年销售平均增长率$=\left(\dfrac{\text{当年主营业务收入总额}}{\text{三年前主营业务收入总额}}-1\right)\times100\%$

（12）技术投入比率=当年技术转让费支出与研发投入/主营业务收入净额$\times100\%$

3. 评议指标

评议指标是实施评论议定的指标，属于定性指标，基本功能是对影响企业经营效绩的非定量因素进行判断，用于对基本指标和修正指标评价形成的基本结果进行定性分析，具体由八项非计量指标构成，如表2-9所示。为保证评议指标的评价客观公正，规定了八项评议指标的参考标准。

（三）评价方法

效绩评价指标体系以定量分析为基础，以定性分析为辅助，通过定量分析与定性分析相互校正来形成企业绩效评价的综合结论。

企业绩效评价结果的基本计算方法为功效系数法，辅以综合分析判断法，即按照统一制定的多层次指标体系，以企业经营期间的各项指标实际水平，对照全国统一测算和颁布的效绩评价标准值，分步得出效绩评价的初步结论、基本结论和综合结论。

具体评价步骤如下。

（1）根据8项基础指标的实际计算结果，选取与之对应的同行业、同规模的标准值，采用功效系数法得出各项指标的得分，加和后得到绩效评价的初步评价得分，即初步评价结论。

（2）采用功效系数法，分别计算出财务效益状况等4部分修正指标的修正系数，每部分的修正系数相加后乘以该部分的初步评价得分，得出该部分修正后的评价得分，再将各部分修正后的得分相加，得到基础评价得分，即基本评价结论。

（3）遵循综合分析、持续稳重、长期发展、客观公正的原则，依据评价参考标准判定实际指标达到的等级，再乘以单项指标权数得出单项指标得分，将各项指标得分加和后除以评议人员数，得出评议指标得分。为使评议指标的评价较为公正客观，减少随意性，要求评议人员不得少于五人。

（4）综合评价得分等于80%的基础评价得分加上20%的评议指标得分。

由于我国效绩评价工作尚处于起步阶段，因此，评议指标的评价标准难以准确定位。为减少人为因素的不确定性影响，使评价结果更加符合实际，暂将企业效绩评价指标体系中的定量分析结果的权重设为80%，定性分析结果的权重设为20%。随着我国评价工作的发展和经验的积累，将通过调整使各部分的权数逐步趋于合理。

（四）评价结果

企业效绩评价结果以评价得分和评价类型加评价级别表示，并据此编制评价报告。评价类型是评价分数体现出来的企业经营效绩水平。用文字和字母表示，分为优（A）、良（B）、中（C）、低（D）、差（E）五种类型；评价级别指对每种类型再划分级次，以体现同一类型中的不同差异，采用在字母后标注"＋""－"号的方式表示。

1. 类型判定

评价类型以评价得分为依据，按85分、70分、50分、40分四个分数线作为类型判定的资格界线。

优（A）：评价得分达到85分以上（含85分）。

良（B）：评价得分达到70～85分（含70分）。

中（C）：评价得分达到50~70分（含50分）。

低（D）：评价得分在40~50分（含40分）。

差（E）：评价得分在40分以下。

2. 级别标注

以上五种评价类型再划分为十个级别，分别如下。

优：A＋＋、A＋、A。

良：B＋、B、B－。

中：C、C－。

低：D。

差：E。

当评价得分属于"优""良"类型时，则以本类分数段最低限为基准，每高出5分（含5分，小数点四舍五入），提高一个级别；当评价得分属"中"类型时，则60分以下用"C－"表示，60分以上（含60分）用"C"表示；当评价得分属于"低""差"类型时，则不分级别，一律用"D""E"表示。

企业效绩评价结果以汉字、英文和"＋""－"符号共同标示，如优（A＋）、低（D）。

（五）评价标准

企业效绩评价标准是对评价对象进行客观、公正、科学分析判断的标尺。根据企业效绩评价指标的不同性质，评价标准值分为计量指标评价标准值和非计量指标评价参考标准值。

计量指标评价标准值是根据全国企业（单位）会计决算及财务报告数据资料，按照国家标准划分的企业行业、规模等类型，由国家财政部统一测算和颁布，具体分为优秀值、良好值、平均值、较低值、较差值五档。

评价参考标准是评议指标的评价参考依据，主要根据有关法律、法规、制度、行业规范、国际公认标准和我国国情确定，分为优（A）、良（B）、中（C）、低（D）、差（E）五个级别。

思考题

1. 某公司当年有很高的税后经营利润，却不能偿还到期债务，分析其原因。

2. 若分析某公司短期偿债能力的可行性，则应该分析哪些因素？公司如何提高短期偿债能力？

3. 为什么说市盈率越高，投资者对公司未来前景的预期越高？

4. 应收账款周转天数是不是越短越好？

5. 在计算年度现金比率时，为何通常使用流动负债的期末余额，而不是年初余额和年末余额的平均值？

6. 如何用杜邦分析法分析公司的财务？

练习题

练习题1

一、目的：计算财务比率，并运用其分析企业的财务状况。

二、资料：表2-9和表2-10是A公司2019年的资产负债表和利润表。2019年，该公司发行在外的普通股数：年初为600万股，年末为640万股，其平均市价分别为4.5元/股和4.2元/股，2019年派发现金股利40万元。

表2-9　资产负债表

编制单位：A公司　　　　　　　　　　2019年12月31日　　　　　　　　　　单位：万元

项　目	年初数	年末数	项　目	年初数	年末数
流动资产：			流动负债：		
货币资金	110	116	短期借款	180	200
交易性金融资产	80	100	应付账款	182	285
应收账款	350	472	应付职工薪酬	60	65
预付账款	0	0	应交税费	48	60
存货	304	332	一年内到期的非流动负债		
流动资产合计	844	1020	流动负债合计	470	610
非流动资产：			非流动负债：		
长期股权投资	82	180	应付债券	184	310
固定资产	470	640	长期借款	280	440
无形资产	18	20	非流动负债合计	464	750
非流动资产合计	570	840	负债合计	934	1360
			股东权益：		
			股本（每股面值1元）	300	300
			资本公积	50	70
			盈余公积	84	92
			未分配利润	46	38
			股东权益合计	480	500
资产总计	1414	1860	负债及股东权益合计	1414	1860

表2-10　利　润　表

编制单位：A公司　　　　　　　　　　2019年度　　　　　　　　　　单位：万元

项　目	上年同期数	本年累计
一、营业收入	4600	5800
减：营业成本	2200	3480
营业费用	420	486
管理费用	510	568
财务费用（利息费用）	70	82
营业税金（5%）	440	454
加：投资收益	100	54

续表

项　　目	上年同期数	本年累计
二、营业利润	1060	784
加：营业外收入	42	32
减：营业外支出	100	48
三、利润总额	1002	768
减：所得税（25%）	280	254
四、净利润	722	514

三、要求。

1. 根据资料计算2019年该公司的下列财务比率：流动比率、速动比率、应收账款周转率、存货周转率、已获利息倍数、资产负债率、总资产周转率、毛利率、净资产收益率、每股收益、市盈率、股利支付率和股利报酬率。

2. 试用杜邦财务分析体系对A公司的财务状况进行综合分析。

练习题2

一、目的：计算基本财务比率。

二、资料：B公司2019年的有关资料如表2-11、表2-12所示。其他资料如下。

表2-11　B公司的资产负债表

（2019年12月31日）　　　　　　　　　　　　　　　　单位：元

资　　产	金　　额	负债及所有者权益	金　　额
货币资金	①	流动负债	⑥
交易性金融资产	200 000	长期借款	⑦
应收账款	②	应付债券（6%）	⑧
存货	③	实收资本	150 000
固定资产	④	资本公积	100 000
		未分配利润	350 000
资产总计	⑤	负债及所有者权益合计	⑨

表2-12　B公司的利润表

（2019年度）　　　　　　　　　　　　　　　　　单位：元

项　　目	金　　额
销售净额	⑩
减：销售成本	⑪
销售毛利	225 000
减：销售费用	⑫
财务费用（利息费用）	⑬
项　　目	金　　额
利润总额	⑭
减：所得税（30%）	⑮
净利润	⑯

（1）负债总额对股东权益的比率为40%。

（2）应收账款平均收款期为30天（一年按360天计算）。期初应收账款余额为90 000元。

（3）存货周转率为3次，期初存货余额为280 000元。

（4）销售毛利率为30%。

（5）酸性测试比率为1.2。

（6）已获利息倍数为15倍。

（7）销售费用占销售收入的20%。

（8）财务费用均为债券利息费用。

三、要求：根据上述资料，计算表2-11、表2-12中的未知项目。

扩展阅读 2.2

案例分析

第三章 财务管理价值观念

本章学习提示

本章重点：货币时间价值、风险与报酬的关系、证券估值。

本章难点：年金的计算、风险的衡量、风险与报酬的关系、债券估值、股票估值。

本章导读

1797年3月，拿破仑在卢森堡第一国立小学演讲时，潇洒地把一束价值3路易的玫瑰花送给该校校长，并且说："为了答谢贵校对我，尤其是对我夫人的盛情款待，我不仅今天献上一束玫瑰花，并且在未来的日子里，只要我们法兰西存在一天，每年的今天我都将派人送给贵校一束价值相等的玫瑰花，作为法兰西与卢森堡友谊的象征。"

后来，由于拿破仑穷于应付连绵的战争和此起彼伏的政治事件，并最终因失败而被流放，因此早已把对卢森堡的承诺忘得一干二净。1984年，卢森堡人竟旧事重提，他们要求法国政府：要么从1797年起，用3个路易作为一束玫瑰花的本金，以5厘复利计息全部清偿（电脑计算出的本息高达1 375 596法郎）；要么在法国各大报刊上公开承认拿破仑是个言而无信的小人。

如果法国政府选择了前者，则需要向卢森堡清偿的金额高达1 375 596法郎，可见，货币时间价值的威力有多大！你知道如此高额的清偿金额是如何计算出来的吗？在本章学习结束后你可以亲自来计算一下。

资料来源：https://wenku.baidu.com/view/266bdc16ba0d6c85ec3a87c24028915f804d84f3.html。

第一节 货币时间价值

一、货币时间价值的概念

货币的时间价值指货币随着时间推移而发生的增值，是货币经过一定时间的投资和再投资所增加的价值，也称为资金的时间价值。例如，将现在的1元钱存入银行，若银行存款年利率为10%，则一年后可得到1.10元，即现在的1元钱经过1年时间的投资发生了0.10元的增值，这就是货币的时间价值。

货币在周转使用中为什么会产生时间价值呢？这是因为企业资金循环和周转的起点是投入货币资金，企业用它来购买所需的资源，劳动者借以生产新的产品，创造新价值，产品出售时得到的货币量大于最初投入的货币量，货币实现了增值。从量的角度上看，资金在运用过程中所增加的价值并不全部是资金的时间价值，其中还包括了投资者因承担投资风险和通货膨胀而获得的补偿，因此，所谓的时间价值应当是扣除风险报酬和通货膨胀贴水后的真实报酬率。

货币的时间价值有两种表现形式。一种是用绝对数即利息额来表示，即时间价值额是资金在生产经营过程中带来的真实增值额，是一定数额的资金与时间价值率的乘积。另一种是用相对数，即没有风险和没有通货膨胀条件下的真实报酬率来表示。货币时间价值是企业筹资、投资和利润分配等财务活动中不可或缺的基本影响因素，是企业做出资本分配等财务决策时必须要首先考虑的因素。

二、货币时间价值的计算

（一）计算时间价值时涉及的基本概念

1. 单利与复利

单利指一定时期内，只对本金计算利息，其所产生的利息不加入本金重复计算利息，即本能生利，利不能生利；复利则不仅对本金计算利息，而且需要将本金所生的利息在下期转为本金，再计算利息，即本能生利，利也能生利，俗称"利滚利"或"驴打滚"。

复利的概念更充分地体现了货币时间价值的含义，因为资金可以再投资以获取报酬。如果投资期限较短的话，单利和复利差别不大，但是期限越长，二者之间的差别就越大。假设以100元现金分别进行单利和复利投资，年利率为10%，一年后，二者终值相同；但如果投资100年，二者终值则会相差1 376 961元。因此，在讨论货币的时间价值时，除非特别说明，一般都按复利计算。

2. 终值与现值

终值（F）是现在一定量的现金在未来某一时点上的价值，俗称本利和；而现值（P）又称本金，指在未来某一时点的一定量现金折合到现在的价值。

3. 一次性收付款与系列收付款

一次性收付款指在某一特定时点上一次性支付（或收取），经过一段时间后再相应地一次性收取（或支付）的款项。比如，现在一次性地向银行存入一笔款项，经过一段时间后，再一次性地取出该存款，这就是一次性收付款。系列收付款指在某一特定时期内多次收付的款项，通常是多次收款一次付款或多次付款一次收款，如银行存款中的零存整取和存本取息等都属于系列收付款。

4. 年金

年金（annuity）指定期、等额的系列收支，是系列收付款的一种特殊形式，通常记为A。在实际生活中，分期收付款、分期偿还贷款、保险金、养老金等都属于年金收付形式。年金具有的四个基本特征：①等额，即现金流量大小相等；②定期，即现金流量时间间隔相同；③同向，即现金流量方向相同；④同利率，即现金流量在持续期内利率保持不变。只有四个特征同时具备时，才能称为年金。年金按其每次收付发生的时点不同，可分为普通年金、预付年金、递延年金和永续年金。

（二）单利终值与现值的计算

1. 单利终值的计算

单利终值指现在的一笔本金按单利计算的将来价值。其计算公式为：

$$F = P + I$$
$$= P + P \cdot i \cdot n$$
$$= P \cdot (1 + i \cdot n)$$

式中：F ——终值，即本利和；

P ——现值，即本金；

I ——利息；

i ——利率；

n ——计息期。

【例3-1】 假如现在将1000元存入银行，年利率为10%，则5年后到期时的终值是多少元？

$$F = 1000 \times (1 + 10\% \times 5) = 1500(元)$$

2. 单利现值的计算

单利现值指若干年以后收入或支出一笔资金按单利计算的现在价值，由终值求现值，叫作贴现，可用倒求本金的方法计算。其计算公式为：

$$P = \frac{F}{1 + i \cdot n}$$

【例3-2】 某人打算在10年后用200 000元购置一套商品房，银行年利率为10%，则他现在应存入银行多少元？

$$P = \frac{200\,000}{1 + 10\% \times 10} = 100\,000(元)$$

（三）复利终值与现值的计算

1. 复利终值的计算

复利终值是现在的一笔本金按复利计算的本利和。

【例3-3】 假如某人现在将1000元存入银行，年利率为10%，则1年后到期时的复利终值是多少元？

$$F = P \cdot (1 + i \cdot n) = 1000 \times (1 + 10\% \times 1) = 1100(元)$$

若此人不提走现金，而是将1100元继续存在银行，则在计算第二年利息时的本金就是1100元，而不是1000元，即第二年的终值为：

$$F = [P \times (1 + i \cdot n)] \times (1 + i)$$
$$= P \times (1 + i)^2$$
$$= 1000 \times (1 + 10\%)^2 = 1210(元)$$

以此类推，则复利终值的计算公式为：

$$F = P \times (1 + i)^n$$

式中，$(1+i)^n$ 被称为复利终值系数，简称为"1元复利终值系数"，记为（F/P，i，n），表示本金1元、利率为i、n期的复利终值，可通过查"1元复利终值系数表"（见附表一）直接获得。

如例3-3，如果期限为3年，通过查附表一可知，（F/P，10%，3）为1.3310，故其复利终值为：

$$
\begin{aligned}
F &= 1000 \times (1+10\%)^3 \\
&= 1000 \times 1.3310 \\
&= 1331(元)
\end{aligned}
$$

2. 复利现值的计算

复利现值是复利终值的对称概念，指未来一定时间的特定资金按复利计算的现在价值，或者说是为取得将来一定本利和现在所需要的本金。

复利现值的计算公式可通过复利终值的计算公式变形得来。

$$
\begin{aligned}
P &= \frac{F}{(1+i)^n} \\
&= F \times (1+i)^{-n}
\end{aligned}
$$

式中，$(1+i)^{-n}$ 被称为一次性收付款现值系数，简称为"1元复利现值系数"，用符号（P/F，i，n）表示，可通过查"1元复利现值系数表"（见附表二）直接获得。

【例3-4】 资料同例3-2，但按复利计算，则：

$$
\begin{aligned}
P &= F \times (1+i)^{-n} \\
&= F \times (P/F, i, n) \\
&= 200\,000 \times (P/F, 10\%, 10) \\
&= 200\,000 \times 0.3855 \\
&= 77\,100(元)
\end{aligned}
$$

扩展阅读 3.1

复利的 72 法则

（四）普通年金终值与现值的计算

1. 普通年金终值的计算

普通年金指一定时期内每期期末等额收付的系列款项，又称后付年金。

普通年金终值犹如零存整取的本利和，是一定时期内每期期末收付款项的复利终值之和，其计算方法如图3-1所示。

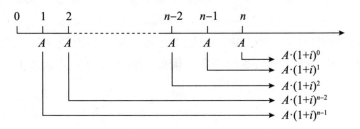

图3-1　普通年金终值的计算示意图

由图3-1可知，普通年金终值的计算公式为：

$$F = A(1+i)^0 + A(1+i)^1 + A(1+i)^2 + ... + A(1+i)^{n-2} + A(1+i)^{n-1} \qquad (3\text{-}1)$$

将式（3-1）两边同时乘（1+i）得：

$$F(1+i) = A(1+i)^1 + A(1+i)^2 + A(1+i)^3 ... + A(1+i)^{n-1} + A(1+i)^n \qquad (3\text{-}2)$$

式（3-2）减去式（3-1）得：

$$F \cdot i = A(1+i)^n - A$$
$$= A \cdot [(1+i)^n - 1]$$

则

$$F = A \cdot \left[\frac{(1+i)^n - 1}{i} \right]$$

式中，$\left[\dfrac{(1+i)^n - 1}{i} \right]$ 通常称作"1元年金终值系数"，用符号（F/A，i，n）表示，可通过查"1元年金终值系数表"（见附表三）直接获得。

【例3-5】 某人每年年末在银行存入10 000元，年存款利率为10%，复利计息，则第五年年末，此人能从银行取走多少钱？

$$F = 10\,000 \times \frac{(1+10\%)^5 - 1}{10\%}$$
$$= 10\,000 \times 6.1051$$
$$= 61\,051 (元)$$

2. 偿债基金的计算

偿债基金指为了在约定的未来某一时点清偿某笔债务或积聚一定数额资金而必须分次等额提取的存款准备金，即为使年金终值达到既定金额，每年应支付的年金数额。由此可见，年偿债基金的计算也就是年金终值的逆运算。其计算公式如下：

$$A = F \cdot \left[\frac{i}{(1+i)^n - 1} \right]$$

式中，$\left[\dfrac{i}{(1+i)^n - 1} \right]$ 是普通年金终值系数的倒数，称为偿债基金系数。偿债基金系数可以制成表格备查，也可以通过对普通年金终值系数求倒数确定。

【例3-6】 某公司5年后有一笔金额为100万元的到期借款，为此，该公司设立偿债基金，假设年利率为10%，则该公司每年年末需要存入多少钱才能到期用本利和偿清借款？

由于有利息因素，因此不必每年存入20万元，只要存入较少的金额，5年后的本利和即可达到100万元，即可用以清偿债务。因此，每年需存入的款项为：

$$A = F \cdot \frac{i}{(1+i)^n - 1}$$
$$= 100 \times \frac{10\%}{(1+10\%)^5 - 1}$$
$$= 100 \times \frac{1}{(F/A, 10\%, 5)}$$
$$= 100 \times \frac{1}{6.1051}$$
$$= 16.38(万元)$$

3. 普通年金现值的计算

普通年金现值指一定时期内每期期末等额的系列收付款项的复利现值之和。其计算方法如图3-2所示。

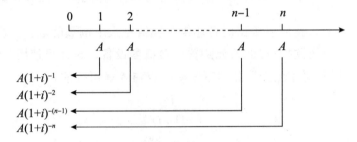

图3-2　普通年金现值的计算示意图

由图3-2可知，普通年金现值的计算公式为：

$$P = A(1+i)^{-1} + A(1+i)^{-2} + \cdots A(1+i)^{-(n-1)} + A(1+i)^{-n} \tag{3-3}$$

将式（3-3）两边同时乘（1+i）得：

$$P(1+i) = A(1+i)^0 + A(1+i)^{-1} + \cdots A(1+i)^{-(n-2)} + A(1+i)^{-(n-1)} \tag{3-4}$$

式（3-4）减去式（3-3）得：

$$P \cdot i = A - A(1+i)^{-n}$$
$$= A \cdot [1 - (1+i)^{-n}]$$

则

$$P = A \cdot \left[\frac{1 - (1+i)^{-n}}{i} \right]$$

式中，$\left[\dfrac{1-(1+i)^{-n}}{i} \right]$ 通常称作"1元年金现值系数"，用符号（P/A，i，n）表示，可通过查"1元年金现值系数表"（见附表四）直接获得。

【例3-7】 某公司因业务需租入一台机器设备，每年年末需付租金3000元，租期5年。假设银行存款利率为10%，则该公司为保证租金的按时支付，现在应存入银行多少元？

$$P = 3000 \times \left[\frac{1-(1+10\%)^{-5}}{10\%} \right]$$
$$= 3000 \times (P/A, 10\%, 5)$$
$$= 3000 \times 3.7908$$
$$= 11\ 372.4(元)$$

4. 年资本回收额的计算

年资本回收额指在约定的年限内等额回收的初始投入资本额。年资本回收额的计算是普通年金现值的逆运算。其计算公式如下：

$$A = P \cdot \left[\frac{i}{1-(1+i)^{-n}} \right]$$

式中，$\left[\dfrac{i}{1-(1+i)^{-n}} \right]$ 是普通年金现值系数的倒数，称为资本回收系数。资本回收系数可以制成表格备查，也可以根据对普通年金现值系数求倒数确定。

【例3-8】某公司欲投资100万元购置一台机器设备，预计可使用3年，社会平均利润率为8%，问该设备每年至少给公司带来多少收益才是可行的？

$$A = P \cdot \frac{i}{1-(1+i)^{-n}}$$
$$= 100 \times \frac{8\%}{1-(1+8\%)^{-3}}$$
$$= 100 \times \frac{1}{(P/A, 8\%, 3)}$$
$$= 100 \times 0.3880$$
$$= 38.8(万元)$$

因此，每年至少要收回现金38.8万元，才能还清贷款本利。

（五）预付年金终值与现值的计算

预付年金指一定时期内每期期初等额收付的系列款项，又称即付年金、先付年金。预付年金与普通年金的区别仅在于收付款的时间不同，前者的收付款时间为期初，而后者的收付款时间为期末。

1. 预付年金终值的计算

n期预付年金终值与n期普通年金终值之间的关系如图3-3所示。

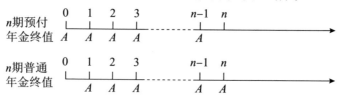

图3-3 预付年金终值与普通年金终值的关系图

从图3-3可知，n期预付年金与n期普通年金的付款次数相同，但由于付款时间不同，n期预付年金终值比n期普通年金终值多一个计息期。因此，可以先求出n期普通年金终值，然后再乘以（$1+i$）即可求出n期预付年金终值。其计算公式如下：

$$F = A \cdot \left[\frac{(1+i)^n - 1}{i} \right](1+i)$$

$$= A \cdot \left[\frac{(1+i)^{n+1} - (1+i)}{i} \right]$$

$$= A \cdot \left[\frac{(1+i)^{n+1} - 1}{i} - 1 \right]$$

式中，$\left[\dfrac{(1+i)^{n+1} - 1}{i} - 1 \right]$称为"预付年金终值系数"，它和普通年金终值系数$\left[\dfrac{(1+i)^n - 1}{i} \right]$相比，期数加1，系数减1，通常记为$[(F/A, i, n+1) - 1]$，并可以通过查阅"一元年金终值系数表"得（$n+1$）期的数值，然后用此数值减去1便可得到预付年金终值系数的值。

【例3-9】 某人决定连续5年，在每年年初存入15万元作为购房基金，银行存款利率为10%，则此人在第5年末能一次取出多少钱用于购买房产？

$$F = A \cdot [(F/A, i, n+1) - 1]$$

$$= 15 \times [(F/A, 10\%, 6) - 1]$$

$$= 15 \times (7.7156 - 1)$$

$$= 100.73(万元)$$

2. 预付年金现值的计算

n期预付年金现值与n期普通年金现值之间的关系，如图3-4所示。

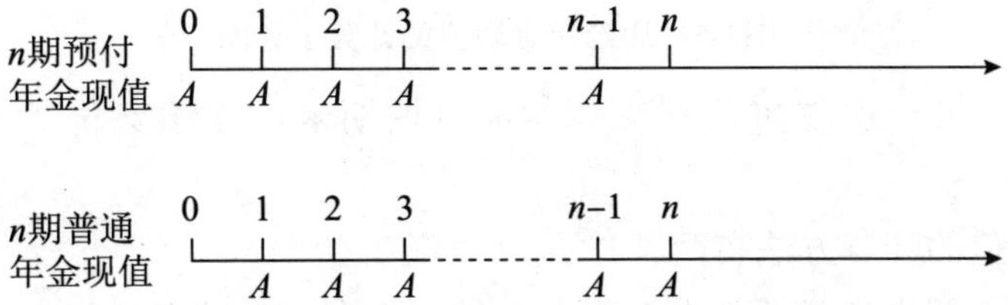

图3-4 预付年金现值与普通年金现值的关系图

从图3-4可知，n期预付年金现值与n期普通年金现值的付款次数相同，但由于付款时间不同，n期预付年金现值比n期普通年金现值少折现一期。因此，可以先求出n期普通年金现值，然后乘以（$1+i$），即可求出n期预付年金现值。其计算公式如下：

$$P = A \cdot \left[\frac{1 - (1+i)^{-n}}{i} \right](1+i)$$

$$= A \cdot \left[\frac{(1+i) - (1+i)^{-(n-1)}}{i} \right]$$

$$= A \cdot \left[\frac{1 - (1+i)^{-(n-1)}}{i} + 1 \right]$$

式中，$\left[\dfrac{1-(1+i)^{-(n-1)}}{i}+1\right]$ 称为"预付年金现值系数"，它和普通年金现值系数 $\left[\dfrac{1-(1+i)^{-n}}{i}\right]$ 相比，期数减1，系数加1，通常记为[（P/A，i，$n-1$）+1]，并可以通过查阅"一元年金现值系数表"得（$n-1$）期的数值，然后用此数值加1便可得到预付年金现值系数的值。

【例3-10】 在【例3-7】中，如果该公司租入设备的租金不是年末支付，而是每年的年初支付租金3000元，租期5年，银行存款利率为10%，那么，该公司现在应存入银行多少钱？

$$P = A \cdot [(P/A,i,n-1)+1]$$
$$= 3000 \times [(P/A,10\%,4)+1]$$
$$= 3000 \times (3.1699+1)$$
$$= 12\,509.7(元)$$

（六）递延年金现值的计算

递延年金指第一次收付款发生在第二期期末或第二期期末以后的年金。递延年金是普通年金的特殊形式。凡不是从第一期期末开始的普通年金都是递延年金。由于递延年金的终值与递延期数无关，因此，其计算方法与普通年金终值相同。

递延年金现值的计算原理如图3-5所示。

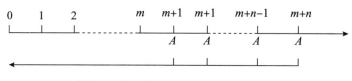

图3-5　递延年金现值的计算示意图

在图3-5中，第一次收付款发生在第 $m+1$ 期期末，连续支付了 n 期，m 表示递延期数。

递延年金现值的计算方法有两种。

第一种方法：假设递延期内也有年金收付，那么，先求出（$m+n$）期的年金现值，然后扣除实际并未收付的递延期（m）的年金现值，即可得出最终结果。

第二种方法：先把递延年金视为普通年金，求出其至递延期末的现值，再将此现值换算成第一期期初的现值。前者按普通年金现值计算，后者按复利现值计算。

【例3-11】 某人拟在年初存入一笔资金，以便能在第6年年末开始，每年取出1000元，至第10年年末取完。在银行存款利率为10%的情况下，此人应在最初一次存入银行多少钱？

$$P = A \cdot [(P/A,10\%,10)-(P/A,10\%,5)]$$
$$= 1000 \times [6.1446-3.7908]$$
$$\approx 2354(元)$$

或

$$P = A \cdot (P/A, 10\%, 5) \cdot (P/F, 10\%, 5)$$
$$= 1000 \times 3.7908 \times 0.6209$$
$$\approx 2354(元)$$

（七）永续年金现值的计算

永续年金指无限期支付的年金。在实际经济生活中，无限期债券、绝大多数优先股股利、存本取息的奖励基金都属于永续年金。

永续年金没有终止时间，所以没有终值。永续年金的现值可以从普通年金现值的计算公式中推导出来。

$$P = \lim_{n \to \infty} A \cdot \frac{1 - (1+i)^{-n}}{i}$$
$$= \frac{A}{i}$$

【例3-12】 某公司拟在某航空院校设立一项永久性的奖学金，计划每年颁发50 000元奖金。若利率为10%，则现在应该存入多少钱？

$$P = 50\,000 \times \frac{1}{10\%}$$
$$= 500\,000(元)$$

（八）货币时间价值计算中的特殊问题

以上有关货币时间价值的计算，主要阐述了现值转换为终值，终值转换为现值，年金转换为终值、现值，终值、现值转换为年金的计算方法。这种计算的前提是计息期为一年，而且贴现率和计息期数是已经给定了的。但是，在经济生活中，每年的现金流量往往不等，计息期往往短于一年或需要根据已知条件确定贴现率和计息期数的情况。为此，就要对货币时间价值计算中的几个特殊问题进行分析。

1. 不等额现金流量终值和现值的计算

前面所讲的年金的每次收入或付出的款项都是相等的，但在实际经济活动中，每次收付的款项并不都以年金的形式出现，经常会遇到每次收付的款项不相等的情况，因而不能直接按年金终值和现值计算，而必须计算不等额现金流量的终值或现值。

【例3-13】 有一笔现金流量如表3-1所示，贴现率为8%，求这笔不等额现金流量的终值与现值。

表3-1　不等额现金流量表

年份	第0年	第1年	第2年	第3年	第4年
现金流量（元）	2000	3000	4000	5000	6000

这笔不等额现金流量的终值计算如下：

$$P = 2000 \times (F/P, 8\%, 4) + 3000 \times (F/P, 8\%, 3) + 4000 \times (F/P, 8\%, 2) +$$
$$ 5000 \times (F/P, 8\%, 1) + 6000 \times (F/P, 8\%, 0)$$
$$ = 2000 \times 1.3605 + 3000 \times 1.2597 + 4000 \times 1.1664 + 5000 \times 1.0800 + 6000 \times 1$$
$$ = 22\,565.7(\vec{\jmath}\vec{L})$$

这笔不等额现金流量的现值计算如下。

$$P = 2000 \times (P/F, 8\%, 0) + 3000 \times (P/F, 8\%, 1) + 4000 \times (P/F, 8\%, 2) +$$
$$ 5000 \times (P/F, 8\%, 3) + 6000 \times (P/F, 8\%, 4)$$
$$ = 2000 \times 1 + 3000 \times 0.9259 + 4000 \times 0.8573 + 5000 \times 0.7938 + 6000 \times 0.7350$$
$$ = 16\,585.9(\vec{\jmath}\vec{L})$$

例3-13是每年的现金流量均不相等。除此之外，还有一种现金流量为年金与不等额现金混合出现的情况。在此情况下，不能用年金计算的部分采用复利公式计算，然后与用年金计算的部分加总，即可求出年金和不等额现金流量混合情况下的现值或终值。

【例3-14】 某项现金流量如表3-2所示，贴现率为10%，求这笔不等额现金流量的现值。

表3-2   不等额现金流量表

年份	第1年	第2年	第3年	第4年	第5年	第6年	第7年	第8年
现金流量（元）	3000	3000	3000	2000	2000	2000	2000	1000

在这个例子中：1～3年为等额款项，可求3年期的年金现值；4～7年为等额款项，可视为递延年金；第8年的款项可计算其复利现值，该项现金流量的现值如下：

$$P = 3000 \times (P/A, 10\%, 3) + 2000 \times [(P/A, 10\%, 7) - (P/A, 10\%, 3)] +$$
$$ 1000 \times (P/F, 10\%, 8)$$
$$ = 3000 \times 2.4869 + 2000 \times (4.8684 - 2.4869) + 1000 \times 0.4665$$
$$ = 12\,690.2(\vec{\jmath}\vec{L})$$

2. 计息期短于一年的时间价值的计算

计息期指每次计算利息的期限。在单利计算中，通常按年计算利息，不足一年的存款的利息率可根据年利率乘以存款日数，再除以365天来计算，所以不需要单独规定计息期。在复利计算中：如按年复利计息，则一年就是一个计息期；如按季复利计息，则一季就是一个计息期，一年就有四个计息期。计息期越短，一年中按复利计息的次数就越多，利息额就越来越大。

在以上叙述中，计息期是以年为单位的，n是计息年数，i是年利率。在实际经济生活中，计息期有时短于一年，如半年、季、月等，此时，期利率也应与之相匹配。如计息期为一季，则要求采用计息季数"季利率"；如计息期为一月，则要求采用计息月数"月利率"。

按国际惯例，如果未做特别说明，则i指年利率。大多数国家规定的利率是年利率。因此，当计息期短于一年，而运用的利率又是年利率时，期利率和计息期数应加以换算。

当计息期短于一年时，期利率和计息期数的换算公式如下：

$$r = \frac{i}{m}$$
$$t = n \times m$$

式中：r为期利率；i为年利率；m为每年的计息期数；n为年数；t为换算后的计息期数。

在计息期数换算后，复利终值和现值的计息可分别按下列公式进行。

$$F = P\left(1 + \frac{i}{m}\right)^{mn}$$

$$P = \frac{F}{\left(1 + \dfrac{i}{m}\right)^{mn}}$$

【例3-15】　某公司因资金需求向银行借款200万元，年利率为16%。按季复利计息，两年后应向银行偿付的本利和为多少？

$$r = \frac{16\%}{4} = 4\%$$
$$t = 2 \times 4 = 8$$
$$F = 200 \times (F/P, 4\%, 8) = 200 \times 1.3686 = 273.72(万元)$$

3. 实际利率

如果不是按年计息，则实际利率并不等于名义利率。实际利率指无论复利期间的长短，在一年中实际的利率，又称为实际年收益率，即实际收到或支付的利息额与本金的比值。

名义利率只有在给出计息间隔期的情况下才是有意义的，例如：若名义利率为10%，1元本金每半年按复利计息下，一年后的终值为$[1 + (10\%/2)]^2 = 1.1025$元；在按季复利计息下，一年后的终值为$[1 + (10\%/4)]^4 = 1.1038$元。如果仅给出名义利率为10%，但是计息间隔期没有给出，那么，就不能计算终值。也就是说，人们不知道该按年、季、月，还是其他间隔期进行计息。

相反，实际利率本身就有明确的意义，它不需要给出复利计息的间隔期。例如：若实际利率为10.25%，则意味着1元的投资在一年后就可变成1.1025元。你可以认为这是名义利率为10%，半年复利计息所得到的；或是名义利率为10.25%，年复利计算所得到的；抑或是其他的复利计息方式所得来的。

已知名义利率计算实际利率的公式如下：

$$(1 + 实际利率) = \left(1 + \frac{i}{m}\right)^m$$

因此，在给定名义利率i和每年计息期数m时，实际利率计算公式如下：

$$实际利率 = \left(1 + \frac{i}{m}\right)^m - 1$$

例如，一项存款的名义利率为8%，每季计息一次，那么实际利率为：

$$[1+(8\%/4)]^4-1=8.243\%$$

只有在每年计息一次时，实际利率才等于名义利率8%。

4. 折现率的推算

在前面的计算中，一般都是已知i、n，求现值或终值，但在理论研究和实际工作中，有时需要求解i或n。

现以普通年金现值公式为例，说明推算折现率i的过程。

假设在普通年金现值的计算公式：$P=A\cdot(P/A,i,n)$中，P、A、n均已知，需要求i的值，其步骤如下。

（1）将普通年金现值的计算公式变形为$(P/A,i,n)=P/A$，由于P和A均为已知数，所以，$P/A=\alpha$也为已知数。

（2）查普通年金现值系数表。沿着已知n所在的行，横向查找，若恰好能找到某一系数值等于α，则该系数值所在的列相对应的利率便为所求的i值。

（3）若无法找到恰好等于α的系数值，那么，就应在表中n行上找两个与α最接近的上下临界系数值，设为β_1、β_2（$\beta_1>\alpha>\beta_2$，或$\beta_1<\alpha<\beta_2$），读出β_1、β_2所对应的临界利率i_1、i_2，即可用内插法求出i，如图3-6所示。

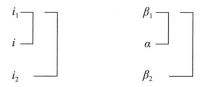

图3-6　内插法示意图

即

$$\frac{i_1-i}{i_1-i_2}=\frac{\beta_1-\alpha}{\beta_1-\beta_2}$$

在这个等式中，只有i是未知数，因此，i的计算公式为：

$$i=i_1+\frac{\beta_1-\alpha}{\beta_1-\beta_2}\times(i_2-i_1)$$

【**例3-16**】某人现在向银行存入20 000元，问年利率i为多少时，才能保证在以后9年中每年得到4000元本利？

$$(P/A,i,9)=P/A=20\,000/4\,000=5$$

从普通年金现值系数表中可以看到：在$n=9$的一行上没有找到恰好为5的系数值，故在该行上找两个最接近5的临界系数值，分别为β_1=5.3282，β_2=4.9164；同时读出对应的临界利率为i_1=12%，i_2=14%，则可用内插法计算年利率i。

$$i=i_1+\frac{\beta_1-\alpha}{\beta_2-\beta_1}(i_2-i_1)$$

$$=12\%+\frac{5.3282-5}{5.3282-4.9164}(14\%-12\%)$$

$$\approx13.59\%$$

第二节　风险与报酬

由于企业的经济活动大都是在风险和不确定情况下进行的，因此，离开了风险因素就无法正确评价企业收益的高低。资金的风险价值原理揭示了风险同收益之间的关系，它同货币的时间价值原理一样，是财务决策的基本依据。

一、风险的内涵

（一）风险的概念

企业在市场经济条件下进行的经济活动根据其结果的变动性可以分为确定性和不确定性两种。

1. 确定性经济活动

确定性经济活动指企业经济活动的未来结果是确定的，不会偏离预期的判断。如购买政府发行的国库券，由于国家实力雄厚，事先规定的国库券利息率到期几乎肯定可以实现，这就属于确定性的投资，即没有风险问题。

2. 不确定性经济活动

不确定性经济活动指企业经济活动的未来结果是不确定的，可能会偏离预期的判断，决策者无法事先确知最终会出现哪一种结果。不确定性的经济活动又可以进一步分为风险性和完全不确定性两种。

（1）风险性经济活动。对于这一类经济活动而言，虽然其最终将出现哪些结果是不确定的，但这些结果和每一种结果出现的可能性——概率是已知的或是可以估计的。例如，掷硬币的游戏，我们事先知道硬币落地时有正面朝上和反面朝上两种结果，而且知道每一种结果出现的可能性（概率）各一半。

（2）完全不确定性经济活动。对于这一类经济活动而言，人们在事先不知道其所有可能的结果，或者虽然知道可能的结果，但不知道它们出现的概率。例如，在不熟悉的地区寻找煤矿，事先只知道能找到煤矿和找不到煤矿两种结果，但不知道这两种结果出现的可能性各是多少，这就属于不确定性问题，而不是风险问题。

根据以上分析，我们可以给风险下这样一个定义：风险指在一定条件下和一定时期内可能发生的各种结果的变动程度，它属于经济活动不确定性的一种。

（二）风险的特征

1. 客观性

风险是客观存在的，是不以人的意志为转移的。风险的客观性基于两个原因。一是缺乏信息。管理者在决策时，由于取得信息的成本过高，或者因为有些信息根本无法取得，所以，致使管理者对许多情况不甚了解，从而导致了决策的风险。二是决策者不能控制事物的未来状况。例如，国家宏观经济政策的变化，市场供求关系的变化，以及供应单位和购买单位的违约等，都是决策者无法控制的因素，这些因素的存在客观上使风险不可避免。

2. 时间性

风险是一定时期的风险，其大小随时间的推移而变化。随着时间的延续，事件的不确定性在缩小，直到事件完成，其结果也就完全肯定了，风险也就没有了。

3. 相对性

风险产生的主要原因是决策时缺乏可靠的信息，所以，同样的经济活动：对于某一个人而言，由于他掌握充分的信息，可能风险就比较小；但对于另一个人来说，由于他掌握的信息不够，就可能会面临比较大的风险。

4. 收益性

风险可能会带来超出预期的收益，也可能会带来超出预期的损失。一般来说，投资人对意外损失的关切比对意外收益的关切要强烈得多。因此，人们研究风险时侧重减少损失，主要从不利的方面来考察风险，经常把风险看成是不利事件发生的可能性。从财务的角度来说，风险主要指无法达到预期报酬的可能性。

（三）风险的分类

1. 从影响范围的角度可以将风险分为市场风险和公司特有风险

市场风险指由那些影响所有公司的因素而引起的风险，如战争、通货膨胀、经济衰退等。市场风险涉及所有的投资对象，不能通过多元化投资来分散，因此也称为不可分散风险或系统风险。例如：一家企业欲通过购买股票来投资于另一家企业，此时，不论其购买哪一家企业的股票，都要承担市场风险；在经济衰退时，各种股票的价格都会不同程度地下跌。

公司特有风险指由发生在个别公司的特有事件而引起的风险，如罢工、新产品开发失败、没有争取到重要合同、诉讼失败等。由于这类事件是随机发生的，因而可以通过多角化投资来分散，即发生于一家公司的不利事件可以被其他公司的有利事件所抵消，因此，公司特有风险也称为可分散风险或非系统性风险。

2. 从公司本身的角度可以将风险分为经营风险和财务风险

经营风险指由生产经营的不确定性而引起的企业息税前利润波动的风险，它是任何商业活动都有的，也叫商业风险。影响经营风险的因素主要有市场销售情况、生产成本、生产技术等。

财务风险指因借款而增加的风险，是筹资决策带来的风险，也叫筹资风险。因企业举债而产生了定期还本付息的压力，如果到期不能还本付息，就面临着诉讼、破产等威胁，因遭受严重损失而面临财务风险。显然，任何一个企业都有经营风险，但不一定每个企业都有财务风险，因为财务风险产生的原因是举债，如果一个企业没有负债，则该企业不存在财务风险。

二、风险的衡量

在财务管理中，由于风险的客观存在，将来出现的实际结果可能与我们期望的结果不一致，这种实际结果与期望结果的偏离程度往往被用来衡量风险，因此，风险的大小可以借助概率统计中的标准离差、标准离差率等离散指标来进行定量的描述和评估。

（一）概率

在经济活动中，某一事件在相同的条件下，可能发生，也可能不发生，这类事件称为随机事件。概率是用来表示随机事件发生可能性大小的数值，概率分布则指一项活动可能出现的所有结果的概率的集合。假定用 X 表示随机事件，X_i 表示随机事件的第 i 种结果，P_i 为出现该种结果的相应概率。若 X_i 出现，则 $P_i=1$；若不出现，则 $P_i=0$，同时，所有可能结果出现的概率之和必定为1。因此，概率分布符合下列两个要求：

①$0 \leqslant P_i \leqslant 1$。

②$\sum_{i=1}^{n} X_i P_i = 1$。

【**例3-17**】　某公司甲、乙两种产品的预计收益情况与不同季节所对应的淡旺季市场销量有关，可用表3-3描述各种可能的收益概率分布。

表3-3　市场预测和预期收益概率分布表

市场预测	概率P_i	甲产品年收益X_i（万元）	乙产品年收益X_i（万元）
旺季	0.3	800	1000
正常	0.5	400	600
淡季	0.2	100	−200

（二）期望值

随机变量的各个取值，以其相应概率为权数的加权平均数，叫随机变量的期望值，它反映随机变量取值的平均化，通常用符号 $\overline{E}$ 表示，其计算公式如下：

$$\overline{E} = \sum_{i=1}^{n} X_i P_i$$

以表3-3中的有关数据为依据，计算甲、乙两种产品预计收益的期望值，即期望收益为：

$$\overline{E}_甲 = 800 \times 0.3 + 400 \times 0.5 + 100 \times 0.2 = 460（万元）$$

$$\overline{E}_乙 = 1000 \times 0.3 + 600 \times 0.5 + （-200） \times 0.2 = 560（万元）$$

期望收益值体现的是预计收益的平均化，代表着预计收益的集中程度，在各种不确定性因素的影响下，它代表着投资者的合理预期。

（三）标准离差

为完整描述收益率分布的两个方面，需对期望收益率的分散度或离散度进行衡量，偏离度的一般衡量指标是标准离差。标准离差反映概率分布中各种可能结果对期望值的偏离程度，通常以符号σ表示，其计算公式如下：

$$\sigma = \sqrt{\sum_{i=1}^{n}(X_i - \overline{E})^2 \times P_i}$$

标准离差以绝对数衡量决策方案的风险大小。在期望值相同的情况下：标准离差越大，风险越大；反之，标准离差越小，风险越小。应该注意的是，标准离差仅适用于比较期望值相同的两个或两个以上的决策方案的风险，不适用于期望值不同的决策方案之间的风险比较。

以【例3-17】中的数据为例，计算甲、乙两种产品的预计年收益与期望年收益的标准离差。

$$\sigma_{甲} = \sqrt{(800-460)^2 \times 0.3 + (400-460)^2 \times 0.5 + (100-460)^2 \times 0.2} = 249.8$$

$$\sigma_{乙} = \sqrt{(1000-560)^2 \times 0.3 + (600-560)^2 \times 0.5 + (-200-560)^2 \times 0.2} = 417.6$$

尽管$\sigma_{甲} < \sigma_{乙}$，但并不能据此下结论，认为甲产品的销售风险小于乙产品的销售风险，因为甲产品和乙产品销售额的期望收益不相同，所以仅以标准离差尚无法做出判断，需借助下面介绍的标准离差率来判断。

（四）标准离差率

标准离差率是标准差与期望值之比，通常用符号q来表示，其计算公式为：

$$q = \frac{\sigma}{E}$$

标准离差率是一个相对指标，它以相对数来反映决策方案的风险程度。与标准离差相比，标准离差率的适用范围更广。它不仅适用于期望值不同的情况，也适用于期望值相同的两方案或多方案风险的比较。标准离差率越大，风险越大；反之，标准离差率越小，风险越小。

在【例3-17】中，甲、乙两种产品预计年收益的标准离差率分别为：

$$q_{甲} = \frac{249.8}{460} = 0.54$$

$$q_{乙} = \frac{417.6}{560} = 0.75$$

至此，我们可以做出结论：甲产品的销售风险小于乙产品的销售风险。

（五）置信概率和置信区间

根据统计学原理，在概率为正态分布的情况下：随机变量出现在期望值±1个标准差范围内的概率有68.26%（见图3-7）；出现在期望值±2个标准差范围内的概率有95.44%；出现在期望值±3个标准差范围内的概率有99.72%。我们把"期望值±X个标准差"称为置信区间，把相应的概率称为置信概率。

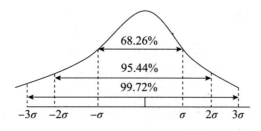

图3-7 正态分布曲线图

已知置信概率，可求出相应的置信区间，反过来也一样。但是，这种计算比较麻烦，通常编成表格以备查用（见本书附表五）。该表第一列和第一行组成的标准差个数（X），列和行交叉处的数字是相应的正态曲线下的面积占总面积的比重（P），表示置信概率，表中给出的是对称轴一侧的面积。利用该表可以实现标准差个数与置信概率的换算。例如，1.00个标准差对应的数字是0.3413，中轴两侧的面积占总面积的比重即为68.26%（0.3413×2）。

如果预先给定置信概率（a），则能找到相应的报酬率的一个区间，即置信区间，如果预先给定一个报酬率的区间，则可以找到其置信概率。

【例3-18】 假设【例3-17】中的收益符合连续正态分布，那么，试计算甲、乙两种产品盈利（置信区间为0～∞）的可能性有多大？

先计算0～460（均值）的面积。该区间含有标准差的个数为：

$$X = 460 \div 249.8 = 1.84$$

查书后所附"正态分布曲线的面积"，当X=1.84时，对应的面积是0.4671。

460～∞占总面积（100%）的一半：

$$P(\text{甲盈利}) = 50\% + 46.71\% = 96.71\%$$

$$P(\text{甲亏损}) = 50\% - 46.71\% = 3.29\%$$

同样，可计算乙产品盈利的概率。在0～560区间含有的标准差个数：

$$X = 560 \div 417.6 = 1.34$$

查表得面积为0.409 9，即

$$P(\text{乙盈利}) = 50\% + 40.99\% = 90.99\%$$

$$P(\text{乙亏损}) = 50\% - 40.99\% = 9.01\%$$

由此可看出，甲产品盈利的概率大于乙产品盈利的概率，因此，甲产品的销售风险小于乙产品的销售风险。

通过对决策方案的风险进行量化，决策者可做出决策。对于单个方案而言，决策者可根据其标准离差（率）的大小，将其与设定的可接受的此项指标的最高限值进行对比，看前者是否低于后者，然后做出取舍。对于多方案择优而言，决策者的行动准则应是选择低风险高收益的方案，即选择标准离差率最小、期望收益最高的方案。然而，通常情况下，高收益伴有高风险，低收益方案的风险程度往往也较低。究竟要选择何种方案，通常要权衡期望收益与风险，还要视决策者对风险的态度。

三、风险与报酬的关系

实践证明，风险厌恶是普遍成立的，在风险厌恶的假设下，人们选择高风险项目的基本条件是：它必须有足够高的预期投资报酬率，即风险程度越大，要求的报酬率越高。

一项投资的报酬率应等于不承担风险即可获得的报酬加上投资者因冒该项目的风险而应获得的额外报酬，即预期投资报酬率的计算公式如下：

$$期望投资报酬率 = 无风险报酬率 + 风险报酬率$$

无风险报酬率是到期一定能获得的报酬率。比如购买国库券，基本不存在风险，到期都能收回本息。如果不考虑通货膨胀和其他因素，无风险报酬率就是第一节我们讲的货币时间价值。风险报酬率是对投资者冒风险的一种额外报酬率，它是风险程度（可用标准离差、标准离差率等表示）的函数，风险程度越大，风险报酬率也就越高。

在西方金融学和财务管理学中，有许多模型描述风险和报酬率的关系，其中一个最重要的模型为资本资产定价模型（capital asset pricing model，CAPM）。这一模型为

$$K_i = R_f + \beta_i(K_m - R_f)$$

式中，K_i 为第 i 种投资的期望报酬率；R_f 为无风险报酬率；β_i 为第 i 种投资的 β 系数；K_m 为所有投资的平均报酬率。

在均衡状态下，$(K_m - R_f)$ 是投资者为补偿承担超过无风险收益的平均风险而要求的额外收益，即风险价值。

资本资产定价模型通常可以用图形加以表示，如图3-8所示。证券市场线（security market line，SML）表示一项投资的风险与报酬之间的关系。SML越陡峭，投资者越规避风险。也就是说：在相同的风险水平上，要求的报酬更高；或者在同样的报酬水平上，要求的风险更小。

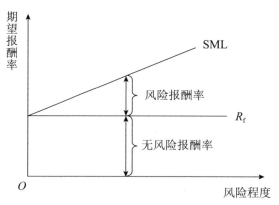

图3-8 证券市场线图

随着时间的推移，不仅证券市场线在变化，β 系数也在不断变化，β 系数可能会因为一个企业的资产组合、负债结构等因素的变化而变化，也会因为市场竞争的加剧、专利权的到期等情况而改变。β 系数的变化同样会使公司的报酬率发生变化。

【例3-19】 某公司股票的 β 系数为1.6，目前，无风险报酬率为4%，市场上所有股

票的平均报酬率为10%，那么，该航空公司股票的期望报酬率应该为：

$$K_i = R_f + \beta_i(K_m - R_f)$$
$$= 4\% + 1.6 \times (10\% - 4\%)$$
$$= 13.6\%$$

第三节　证 券 估 值

在财务管理实际工作中，经常会利用闲置资金短期投资证券或进行长期投资活动。在进行这些财务决策时，财务管理人员需要对将要投资的证券进行正确估值，以发现获利机会。本节将介绍两种最常见的证券估值：债券估值和股票估值。

一、证券估值原理

（一）价值的含义

在证券估值中，经常会用到多种价值的概念，由于这些概念比较近似，因此，只有进行明确界定，才能在证券估值中得到正确应用。

1. 账面价值

账面价值也称面值，指某证券首次发行时，发行人承诺到期支付的价值。比如，某公司发行债券，面值100元，当该债券到期时，发行公司要支付债券持有人100元。

2. 市场价值

市场价值也称为市价或市值，指某证券在交易市场上交易的价格。证券的市场价值受市场供求关系、投机炒作，以及发行公司的经济状况影响，在大多数情况下，与账面价值不同。

3. 内在价值

内在价值指在对所有影响价值的因素，如收益、现金流量、预期等都正确估价后，该证券应得的价值。如果证券市场是有效的，信息是完全披露的，证券的内在价值和它的市场价值应该是相等的。如果二者不相等，投资者的套利行为将会促使其市场价值向其内在价值回归。根据证券的内在价值与市场价值的关系，投资者可以判断某种资产或证券的价值究竟是被高估（内在价值低于市场价值）了，还是被低估（内在价值高于市场价值）了，并以此为基础做出投资或筹资决策。

本节所讨论的证券估值指其内在价值。

（二）证券估值的过程

证券的内在价值是投资者获得的未来预期现金流量按投资者要求的必要报酬率在一定时期内贴现的现值。因此，证券的价值受以下三个因素影响：一是未来各期预期的现金流量；二是未来预期现金流量的持续时间；三是市场决定的必要回报率或投资者要求的必要报酬率，取决于证券的个别风险与市场风险的相关程度。

证券估值的基本模型可用公式表示为：

$$P = \frac{CF_1}{(1+i)^1} + \frac{CF_2}{(1+i)^2} + \cdots + \frac{CF_n}{(1+i)^n}$$
$$= \sum_{t=1}^{n} \frac{CF_t}{(1+i)^t}$$

式中，CF_t 为 t 时间内发生的现金流；P 为证券在 n 年内产生的全部预期现金流量的现值，即内在价值；i 为折现率，一般采用当时的市场利率或投资的必要报酬率；n 为预期现金流量持续期间。

基于上述模型，在对证券进行估价时，需要事先预期该证券能产生的未来现金流量、持续期间以及投资者所要求的必要报酬率，然后用投资者要求的必要报酬率把未来预期的现金流量贴现即可。

二、债券估值

债券是由公司、金融机构或政府发行的一种有价证券，是发行人为筹措资金而向债券投资者出具的承诺以一定利率定期支付利息和到期偿还本金的债券债务凭证。

（一）债券的构成要素

尽管不同公司的债券往往在发行时订立了不同的债券契约，但典型的债券契约应包含以下几种要素。①票面价值。票面价值又称面值，指发行人承诺到期支付给持有人的金额。②票面利率。债券的票面利率是债券持有人定期获取的利息与债券面值的比率。③到期日。债券一般都有固定的偿还期限，到期日即指期限终止之时。一般而言，债券从发行日至到期日的时间越长，其风险越大，债券的票面利率越高。

（二）债券的估值方法

1. 每年定期支付一次利息，到期还本的债券

这类债券是最常见的债券，它既符合大部分投资人的需求，又便于公司进行理财活动。这类债券对于持有人来说，有两部分未来现金流入：第一部分是每年收到的利息，是一个普通年金；第二部分是到期的本金，是一次性收到的终值。因此，根据内在价值的计算公式，这类债券的估值公式如下：

$$P_b = \frac{I_1}{(1+i)^1} + \frac{I_2}{(1+i)^2} + \cdots + \frac{I_n}{(1+i)^n} + \frac{M}{(1+i)^n}$$
$$= I \times (P/A, i, n) + M \times (P/F, i, n)$$

式中，P_b 为债券价值；I 为每年的利息；M 为到期的本金；i 为折现率，一般采用当时的市场利率或投资的必要报酬率；n 为债券到期前的年数。

【例3-20】 刘先生和李女士各拥有一笔闲置资金，2020年年初得知A航空公司公开发行债券，面值100元，每年末定期支付利息，年利率5%，3年后归还本金。刘先生要求的必要报酬率为5%，李女士要求的必要报酬率为7%，如果两人都想投资该债券，

那么，该债券对刘先生和李女士的价值各是多少？

刘先生估计的债券价值为

$$P(刘先生)=100×5\%×(P/A,5\%,3)+100×(P/F,5\%,3)$$
$$=5×2.7232+100×0.8638$$
$$=99.996(元)$$

李女士估计的债券价值为

$$P(李女士)=100×5\%×(P/A,7\%,3)+100×(P/F,7\%,3)$$
$$=5×2.6243+100×0.8163$$
$$=94.75(元)$$

虽然他们准备购买的债券相同，但他们估价却不一致，造成这种现象的原因在于他们各自的必要报酬率不同。

2. 到期一次还本付息的债券

一些债券发行人为了充分使用资金，将债券设置成到期一次还本付息。在这种情况下，债券持有人的未来现金流入只有到期一次，因此，其债券估值的公式如下：

$$P_b = \frac{I×i×n+M}{(1+i)^n}$$
$$=(I×i×n+M)×(P/F,i,n)$$

以【例3-20】为例，假定该公司规定利息到期一次支付，则该债券对刘先生的价值为

$$P(刘先生)=(100×5\%×3+100)×(P/F,5\%,3)$$
$$=115×0.8638$$
$$=99.34(元)$$

当利息支付方式发生变化时，即使刘先生所要求的必要报酬率不变，债券的价值也将发生变化，对债券投资人的吸引力下降。

3. 永久债券

永久债券是一种没有到期日，永久定期支付利息的债券。这种债券的现金流量实际上是一种永续利息年金。这种债券的一个典型例子就是英国的统一公债，它最早是英国在拿破仑战争后为偿债而发行的，英国政府必须无限期地向债券持有人支付固定利息。因此，这种债券的估值公式为：

$$P_b = \frac{I_1}{(1+i)^1} + \frac{I_2}{(1+i)^2} + \cdots + \frac{I_n}{(1+i)^n}$$

其中，$I_1=I_2=I_n=I$，当 $n \to \infty$ 时，该公式可化简为：

$$P_b = \frac{I}{i}$$

仍以【例3-20】为例，假定该公司发行的是永久债券，则该债券对李女士的价值为

$$P(李女士)=(100×5\%)/7\%$$
$$=71.43(元)$$

三、股票估值

股票作为一种有价证券，是股份公司发行的，用以证明投资者的股东身份和权益，并以此作为获取股息和红利的凭证。

（一）股票的构成要素

为了更好地理解股票估值模型，首先我们要了解股票的几个构成要素。①股票价值。投资者投资股票通常是为了在未来能够获得一定的现金流入，而这种现金流入主要包括两个部分：每期的股利及出售股票时得到的收入。这两部分现金流的现值就是股票的内在价值。②股票价格。股票价格指其在证券市场上的交易价格。股票的价格会受到各种因素的影响而出现波动，从而使股票的价格可能会偏离股票的内在价值。③股利。股利是股份有限公司以现金的形式分配给股东的投资报酬，也称红利或股息。股利和债券利息不同，股利并不是强制分配的，只有在公司有利润并且管理层愿意将多余的利润分配给股东时，股东才能获得股利。

（二）股票的分类

股票有两种基本类型：普通股和优先股。普通股是企业发行股票时最常见的类型。普通股股东是公司的所有者，对公司具有投票权和决策权，但当公司破产时，普通股股东只能最后得到偿付。

优先股则是公司发行的求偿权介于债券和普通股之间的一种证券。优先股股东在获得优于普通股股东求偿权的同时，丧失了对公司的投票权和决策权。除此之外，优先股的股利一般是固定的，且优于普通股股利的发放。但与债券利息不同的是，如果公司未能按时发放股利，优先股股东不能请求公司破产。

（三）股票的估值方法

1. 普通股估值

与债券相比，普通股的估价难度要大得多，这主要是因为普通股投资者在未来能够获得的现金流入不确定：普通股股利不固定，也没有到期日，此外，普通股的股票价格也经常发生变化。因此，对普通股的估值要根据不同的情况进行具体处理。

（1）固定股利法

该方法假定普通股一旦被投资者购进，就将长久持有，且股利在若干期间内保持不变。这样，每年的股利相当于永续年金中的每期现金流量，投资者要求的收益率相当于永续年金中的折现率。其公式如下：

$$P_0 = \frac{D}{K}$$

式中，P_0 为普通股价值；D 为普通股的年股利额；K 为投资者要求的收益率。

【例3-21】 某公司每年支付普通股股利10元，若投资者要求的收益率为10%，则该普通股的价值为

$$P_0 = \frac{10}{10\%} = 100 \ (\text{元})$$

此方法的优点是无需预测未来股利和转让价格的变动情况。但现实情况往往是普通股股利并不是每年固定不变的。因此，采用简单法，往往会低估或高估普通股的价值。

（2）股利持续增长率法

该法适用于股利按固定的比率增长的情况。在采用该法时，我们假设股利增长率总是低于投资者要求的收益率。

设 D_0 为基年每股股利，D_t 为第 t 年年末每股股利，g 为年股利增长率，K 为收益率或折现率，则第 t 年的每股股利为：

$$D_t = D_0(1+g)^t$$

将各年的股利折现并相加，即可得到普通股的价值。用公式表示为：

$$P_0 = \sum_{t=1}^{\infty} \frac{D_t}{(1+K)^t} = \sum_{t=1}^{\infty} \frac{D_0(1+g)^t}{(1+K)^t}$$

根据假设，K 永远大于 g，当 $t \to \infty$ 时，该式是一个收敛的等比几何级数，其极限为：

$$P_0 = \frac{D_0(1+g)}{K-g}$$

根据上式，即可对普通股的价值进行评估。

【例3-22】某公司普通股基年已支付股利2元，投资者要求的收益率为10%，估计股利按5%的固定比率增长。则该普通股的价值为

$$P_0 = \frac{2 \times (1+5\%)}{10\% - 5\%} = 42 \ (\text{元})$$

（3）转让价格法

前述两种方法均假设投资者一旦持有这种普通股，就将永久持有，不再转让。实际上，投资人在购入普通股，并持有一段时间以后，也许会在合适的时候将其转让出去。在这种情况下，普通股的价值就等于持股期间所得股利的现值加上最终转让该股票时售价的现值。用公式表示为：

$$P_0 = \sum_{t=1}^{\infty} \frac{D_0(1+g)^t}{(1+k)^t} + \frac{MD_0(1+g)^n}{(1+k)^n}$$

式中，P_0 为普通股的价值；D_0 为基期已支付的股利；g 为每期收益增长率；K 为投资者要求的收益率；M 为普通股价格收益倍数；n 为投资者期望持有该股票的年数。

在例3-22中，若投资者希望在第三年年末将该股票转让出去，转让价格按每股收益的12倍计算，则该普通股的价值将为

$$P_0 = \frac{2 \times (1+5\%)}{1+10\%} + \frac{2 \times (1+5\%)^2}{(1+10\%)^2} + \frac{2 \times (1+5\%)^3}{(1+10\%)^3} + \frac{12 \times 2 \times (1+5\%)^3}{(1+10\%)^3}$$
$$= 1.91 + 1.82 + 1.74 + 20.87 = 26.34 (\text{元})$$

以上，我们看到了股利零增长及固定增长的情形，但在实务中，企业的营运状况会

有随着经济景气的波动而变化，即使经营能力没有改变，获利水准（或股利）也不见得会不断成长，最终呈现出非固定成长的情形。如一些以技术为导向的电子、信息产业，或是生物科技行业，初期的成长性都十分惊人，但随着时间的推移，在产品进入成熟期之后，盈利能力超成长的现象将可能不复存在，并回归正常或稳定增长的情形。此时，投资人只要运用货币时间价值的观念，将企业未来各期的股利以适当的必要报酬率折现，即可计算"股利非固定成长"形态的股票价值。

思考题

1. 什么是货币的时间价值？为什么要采用复利概念进行计算？

2. 如何理解风险与报酬的关系？市场风险和可分散风险的区别是什么？

3. 在什么情况下，债券的票面利率与到期收益率不一样？

练习题

1. 某人以10 000元存入银行，3年期，年利率4%，复利计息，求3年后终值。

2. 某公司准备向银行贷款5000万元投资一个新的项目，假设银行借款利率为12%，该项目当年即可建成投产。试回答以下问题。

（1）该工程投产后，假设A航空公司将分10年，每年年末等额归还银行借款，则每年需还银行多少钱？

（2）该工程投产后，假设A航空公司将分10年，每年年初等额归还银行借款，则每年需还银行多少钱？

（3）若该公司每年可获净利1500万元，并全部用来归还借款，则需多少年可以还清？

3. 某公司拟购置一项设备，目前有A、B两种可供选择。A设备的价格比B设备高50 000元，但每年可节约维修保养等费用10 000元。假设A、B设备的经济寿命均为6年，利率为8%。该公司在A、B两种设备中必须择一的情况下，应选择哪一种设备？

4. 某公司准备对外投资，现有三家公司可供选择，分别为甲公司、乙公司、丙公司，这三家公司的年预期收益及其概率的资料如表3-4所示。

表3-4   B航空公司预期收益及其概率资料

市 场 状 况	概　　率	年预期收益/万元		
		甲　公　司	乙　公　司	丙　公　司
良好	0.3	40	50	80
一般	0.5	20	20	−20
较差	0.2	5	−5	−30

假定你是该企业集团的稳健型决策者，请依据风险与收益原理做出选择。

5. 目前，股票市场上有A，B两家公司的证券可供选择，基本资料如下。

（1）目前，A公司的股票市价为9元，该公司采用固定股利政策，每股股利1.2元。

（2）目前，B公司的股票市价为8元，当前股利为每股1元，以后每年的股利固定增长率为3%。

（3）无风险收益率为8%，市场上所有股票平均收益率为12%，A公司股票的β系数为1.5，B公司股票的β系数为1.2。

试计算A公司与B公司股票的必要收益率。如果你是投资者，你应该购买哪家公司的股票？

扩展阅读3.2

西格资产理财公司的理财运作

第四章　财务战略与预算

本章学习提示

本章重点：财务战略，财务预测，财务预算。
本章难点：财务战略选择，财务预测方法，财务预算编制。

本章导读

　　中国南航集团公司（以下简称"南航"）是中国运输飞机最多、航线网络最发达、年客运量最大的航空公司。近年来，南航面临来自汇率和航油价格波动、高铁网络快速扩张、行业竞争加剧等多方面的挑战。如何转变传统的管理理念和管理方法，在竞争激烈的市场环境中提升自身竞争力，是南航迫切需要解决的问题。为提高企业经营效率，促进资源整合、确保战略落实，2012年，南航结合国资委开展管理提升活动，确定在全公司开展全面预算管理，2013年，将全面预算列入集团管理提升的重点项目，以厚盾全面预算管理系统为工具和手段，围绕南航高层领导"战略转型抓收入、全面预算控成本"的战略思路，以及"先算后干、边算边干、干完再算"的管理要求，构建南航特色的全面预算管理体系。目前，南航全面预算管理系统建设已经历了三个阶段。2012—2013年，为建设初期，以财务预算为主，主要围绕财务预算完成编制、执行控制、调整和分析的闭环管理；2014—2015年，进入业务预算初期，完成生产、收入、变动成本的核心业务预算编制，初步搭建新平台；2016—2017年，业务预算深入，完成122项业务预算编制，实现业务、财务一体化，新平台日趋成熟。2018年5月，开始进入第四个阶段，南航再次与东华厚盾进行合作，继续关注决策层应用。南航全面预算管理系统自2013年建设以来，已逐步形成七大预算管理抓手——预算编制定目标、事前审批控支出、预算讲评促整改、成本建标提效率、对标工作找差距、价值管理自主控、评价考核闭环管理。以预算为轴，建立科学先进的企业管理机制，为南航的持续健康发展带来实效。

　　资料来源：http://www.supporter.com.cn/web/hangYeAnLi/jiaoTongYunShu/323.html。

第一节　财务战略

一、财务战略的含义和特征

（一）财务战略的含义

　　"战略"一词主要源于军事，是指军事家们对战争全局的规划和指挥，或指导重大军事活动的方针、政策与方法。随着生产力水平的不断提高和社会实践的不断丰富，

"战略"一词逐渐被人们广泛运用于军事以外的其他领域，从而给"战略"一词增添了许多新的含义。1938年，美国学者巴纳德在《经理的职能》一书中提出"战略"这一构思。最早把"战略"正式引入企业管理领域的是美国管理史学家钱德勒，1962年，在其著作《战略与组织结构》一书中，将战略定义为"确定企业基本长期目标、选择行动途径和为实现这些目标进行资源分配"。这标志着"战略"一词被正式引入企业经营管理领域，由此形成了企业战略的概念，奠定了企业战略理论研究的基础，但当时并未引起管理界的普遍关注。直到1965年，波特在其著作《企业战略论》一书中提出产品/市场战略矩阵模型，才使得"战略"一词得到广泛应用，"战略"才得到企业界的广泛重视。波特认为，战略是从未来看现在，然后再选择正确的发展路径，是不同于一般计划的面向未来和全局的计划体系。安德鲁斯在《企业战略概念》中指出，战略形成过程实际上是把企业内部条件因素与企业外部环境进行匹配的过程，这种匹配能使企业内部的优势和劣势与企业外部的机会和威胁相协调。在此基础上，SWOT战略分析模型得以建立。波特在《什么是战略》一文中立足资源本位企业观，强调战略的实质在于与众不同，在于提供独特的消费者价值。而W.钱·金和勒纳·莫博涅在《蓝海战略》中则认为，战略应关注消费者价值和组织活动中的人，着重强调创新和改变游戏规则对战略的重要性。

企业战略是企业为实现整体价值，筹划企业所拥有的资源，对一系列长远或重大行动进行的动态统筹。财务管理作为企业管理的一个重要组成部分，主要研究和关注企业对资金的筹措、运用和分配，以及与上述财务活动有关的财务安排，以实现企业的战略目标。财务管理在整个企业管理中具有举足轻重的地位。但是，由于企业之间的竞争日益激烈，金融市场日益国际化，金融危机不断出现，财务管理也时刻面临着一个多元的、动态的、复杂的理财环境。同时，由于人们对现实和未来认识的局限性，复杂而多变的环境是无法完全被理解的。相对于外部环境的急剧变化，企业本身特别是企业所拥有的资源和能力却往往具有相对的稳定性。在这种情况下，财务管理的成败在很大程度上取决于其自身对环境的适应能力和对资源的利用能力，所以，在动态理财环境下，财务管理不能单纯注重财务管理的具体方法与手段，也不能仅仅局限于对各项具体财务行为进行的规划，而应该吸收、借鉴战略管理思想，从适应环境的角度，充分重视财务具有的战略性的、长远的、全局的问题的思考与谋划。现代战略思想体现在财务管理上，形成了企业财务战略。财务战略主要涉及财务性质，属于财务管理的范畴，主要考虑财务领域全局的、长期的发展方向问题，并以此与传统的财务管理相区别。

财务战略（financial strategy）是在企业总体战略目标的统筹下，以价值管理为基础，以实现企业财务管理目标为目的，以实现企业财务资源的优化配置为衡量标准所采取的战略性思维方式、决策方式和管理方针。财务战略是企业总体战略的重要组成部分，企业战略需要财务战略来支撑。企业财务战略管理决定着企业财物资源的取向和模式，影响着企业理财活动的行为与效率。如果企业能正确制定并有效实施财务战略，就能极大推动企业价值最大化（或股东价值最大化）这一财务管理的最终目标实现。因此，企业应根据所处行业的特点，分析内外部环境，着眼于未来长期稳定的发展，制定合适的财务战略，以维持企业的核心竞争力。

对一般企业来说，大致需要三个层次的战略，即总体战略、业务单元战略和职能战略，这三个层次战略的地位和内容各不相同。企业总体战略研究"企业要去哪里"和"企业应该经营哪些事业以使企业长期获利"等问题，它是企业的战略总纲领，是企业最高管理层指导和控制企业一切行为的最高行动纲领。总体战略需要回答企业应该经营哪些事业以使企业的长期利益达到最大化的问题。因此，总体战略注重把握企业内外部环境的变化，同时努力将企业内部各个部门间的资源进行有效的战略配置，强调"做一件正确的事情"。职能战略考虑如何通过有效组合企业内部资源来实现企业总体战略，它更注重企业内部主要职能部门的战略计划，以使职能部门的管理人员能够清楚地认识到本职能部门在实施企业总体战略中和业务单元战略中的责任与要求。职能战略将思考如何提升企业的运作效能，以使企业获得较佳的效率、品质、创新和顾客回应方面的能力。由于该战略直接处理诸如生产、市场、服务等一线事务，因此，该战略更强调"如何将一件事情做正确"。

从企业管理发展的全局来看，财务管理只有把自己放到为实现企业长期总体战略而服务的职能战略层面，只有为企业管理服务，为企业战略服务，才会有出路。如果就财务论财务，而忽略企业的组织背景、内外部环境，以及市场等因素来研究财务问题，仅局限于成本、收益和风险的技术性分析，就失去了为企业管理服务的意义，财务管理也就难以在企业的发展中发挥其重要作用。同样，没有财务管理的有效配合，任何企业战略都会成为"空中楼阁"。财务战略的选择往往决定着企业资源配置的取向和模式，也由此决定了企业经营战略的实现与管理效率。在战略管理条件下，财务管理需要具备战略思想，需要将企业战略意图有机地融入财务管理。财务管理应在理解企业战略的基础上，以支持企业战略为目标，从战略全局的角度来考虑和规划企业的财务安排。

（二）财务战略的特征

（1）全局性。财务战略是为企业的筹资、投资、运营和股利分配等财务活动的整体而制定的，对企业未来长期财务规划和年度财务预算具有全局性的指导作用。

（2）长期性。制定财务战略是为了谋求企业未来的长远发展，对企业未来相当长时期内的财务活动做出的战略性筹划。

（3）导向性。财务战略规定了企业未来长期财务活动的发展方向、基本目标，以及实现目标的基本途径，为企业财务预算提供方向性指引。

二、财务战略的分类

财务管理虽然应支持企业的总体战略，但并不意味着没有自己的战略。重要的财务决策总是由企业最高层做出的，甚至要经过董事会决议。大多数企业以财务目标为整个企业的主要目标，两者目标的直接一致使得财务管理不同于其他职能管理。重要的财务决策总会涉及企业的全局，带有战略的性质。

（一）财务战略的职能类型

企业的财务战略涉及企业的财务管理职能。因此，财务战略按照财务管理的职能领域可分为投资战略、筹资战略、营运战略、股利战略。

（1）投资战略。投资战略是涉及企业长期、重大投资方向的战略性筹划。企业重大的投资行业、投资企业、投资项目等筹划属于投资战略问题。

（2）筹资战略。筹资战略是涉及企业重大筹资方向的战略性筹划。企业重大的首次发行股票、增资发行股票、发行大笔债券、与银行建立长期合作关系等战略性筹划属于筹资战略问题。

（3）运营战略。运营战略是涉及企业营运资本的战略性筹划。企业重大的营运资本策略、与重要供应商和客户建立长期商业信用关系的战略性筹划属于营运战略问题。

（4）股利战略。股利战略是涉及企业长期、重大分配方向的战略性筹划。企业重大的留用利润方案、股利政策的长期安排等战略性筹划属于股利战略问题。

（二）财务战略的综合类型

企业的财务战略往往涉及企业财务资源的总体配置和长期筹划。根据企业的实际经验，财务战略的综合类型一般可分为扩张型财务战略、稳健型财务战略、防御型财务战略和收缩型财务战略。

（1）扩张型财务战略一般表现为长期内迅速扩大投资规模，全部或大部分保留利润，大量筹措外部资本。

（2）稳健型财务战略一般表现为长期内投资规模稳定增长，保留部分利润，内部留存与外部筹资相结合。

（3）防御型财务战略一般表现为保持现有投资规模和投资收益水平，保持或适当调整现有资产负债率和资本结构水平，维持现行的股利政策。

（4）收缩型财务战略一般表现为维持或缩小现有投资规模，分发大量股利，减少对外筹资，甚至通过偿债和股份回购归还投资。

三、财务战略的分析方法

财务战略分析是通过对企业外部环境和内部条件进行分析，全面评价与财务资源相关的企业外部的机会与威胁、企业内部的优势与劣势，形成企业财务战略决策的过程。财务战略分析的方法主要是SWOT分析法。

（一）SWOT分析法的含义

SWOT分析法（SWOT analysis）在对企业的外部财务环境和内部财务条件进行调查的基础上，对有关因素进行归纳分析，评价企业外部的财务机会与威胁、企业内部的财务优势与劣势，从而为财务战略的选择提供参考方案。SWOT分析法由麦肯锡咨询公司开发，主要分析研究企业内部的优势和劣势、外部的机会和威胁，英文分别为

strengths、weaknesses、opportunities和threats，取其首字母组合而得名。

（二）SWOT的因素分析

从财务战略的角度而言，SWOT分析法涉及企业的外部财务环境和内部财务条件等众多财务因素，需要经过分析判断，找出主要的财务因素，并将其区分为内部财务优势、内部财务劣势、外部财务机会和外部财务威胁。

1）企业外部财务环境的影响因素分析

关于企业外部的财务环境方面的因素在第一章中已有基本介绍，这里将对财务战略具有重要影响的主要财务因素进行简要归纳分析。

（1）产业政策。如产业发展的规划政策、产业结构的调整政策、鼓励或限制发展产业的政策等。这些产业政策及其调整往往会直接影响企业投资的方向、机会和程度，从而影响企业财务战略的选择。

（2）财税政策。如积极或保守的财政政策、财政信用政策、财政贴息政策、税收的总体负担水平、行业和地区的税收优惠政策等。这些财税政策及其调整往往会直接或间接地影响企业投资和筹资的方向、机会及程度，从而影响企业财务战略的选择。

（3）金融政策。如货币政策、汇率政策、利率政策、资本市场政策等。这些金融政策及其调整往往会直接或间接地影响企业投资和筹资的方向、机会及程度，从而影响企业财务战略的选择。

（4）宏观周期。如宏观经济周期、产业周期和金融周期所处的阶段等。这需要企业加以科学的分析和判断，以选择和调整与宏观周期相匹配的财务战略。

2）企业内部财务条件的影响因素分析

关于企业内部的财务条件及状况方面的因素，这里仅将对财务战略具有重要影响的主要财务因素进行简要归纳：①企业生命周期和产品寿命周期所处的阶段；②企业的盈利水平；③企业的投资项目及其收益状况；④企业的资产负债规模；⑤企业的资本结构及财务杠杆利用条件；⑥企业的流动性状况；⑦企业的现金流量状况；⑧企业的筹资能力和潜力等。这些因素将直接支撑或限制企业的财务战略决策选择。

3）SWOT的因素定性分析

运用SWOT分析法，需要经过定性判断，对SWOT因素进行定性分析，将企业内部财务条件因素和企业外部财务环境因素分别归为内部财务优势与劣势和外部财务机会与威胁。

（1）内部财务优势。如企业的盈利水平较高、资本结构比较合理、现金流量比较充足。这些因素属于企业内部的财务优势，能够为财务战略选择提供有利的条件。

（2）内部财务劣势。如企业的资产负债率过高、流动比率大幅下降、债务筹资能力受限。这些因素属于企业内部的财务劣势，将限制企业财务战略选择的余地。

（3）外部财务机会。企业外部的财务机会或机遇能为企业财务战略的选择提供更大的空间。

（4）外部财务威胁。如企业发行债券筹资受到严格控制、竞争对手正在准备扩大筹资。这些因素属于企业外部的财务威胁或挑战，将制约企业财务战略的选择。

（三）SWOT分析法的运用

运用SWOT分析法，可以采用SWOT分析表和SWOT分析图来进行分析，从而为企业财务战略的选择提供依据。

（1）SWOT分析表。SWOT分析表可以进行因素归纳和定性分析，为企业财务战略的选择提供依据。2020年，某公司的SWOT分析表如表4-1所示。

表4-1　SWOT分析表

内部财务优势（S）	
主要财务因素	对财务战略的影响分析
• 资本结构稳健性： 长期资本结构稳定合理 现金流量充足： 经营现金流量持续增长	• 资本结构方面： 适当提升财务杠杆 • 投资方面： 适宜追加投资
内部财务劣势（W）	
主要财务因素	对财务战略的影响分析
• 资产负债率较高： 短期借款较多 流动比率较低 • 股东要求提高回报： 全球金融危机影响	• 营运资本方面： 考虑减少短期筹资 改善营运资本政策 • 股东关系方面： 考虑适当增发股利
外部财务机会（O）	
主要财务因素	对财务战略的影响分析
• 投资机会良好： 行业投资报酬率回升 • 筹资环境趋于宽松： 积极的政府财政政策 适当宽松的货币政策	• 投资方面： 考虑是否增加投资规模 • 筹资方面： 考虑是否增加筹资规模
外部财务威胁（T）	
主要财务因素	对财务战略的影响分析
• 筹资控制严格： 发行债券筹资控制严格 • 筹资竞争激烈： 不少企业准备扩大筹资规模	• 筹资方式方面： 考虑采取股权筹资方式 • 筹资竞争方面： 考虑设计有效的筹资方案

（2）SWOT分析图。运用SWOT分析法，可以在SWOT分析表的基础上，采用SWOT分析图，对四种性质的因素进行组合分析，为企业财务战略的选择提供参考。2020年，某公司的SWOT分析图如图4-1所示。

一般而言，企业的内部财务优势与劣势和外部财务机会与威胁往往是同时存在的。因此，综合四类不同性质因素的组合，客观上可以构成四种综合财务战略的选择。在图4-1中，企业内部的财务优势与劣势和外部的财务机会与威胁可以构成下列四种组合。

A区为SO组合，即财务优势和财务机会的组合，是最为理想的组合。企业的内部条件具有优势，企业的外部环境提供机会。处于这种最为理想组合下的企业，应当发挥优势和利用机会，适合采取积极扩张型的财务战略。

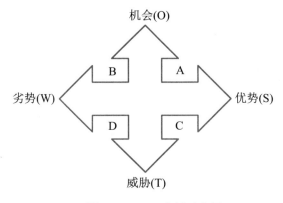

图4-1　SWOT分析示意图

B区为WO组合，即财务机会和财务劣势的组合，是不尽理想的组合。一方面，企业的外部环境提供机会；另一方面，企业的内部条件处于劣势。处于这种不尽理想组合下的企业，可以利用机会、克服劣势，适合采取稳健增长型的财务战略。

C区为ST组合，即财务优势和财务威胁的组合，是不太理想的组合。一方面，企业的内部条件具有优势；另一方面，企业的外部环境构成威胁或挑战。处于这种不太理想组合下的企业，可以尽可能发挥优势、回避威胁，采取有效防御型的财务战略。

D区为WT组合，即财务劣势和财务威胁的组合，是最不理想的组合。一方面，企业的内部条件处于劣势；另一方面，企业的外部环境构成威胁或挑战。处于这种最不理想组合下的企业，应当克服劣势、回避威胁，可以采取适当收缩型的财务战略。

四、财务战略的选择

在财务战略分析的基础上，选择财务战略还需明确一些基本依据。

（一）财务战略选择的依据

企业的财务战略要适应内外部环境的变化，要具有防范未来风险的意识，要着眼于企业的未来长期稳定发展。企业财务战略的选择必须考虑经济周期的波动情况、企业发展阶段和企业增长方式，并及时进行调整，以保持旺盛的生命力。

（1）财务战略的选择必须与宏观经济周期相适应。现代经济发展的周期性是以工商业为主体的经济总体发展过程中不可避免的现象，是经济系统存在和发展的重要特征。我国经济周期的直观表现是周期长度不规则，发生频率高。有学者测算：以往，我国经济周期为4.6年，波动幅度大；经济周期的波动呈收敛趋势，周期长度在拉长，波动幅度在减小；经济周期的各个阶段呈现出不同的特征，在高涨阶段，总需求迅速膨胀，在繁荣阶段过度繁荣，在衰退阶段进行紧缩性经济调整，严格控制总需求。

从企业财务的角度来看，经济的周期性波动要求企业顺应经济周期的过程和阶段，通过制定和选择富有弹性的财务战略来抵御大起大落的经济震荡，以减轻经济震荡对财务活动的影响，特别是减少经济周期中上升和下降的波动对财务活动的消极影响。财务战略的选择和实施要与经济运行周期相配合。

在经济复苏阶段，适宜采取扩张型财务战略，主要举措有：增加厂房设备；采用融资租赁；增加存货；开发新产品；增加劳动力等。

在经济繁荣阶段，适宜先采取扩张型财务战略，再转为稳健型财务战略，主要举措有：扩充厂房设备；采用融资租赁；继续增加存货；提高产品价格；开展营销策划；增加劳动力等。

在经济衰退阶段，应采取防御型财务战略，主要举措有：停止扩张；出售多余的厂房设备；停产无利润的产品；停止长期采购；削减存货；减少雇员等。

在经济萧条阶段，特别是经济处于低谷时期，应采取防御型和收缩型财务战略，主要举措有：建立投资标准；保持市场份额；压缩管理费用；放弃次要的财务利益；削减存货；减少临时性雇员等。

（2）财务战略的选择必须与企业发展阶段相适应。每个企业的发展都要经过一定的发展阶段。典型的企业一般要经过初创期、扩张期、稳定期和衰退期四个阶段。不同的发展阶段应有不同的财务战略与之相适应。企业应分析自身所处的发展阶段，采取相应的财务战略。

在初创期，现金需求量大，需要大规模举债经营，因而存在很大的财务风险，一般采用股票股利政策。

在扩张期，虽然现金需求量也大，但它是以较小幅度增长的，财务风险仍然很高，一般采用低现金股利政策。因此，在初创期和扩张期，企业应采取扩张型财务战略。

在稳定期，现金需求量有所减少，一些企业可能有现金结余，财务风险降低，通常采用现金股利政策。在稳定期，企业一般采取稳健型财务战略。

在衰退期，现金需求量持续减少，财务风险降低，一般采用高现金股利政策。在衰退期，企业应采取防御收缩型财务战略。

（3）财务战略的选择必须与企业经济增长方式相适应。长期以来，低水平重复建设与单纯数量扩张的经济增长是我国经济增长的主要方式。这种增长方式在短期内容易见效，表现出短期高速增长的特征。但是，由于缺乏相应的技术水平和资源配置能力的配合，企业生产能力和真正的长期增长实际上受到了制约。因此，企业经济增长的方式客观上要求实现从粗放型增长向集约型增长的根本转变。为适应这种转变，财务战略需从两个方面进行调整。

一方面，调整企业财务投资战略，加大基础项目的投资力度。企业经济的真正长期增长要求提高资源配置能力和效率，而资源配置能力和效率的提高取决于基础项目的发展。虽然基础项目在短期内难以带来较大的财务利益，但它为经济的长期发展提供了重要基础。所以，企业在财务投资的规模和方向上，要实现基础项目相对于经济增长的超前发展。

另一方面，加大财务制度创新力度。通过建立与现代企业制度相适应的现代企业财务制度，既可以对追求短期数量增长的冲动形成约束，又可以强化集约经营与技术创新的行为取向；通过明晰产权，从企业内部抑制掠夺性经营的冲动；通过以效益最大化和本金扩大化为目标的财务资源配置，限制高投入、低产出对资源的耗用，使企业经营集约化、高效率得以实现。

（二）财务战略选择的方式

在企业发展的不同阶段，由于企业外部环境中的风险因素和企业内部拥有各项资源的情况不同，因此，企业需要根据自身的目标采取不同的财务战略。即便处于同一周期阶段，内外部条件不同的企业根据自身的目标也会采取不同类型的财务战略。

1. 基于产品生命周期的财务战略选择

产品的生命周期理论假设产品都要经过导入期、成长期、成熟期和衰退期四个阶段。根据企业发展周期的阶段特点，企业确定财务战略一般有如下几种方式。

（1）处于产品生命周期导入期的企业财务战略。产品生命周期的导入期是企业经营风险最高的阶段。新产品是否有销路，是否被既定客户接受，是否会受到发展和成本的制约，市场能否扩大到足够的规模，即使这些方面都没有问题，企业能否获得足够的市场份额来树立其在行业中的地位等，都是风险。经营风险高意味着这一时期的财务风险可能较低。因此，财务战略的关键是吸纳股权资本。筹资战略是筹集股权资本，股利战略是不分红，投资战略是不断增加对产品开发推广的投资。

（2）处于产品生命周期成长期的企业财务战略。在这个阶段，企业产品成功推向市场，销售规模快速扩大，利润大幅增长，超额利润明显，产品市场快速增长，并吸引了更多的竞争者，企业的经营风险略有降低。这不仅代表了产品整体业务风险的降低，而且表明需要调整企业的战略。在此阶段，企业以促进销售增长、快速提高市场占有率为战略重点，与之相匹配的财务战略是积极扩张型财务战略，其关键是实现企业的高增长与资金的匹配，保持企业可持续发展。筹资战略是尽量利用资本市场大量增加股权资本，适度引入债务资本，股利战略仍旧是不分红或少量分红，投资战略是对核心业务大力追加投资。有些企业在股权资本不足以支撑高速发展的时候，更多地利用债务资本，这种筹资方式只能作为短期的财务政策，不能作为该阶段的财务战略，否则很可能引发企业的财务危机。

（3）处于产品生命周期成熟期的企业财务战略。当产品进入成熟期时，产业销售额很大，且相对稳定，利润也比较合理，企业的风险再次降低。由于竞争的加剧，超额利润逐渐减少，甚至消失，追加投资的需求减少，企业战略重心转为对盈利能力的关注。与之相匹配的财务战略是稳健发展型财务战略，关键是处理好日益增加的现金流量。筹资战略可以调整为以更多低成本的债务资本替代高成本的股权资本，股利战略调整为实施较高的股利分配，将超过投资需求的现金返还给股东。在投资战略上，企业可以利用充裕的现金流，围绕核心业务拓展新的产品或市场，进行相关产品或业务的并购，但需要防止由于盲目多元化而造成企业竞争力下降。

（4）处于产品生命周期衰退期的企业财务战略。当产品进入衰退期时，产品市场出现萎缩，利润空间越来越小，企业开始最大限度地转让、变卖专用设备、厂房，或另外开发新产品、新市场。此时，经营活动和投资活动都产生巨额的现金流入，而融资活动的净现金流出也达到了历史高位。企业面临的风险比先前的成熟阶段更低了，主要风险是在该产业中企业还能生存多久。在此阶段，企业的战略重心是收回投资，或通过并购扩大市场占有率，延缓衰退期的到来。企业财务战略是收缩型财务战略，其关键是收回现有投资，并将退出的投资现金流返还给投资者。在财务战略上，不再进行筹资和投资，全额甚至超额发放股利，将股权资本退出企业，最终实现企业的正常终止。

2. 基于创造价值或增长率的财务战略选择

创造价值既是财务管理的目标，又是财务战略管理的目标。由于财务战略是影响企业价值可持续增长的重要动因，因此，对于日益追求价值可持续增长的企业来说，构建可持续增长的价值创造财务模型是财务战略管理的关键。影响价值创造的因素主要有：投资资本回报率、资本成本、销售增长率、可持续增长率。它们是影响财务战略选择的主要因素，也是管理者为增加企业价值可以控制的主要内容。根据价值创造的影响因素，可以构造一个矩阵，把价值创造（投资资本回报率-资本成本）和现金余缺（销售增长率-可持续增长率）联系起来，该矩阵称为财务战略矩阵，可以作为评价和制定战略的分析工具，如图4-2所示。

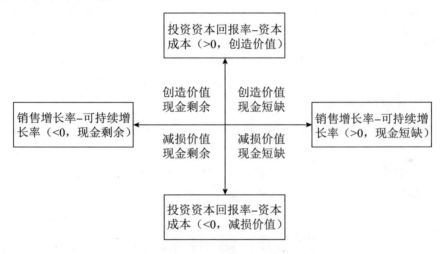

图4-2 财务战略矩阵

财务战略矩阵假设一个企业有一个或多个业务单位。纵坐标是一个业务单位的投资资本回报率与其资本成本的差额，也就是经济增加值（economic value added，EVA）。财务战略矩阵用该指标来评价公司的价值增长状态。如果EVA的值>0，则说明企业的税后净经营利润大于资金成本，该业务单位为股东创造价值；如果EVA的值<0，则说明企业的税后净经营利润不能够弥补其资金成本，该业务单位减损股东价值。财务矩阵的横坐标用销售增长率减去可持续增长率来表示，用以衡量企业资源耗费的状况。可持续增长率，是指在不增发新股并保持目前经营效率和财务政策的条件下，公司销售可以实现的最高增长率。如果销售增长率大于可持续增长率，则说明企业销售带来的现金流量不能维持其自身发展，现金短缺；反之，则表示企业销售带来的现金流量可以满足自身发展需要，企业有剩余现金。

据此建立的矩阵有四个象限：处于第一象限的业务属于增值型现金短缺业务；处

于第二象限的业务属于增值型现金剩余业务；处于第三象限的业务属于减损型现金剩余业务；处于第四象限的业务属于减损型现金短缺业务。处于不同象限的业务单位（或企业）应选择不同的财务战略。

（1）增值型现金短缺的财务战略选择。在第一象限中，EVA>0，销售增长率大于可持续增长率。该象限的业务往往处于业务成长期。一方面，该业务能够带来企业价值增值，另一方面，其产生的现金流量不足以支持业务增长，会遇到现金短缺的问题。在这种情况下，业务增长越快，现金短缺越严重。

（2）增值型现金剩余的财务战略选择。在第二象限中，EVA>0，销售增长率小于可持续增长率。该象限的业务往往随着企业发展，获得持续增长的现金净流量。其内外部环境也发生了一系列变化，新技术不断成熟，新产品逐渐被市场接受，目标市场逐步稳定，获利水平持续增长，为企业带来预期的现金流。这时，企业的现金流量足以满足其自身发展需求，即该业务单元能够为企业带来价值增值。本阶段的关键问题是能否利用剩余的现金迅速增长，使增长率接近可持续增长率。

（3）减损型现金剩余的财务战略选择。在第三象限中，EVA<0，销售增长率小于可持续增长率。该象限的业务虽然能够产生足够的现金流量，以维持自身发展，但业务的增长反而会降低企业的价值。这是业务处于衰退期的前兆。减损型现金剩余的主要问题是盈利能力差，而不是销售增长率低，简单的加速增长很可能有害无益。在此情形下，应首先分析盈利能力差的原因，寻找提高投资资本回报率或降低资本成本的途径，使投资资本回报率超过资本成本。

（4）减损型现金短缺的财务战略选择。在第四象限中，EVA<0，销售增长率大于可持续增长率。该象限的业务既不能带来企业价值的增值，又不能支持其自身的发展，且会由于增长缓慢而遇到现金短缺问题。这种业务不能通过扩大销售得到改变。由于股东财富和现金都在被吞食，因此需要快速解决问题。

第二节　财务预测

一、财务预测的意义

财务预测（financial forecast）是根据财务活动的历史资料，考虑现实的要求和条件，对企业未来的财务活动和财务成果做出科学的预计和测算。财务预测有广义和狭义之分。狭义的财务预测仅指估计企业未来的融资需求，即筹资预测；广义的财务预测包括编制全部的预计财务报表。本节主要讨论筹资预测的依据和方法。

财务预测是融资计划的前提。企业要对外提供产品和服务，就必须要有一定的资产。当企业销售增加时，要相应增加流动资产，甚至还需增加固定资产。为取得扩大销售所需增加的资产，企业需要筹措资金，一部分来自留存收益，另一部分来自外部融资。通常，销售增长率较高时的留存收益不能满足公司的资本需求，即使获利良好的公司也需外部融资。对外融资需要寻找资金提供者，向其做出还本付息的承诺或提供盈利前景，使之相信其投资安全，并且可以获利，这个过程往往需要较长时间。因此，企业需要预先知道自己的财务需求，提前安排融资计划，否则就可能产生资金周转问题。

财务预测有助于改善投资决策。根据销售前景估计出的融资需求不一定总能满足。因此，需要根据可能筹集到的资金来安排销售及有关投资项目，使投资决策建立在可行的基础上。

预测有助于应变。财务预测与其他预测一样，都不可能很准确。从表面上看，不准确的预测只能导致不准确的计划，从而使预测和计划失去意义。事实并非如此，预测展现了未来的各种可能前景，促使企业制订出相应的应急计划。预测和计划是超前思考的过程，其结果并非仅仅是一个融资需求额，还包括对未来各种可能前景的认识和思考。预测可以提高企业对不确定事件的反应能力，从而减少不利事件带来的损失，增加有利机会带来的收益。

二、财务预测的依据与步骤

（一）财务预测的依据

企业的经营和投资业务的资本需要额是筹资的数量依据，必须科学、合理地进行预测。开展企业筹资数量预测的基本目的是：保证企业经营和投资业务的顺利进行，使筹集的资本既能满足经营和投资的需要，又不会有太多的闲置，从而促进企业财务管理目标的实现。

影响企业筹资数量的条件和因素有很多，如法律规范方面的限定、企业经营和投资方面的因素等。归纳起来，企业筹资数量预测的基本依据主要有以下几个方面。

（1）法律方面的限定。例如，《公司法》第二十六条，有限责任公司的注册资本为在公司登记机关登记的全体股东认缴的出资额。法律、行政法规对有限责任公司注册资本的最低限额有较高规定的，从其规定。第二十七条，股东可以用货币出资，也可以用实物、知识产权、土地使用权等可以用货币估价并可以依法转让的非货币财产作价出资；但是，法律、行政法规规定不得作为出资的财产除外。

（2）企业经营和投资的规模。一般而言，公司经营和投资规模越大，所需资本越多；反之，所需资本越少。在企业筹划重大投资项目时，需要进行专项的筹资预算。

（3）其他因素。利息率的高低、对外投资规模的大小、企业资信等级的优劣等，都会对筹资数量产生一定影响。

（二）财务预测的步骤

财务预测的基本步骤如下。

1. 销售预测

财务预测的起点是销售预测。一般情况下，财务预测把销售数据视为已知数，作为财务预测的起点。销售预测本身不是财务管理的职能，但它是财务预测的基础，销售预测完成后才能开始财务预测。销售预测对财务预测的质量有重大影响。如果销售的实际状况超出预测很多，且公司没有准备足够的资金添置设备或储备存货，则无法满足顾客需要，不仅会失去盈利机会，还会丧失原有的市场份额。相反，若销售预测过高，筹集大量资金购买设备并储备存货，则会造成设备闲置和存货积压，使资产周转速度下降，导致权益净利率降低，股价下跌。

2. 估计经营资产和经营负债

通常，经营资产是营业收入的函数，根据历史数据可以分析出该函数关系。根据预计营业收入及经营资产与营业收入的函数，可以预测所需经营资产的金额。经营负债也是营业收入的函数，应据此预测经营负债随营业收入的自发增长，这种增长可以减少企业外部融资额。

3. 估计各项费用和留存收益

假设各项费用是营业收入的函数，可以据此估计费用和损失，在此基础上确定净利润，净利润和利润留存率共同决定所能提供的利润留存额。

4. 估计所需外部融资需求

根据预计经营资产总量，减去已有的经营资产、自发增加的经营负债、可动用的金融资产和内部提供的利润留存，便可得出外部融资需求。

三、预测筹资数量的方法

（一）筹资数量的定性预测法

定性预测法是根据有关历史资料，考虑未来影响资金需求量的因素，依靠个人经验、主观判断和分析能力，对未来筹资数量做出预测的方法。由于各种原因，企业有关人员搜集不到完整的、准确的历史资料，而又要对企业未来资金需求量做出预测，这时，只能聘请财务专家和经营管理专家对企业未来资金需求量做出大致推算。企业在这种情况下可以采用定性预测法预测。这种方法全面考虑了影响企业资金需求量的有关因素，综合性非常强。虽然其预测结果可能只是个估计数，不是非常准确，但它仍被人们视为对财务决策很有帮助的一种方法。

（二）筹资数量的定量预测法

定量预测法根据有关因素与资金需求量之间的数量关系来预测筹资数量，主要有销售百分比法、线性回归法和因素分析法等。

1. 销售百分比法

销售百分比法是根据资产负债表和利润表中有关项目与营业收入之间的依存关系预测资金需求量的一种方法。即假设相关资产、负债与营业收入存在稳定的百分比关系，然后根据预计营业收入和相应的百分比预计相关资产、负债，最后确定融资需求。下面主要说明销售百分比法的原理和运用。

1）销售百分比法的原理

销售百分比法是根据资产负债表和利润表中有关项目与营业收入之间的依存关系预

测资金需求量的一种方法。例如，若某企业每年为销售100元货物，需有20元存货，则存货与销售收入的比例是20%。若销售收入增至200元，那么，该企业需有40元存货。由此可见，在某项目与销售收入比例既定的前提下，便可预测未来一定销售额下，该项目的资本需要额。

销售百分比法的主要优点是能为财务管理提供短期预计的财务报表，以适应外部筹资的需要，且易于使用。但这种方法也有缺点：如果有关项目与销售收入的比例与实际不符，则据此进行预测就会形成错误的结果。因此，在有关因素发生变动的情况下，必须相应地调整原有的销售百分比。

2）销售百分比法的运用

运用销售百分比法，一般要借助预计利润表和预计资产负债表。通过预计利润表预测企业留用利润这种内部资本来源的增加额，通过预计资产负债表预测企业资本需要总额和外部筹资的增加额。

（1）编制预计利润表，预测留用利润。预计利润表是运用销售百分比法的原理，预测留用利润的一种预计报表。预计利润表与实际利润表的内容、格式相同。通过提供预计利润表，可预测留用利润这种内部筹资的数额，也可为预计资产负债表预测外部筹资数额提供依据。编制预计利润表的主要步骤如下。

第一，收集基年实际利润表资料，计算确定利润表各项目与销售收入的比例。

第二，取得预测年度销售收入预计数，计算预测年度预计利润表各项目的预计数，并编制预测年度预计利润表。

第三，利用预测年度税后利润预计数和预定留用比例，测算留用利润的数额。

（2）编制预计资产负债表，预测外部筹资额。预计资产负债表是运用销售百分比法的原理预测外部筹资额的一种报表。预计资产负债表与实际资产负债表的内容、格式相同。通过提供预计资产负债表，可预测资产、负债及留用利润有关项目的数额，进而预测企业需要外部筹资的数额。

运用销售百分比法要选定与销售收入保持基本不变的比例关系的项目。这类项目可称为敏感项目，包括敏感资产项目和敏感负债项目。其中：敏感资产项目一般包括现金、应收账款、应收票据、存货等项目；敏感负债项目一般包括应付账款、应付票据、应交税费等项目。固定资产、长期股权投资、递延所得税资产、短期借款、非流动负债和股本（实收资本）通常不属于短期敏感项目。留用利润因受企业所得税税率和股利政策的影响，也不宜列为敏感项目。

（3）按预测模型预测外部筹资额。根据资产=负债+所有者权益确定出所需要的融资数量。具体公式如下。

$$外部资金需要量=增加的资产-增加的负债-增加的留存收益$$
$$增加的资产=增量收入×基期敏感资产占基期销售额的百分比$$
$$增加的负债=增量收入×基期敏感负债占基期销售额的百分比$$
$$增加的留存收益=预计销售收入×销售净利润率×留存比率$$

即

$$对外筹资数量 = \frac{A}{S_0} \times \Delta S - \frac{B}{S_0} \times \Delta S - P \times E \times S_1$$

式中，A为随销售变化的资产（敏感资产）；B为随销售变化的负债（敏感负债）；S_0为基期销售额；S_1为预测期销售额；ΔS为销售的变动额；P为销售净利润率；E为留存比率；A/S_0为单位销售额所需的资产数量，即敏感资产占基期销售额的百分比；B/S_0为单位销售额所产生的自然负债数量，即敏感负债占基期销售额的百分比。

这种方法是根据预计资产负债表的原理，预测企业追加外部筹资数额的简便方法。上述销售百分比法的介绍基于预测年度非敏感项目、敏感项目及其与销售收入的百分比均与基年保持不变的假定。在实践中，非敏感项目、敏感项目及其与销售收入的比例有可能发生变动，具体情况有：①非敏感资产、非敏感负债的项目构成及数量的增减变动；②敏感资产、敏感负债的项目构成，以及与销售收入比例的增减变动。这些变动对预测资本需要总量和追加外部筹资额都会产生一定影响，必须相应地予以调整。

【例4-1】　某公司2019年销售收入15 000万元，实现净利润1000万元，采用固定股利支付率政策，股利支付率为60%，2019年12月31日的资产负债表（简表）如表4-2所示。

表4-2　资产负债简表　　　　　　　　　　　　　　　　单位：万元

资　　产	期　末　余　额	负债及所有者权益	期　末　余　额
货币资金	3000	应付账款	1000
应收账款	2500	应付票据	500
存货	2000	长期借款	4000
固定资产	4500	股东权益	6500
资产总计	12 000	负债与所有者权益总计	12 000

该公司销售部门预测，2020年的销售收入增长率为10%。根据历年财务数据分析，公司流动资产与流动负债随销售额同比率增减，现有生产能力尚未饱和。假定公司2020年的销售净利率与上年保持一致，请预测该公司2020年的外部融资需求。

分析：

外部资金需要量ΔF=增加的敏感资产-增加的自然负债-增加的留存收益

其中：

增加的敏感资产=增量收入×基期敏感资产占基期销售额的百分比，即

$$\Delta S \times \frac{A}{S_0} = (15\,000 \times 10\%) \times \frac{3000 + 2500 + 2000}{15\,000} = 750(万元)$$

增加的自然负债=增量收入×基期敏感负债占基期销售额的百分比，即

$$\Delta S \times \frac{B}{S_0} = (15\,000 \times 10\%) \times \frac{1000 + 500}{15\,000} = 150(万元)$$

增加的留存收益=预计销售收入×计划销售利润率×留存收益率，即

$$S_1 \times P \times E = (\Delta S + S_0) \times P \times E = 15\,000 \times (1 + 10\%) \times \frac{1000}{15\,000} \times (1 - 60\%) = 440\ （万元）$$

则

外部资金需要量 ΔF=（敏感资产销售百分比×新增销售额）−（敏感负债销售百分比×新增销售额）−[预计销售额×计划销售净利润率×（1−股利支付率）]，即

$$\Delta S \times \frac{A}{S_0} - \Delta S \times \frac{B}{S_0} - (\Delta S + S_0) \times P \times E = 750 - 150 - 440 = 160（万元）$$

外部融资需求量 ΔF=基期变动资产×销售增长率−基期变动负债×销售增长率−[计划销售净利率×预计销售额×（1−股利支付率）]，即

$$A \times \frac{\Delta S}{S_0} - B \times \frac{\Delta S}{S_0} - (\Delta S + S_0) \times P \times E =（3000+2500+2000）\times 10\% -（1000+500）\times$$

10%−15 000×（1+10%）×（1000/15 000）×（1−60%）=750−150−440=160（万元）

2. 因素分析法

因素分析法是一种比较简单的预测筹资数量的方法。下面主要说明因素分析法的原理、运用以及需要注意的问题。

1）因素分析法的原理

因素分析法又称分析调整法，是以有关资本项目上年度的实际平均需要量为基础，根据预测年度的经营业务和加速资本周转的要求进行分析调整，并预测资本需要量的一种方法。这种方法计算比较简单，容易掌握，但预测结果不太精确，因此通常用于估算企业全部资本的需要额，也可用于品种繁多、规格复杂、用量较小、价格较低的资本占用项目的预测。在采用这种方法时，首先应在上年度资本平均占用额的基础上，剔除其中呆滞积压等不合理的占用部分，然后再根据预测期的经营业务和加速资本周转的要求进行测算。因素分析法的基本模型是：

$$资本需要额 = [上年度资本实际平均占用额 - 不合理平均占用额] \times$$
$$[1 + 预测年度销售增减的百分比] \times [1 + 预测期资本周转速度变动率]$$

2）因素分析法的运用

根据因素分析法的基本模型，收集有关资料，可以对筹资数量进行预测。

【例4-2】 某公司2019年度的资本实际平均占用额为5000万元，其中不合理部分为1000万元，预计本年度销售增长10%，资本周转速度加快5%，请预测该公司2020年度的资本需要额为多少万元？

解：

2020年度的资本需要额=（5000−1000）×（1+10%）×（1−5%）=4180（万元）

3）运用因素分析法要注意的问题

由于因素分析法比较简单，预测结果不太精确，因此，运用这一方法时应注意以下问题。

（1）对决定资本需要额的众多因素进行充分的分析与研究，确定各种因素与资本需要额之间的关系，以提高预测质量。

（2）因素分析法仅限于对企业经营业务资本需要额进行的预测，当企业存在新的投资项目时，应根据新投资项目的具体情况单独预测其资本需要额。

（3）运用因素分析法估算企业全部资本的需要额只是对资本需要额的一个基本估计。在进行筹资预算时，还需采用其他预测方法对资本需要额作出具体预测。

3. 回归分析法

回归分析法是一种较为复杂的预测筹资数量的方法。下面主要说明回归分析法的原理、运用及需要注意的问题。

1）回归分析法的原理

回归分析法是先基于资本需要量与营业业务量（如销售数量、销售收入）之间存在线性关系的假定建立数学模型，然后再根据历史有关资料，用线性回归方法确定参数预测资金需要量的方法。预测模型为

$$Y = \alpha + bX$$

式中，Y表示资本需要总额；α表示不变资本总额；b表示单位业务量所需要的可变资本额；X表示经营业务量。

不变资本指在一定的营业规模内不随业务量变动的资本，主要包括维持营业所需要的最低数额的现金、原材料的保险储备、必要的成品或商品储备，以及固定资产占用的资本。可变资本指随营业业务量变动而同比例变动的资本，通常包括最低储备以外的现金、存货、应收账款等所占用的资本。方程中，参数α和b的计算公式如下：

$$a = \frac{\sum y - b\sum x}{n}$$

$$b = \frac{n\sum xy - \sum x\sum y}{n\sum x^2 - \left(\sum x\right)^2}$$

2）回归分析法的运用

运用上述预测模型，在利用历史资料确定α、b数值的条件下，可预测一定业务量X所需要的资本总量Y。

【例4-3】 某公司2015—2019年的销售量和资金需求量的历史资料如表4-3所示。假定公司2020年的销售量为27万件，试确定该公司2020年的筹资数量。

表4-3   2015—2019年的销售量与资金需求量表

年 度	销售量（X）/万件	资金需求量（Y）/万元
2015	22	115
2016	24	118
2017	25	120
2018	26	122
2019	28	125

首先，将相关数据算出，代入回归分析法的计算公式，得出：b=1.7万元。

其次，将相关数据代入回归分析法的计算公式，得出：α=77.5万元。

所以，回归方程为

$$Y=77.5+1.7X$$

最后，2020年的筹资数量=77.5+1.7×27=123.4万元。

3）运用回归分析法要注意的问题

运用回归分析法预测筹资数量，应注意以下问题。

（1）资本需要额与营业业务量之间的线性关系应符合历史实际情况，预期未来这种关系将保持下去。

（2）在确定a、b两个参数的数值时，应利用预测年度前连续若干年的历史资料。一般要有三年以上的资料，才能取得比较可靠的参数。

（3）应当考虑价格等因素的变动情况。当预期原材料、设备的价格和人工成本发生变动时，应相应调整有关预测参数，以取得比较准确的预测结果。

第三节　财　务　预　算

一、财务预算的含义

财务预算是反映企业计划期内现金收支、财务成果和财务状况的预算，它明确了企业近期财务工作的目标，是控制企业财务活动的标准和考核财务业绩的依据。财务预算有狭义和广义之分。狭义的财务预算是针对企业预算期经营活动而编制的货币性财务报告预算，主要包括现金预算、预计资产负债表、预计利润表和预计现金流量表。广义的财务预算是全面预算，它以货币等形式展示计划期内企业全部活动的目标及资源配置的定量说明。全面预算主要包括经营预算、财务预算和资本预算三个组成部分。经营预算是企业的业务预算，包括销售预算、生产预算、直接材料预算、直接人工预算、制造费用预算、产品成本预算、销售费用预算、管理费用预算及财务费用预算等。经营预算常常分别以实物量指标和价值量指标反映企业的收入、费用及资产的构成。资本预算是关系企业长远发展的投融资预算，如固定资产的购置、扩建、改建、更新等都需要在投资项目可行性论证之后，编制出反映投资时间、规模、收益，以及筹资方式的专门预算。

企业应根据长期市场的预测和生产能力，编制长期销售预算。以此为基础，确定本年度的销售预算，进而确定资本支出预算。销售预算是年度预算的编制起点，根据"以销定产"的原则确定生产预算。生产预算的编制除了考虑计划销售量外，还要考虑期初存货和期末存货；根据生产预算来确定直接材料预算、直接人工预算和制造费用预算；产品成本预算和现金预算是有关预算的汇总；预计利润表、预计资产负债表和预计现金流量表则是全部预算的综合。

现金预算是反映企业预算期内现金收支、现金余缺，以及现金筹集和运用情况的预算。现金预算可以帮助财务人员了解公司未来一定期间内现金收支及现金余缺的数额和时间，以便及时做出投资和筹资决策，防止现金积压或短缺，保持正常支付能力，有效管理现金流。现金预算的编制要以各项经营预算和资本支出预算为基础。在编制其他各项预算时要为现金预算做好数据准备。

本部分将以某公司为例介绍全面预算的编制。该公司只生产一种产品W，预计2020

年的产品销售量、销售单价及生产W产品的相关成本资料已列入相关预算表中，要求分季度编制公司的各项预算。

（一）财务预算的作用

企业预算是各级、各部门工作的具体奋斗目标、协调工具、控制标准和考核依据，在经营管理中发挥着重要作用。

企业的目标是多重的，不能仅用唯一的数量指标来表达。企业的主要目标是盈利，但也要考虑社会的其他限制。因此，需要通过预算分门别类、有层次地表达企业的各种目标。企业的总目标通过预算被分解成各级、各部门的具体目标，它们根据预算安排自己的活动。如果各级、各部门都完成了自己的具体目标，那么，企业的总体目标也就有了保障。

企业内部的各级、各部门只有协调一致，才能最大限度地实现企业的总目标。各级、各部门因其职责不同，往往会出现互相冲突的现象。例如，企业的销售、生产、财务等部门可以分别编出对自己最好的计划，而该计划在其他部门不一定能行得通。销售部门根据市场预测，提出一个庞大的销售计划，生产部门可能没有那么大的生产能力；生产部门可以编制一个充分发挥生产能力的计划，但销售部门却可能无力将这些产品销售出去；销售和生产部门都认为应当扩大生产能力，财务部门可能认为无法筹集到必要的资金。现金预算运用货币度量来表达，具有高度的综合性，经过综合平衡以后，可以体现解决各级、各部门冲突的最佳办法，可以使各级、各部门的工作在此基础上协调起来。

预算一经确定，就进入了实施阶段，管理工作的重心转入控制过程，即设法使经济活动按计划进行。控制过程包括经济活动状态的计量、实际状态和标准的比较、两者差异的确定和分析，以及采取措施调整经济活动等。预算是控制经济活动的依据和衡量其合理性的标准，当实际状态和预算有了较大差异时，要查明原因并采取措施。

现代化生产是许多共同劳动的过程，不能没有责任制度，而有效的责任制度离不开对工作成绩的考核。通过考核，对每个人的工作进行评价，并据此实行奖惩和人事任免，以促使人们更好地工作。考核与不考核是大不一样的。当管理人员知道将根据工作实绩来评价其能力并实行奖惩时，将会更努力地工作。超过上年或历史最高水平，只能说明有所进步，而不能说明这种进步已经达到了应有的程度。由于客观条件的变化，收入减少或成本增加并不一定是管理人员失职造成的，因此，很难依据历史变化趋势说明工作的好坏。当然，考核时也不能只看预算是否被完全执行了，某些偏差可能是有利的：如增加销售费用可能对企业总体有利；反之，年终突击花钱，虽未超过预算，但也不是好的现象。

为使预算发挥上述作用，除了要编制一个高质量的预算外，还应制定合理的预算管理制度，包括编制程序、修改预算的办法、预算执行情况的分析方法、调查和奖惩办法等。

（二）财务预算的编制程序

财务预算的编制涉及企业经营管理的各个部门，只有执行人参与预算的编制，才能使预算成为自愿努力完成的目标。财务预算的编制程序如下。

（1）企业决策部门根据长期规划，利用本量利分析等工具，提出企业在一定时期的总目标，并下达规划指标。

（2）最基层成本控制人员自行草编预算，使预算能够较为可靠，较为符合实际。

（3）各部门汇总部门预算，并初步协调本部门预算，编制出销售、生产、财务等预算。

（4）预算委员会审查、平衡各预算，汇总出公司的总预算。

（5）经过总经理批准，审议机构通过或驳回修改预算。

（6）主要预算指标报告给董事会或上级主管单位，讨论通过或驳回修改。

（7）批准后的预算下达给各部门执行。

二、财务预算的编制方法

由于企业财务预算的构成内容比较复杂，因此，在编制预算时，要采用适当的方法。常用的预算方法主要包括增量预算法与零基预算法、固定预算法与弹性预算法、定期预算法与滚动预算法，这些方法广泛应用于营业预算的编制。

（一）增量预算与零基预算

按出发点的特征不同，营业预算的编制方法可以分为增量预算法和零基预算法两类。

1. 增量预算法

增量预算法又称调整预算法，指以历史期实际经济活动及其预算为基础，结合预算期经济活动及相关影响因素的变动情况，通过调整历史期经济活动项目及金额形成预算的预算编制方法。

增量预算法的前提条件是：①现有的业务活动是企业所必需的；②原有的各项业务都是合理的。

增量预算法的缺点是当预算期的情况发生变化时，预算数额会受到基期不合理因素的干扰，可能会导致预算不准确，不利于调动各部门达成预算目标的积极性。

2. 零基预算法

零基预算法指企业不以历史期经济活动及其预算为基础，以零为起点，从实际需要出发，分析预算期经济活动的合理性，经综合平衡，形成预算的预算编制方法。采用零基预算法在编制费用预算时，不考虑以往期间的费用项目和费用数额，主要根据预算期的需要、可能分析费用项目和费用数额的合理性，综合平衡编制费用预算。运用零基预算法编制费用预算的具体步骤如下。

（1）根据企业预算期利润目标、销售目标和生产指标等，分析预算期的各项费用项目，并预测费用水平。

（2）拟订预算期各项费用的预算方案，权衡轻重缓急，划分费用支出的等级并排列先后顺序。

（3）根据企业预算期的预算费用控制总额目标，按照费用支出等级及顺序，分解落实相应的费用控制目标，编制相应的费用预算。

应用零基预算法编制费用预算的优点是不受前期费用项目和费用水平的制约，能够调动各部门降低费用的积极性；缺点是编制工作量大。

零基预算适用于企业各项预算的编制，特别是不经常发生的预算项目或预算编制基础变化较大的预算项目。

（二）固定预算与弹性预算

按业务量基础的数量特征的不同，营业预算的编制方法可分为固定预算法和弹性预算法两类。

1. 固定预算法

固定预算法又称静态预算法，指在编制预算时，只根据预算期内正常、可实现的某一固定的业务量（如生产量、销售量等）水平作为唯一基础来编制预算的方法。固定预算法存在适应性差和可比性差的缺点，一般适用于经营业务稳定，生产产品产销量稳定，能够准确预测产品需求及产品成本的企业，也可用于编制固定费用预算。

2. 弹性预算法

弹性预算法又称动态预算法，指在成本性态分析的基础上，依据业务量、成本和利润之间的联动关系，按照预算期内相关的业务量（如生产量、销售量、工时等）水平计算其相应预算项目所消耗资源的预算编制方法。在理论上，该方法适用于编制全面预算中所有与业务量有关的预算，但在实务中，主要用于编制成本费用预算和利润预算，尤其是成本费用预算。

在编制弹性预算时，要选用一个最能代表生产经营活动水平的业务量计量单位。例如：以手工操作为主的车间应选用人工工时；制造单一产品或零件的部门可以选用实物数量；修理部门可以选用直接修理工时等。

弹性预算法所采用的业务量范围视企业或部门的业务量变化情况而定，务必使实际业务量不至于超出相关的业务量范围。一般来说，可定在正常生产能力的70%～110%，或以历史上最高业务量和最低业务量为其上下限。弹性预算法编制预算的准确性在很大程度上取决于成本性态分析的可靠性。

与按特定业务量水平编制的固定预算相比，弹性预算有两个显著特点：①弹性预算是按一系列业务量水平编制的，扩大了预算的适用范围；②弹性预算是按成本性态分类列示的，在预算执行中可以计算一定实际业务量的预算成本，以便预算执行的评价和考核。运用弹性预算法编制预算的基本步骤如下。

（1）选择业务量的计量单位。

（2）确定适用的业务量范围。

（3）逐项研究并确定各项成本和业务量之间的数量关系。

（4）计算各项预算成本，并用一定的方式来表达。

（三）定期预算与滚动预算

按预算期的时间特征不同，营业预算的编制方法可分为定期预算法和滚动预算法两类。

1.定期预算法

定期预算法是以固定不变的会计期间（如年度、季度、月份）为预算期间编制预算的方法。采用定期预算法编制预算能保证预算期间与会计期间在时期上配比，便于依据会计报告的数据与预算的比较考核和评价预算的执行结果。但不利于前后各个期间的预算衔接，不能适应连续不断的业务活动过程的预算管理。

2.滚动预算法

滚动预算法又称连续预算法或永续预算法，在上期预算完成情况的基础上，调整和编制下期预算，并将预算期间逐期连续向后滚动推移，使预算期间保持一定的时期跨度。在采用滚动预算法编制预算时，按照滚动的时间单位不同可分为逐月滚动、逐季滚动和混合滚动。

1）逐月滚动方式

逐月滚动方式指在预算编制过程中，以月份为预算的编制和滚动单位，每月调整一次预算的方法。例如：在2020年1月至12月的预算执行过程中，要在1月末根据当月预算的执行情况，修订2月至12月的预算，同时补充2021年1月的预算；到2月末可根据当月预算的执行情况，修订3月至2021年1月的预算，同时补充2021年2月的预算；以此类推。

2）逐季滚动方式

逐季滚动方式指在预算编制过程中，以季度为预算的编制和滚动单位，每季度调整一次预算的方法。逐季滚动编制的预算比逐月滚动的工作量小，但精确度较差。

3）混合滚动方式

混合滚动方式指在预算编制过程中，同时以月份和季度作为预算的编制和滚动单位的方法。这种预算方法的理论依据是，人们对未来的了解程度具有对近期的预计把握较大，对远期的预计把握较小的特征。

运用滚动预算法编制预算：使预算期间依时间顺序向后滚动，能保持预算的持续性，有利于结合企业近期目标和长期目标考虑未来业务活动；使预算随时间的推进不断加以调整和修订，能使预算与实际情况更相适应，有利于充分发挥预算的指导和控制作用。

三、销售预算

销售预算是整个预算的编制起点，其他预算的编制都以销售预算为基础。一般说来，在企业参照销售预测确定销售规模时，销售决定了生产，即"以销定产"。销售预算和生产预算一经确定，就成为各项生产成本预算的依据。

销售预算的主要内容是销售数量、销售价格和销售收入。销售数量是根据市场预测或销货合同并结合企业生产能力确定的；销售单价是通过定价决策确定的；销售收入是两者的乘积，在销售预算中计算得出。

销售预算通常要分品种、月份、季度、销售区域、推销员来编制。销售预算通常还包括预计现金收入的计算，其目的是为编制现金预算提供必要的资料。其中，各季度的现金收入额由本季销售所得现金和本季收到上季销售的现金两个部分组成。表4-4为根据有关资料编制的公司销售预算及现金收入计算表。

表4-4　销售预算及现金收入计算表

项　　目	第1季度	第2季度	第3季度	第4季度	全　　年
预计销售量/件	150	160	200	180	690
销售单价/元	200	200	200	200	200
预计销售收入/元	30 000	32 000	40 000	36 000	138 000
上年应收账款收现/元	6250				6250
第1季度销货收现/元	18 000	12 000			30 000
第2季度销货收现/元		19 200	12 800		32 000
第3季度销货收现/元			24 000	16 000	40 000
第4季度销货收现/元				21 600	21 600
现金收入合计/元	24 250	31 200	36 800	37 600	129 850

根据该公司以往的历史资料，估计以后每季的销售中有60%能够于当季收到现金，剩余40%要到下季度才能收到现金。例如，若2019年末应收账款为6250元，则这些销货款均将于2020年第1季度收回现金。

四、生产预算

生产预算是在销售预算的基础上编制的，其主要内容有销售量、期初和期末产成品存货、生产量。表4-5为根据销售预算及有关资料编制的生产预算。

表4-5　生产预算表

项　　目	第1季度	第2季度	第3季度	第4季度	全　　年
预计销售量/件	150	160	200	180	690
加：预计期末存货量/件	16	20	18	20	20
减：预计期初存货量/件	10	16	20	18	10
预计生产量/件	156	164	198	182	700

通常，公司的生产和销售往往不能做到"同步同量"，因此，需要设置一定的产成品存货，以保证能够在发生意外需求时按时供货，并可均衡生产，节省赶工的额外支出。期末产成品存货数量通常按下期销售量的一定百分比确定。年初产成品存货是编制预算时预计的，年末产成品存货根据长期销售趋势来确定。生产预算的"预计销售量"来自销售预算：

预计期末产成品存货=下季度销售量×下季度销售量的百分比
预计期初产成品存货=上季度期末产成品存货

　　预计生产量=（预计销售量+预计期末产成品存货）-预计期初产成品存货

　　根据某公司的历史资料，假设年初有产成品存货10件，本例按10%安排期末产成品存货，预计下年第1季度的销售量200件。生产预算在实际编制时是比较复杂的。由于产量受生产能力的限制，产成品存货数量受仓库容量的限制，因此，只能在此范围内安排产成品存货数量和各期生产量。此外，有的季度可能销量很大，可以用赶工方法增产，为此要多付加班费。如果提前在淡季生产，则会因增加产成品存货而多付资金利息。因此，要权衡两者得失，选择成本最低的决策方案编制生产预算。

五、直接材料预算

　　直接材料预算又叫直接材料采购预算，是以生产预算为基础编制的，同时要考虑材料存货水平。其编制依据为预算期生产量、直接材料单位耗用量及标准价格等资料。

　　企业往往要保留一定数量的材料以备临时性产量变化之需。预算期直接材料的生产用量与期末材料存量之和是预算期直接材料的需要量，再减去期初直接材料存量，即是预算期应采购的直接材料数量，用公式表示即为

　　预计材料采购量=（预计生产需用量+预计期末材料存量）-预计期初材料存量

　　直接材料的采购量与标准价格相乘，即为直接材料的采购金额。

　　直接材料预算通常包括一个现金支出计算表，用以计算预算期为采购直接材料而支付的现金数额，供编制现金预算之需。预算期用于采购直接材料的现金支出包括本季采购现金支出与支付上季采购款两个部分。表4-6为根据公司生产预算及其他相关资料编制的直接材料预算及现金支出计算表。

表4-6　直接材料预算及现金支出计算表

项　目	第1季度	第2季度	第3季度	第4季度	全　年
预计生产量/件	156	164	198	182	700
单位产品标准耗用量/（kg/件）	10	10	10	10	10
生产需用量/kg	1560	1640	1980	1820	7000
加：预计期末存货量/kg	246	297	273	300	300
减：预计期初存货量/kg	240	246	297	273	240
预计采购量/kg	1566	1691	1956	1847	7060
标准价格/（元/kg）	5	5	5	5	5
预计采购金额/元	7830	8 4551	9780	9235	35 300
上年应付账款/元	4550				4550
第1季度采购付款/元	3915	3915			7830
第2季度采购付款/元		4228	4227		8455
第3季度采购付款/元			4890	4890	9780
第4季度采购付款/元				4618	4618
现金支出合计/元	8465	8143	9117	9508	35 233

　　该公司生产的W产品只耗用一种材料，产品标准单位耗用量为10kg/件，材料标准单位成本为5元/kg，公司确定每季末的材料存货量相当于下季度生产用量的15%，假

设年初原材料存货量为240kg，预计明年第一季度生产用量为2000kg，预计每季材料采购额中的50%需在当季付款，其余50%在下季付款，则上年年末应付材料采购款为4550元。

六、直接人工预算

直接人工预算是反映为完成预算期生产任务而直接发生的工时耗费和人工成本支出的预算，它以生产预算为基础，并结合直接人工标准耗用量和标准工资率等资料编制。表4-7为根据公司生产预算及其他相关资料编制的直接人工预算。

表4-7　直接人工预算表

项　　目	第1季度	第2季度	第3季度	第4季度	全　　年
预计生产量/件	156	164	198	182	700
单位产品标准工时/（小时/件）	10	10	10	10	10
直接人工总工时/小时	1560	1640	1980	1820	7000
标准工资率/（元/小时）	2	2	2	2	2
直接人工成本/元	3120	3280	3960	3640	14 000

该公司生产W产品所需各工种的标准单位工时直接人工成本都是2元，生产1件产W品所需各工种的工时之和为10小时。由于直接人工成本全部用现金在预算期内一次支付给生产工人，因而，直接人工预算实际上就是预算期内直接人工的现金支出计算表。

七、制造费用预算

制造费用指生产成本中除了直接材料、直接人工以外的生产费用。在编制制造费用预算时，应将其分为变动制造费用和固定制造费用两大类，并分别进行编制。变动制造费用是根据生产预算和变动制造费用分配率编制的；固定制造费用通常与本期产量无关，需要逐项按实际情况编制。

变动制造费用分配率（元/单位产品）=预算期变动制造费用总额/预算期生产量
变动制造费用分配率（元/直接人工工时）=预算期变动制造费用总额/预算期直接人工工时总额

制造费用预算应包括一个现金支出计算部分，计算预算期在制造费用方面的现金支出，以供编制现金预算之需。在制造费用中，除折旧费用外都要支付现金。因此，每个季度的制造费用数额扣除折旧费用后，即可得出"现金支出的费用"。本例假定除折旧费以外的各项制造费用均需在当季支付现金，制造费用预算及现金支出计算表如表4-8所示。

表4-8　制造费用预算及现金支出计算表

项　　目	第1季度	第2季度	第3季度	第4季度	全　　年
变动制造费用：					
间接材料（2元/件）	312	328	396	364	1400
间接人工（3元/件）	468	492	594	546	2100

续表

项　　　目	第1季度	第2季度	第3季度	第4季度	全　　　年
维修费（2元/件）	312	328	396	364	1400
水电费（0.5元/件）	78	82	99	91	350
小计	1170	1230	1485	1365	5250
固定制造费用：					
管理人员工资/元	500	500	500	500	2000
保险费/元	200	220	180	190	790
维修费/元	1200	1150	1050	900	4300
折旧/元	1000	1000	1000	1000	4000
小计	2900	2870	2730	2590	11 090
合计	4070	4100	4215	3955	16 340
减：折旧	1000	1000	1000	1000	4000
制造费用现金支出合计	3070	3100	3215	2955	12 340

该公司制订的变动制造费用标准耗用量：间接材料、间接人工、维修费和水电费分别为2元/件、3元/件、2元/件和0.5元/件；固定制造费用全年预算分别为管理人员工资2000元，保险费790元，维修费4300元，折旧4000元。为便于以后编制现金预算，需预计现金支出。在制造费用中，除折旧费外都要支付现金，因此，每个季度的制造费用总额扣除折旧费后，即可得出现金支出金额。为便于后续编制产品成本预算，需计算小时费用率。

$$变动制造费用分配率 = 5250/7000 = 0.75$$
$$固定制造费用分配率 = 11\,090/7000 \approx 1.58$$

八、产品成本预算

产品成本预算是生产预算、直接材料预算、直接人工预算和制造费用预算的汇总，主要反映预算期内产品的单位生产成本、产成品存货成本和总成本。单位产品成本的有关数据来自前述三个预算；生产量、期末存货量来自生产预算，销售量来自销售预算；生产成本、存货成本和销货成本等数据根据单位成本和有关数据计算得出。表4-9为该公司的产品成本预算，在本例中，变动制造费用分配率为0.75元/小时，固定制造费用分配率为1.58元/小时，假设期初存货10件，单位成本约为93元。

表4-9　产品成本预算表

项　　　目	单 位 成 本			生产成本/700件	期末存货/20件	销货成本/690件
	单价	投入量	成本/元			
直接材料	5	10kg	50	35 000	1000	34 500
直接人工	2	10小时	20	14 000	400	13 800
变动制造费用	0.75	10小时	7.5	5250	150	5175
固定制造费用	1.584	10小时	15.84	11 090	317	10 932
合计			93.34	65 340	1867	64 407

九、资本支出预算

资本支出预算指为购置固定资产、无形资产等资本性投资活动而编制的预算，是按经过审核批准的各个长期投资项目详细列示的现金流量等重要财务资料的明细表，是控制资本性支出，检查投资效果的重要依据。编制资本支出预算的主要根据是长期投资决策的结果。在资本支出预算中，各期的投资额应编入该期现金预算的现金支出部分和预计资产负债表的资产部分。

假定公司根据长期投资决策的结果，预计在2020年第3季度分别购置一台价值5000元的M型车床和一台价值5000元的N型车床，设备价款均在当期付现。表4-10是该公司2020年度的资本支出预算。

表4-10　资本支出预算表　　　　　　　　　　　　　单位：元

项　　目	第1季度	第2季度	第3季度	第4季度	全　　年
M型车床1台		6000			6000
N型车床1台			4000		4000
合计		6000	4000		10 000

十、销售费用和管理费用预算

销售费用预算指为了实现销售预算所需安排的费用预算。它以销售预算为基础，分析销售收入、销售利润和销售费用的关系，力求实现销售费用的最有效使用。在安排销售费用时，要利用本量利分析方法，费用的支出应能获取更多的收益。在制定销售费用预算时，要对过去的销售费用进行分析，考察过去销售费用支出的必要性和效果。销售费用预算应和销售预算相配合，应有按品种、按地区、按用途的具体预算数额。

管理费用是企业管理业务所必需的费用。附着企业规模的扩大，企业管理职能日益重要，其费用也相应增加。在编制管理费用预算时，要分析企业的业务成绩和一般经济状况，务必做到费用合理化。管理费用多属固定成本，一般以过去的实际开支为基础，按预算期的可预见变化予以调整。管理费用预算必须充分考察每种费用是否必要，以便提高费用的合理性和有效性。

表4-11是该公司全年的销售及管理费用预算。本例假定，各项销售及管理费用均于当季付现。

表4-11　销售及管理费用预算表　　　　　　　　　　单位：元

项　　目	金　　额
销售费用：	
销售人员工资	4000
广告费	2500
包装、运输费	2550

---

① 销售及管理费用预算为18 950元，第1季度、第2季度均为4738元，第3季度和第4季度均为4737元。

续表

项　　目	金　　额
保管费	3200
管理费用：	
管理人员费用	3000
福利费	1200
保险费	1000
办公费	1500
合计	18 950
每季度支付现金	4738①

十一、现金预算

现金预算是以上各项预算中有关现金收支部分的汇总，反映预算期现金收入、现金支出和资金融通。其目的在于现金不足时筹措现金，现金多余时及时处理现金余额，并提供现金收支的控制限额，发挥现金的管理作用。现金预算由可供使用现金、现金支出和现金余缺三个部分组成。该公司2020年度的现金预算如表4-12所示，假定该公司年初现金余额为10 000元，计划于预算年度第2季度和第4季度均发放现金股利12 000元，所得税数据来源于利润计划，按季预缴4000元。

表4-12　现金预算表　　　　　　　　　　　　　　　　单位：元

项　　目	第1季度	第2季度	第3季度	第4季度	全　　年
期初现金余额	10 000	10 858	6797	8167	10000
加：销售现金收入（表4-4）	24 250	31 200	36 800	37 600	129 850
可供使用现金	34 250	42 058	43 597	45 767	139 850
减：各项支出					
直接材料（表4-6）	8465	8143	9118	9508	35 234
直接人工（表4-7）	3120	3280	3960	3640	14 000
制造费用（表4-8）	3070	3100	3215	2955	12 340
销售及管理费用（表4-11）	4738	4738	4737	4737	18 950
所得税费用	4000	4000	4000	4000	16 000
设备购置（表4-10）		10 000			10 000
股利（计划发放数）		12 000		12 000	24 000
支出合计	23 393	45 261	25 030	36 840	130 524
现金余缺	10 858	−3203	18 567	8927	9326
向银行借款		10 000			10 000
还银行借款			10 000		10 000
短期借款利息（年利率8%）			400		400
长期借款利息（年利率10%）				850	850
期末现金余额	10 858	6797	8167	8077	8076

"可供使用现金"包括期初现金余额和预算期收入，销货取得的现金收入是其主要

来源。"期初现金余额"是在编制预算时预计的；"销售现金收入"的数据来自销售预算；"可供使用现金"是期初余额与本期现金收入之和。

"现金支出"包括预算期的各项现金支出。"直接材料""直接人工""制造费用""销售及管理费用"的数据分别来自前述有关预算，此外，还包括"所得税费用""股利（计划发放数）"等现金支出。

"现金余缺"部分列示可供使用现金与现金支出合计的差额。差额大于最低现金余额，说明现金多余，可用于偿还过去的银行借款，或用于短期投资。差额小于最低现金余额，说明现金不足，要向银行借款。

在本例中，该公司需要保留的最低现金余额为6500元，不足时要向银行借款。假设银行借款的金额要求是1000元的倍数，那么该公司第2季度的借款金额为

$$借款金额=最低现金余额+现金短缺额 = 6500+3203 \approx 10\ 000 （元）$$

该公司第3季度现金多余，可用于偿还借款，还款后仍要保持最低现金余额，否则只能偿还部分借款。按照"期初借入，期末归还，利随本清"的规定来预计借款利息。在本例中，借款期限为6个月，假设短期借款年利率为8%，则应计利息为400（10 000×8%×6/12）元。该公司长期借款余额为8500元，年利率为10%，预计第4季度支付借款利息850（8500×10%）元。

现金预算的编制以各项营业预算和资本预算为基础，反映各预算期的收入款项和支出款项，并对比说明。编制现金预算目的在于现金不足时筹集现金，现金多余时及时处理现金余额，并提供现金收支的控制限额，发挥现金管理的作用。

十二、利润表预算

利润表预算和资产负债表预算是财务管理的重要工具。财务报表预算的作用与实际的财务报表不同。所有企业都要编报实际的年度财务报表是有关法规的强制性规定，主要目的是向报表信息的外部使用者提供财务信息。当然，这并不表明常规财务报表对企业经理人员没有价值。财务报表预算主要为企业财务管理服务，是控制企业成本费用、调配现金、实现利润目标的重要手段。表4-13是根据相关预算编制的某公司2020年度的利润表预算。

表4-13　利润表预算

单位：元

项目及计算方法	金　额
销售收入（表4-4）	138 000
销售成本（表4-9）	64 407
毛利	73 593
销售费用和管理费用（表4-11）	18 950
借款利息（表4-12）	1250
利润总额	53 393
所得税费用（表4-12）	16 000
净利润	37 393

"销售收入"的数据来自销售收入预算；"销售成本"的数据来自产品成本预算；"毛利"的数据是前两项的差额；"销售费用和管理费用"的数据来自销售费用和管理

费用预算；"借款利息"的数据来自现金预算。另外，"所得税费用"是在利润预测时估计的，并已列入现金预算，它通常不是根据"利润总额"和所得税税率计算出来的，因为有诸多纳税调整的事项存在。从预算编制程序上看，如果根据"利润总额"和所得税税率计算所得税，就需要修改"现金预算"，这将引起借款计划修订，进而改变"借款利息"，最终又要修改"利润总额"，从而陷入数据的循环修改。

利润表预算与会计的利润表的内容、格式相同，只不过数据是面向预算期的。它是在汇总销售收入、销售成本、销售及管理费用、营业外收支、资本支出等预算的基础上加以编制的。通过编制利润表预算，可以了解企业预期的盈利水平。如果预算利润与最初编制方针中的目标利润有较大的不一致，则需要调整部门预算，设法达到目标，或经企业领导同意后修改目标利润。

十三、资产负债表预算

资产负债表预算是根据本期期初的资产负债表和前述的有关各项预算编制的，其目的在于判断预算反映的财务状况的稳定性和流动性。由于资产负债表预算受其他各个预算的制约，因此，为了使年度企业预算保持良好的财务状况，在确定其他预算时应充分考虑其对资产负债表预算的影响。如果通过资产负债表预算的分析，发现某些财务比率不佳，那么，必要时可以修改有关预算，以改善企业未来的财务状况。表4-14是根据相关预算编制的某公司资产负债表预算。其中，该公司的普通股、长期借款两项指标在本年度没有变化，年初未分配利润为16 333元。

表4-14 资产负债表预算 单位：元

时间 项目	2019-01-01	2020-12-31
现金（表4-12）	10 000	8076
应收账款（表4-4）	6250	14 400
直接材料（表4-6）	1200	1500
产成品（表4-9）	933	1867
固定资产	31 000	37 000
资产总额	49 383	62 843
负债及权益		
应付账款（表4-6）	4550	4617
长期借款	8500	8500
普通股	20 000	20 000
未分配利润	16 333	29 726
负债及权益总计	49 383	62 843

表中有关项目的填列说明如下。

（1）期末未分配利润=期初未分配利润+本期净利润-本期现金股利

$$=16\ 333+37\ 393-24\ 000=29\ 726（元）$$

（2）期末应收账款=本期销售收入×（1-本期销售收现率）

$$=36\ 000×（1-60\%）=14\ 400（元）$$

（3）期末应付账款=本期采购金额×（1-本期采购付现率）

=9235×（1-50%）≈4618（元）

思考题

1. 在运用SWOT分析法分析企业财务战略时，通常需要考虑哪些企业内外部财务环境的影响因素，为什么要考虑这些因素？

2. 在不同的企业发展周期，企业应分别选择确定什么样的财务战略？

3. 请说明筹资数量预测的销售百分比法的原理、优缺点和局限。

练习题

1. 洪都航空是国内专业生产教练飞机和通用飞机的企业，也是我国首家以明确大批出口订单的整架飞机为主营产品的高科技外向型企业。近年来，该公司在"寓军于民、军民并举"的发展方针指引下，努力开拓转包生产新领域。在航空转包生产领域，与美国古德里奇（Goodrich）公司、波音公司、日蚀（Eclipse）公司、铁姆肯（Timken）公司、欧洲空客公司、沈飞公司、西飞公司等国内外知名航空企业开展转包生产合作；在非航空产品转包生产领域，该公司已成功进入GE公司、西屋制动（Webtac）等世界500强企业的供应链，形成了"军民并重、两翼齐飞"的大好局面，成功地走出了一条"以科研带动生产、以生产促进科研"之路，发展壮大成为集科研、生产和经营为一体的大型企业集团。

要求：根据上述资料，运用SWOT分析法，对洪都航空内部环境与外部环境进行简要分析。

2. 某公司2019年实现销售收入250亿元，销售净利率为6%，净利润的40%分配给投资者。2019年12月31日的资产负债表（简表）如表4-15所示。

表4-15　资产负债表

单位：亿元

资　　产	期　末　余　额	负债及所有者权益	期　末　余　额
货币资金	80	短期借款	55
应收账款	60	应付账款	75
应收票据	55	长期借款	180
存货	185	实收资本	200
非流动资产	250	留存收益	120
资产总计	630	负债与所有者权益总计	630

该公司2020年的计划销售收入比上年增长15%。据历年财务数据分析，公司流动资产与流动负债随销售收入同比率增减，公司现有生产能力尚未饱和。假定该公司2020年的销售净利率和利润分配政策与上年保持一致。

要求：请预测该公司2020年的外部融资需求量。

扩展阅读4.1

西南航空：持续盈利47年

第五章 投资决策原理

本章学习提示

本章重点：项目投资的定义，项目的现金流量，投资决策方法，投资决策方法的比较

本章难点：项目现金流量的计算，净现值法，现值指数法，内含报酬率法

本章导读

1971年，洛克海德公司为了继续研制三星飞机而取得了美国政府的担保贷款，但公司内部关于是否继续研制展开了激烈的讨论。支持继续研制的人认为，前期已经为研制三星飞机花费了10亿美元，如果放弃，就等于浪费了10亿美元，这是非常愚蠢的；而反对继续研制的人认为，对于一个已经花费了10亿美元但毫无盈利前景的项目而言，继续投入巨额资金同样是愚蠢的。那么，你会如何对待这10亿美元呢？

资料来源：https://wenku.baidu.com/view/e12bc2ec19e8b8f67c1cb9b0.html。

第一节 企业投资概述

一、企业投资的概念及意义

企业投资指企业为了在未来可预见的时期内获得收益或资金增值，在一定时期内向一定领域投放足够数额的资金或实物的货币等价物的经济行为。企业投资的目的是在未来一定时期内获得与风险成比例的收益。

投资管理是企业财务管理的主要内容之一，投资决策的好坏会给整个企业的生存和发展造成一系列不可低估的影响。

（1）投资是企业实现财务管理目标的基本前提。企业的财务管理目标是不断提高企业价值，因此，企业要采取各种措施增加利润，降低风险。企业要想获得利润，就要不断地进行成功的投资活动，进而创造财富，实现企业的财务管理目标。

（2）投资是企业价值创造的源泉。企业的价值体现在企业通过投资活动选择购买所需要的生产要素，以及将这些生产要素有效地结合起来的能力。由此看来，决定企业价值的关键不在于企业为购置所需生产要素付出的代价，而在于企业的经营者利用这些生产要素创造收益的能力。创造收益的能力越强，企业的价值就越高，反之，企业的价值就越低。而企业创造价值的能力主要通过投资活动来实现。企业可以通过多种投资方式来获取价值的增长，如选择投资方向、购置设备、建造厂房、增加人力、员工培训等，并通过对这一能力的运用获取经营利润。

（3）投资是企业降低经营风险的重要手段。企业把资金投向生产经营的关键环节

和薄弱环节，可以使各种生产经营能力配套、平衡，形成更大的综合生产能力。如把资金投向多个行业，实现多元化经营，则更能增加公司销售和盈余的稳定性。这些都是降低企业经营风险的重要方法。

二、企业投资的分类

根据不同的分类标准，可以对企业投资进行如下分类。

（一）按投资的影响程度分为战略性投资和战术性投资

战略性投资是对企业全局及未来有重大影响的投资，如扩大企业规模、投资开发新产品、建立分公司等。这种投资一般会改变企业的经营方向，直接关系到企业未来的命运，而且投资数量大、回收时间长，因此，投资的风险程度较高。

战术性投资指只关系到企业某一局部的具体业务投资。如提高生产效率、降低产品成本等方面的投资。这种投资一般不会改变企业的经营方向，只限于局部条件的改善，因此，其影响范围较小。

（二）按投资与企业生产经营的关系可分为直接投资和间接投资

直接投资指企业将资金直接投入投资项目，形成实物资产以便获取利润的投资，如对厂房、机械设备等的投资。

间接投资指企业以其资金购买公司债券、金融债券或公司股票等各种有价证券，以取得利息、股利或资本利得收入的投资，由于其投资形式主要是购买各种各样的有价证券，因此也被称为证券投资。

（三）按投资回收时间的长短可以分为长期投资和短期投资

长期投资指一年以上才能收回的投资，主要指对厂房、机器设备等固定资产的投资，也包括对无形资产和长期有价证券的投资。由于长期投资中的固定资产所占的比重较大，所以，长期投资有时专指固定资产投资。

短期投资又称流动资产投资，指能够并且准备在一年以内收回的投资，主要指对现金、应收账款、存货、短期有价证券等的投资。

（四）按投资方向可分为对内投资和对外投资

对内投资指企业为了保证内部生产经营活动的顺利进行和规模扩大而进行的投资活动。在企业的投资活动中，对内投资是其主要内容，如增加固定资产、新产品的研制开发等。

对外投资指企业以现金、实物、无形资产等方式或者以购买股票、债券等有价证券方式向其他单位的投资。对内投资都是直接投资，对外投资主要是间接投资，也可以是直接投资。

（五）按投资项目之间的关系可分为独立投资、互斥投资和互补投资

独立投资也称非相关性投资，它是可以不管任何其他投资是否得到采纳和实施，

都不显著地受到影响的投资。这种投资的收入和成本不会因其他投资的采纳与否而受到影响。如对公司新建制药厂的投资就是一个独立投资，只要方案本身可行，可以立即"上马"。

互斥投资则指采纳或放弃某一投资会受到其他投资项目的影响，或者其他投资的采纳或放弃，会使某一投资受到显著影响。这种投资的收入和成本将会因采纳或放弃其他投资而受到影响。如公司在对某固定资产进行更新时，可以选择进口设备，也可选择国产设备，这就是互斥的投资决策。

互补投资指可同时进行、相互配套的各项投资，如港口和码头、油田与油管都属于相互补充的投资。

三、企业投资管理的原则

企业投资的根本目的是增加利润，增加企业价值。企业能否实现这一目标，关键在于企业能否在风云变幻的市场环境下，抓住有利时机，做出合理的投资决策。为此，企业在投资时必须坚持以下原则。

（1）认真进行市场调查，及时捕捉投资机会。捕捉投资机会是企业投资活动的起点，也是企业投资决策的关键。在商品经济条件下，投资机会不是固定不变的，而是不断变化的，它受诸多因素的影响，最主要受市场需求变化的影响。企业在投资之前，必须认真进行市场调查和市场分析，寻找最有利的投资机会。

（2）建立科学的投资决策程序，认真进行投资项目的可行性分析。在市场经济条件下，企业的投资决策都会面临一定的风险。为保证投资决策的正确有效，必须按科学的投资决策程序，认真进行投资项目的可行性分析。投资项目可行性分析的主要任务是对投资项目技术上的可行性和经济上的有效性进行论证，运用各种方法计算出有关指标，以便合理确定不同项目的优劣。财务部门是对企业的资金进行规划和控制的部门，财务人员必须参与投资项目的可行性分析。

（3）及时足额地筹集资金，保证投资项目的资金供应。企业的投资项目，特别是大型投资项目，建设周期长，所需资金多，一旦开工，就必须有足够的资金供应。否则，就会使工程建设中途"下马"，出现"半截子工程"，造成很大的损失。因此，在投资项目"上马"之前，必须科学预测投资所需资金的数量和时间，采用适当的方法，筹措资金，保证投资项目顺利完成，尽快产生投资效益。

（4）认真分析风险和收益的关系，适当控制企业的投资风险。收益和风险是共存的。一般而言，收益越大，风险也越大，收益的增加是以风险的增大为代价的，而风险的增加将会引起企业价值的下降，不利于财务目标的实现。企业在进行投资时，必须在考虑收益的同时认真考虑风险情况，只有在收益和风险达到最好的均衡时，才有可能不断增加企业价值，实现财务管理的目标。

四、企业投资的管理过程

投资是一项具体而复杂的系统工程，根据投资的进程顺序，可以将投资过程分为事前、事中和事后三个阶段。事前阶段是投资项目的决策阶段；事中阶段是投资方案的实施和监督控制阶段；事后阶段是投资结束后对投资效果的事后审计与评价阶段。

（一）投资项目的决策阶段

投资项目的决策阶段是整个投资过程的开始阶段，此阶段决定了投资项目的性质、资金的流向和投资项目的未来收益能力。

（1）投资项目的提出。产生新的有价值的创意，进而提出投资方案，是投资程序的第一步。新创意可以来自公司的各级部门，一般来说：公司的高层管理人员提出的投资多数是大规模的战略性投资，如兴建一座新厂房；而中层或基层人员提出的主要是战术性投资，如生产部门提出更新设备。

（2）估计项目的现金流量。投资方案在确定下来之后，要对项目进行评估，包括：测算项目的计算期；测算有关项目投产后的收入、费用和经济效益。其中，最关键的是估计项目可能产生的现金流量，包括现金流入、现金流出和净现金流量。

（3）计算投资项目的投资决策指标。根据估计出来的项目现金流量，计算其相应的投资决策指标，主要包括净现值、内含报酬率、回收期和会计收益率等指标。

（4）投资项目的决策。在计算出投资项目的决策指标以后，将计算出的指标与可以接受的判断标准进行比较，以做出项目是否投资的决策。

（二）投资项目的实施与监控阶段

在决定对某项目进行投资后，要积极地实施并进行有效的监督与控制。在项目的实施与控制阶段要做好以下几项工作。①为投资方案筹集资金。②按照拟订投资方案有计划有步骤地实施投资项目。③实施过程中的控制与监督。在项目的实施过程中，要对项目的实施进度、工程质量、施工成本等进行控制和监督，以保证投资按照预算规定按期完成。④投资项目的后续分析。在投资项目的实施过程中，要定期进行后续分析，要及时、准确地反映预算执行过程中的各种信息，将实际指标与预算指标进行对比，找出差异，分析原因，以便调整偏离预算的差异，实现规定的目标。

（三）投资项目的事后审计与评价阶段

通过投资项目的事后审计，将投资项目的实际表现与预期目标相比较，通过对其差额的分析可以帮助改善企业的财务控制，有助于指导未来的决策。同时，依据事后审计的结果还可以对投资管理部门进行绩效评价，并以此建立相应的激励机制，以持续提高企业的管理效率。

五、项目投资的概念和特点

（一）项目投资的概念

项目投资即企业的内部长期投资，指企业为了内部生产经营活动的顺利进行和不断发展壮大而进行的长期投资。项目投资的投资对象是长期生产性资产，企业对土地、厂房、机器设备等资产的投资行为均属于这一范畴，投资后可以形成企业内部各项长期资产，如固定资产、无形资产等。由于项目投资的支出均为资本性支出，因此，项目投资又被称为资本投资。

（二）项目投资的特点

（1）投资对象是生产性资本资产。投资按其对象可以分为生产性资产投资和金融性资产投资。生产性资产指企业生产经营活动所需的资产，如机器设备、存货等。这些资产是企业进行生产经营活动的基础条件。企业对生产性资产的投资是一种直接投资，在企业内部进行。生产性资产又进一步分为营运资产和资本资产。资本资产指企业的长期资产，由于企业投资于该类资产上的资金主要来源于企业的长期资金即资本，因此被称为资本资产。营运资产指企业的流动资产。由于流动资产投资对企业的影响时间短，因此又称为短期投资。

金融性资产的典型表现形式是所有权凭证，如股票和债券。正因为如此，金融资产也被称为"证券"。企业对金融资产的投资是一种间接投资。

（2）影响时间长。从投资的效用来看，项目投资的效用是长期的、持续的。因此，项目投资对企业未来的生产经营活动和长期经济效益将产生重大影响，其投资决策的成败对企业未来的命运将产生决定性作用。

（3）投资数额大。从资金占用来看，项目投资占用的资金较为庞大，既需要一次性投入大笔资金以形成投资项目的初始投资，又需要有相当数量的运营资金来保证项目运营过程中对流动资金的需要。

（4）变现能力差。从投资的变现能力来看，项目投资由于投资的是实体资产，投资期限长，投资金额大，因此，项目投资的变现能力差。

（5）投资风险大。一项成功的项目投资可以为企业带来大量的经济效益，但项目投资的失败不仅不能为企业带来经济效益，还会让企业背上沉重的负担，甚至可以彻底毁灭一个企业。所以，项目投资的风险大，在进行投资决策时，企业必须非常谨慎。

六、项目计算期

项目计算期指投资项目从投资建设开始到最终清理结束整个过程的全部时间，包括建设期和运营期。建设期指项目资金正式投入开始到项目建成投产为止所需的时间，建设期的第一年初称为建设起点，建设期的最后一年末称为投产日，在建设期内，项目的现金流量主要是现金流出量。运营期指项目建成投产开始到项目清理结束为止的整个期间，项目清理结束的时点称为终结点。在运营期内，项目的现金流入量和现金流出量并存。

项目计算期 = 项目建设期 + 项目运营期

在对项目进行投资决策分析时，需要分析项目整个计算期内的现金流量，而不仅仅是建设期或运营期的现金流量。项目计算期如图5-1所示。

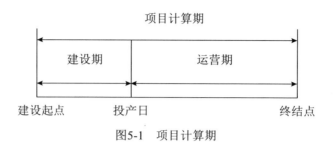

图5-1 项目计算期

第二节 投资现金流量的分析

一、投资现金流量的概念及意义

（一）投资现金流量的概念

投资现金流量指一个投资项目在其计算期内所引起的各项现金流入量与现金流出量的统称，它是评价投资项目是否可行时必须事先计算的一个基础性数据，是计算项目决策评价指标的主要依据和重要信息之一。

值得注意的是，这里的现金流量与会计上的现金流量有很大区别：首先，项目投资的现金流量针对投资项目，而不针对会计期间，而会计上的现金流量针对会计期间；其次，这里的现金是广义的现金，它不仅包括各种货币资金，还包括项目需要投入的企业现有的非货币资源的变现价值。例如，若一个项目需要使用原有的厂房、设备和材料等，则相关的现金流量指他们的变现价值。

（二）投资现金流量的意义

在项目投资决策中，以现金流量而不是以会计利润作为评价投资项目的经济效益基础，主要是因为以下两个方面的原因。

（1）采用现金流量有利于科学地考虑时间价值因素。现金流量信息所揭示的是未来期间货币资金的收支运动，可以序时动态地反映投资项目的现金流出与现金流入之间的投入产出关系，而利润的计算并不考虑资金收付的时间，它以权责发生制为基础。要在投资决策中考虑时间价值因素，就不能利用利润来衡量项目的优劣，而必须采用现金流量。

（2）采用现金流量才能使投资决策更符合客观实际情况。在长期投资决策中，应用现金流量能科学、客观地评价投资方案的优劣，而利润则明显地存在不科学、不客观的成分。这是因为：①净利润的计算比现金流量的计算有更大的主观随意性。利润指标是按照财务会计的权责发生制原则计算的，由于不同的投资项目可以采取不同的固定资产折旧方法、存货估价方法或费用摊销方法，因此，不同项目的利润额缺乏可比性，其利润信息的相关性差、透明度不高。而现金流量指标是在收付实现制的基础上对实际现金流入与现金流出进行的估计，不同的固定资产折旧方法、存货估价方法及费用摊销方法并不会影响项目的现金流量。②利润反映的是某一会计期间"应计"的现金流量，而不是实际的现金流量。若以未实际收到的现金收入为收益，则容易高估投资项目的经济效益，存在不科学、不合理的因素。

二、投资现金流量的构成

按照现金流动的方向，投资项目的现金流量可以分为现金流入量、现金流出量和净现金流量。现金流入量指该项目投资所引起的企业现金流入的增加额（用"＋"表示）；现金流出量指该项目投资所引起的企业现金流出的增加额（用"－"表示）；净现金流量则指某一时点的现金流入量和现金流出量的差额。当现金流入量大于现金流出量时，净现金流量为正值；反之，净现金流量为负值。

按照现金流量的发生时间，投资活动的现金流量又可分为初始现金流量、营业现金流量和终结现金流量。

（一）初始现金流量

初始现金流量指投资项目开始投资时发生的现金流量，一般都是现金流出量，但在固定资产更新决策中，对旧设备的清理则会引起现金流入。初始现金流量一般包括如下几个方面。

（1）固定资产上的投资，包括固定资产的购置费用、设备安装费用、建筑工程费用，以及其他费用。

（2）流动资产上的投资。投资项目建成后，必须垫支一定的营运资金才能投入运营，例如，新项目需要增加的现金、存货和应收账款等。这部分垫支的运营资金一般要到项目寿命终结时才能全部收回，所以，这部分投资应作为长期投资，而不属于短期投资。

（3）其他投资费用。其他投资费用是指与投资项目相关的职工培训费、谈判费、注册费用等。

（4）原有固定资产的变价收入。这主要指固定资产更新时对原有固定资产处置所引起的现金流量，既包括变卖原有固定资产所得的现金流入，又包括变卖固定资产对所得税的影响。根据税法的规定：如果固定资产的出售价格高于账面价值，则应将高出部分确认为营业外收入，并缴纳相应的所得税，从而形成现金流出；如果固定资产的出售价格低于账面价值，则应将不足部分确认为营业外支出，可相应抵减当年的所得税，从而形成现金流入。

（二）营业现金流量

营业现金流量指投资项目投入使用后，在其寿命周期内，因生产经营而带来的现金流入和流出的数量。这种现金流量一般以年为单位进行计算。这里现金流入一般指营业现金收入；现金流出指营业现金支出和缴纳的税金。

如果一个投资项目的每年销售收入等于营业现金流入，付现成本（指不包括折旧等非付现的成本）等于营业现金流出，那么，该项目的年营业现金净流量（net operating cash flow，NCF）可用下列公式计算。

$$年营业现金净流量（NCF）＝年营业收入-年付现成本-所得税$$
$$＝税后净利润＋折旧$$

（三）终结现金流量

终结现金流量指投资项目完结时所发生的现金流量，主要包括以下几个方面。

（1）固定资产的残值收入或变价收入。这部分现金流量和初始现金流量中对旧设备处置时产生的现金流量类似，既包括固定资产的残值收入，又包括实际残值和税法规定的残值之间的差额对所得税的影响。

（2）原有垫支在各种流动资产上的资金收回。

（3）停止使用的土地的变价收入等。

三、投资现金流量的影响因素

（一）增量现金流量

在确定项目的相关现金流量时，应遵循的最基本的原则是：只有增量现金流量才是与项目相关的现金流量。增量现金流量指在接受或拒绝某个投资项目后，企业总现金流量因此发生的变动。也就是说，如果有一项现金流量的发生与否与该项目的投资无关，那么，该现金流量就不是增量现金流量，在计算该项目的现金流量时，就不应该包括在内。

为正确计算投资项目的增量现金流量，需正确判断哪些支出会引起企业总现金流量的变动，哪些支出不会引起企业总现金流量的变动，哪些现金流量是只有当新项目进行时才会发生的，哪些是不管是否进行新项目都必须发生的。在进行这些判断时，要注意以下四个问题。

1. 区分相关成本和非相关成本

相关成本指与特定决策有关的、在分析评价时必须加以考虑的成本，如差额成本、未来成本、重置成本和机会成本。与此相反，与特定决策无关的、在分析评价时不必加以考虑的成本是非相关成本，如沉没成本、历史成本和账面成本等。如果将非相关成本纳入投资方案的总成本，则一个有利的方案可能因此变得不利，一个较好的方案可能因此变为较差的方案，从而造成决策错误。

例如，某航空制造业企业曾在20×7年打算新建一个飞机发动机生产车间，并请一家咨询公司做过可行性分析，支付咨询费50万元。后来由于公司有了更好的投资机会，该项目被搁置下来，该笔咨询费作为费用已经入账。20×8年旧事重提，在进行投资分析时，这笔咨询费是否仍是相关成本呢?答案当然是否定的。这笔咨询费属于沉没成本，不管公司是否采纳新建一个车间的方案，它都已无法收回，与公司未来的总现金流量无关，是项目的非相关成本。

2. 不能忽视机会成本

在投资方案的选择过程中，如果选择了一个方案，则必须放弃其他投资机会，而放弃方案的收益是该投资方案的一种代价，被称为该方案的机会成本。在投资决策中，我们不能忽视机会成本。

例如，某公司在新建生产车间时需要使用企业拥有的一块土地，这块土地如果出租，每年可以获得租金收入100万元，那么，在进行新建车间的投资分析时，这100万元的租金收入就是一项机会成本，在计算项目的现金流量时，需要将其视作现金流出量。

机会成本不是通常意义上的"成本"，它不是一种支出或费用，而是一种潜在收益。机会成本总是针对具体方案而言，离开被放弃的方案就无从计量确定。

3. 要考虑投资方案对企业其他部门的影响

当选择一个新的投资项目后，该项目可能对企业的其他部门造成有利或不利的影响。比如，若新建的厂房生产的产品上市后，原有产品的销路可能减少，因此，企业在进行投资分析时，不能将新建厂房的销售收入作为增量收入来处理，而应扣除其他部门因此减少的销售收入。当然，也有可能发生相反的情况，新产品上市后将促进其他部门的销售增长，这要看新项目和原有部门是竞争关系，还是互补关系。尽管这类影响难以准确计算，但决策者在进行投资分析时仍需将其考虑在内。

4. 要考虑对净营运资本的影响

一方面，在一般情况下，当企业开办一个新业务并使销售额扩大后，对存货和应收账款等流动资产的需求会增加，企业必须筹措新的资金以满足这种额外需求；另一方面，随着业务的扩张，应付账款和一些应付费用等流动负债也会同时增加，增加的流动资产与增加的流动负债之间的差额即构成了新项目对净营运资本的需求，企业需要对这部分净营运资本进行投资。

当投资项目的寿命期快要结束时，企业将与该项目有关的存货出售，收回应收账款，应付账款和应付费用也随之偿付，企业可以收回在项目开始时垫支的营运资本。通常，在进行投资分析时，均假定开始投资时垫支的营运资本在项目结束时收回。

（二）所得税和折旧对现金流量的影响

投资项目在经营期内的营业利润所要上缴的所得税会导致现金流出，它的大小取决于利润大小和税率高低，而利润大小又受折旧方法的影响，因此，讨论所得税问题必然会涉及折旧问题。折旧之所以对投资决策产生影响，是因为所得税的存在。因此，这两个问题要放在一起讨论。

（1）税后成本和税后收入。如果问一位企业家，他的工厂厂房租金是多少，他的答案比实际每个月付出的租金要多一些。因为租金是一项可以减免所得税的费用，所以，应以税后的基础来观察。凡是可以减免税负的项目，实际支付额并不是真实的成本，而应将以此而减少的所得税考虑进去。扣除所得税影响后的成本费用净额，称为税后成本，其计算公式为

$$税后成本 = 支出金额 \times （1 - 税率）$$

【例5-1】　某公司2019年的损益状况如表5-1所示。该公司正在考虑一项广告计划，该广告计划需要每月支付广告费用20 000元，假设所得税税率为25%，则该项广告的税后费用是多少？

表5-1 公司损益数据 单位：元

项 目	目前（不做广告）	做广告方案
营业收入	1 500 000	1 500 000
成本和费用	500 000	500 000
新增广告		200 000
税前经营利润	1 000 000	800 000
所得税费用（25%）	250 000	200 000
税后净利	750 000	600 000
新增广告税后成本		150 000

从表5-1中可以看出，该项广告的税后费用为每月150 000元，两个方案（不做广告与做广告）的唯一差别是广告费200 000元，其对净利润的影响为150 000元，该广告的税后费用为

$$税后费用 = 200\,000×（1-25\%）=150\,000（元）$$

与税后成本相对应的概念是税后收入。如果有人问你，你每月工资收入是多少，你可能很快回答工资单上的合计数。如果你买了彩票，并且有幸中了大奖，那么你得到的奖金却往往比彩票上标明的金额要低一些，这是因为中奖所得需要缴纳个人所得税，而你的工资可能还没有达到征税的起点。

由于所得税的作用，企业营业收入中有一部分会流出企业，因此，企业实际得到的现金流入是税后收入，其计算公式为

$$税后收入 = 应税收入×（1-税率）$$

（2）折旧的抵税作用。我们都知道，折旧是在所得税前扣除的一项费用，多计提折旧会减少利润，从而使所得税减少。如果不计提折旧，那么，企业的所得税将会增加许多。所以，折旧可以起到减少税负的作用，这种作用被称为"折旧抵税"或折旧的"税盾作用"。

【例5-2】 假设有A公司和B公司，全年的销售收入和付现费用均相同，所得税税率为25%。两者的区别是A公司有一项计提折旧的资产，每年折旧额相同。两家公司的现金流量如表5-2所示。

表5-2 折旧对税负的影响 单位：元

项 目	A 公 司	B 公 司
销售收入	20 000	20 000
费用：		
付现营业费用	10 000	10 000
折旧	3000	0
合计	13 000	10 000
税前净利	7000	10 000
所得税（25%）	1750	2500
税后净利	5250	7500
营业现金流入：		

项　目	A　公　司	B　公　司
净利润	5250	7500
折旧	3000	0
合计	8250	7500
A公司比B公司拥有较多现金	750	

A公司的利润虽然比B公司少2250元，但现金净流入却多出750元，其原因在于有3000元的折旧计入成本，使应税所得减少3000元，从而少纳税750（3000×25%）元，这笔现金保留在企业，不必缴出。从增量分析的观点来看，由于增加了一笔3000元折旧，因此使企业获得750元的现金流入。所以，折旧的税盾作用可按下式计算。

$$税负减少额 = 折旧额×税率$$
$$= 3000 × 25\%$$
$$= 750（元）$$

（3）税后现金流量。在加入所得税的因素后，营业现金流量的计算主要有三种方法。

①直接法。根据现金流量的定义，所得税是一种现金支付，应当作为营业现金流量的一个减项。所以，营业现金流量可以按以下公式计算。

年营业现金净流量 = 年营业收入 – 年付现成本 – 所得税

项目的付现成本指在当期经营过程中以现金支付的成本费用，与付现成本相对应的概念是非付现成本，即在当期经营过程中不需要用现金支付的成本，一般包括固定资产的折旧、无形资产的摊销额、开办费的摊销额，以及全投资假设下经营期间发生的借款的利息支出等项目。

如果假设所有的非付现成本只有折旧这一项，那么，付现成本和营业成本之间的关系为

付现成本=营业成本-折旧

年营业净现金流量（NCF）= 年营业收入-年付现成本-所得税
= 税后净利润 + 折旧

②间接法。间接法以税后净利润为计算起点，此时，营业现金流量可按以下公式计算。

年营业现金净流量 = 税后净利润 + 折旧

根据第一种计算方法及其分析我们可以推导出这个计算公式：

年营业现金净流量=年营业收入-年付现成本-所得税
=年营业收入-（年营业成本-折旧）-所得税
=年营业收入-年营业成本-所得税 + 折旧
=税后净利润+折旧

③根据所得税对收入和折旧的影响计算。根据前面讲到的税后成本、税后收入和折旧的税盾作用可知，由于所得税的影响，现金流量并不等于项目实际的收支金额。所以，根据第二种计算方法还可以推导出以下公式：

$$年营业现金净流量=税后净利润+折旧$$
$$=（年营业收入-年营业成本）×（1-税率）+折旧$$
$$=（年营业收入-年付现成本-折旧）×（1-税率）+折旧$$
$$=（年营业收入-年付现成本）×（1-税率）+折旧×税率$$

【例5-3】 已知某公司2019年的全部营业收入为1 000 000元，其营业成本为700 000元，其中，付现成本为500 000元，折旧为200 000元。如果所得税率为25%，请计算该公司该年度的营业现金净流量。

该公司应缴纳的所得税为

$$所得税额=（1 000 000-700 000）×25\%=75 000（元）$$

该公司的税后净利润为

$$税后净利润=（1 000 000-700 000）×（1-25\%）=225 000（元）$$

我们分别用三种方法来计算其营业现金净流量：

（1）营业现金净流量 =营业收入-付现成本-所得税

$$=1 000 000-500 000-75 000=425 000（元）$$

（2）营业现金净流量 =税后净利润＋折旧

$$=225 000＋200 000=425 000（元）$$

（3）营业现金净流量 =（营业收入-付现成本）×（1-税率）+折旧×税率

$$=（1 000 000-500 000）×（1-25\%）+200 000×25\%$$
$$=425 000（元）$$

由此可见，用三种方法计算的结果是一致的，但三种方法中最常用的是第三种计算方法，因为，企业的所得税是根据企业总利润计算的，在决定某个项目是否投资时，我们往往并不知道整个企业的利润及与此有关的所得税，这就妨碍了第一种和第二种方法的使用。使用第三种方法并不需要知道企业的利润是多少，使用起来比较方便。

四、投资现金流量实例

【例5-4】 某公司计划购入一套设备以扩充生产能力。现有A和B两个方案可供选择，A方案需投资10 000元，使用寿命为5年，采用直线法计提折旧，5年后设备无残值，5年中每年销售收入为6000元，每年付现成本为2000元。B方案需投资12 000元，采用直线折旧法计提折旧，使用寿命也为5年，5年后残值收入2000元。5年中每年的销售收入为8000元，付现成本第一年为3000元，以后随着设备陈旧，逐年增加修理费400元，另需垫支营运资金3000元，假设所得税率为40%。试计算两个方案各年的净现金流量。

为计算两个方案的净现金流量，必须先计算两个方案每年的折旧额。

$$A方案年折旧额 = 10 000÷5=2000（元）$$
$$B方案年折旧额 =（12 000-2000）÷5=2000（元）$$

用列表法计算两个方案的净现金流量，如表5-3、表5-4所示。

表5-3　A方案净现金流量的计算过程　　　　　　　　单位：元

年　份	第0年	第1年	第2年	第3年	第4年	第5年
初始投资	-10 000					
营业收入（1）		6000	6000	6000	6000	6000
付现成本（2）		2000	2000	2000	2000	2000
折旧（3）		2000	2000	2000	2000	2000
税前利润（4） （4）=（1）-（2）-（3）		2000	2000	2000	2000	2000
所得税（5）=（4）×40%		800	800	800	800	800
净利润（6）=（4）-（5）		1200	1200	1200	1200	1200
净现金流量	-10 000	3200	3200	3200	3200	3200

表5-4　B方案净现金流量的计算过程　　　　　　　　单位：元

年　份	第0年	第1年	第2年	第3年	第4年	第5年
初始投资	-12 000					
营运资本	-3000					3000
营业收入（1）		8000	8000	8000	8000	8000
付现成本（2）		3000	3400	3800	4200	4600
折旧（3）		2000	2000	2000	2000	2000
税前利润（4） （4）=（1）-（2）-（3）		3000	2600	2200	1800	1400
所得税（5）=（4）×40%		1200	1040	880	720	560
净利润（6）=（4）-（5）		1800	1560	1320	1080	840
净残值						2000
净现金流量	-15 000	3800	3560	3320	3080	7840

第三节　非折现现金流量方法

非折现现金流量方法在进行项目投资决策时不考虑货币的时间价值，把不同时间的现金流量看成是等效的。非折现现金流量方法的决策指标主要包括静态投资回收期和平均会计收益率。

一、静态投资回收期法

静态投资回收期法是以静态投资回收期为决策指标的一种投资评价方法。静态投资回收期简称回收期（payback period，PP），指以投资项目的营业现金流量抵偿原始投资所需要的全部时间。静态投资回收期不考虑现金流量的时间价值，用公式表示为：

$$\sum_{t=0}^{pp} NCF_t = 0$$

式中，NCF_t 为各年净现金流量；PP为投资回收期。

回收期法的评价标准是目标回收期。目标回收期由企业事先确定。如果项目的回收期小于目标回收期，则项目可被接受；反之，则项目不能被接受。

（一）静态投资回收期的计算

对于静态投资回收期的计算来说，如果投资项目各年的净现金流量（NCF）相等，则可以采用简化的方法计算，计算公式为：

$$静态投资回收期 = \frac{原始投资额}{每年NCF}$$

如果投资项目各年的净现金流量不相等，则要计算各期累计的净现金流量，然后同原始投资额进行比较，确定回收期的大致期间，再用内插法计算具体的回收期。

【例5-5】以【例5-4】的资料为例（详见表5-3和表5-4），计算两个方案的静态投资回收期。

由于方案A在营业期内，各年的净现金流量都相等，所以，可以采用简化的方法计算其静态投资回收期。

$$PP（A）= 10\,000 \div 3200 = 3.13（年）$$

由于方案B在营业期内，各年的净现金流量都不相等，因此，可以先计算各年累计的净现金流量，如表5-5所示。

表5-5   B方案静态投资回收期的计算   单位：元

年 份	现 金 流 量	累计现金流量
第0年	−15 000	−15 000
第1年	3800	−11 200
第2年	3560	−7640
第3年	3320	−4320
第4年	3080	−1240
第5年	7840	6600

从表5-5中可以看出，方案B的回收期在第4年和第5年之间，在第4年末，还有1240元未收回，而第5年的现金流量为7840元，因此，其回收期为

$$PP（B）= 4 + 1240 \div 7840 = 4.16（年）$$

（二）静态投资回收期法的优缺点

静态投资回收期法的概念容易理解，计算也比较简单。其指导思想是回收期越短，企业收回原始投资越快，可使企业保持较强的流动性；而回收期越短的项目风险越低，因为时间越长越难以预计，风险也越大。因此，静态投资回收期法大体上衡量了项目的流动性和风险。

但是，静态投资回收期没有考虑资金的时间价值，也没有考虑多期现金流量中包含的风险，尤其是对回收期后的现金流量不予考虑，因此，企业对投资项目的选择容易出现短期行为。事实上，有战略意义的长期投资往往早期收益较低，而中后期收益较高。

因此，静态投资回收期法往往用来评价项目投资的流动性，而非盈利性。

二、平均收益率法

平均收益率法是以平均收益率（average rate of return，ARR）为决策指标的一种投资评价方法，又称为平均投资报酬率法。平均收益率有多种计算方法，最常见的计算公式如下：

$$\text{ARR} = \frac{\text{年平均现金流量}}{\text{原始投资额}} \times 100\%$$

【例5-6】　仍以【例5-4】的资料为例（详见表5-3和表5-4），计算两个方案的平均会计收益率。

A方案的平均会计收益率为

$$\text{ARR}_\text{A} = \frac{3200}{10\,000} \times 100\% = 32\%$$

B方案的平均会计收益率为

$$\text{ARR}_\text{B} = \frac{(3800 + 3560 + 3320 + 3080 + 7840)/5}{15\,000} \times 100\% = 28.8\%$$

平均收益率的评价标准是投资者期望的投资报酬率或项目的资本成本。如果当年的平均会计收益率大于期望的投资报酬率或项目的资本成本，则该投资方案是可行的，而且平均收益率越大，投资方案越好。

平均收益率法的最大优点是简单明了，易于理解和掌握。但这种方法没有考虑货币时间价值因素的影响，把不同时期的货币价值等量齐观，有时会做出错误决策。

第四节　折现现金流量方法

折现现金流量方法需考虑货币时间价值对项目现金流量的影响，它是比非折现现金流量方法更全面、更科学的评价方法。折现现金流量方法主要包括净现值法、现值指数法、内含报酬率法和动态投资回收期法。

一、净现值法

净现值法是使用净现值（net present value，NPV）作为投资项目评价指标的方法。净现值指投资项目各期发生的现金流量的现值之和，即项目未来现金流入量的现值与未来现金流出量的现值之间的差额，它是评价项目是否可行的最重要的指标。其计算公式可表示为

$$\text{NPV} = \sum_{t=0}^{n} \frac{I_t}{(1+k)^t} - \sum_{t=0}^{n} \frac{O_t}{(1+k)^t}$$

式中，n为项目期限；I_t为第t年的现金流入量；O_t为第t年的现金流出量；k为项目的折现率（项目的资本成本或投资者要求的报酬率）。

（一）净现值的计算步骤

第一步，测定投资方案各年的现金流量，包括现金流入量和现金流出量。

第二步，设定投资方案的折现率，可以是市场利率、投资者要求的必要报酬率或企业的平均资本成本率。

第三步，计算未来现金流量的总现值。即按照选定的折现率，分别将各年的现金流入量和现金流出量折算成现值，现金流入量和现金流出量的现值之和即为未来现金流量的总现值。

第四步，计算净现值。其计算公式为

$$净现值 = 未来现金流量的总现值 - 初始投资$$

（二）净现值法的决策规则

净现值法的决策规则是，在只有一个备选方案时：如果净现值为正数，则说明项目的投资报酬率大于资本成本或投资者要求的报酬率，该项目可以增加股东财富，应予采纳；如果净现值为负数，则说明项目的投资报酬率小于资本成本或投资者要求的报酬率，该项目将减损股东财富，应予放弃；如果净现值为零，则要根据选定的折现率来做出决定。在有多个备选方案的互斥项目选择决策中，应选用净现值是正值，且其中的最大者。

【例5-7】 仍以【例5-4】的资料为例（详见表5-3和表5-4），假设资本成本为10%，计算两个方案的净现值。

A方案各年的现金流量相等，可以采用年金现值法计算净现值。

$$NPV_A = 3200 \times (P/A,10\%,5) - 10\ 000$$
$$= 3200 \times 3.7908 - 10\ 000$$
$$= 2131（元）$$

B方案各年的现金流量不相等，需要采用复利现值法计算净现值。

$$NPV_B = 3800 \times 0.9091 + 3560 \times 0.8264 + 3320 \times 0.7513 + 3080 \times 0.6830 + 7840 \times 0.6209 - 15\ 000$$
$$= 862（元）$$

从上面的计算中可以看出，A方案的净现值大于B方案的净现值，所以该公司应选择A方案进行投资。

净现值法所依据的原理是：假设预计的现金流入在年末肯定可以实现，并把原始投资看成是按选定的折现率借入的，当净现值为正数时偿还本息后，该项目仍有剩余的收益，当净现值为零时，偿还本息后一无所获，当净现值为负数时，该项目收益不足以偿还本息。这一原理可以通过该航空制造业企业A方案的还本付息表来说明，如表5-6所示。

A方案在第4年末还清本息后，尚有210.2元的现金剩余，第5年末又流入现金3200元，折合成现值共计2131元（210.2×0.6830 + 3200×0.6209），即为A方案的净现值。

表5-6　A方案的还本付息表　　　　　　　　　　　　单位：元

年　份	年初借款	年息（10%）	年末借款	偿还现金	借款余额
第1年	10 000	1000	11 000	3200	7800
第2年	7800	780	8580	3200	5380
第3年	5380	538	5918	3200	2718
第4年	2718	271.8	2989.8	3200	（210.2）
第5年	0	0	0	3200	（3200）

（三）净现值线

根据净现值的计算过程，我们发现，当投资项目的现金流量不变时，净现值会随着折现率选择的变化而变化，二者表现为一种函数关系，净现值会随着折现率的增加而下降，如图5-2所示，我们把图5-2中表示净现值和折现率关系的曲线称为净现值线，它是一条向右下方倾斜的凸向原点的曲线。

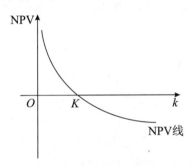

图5-2　项目的净现值线

从净现值线可以看出：当折现率小于K时，净现值为正，投资项目可以接受；当折现率大于K时，净现值为负，投资项目不能接受。由此可见，在现金流量一定的情况下，项目是否能被接受，完全取决于折现率的选择。而折现率又取决于投资者要求的报酬率，不同的投资者对投资报酬率的要求不一样，所以会导致对同一投资项目的决策结果也不一样。

（四）净现值法的优缺点

净现值法是项目投资评价中常用的方法，其主要优点有：①考虑了资金时间价值，增强了投资经济性评价的实用性；②系统考虑了项目计算期内的全部现金流量，体现了流动性与收益性的统一；③考虑了投资风险，项目投资风险可以通过提高折现率加以控制。但是，净现值法也存在某些缺点，主要有以下几个方面。①净现值是一个绝对数，不能从动态的角度直接反映投资项目的实际收益率。在进行互斥性投资决策时，如果项目的投资额不相等，那么，仅用净现值法有时无法确定投资项目的优劣。②净现值的计算比较复杂，且较难理解和掌握。③净现值法的计算需要有较准确的现金净流量的预测，且要正确选择折现率，而实际上，现金净流量的预测和折现率的选择都比较困难。

二、现值指数法

现值指数法是利用现值指数（profitability index，PI）作为评价指标的方法。现值指数也被称为获利指数，是项目未来净现金流量的总现值与原始投资的现值之比，即项目未来现金流入现值与现金流出现值的比率。其计算公式可表示为

$$PI = \sum_{t=0}^{n} \frac{I_t}{(1+k)^t} \div \sum_{t=0}^{n} \frac{O_t}{(1+k)^t} = 1 + \frac{NPV}{CF_0}$$

式中，CF_0 为原始投资额的现值。

（一）现值指数法的决策规则

现值指数法的决策规则是，在只有一个备选方案的采纳与否决策中：现值指数大于或等于1，项目可以被采纳；现值指数小于1，项目应被放弃。在有多个方案的互斥选择决策中，应采用现值指数最大的项目。

【例5-8】 仍以【例5-4】的资料为例（详见表5-3和表5-4），假设资本成本为10%，计算两个方案的现值指数。

$$PI_A = 1 + \frac{NPV}{CF_0} = 1 + \frac{2131}{10\,000} = 1.21$$

$$PI_B = 1 + \frac{NPV}{CF_0} = 1 + \frac{862}{15\,000} = 1.06$$

在本例题中，A、B两个方案的现值指数都大于1，所以，这两个方案都可以进行投资，但由于A方案的现值指数更大，所以应选择A方案进行投资。

现值指数表示1元初始投资取得的现值毛收益。A方案的1元投资取得1.21元的现值毛收益，也就是取得0.21元的现值净收益，或者说用股东的1元钱为他们创造了0.21元的新增财富。B方案的1元钱投资取得1.06元的现值毛收益，也就是取得0.06元的现值净收益，或者说用股东的1元钱为他们创造了0.06元的新增财富。

（二）现值指数法的优缺点

现值指数可以看成是1元原始投资渴望获得的净收益的现值，它的优点是考虑了资金的时间价值，能够真实反映投资项目的盈利能力，而且，现值指数是一个相对数指标，不仅可以用于独立投资方案的比较，也可以用于投资额不同的方案之间的比较。现值指数法的缺点主要是现值指数只代表项目获得收益的能力，而不代表实际可能获得的财富的多少，忽略了互斥项目之间投资规模上的差异。

三、内含报酬率法

内含报酬率法是根据项目本身的内含报酬率（internal rate of return，IRR）来对方案进行评价的一种方法。内含报酬率指能够使未来现金流入量的现值等于现金流出量的现值的折现率，或者说是使投资项目的净现值为零的折现率，即

$$\sum_{t=0}^{n}\frac{I_t}{(1+\text{IRR})^t}-\sum_{t=0}^{n}\frac{O_t}{(1+\text{IRR})^t}=0$$

净现值法和现值指数法虽然考虑了货币的时间价值，可以说明投资方案高于或低于某一特定的投资报酬率，但没有揭示方案本身可以达到的具体的报酬率是多少。内含报酬率是根据方案的现金流量计算的，是方案本身的投资报酬率。

（一）内含报酬率法的计算方法

（1）年金法。如果项目的建设期为零，初始投资在期初一次性投入，项目投产后各年的现金流量相等，则可以直接利用年金现值系数来计算项目的内含报酬率。具体计算步骤如下。

第一步，计算年金现值系数。

$$年金现值系数 = \frac{初始投资额}{每年\text{NCF}}$$

第二步，根据计算出来的年金现值系数，查n期的年金现值系数表，如果恰好能找到该系数，则该系数所对应的折现率就是所求的内含报酬率。

第三步，若在年金现值系数表上查不到该系数，则需要利用插值法来确定内含报酬率。即在年金现值系数表上，找出略大于和略小于上述年金现值系数的两个临界值及其对应的折现率，采用插值法计算出投资方案的内含报酬率。

【**例5-9**】　仍以【例5-4】的资料为例（详见表5-3），计算A方案的现内含报酬率。

$$(P/A,\text{IRR},5)=\frac{初始投资额}{每年\text{NCF}}$$

$$=\frac{10\,000}{3200}$$

$$=3.125$$

查$n=5$期的年金现值系数表，可以得到：

$$(P/A，18\%，5)=3.127>3.125$$

$$(P/A，19\%，5)=3.058<3.125$$

因此，A方案的内含报酬率肯定介于18%～19%之间，用插值法计算如下。

折现率	年金现值系数
18%	3.127
IRR	3.125
19%	3.058

$$\frac{18\%-\text{IRR}}{18\%-19\%}=\frac{3.127-3.125}{3.127-3.058}$$

$$\text{IRR}=18.03\%$$

（2）逐步测试法。如果投资项目各年的净现金流量不相等，则需要用逐步测试法来计算内含报酬率。具体计算步骤如下。

第一步，首先估计一个折现率，用它来计算项目的净现值：如果计算出的净现值为正，则说明项目的内含报酬率超过了估计的折现率，需提高折现率来进一步测试；如果净现值为负，则说明项目的内含报酬率低于估计的折现率，应降低折现率再进行测试。经过如此反复的逐步测试，找到净现值由正到负，并且比较接近于0的两个折现率。

第二步，根据上述两个邻近的折现率，采用插值法求出方案的内含报酬率。

【例5-10】仍以【例5-4】的资料为例（详见表5-4），计算B方案的现内含报酬率。

用10%的折现率进行测试，此时 $NPV_{10\%} = 861$，净现值>0，说明内含报酬率>10%，应调高折现率进行测试。

用11%的折现率进行测试，此时 $NPV_{11\%} = 421$，净现值>0，说明内含报酬率>11%，继续调高折现率进行测试。

用12%的折现率进行测试，此时 $NPV_{12\%} = -2$，净现值<0，说明内含报酬率一定在11%～12%之间，用插值法计算如下。

折现率	年金现值系数
11%	421
IRR	0
12%	−2

$$\frac{11\% - IRR}{11\% - 12\%} = \frac{421 - 0}{421 - (-2)}$$

$$IRR = 11.995\%$$

（二）内含报酬率法的决策规则

内含报酬率法的决策标准是投资者期望的投资报酬率或企业的资本成本。在只有一个备选方案时：如果计算出的内含报酬率大于企业的资本成本或投资者期望的投资报酬率，则项目可以接受；反之，则拒绝。在有多个备选方案的互斥项目选择中，应选择内含报酬率更高的投资项目。

根据上述计算结果，A方案的内含报酬率大于B方案的内含报酬率，所以，A方案优于B方案。

内含报酬率是项目本身的盈利能力。如果以内含报酬率作为贷款利率，通过借款来投资本项目，那么，还本付息后将一无所获。这一原理可以通过A项目的数据来证明，如表5-7所示。

表5-7   A项目的还本付息表   单位：元

年　　份	年初借款	年息（18.03%）	年末借款	偿还现金	借款余额
第1年	10 000	1803	11 803	3200	8603
第2年	8603	1551.12	10 154.12	3200	6954.12
第3年	6954.12	1253.83	8207.95	3200	5007.95
第4年	5007.95	902.93	5910.88	3200	2710.88
第5年	2710.88	488.77	3199.65	3200	−0.35

（三）内含报酬率法的优缺点

内含报酬率法考虑了货币的时间价值，能够反映项目本身的获利能力。但是，内含报酬率法假定各个项目在其全过程内是按各自的内含报酬率进行再投资而形成的增值，这一假定具有较大的主观性，缺乏客观的经济依据。

四、动态投资回收期法

动态投资回收期法是以动态投资回收期（discounted payback period，DPP）为投资决策评价指标的一种方法。动态投资回收期是以贴现的现金流量为基础而计算的投资回收期。计算公式如下。

$$\sum_{t=0}^{pp} \frac{NCF_t}{(1+k)^t} = 0$$

式中，NCF_t 为各年现金净流量；K 为折现率。

【例5-11】 仍以【例5-4】的资料为例（详见表5-3），假定折现率为10%，计算A方案的动态投资回收期。

在考虑了货币时间价值以后，A方案的动态投资回收期计算如表5-8所示。

表5-8　A方案的动态回收期计算 单位：元

年　份	现 金 流 量	折现系数（10%）	现　　值	累计净现值
第0年	−10 000	1	−10 000	−10 000
第1年	3200	0.9091	2909.12	−7090.88
第2年	3200	0.8264	2644.48	−4446.40
第3年	3200	0.7513	2404.16	−2642.24
第4年	3200	0.6830	2185.60	143.36
第5年	3200	0.6209	1986.88	2130.24

从表5-8中可以看出，A方案的动态投资回收期在第3～4年之间，用内插法可以求得：

动态投资回收期 = 3 + 2042.24 ÷ 2185.60 = 3.93（年）

动态投资回收期法与静态投资回收期法相比，由于考虑了现金流量的时间价值，因此，其回收期要长于静态投资回收期。但是，和静态投资回收期法一样，它仍然无法揭示回收期以后发生的现金流量的变动情况，有一定的片面性，有可能做出错误的投资决策。

第五节　投资决策指标的比较

一、折现和非折现指标在投资决策应用中的比较

在20世纪50年代以前，以投资回收期法为代表的非折现方法曾流行全世界。1950

年，米歇尔·戈特（Michrel Gort）教授对美国25家大型公司进行调查的资料表明，被调查的公司全部使用投资回收期等非折现现金流量指标，而没有一家采用折现现金流量指标。

在20世纪50年代以后，人们日益发现其局限性，于是，建立起以时间价值原理为基础的折现法。20世纪50—80年代，在时间价值原理的基础上建立起折现现金流量指标，在投资决策指标体系中的地位发生了显著变化。使用折现现金流量指标的公司不断增多，从20世纪70年代开始，折现现金流量指标已占主导地位，并形成了以折现现金流量指标为主，以投资回收期为辅的多种指标并存的指标体系。目前，更多的公司在进行投资决策时会使用两种以上的决策指标，且规模越大的公司越倾向于使用折现现金流量指标，而规模较小的公司则更多地依赖于非折现的现金流量指标。

二、折现现金流量指标广泛使用的主要原因

（1）非折现指标忽略了资金的时间价值因素。非折现指标将不同时点上的现金流量当作具有同等价值的资金量进行比较，实际上，这种做法夸大了投资收益的价值和投资项目的盈利水平，从而可能导致错误的投资决策。而折现指标则把不同时间点收入或支出的现金按统一的贴现率折算到同一时间点上，使不同时期的现金具有可比性。

（2）非折现指标中的投资回收期法只能反映投资的回收速度，不能反映投资的主要目标——净现值的多少，且由于回收期没有考虑时间价值因素，因而夸大了投资的回收速度。

（3）投资回收期、平均报酬率等非贴现指标对寿命不同、资金投入的时间和提供收益的时间不同的投资方案缺乏鉴别能力。而折现指标法则可以通过净现值、内含报酬率和现值指数等指标，有时还可以通过净现值的年均化方法进行综合分析，从而做出正确合理的决策。

（4）非折现指标中的平均报酬率、投资利润率等指标，由于没有考虑资金的时间价值，因而，实际上，其夸大了项目的盈利水平。而折现指标中的报酬率是以预计的现金流量为基础，考虑了货币的时间价值以后计算出的真实报酬率。

（5）在运用投资回收期这一指标时，标准回收期是方案取舍的依据。但标准回收期一般都是以经验或主观判断为基础来确定的，缺乏客观依据。而折现指标中的净现值和内含报酬率等指标实际上都是以企业的资金成本为取舍依据的，这一取舍标准符合客观实际。

三、折现现金流量指标的比较

（一）独立项目的决策

在单个独立项目的投资决策中，净现值法、现值指数法和内含报酬率法的结论是一致的，只是每个指标的侧重角度有所不同。三种方法的联系与区别如表5-9所示。

表5-9　净现值法、现值指数法和内含报酬率法的相同点与不同点

比　　较	内　　　容			
相同点	1.都考虑了资金的时间价值。 2.都考虑了项目计算期内全部的现金流量。 3.都受到建设期的长短、回收额的有无，以及现金流量大小的影响。 4.在评价单一方案可行与否的时候，结论是一致的，即： 　当净现值＞0时，现值指数＞1，内含报酬率＞资本成本； 　当净现值＜0时，现值指数＜1，内含报酬率＜资本成本； 　当净现值=0时，现值指数=1，内含报酬率=资本成本			
不同点	指标	净现值	现值指数	内含报酬率
	指标性质	绝对数指标	相对数指标	相对数指标
	指标反映的收益特性	衡量投资的效益	衡量投资的效率	衡量投资的效率
	是否受设定折现率的影响	是	是	否
	是否反映项目投资方案本身报酬率	否	否	是

（二）净现值和内含报酬率的比较

在多数情况下，运用净现值法和内含报酬率法这两种方法得出的结论是相同的，但在如下两种情况下，可能会产生差异。

1. 互斥项目

在独立项目的可行性决策中，净现值法和内含报酬率法的结论基本一致，即净现值大于零时，项目的内含报酬率一般也大于其资本成本。但在互斥项目决策中，两种方法得出的结论可能相反，其原因主要有以下两点。

（1）投资规模不同。当一个项目的投资规模大于另一个项目时，规模较小的项目的内含报酬率可能较大，但净现值较小。这是因为净现值作为反映企业财富增加的绝对值指标，较大的投资规模可能带来较大的净现值，但也可能导致创造财富的效率较低。当企业面临这种局面时，实际上就是在更多的财富和更高的内含报酬率之间进行选择，很显然，决策者会选择更多的财富。所以，当互斥项目投资规模不同且资金可以满足投资规模时，净现值法优于内含报酬率法。

（2）现金流量发生时间不同。有的项目早期现金流入量比较大，而有的项目后期现金流入量比较大，此时，净现值法和内含报酬率法的结论也有可能产生差异。

【例5-12】某公司需要购买一种机器设备，现有A、B两种方案可供选择，两种方案的现金流量如表5-10所示，假设企业的资本成本率为8%，分别计算两种方案的净现值和内含报酬率。

表5-10　A和B方案的现金流量资料　　　　　　　　单位：元

年　　份	A　方　案	B　方　案
第0年	−10 000	−10 000
第1年	8000	1000
第2年	4000	4500

续表

年　份	A　方　案	B　方　案
第3年	1000	9700
净现值（8%）	1631	2484
内含报酬率	20%	18%

　　根据表5-10的计算结果：如果按照净现值法决策，则应选择B方案；如果按照内含报酬法决策，则应选择A方案。造成这一差异的原因是这两个投资方案的现金流量发生时间不同而导致其时间价值不同，即折现率对远期现金流量的现值的影响要大于对近期现金流量现值的影响。A方案总的现金流量小于B方案：当选择的折现率较高时，远期现金流量的现值低，影响小，投资收益主要取决于近期现金流量的高低，这时，A方案具有一定的优势；当选择的折现率较低时，远期现金流量的现值增大，这时，B方案具有一定的优势。

2. 非常规项目

　　非常规项目指在项目投资开始的年份，净现金流量为负值，投产以后，各年的现金流量有时是正值，有时又为负值，即整个项目净现金流量正号、负号的改变在一次以上。而常规项目在整个项目计算期内，净现金流量的正号、负号只改变一次。

　　【例5-13】某项目各年的净现金流量如表5-11所示，该项目要求的折现率为8%，计算该项目的内含报酬率并判断该项目是否可行。

表5-11　非常规项目的现金流量　　　　　　　　单位：元

年　份	第0年	第1年	第2年
净现金流量	-100 000	+250 000	-154 000

　　该项目为非常规项目，其内含报酬率计算如下：

$$-100\,000 + \frac{250\,000}{1+\text{IRR}} + \frac{-154\,000}{(1+\text{IRR})^2} = 0$$

　　通过解方程的方法，我们可以得到该项目有两个内含报酬率，分别为10%和40%。由于该项目要求的折现率为8%，而两个内含报酬率均大于8%，因此，很容易得出该项目可行的结论。

　　但是，从该项目的净现值线（如图5-3所示）可以看出，当折现率大于10%小于40%时，净现值为正，而当折现率小于10%时，净现值为负。

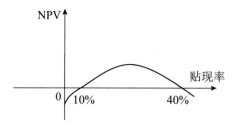

图5-3　非常规项目的内含报酬率

当折现率为8%时，

$$NPV = -100\,000 + \frac{250\,000}{(1+8\%)} + \frac{-154\,000}{(1+8\%)^2} = -548.7(元)$$

由于净现值为负值，因此该项目不可行。

因此，对于非常规项目而言，若采用内含报酬率法进行决策，则无法得出正确的结论，应采用净现值法进行决策。

（三）净现值和现值指数的比较

由于净现值和现值指数使用的是相同的信息，所以这两种方法在评价投资项目的优劣时，结果常常是一致的。但是，当项目的初始投资额不同时，净现值和现值指数的评价结果也有可能产生差异。由于净现值是用各期现金流量现值减初始投资额，是一个绝对值，表示投资的效益或者说是给公司带来的财富，而现值指数使用现金流量的现值除以初始投资，是一个相对数，表示投资的效率，因而评价的结果可能会不一致。

最高的净现值符合企业的最大利益，净现值越高，企业的收益越大，而现值指数只反映投资回收的程度，不反映投资回收的多少。在没有资金限制情况下的互斥投资项目决策中，应选用净现值较大的投资项目。也就是说，当现值指数与净现值得出不同结论时，应以净现值为准。

总之，在没有资金限制的情况下，利用净现值法在所有的投资评价中都能做出正确的决策，而利用内含报酬率和现值指数在独立项目评价中也能做出正确的决策，但在互斥选择中或非常规项目中，有时会得到错误的结论。因而，在这三种评价方法中，净现值法仍然是最好的评价方法。

思考题

1. 简述项目投资的特点。
2. 项目投资的一般程序是什么？
3. 确定现金流量的假设包括哪些？
4. 项目现金流量的构成内容是什么？
5. 什么是增量现金流量？计算项目的增量现金流量应注意哪些问题？
6. 比较静态投资回收期法和动态投资回收期法的异同。
7. 什么是净现值法？应如何计算项目的净现值？
8. 什么是内含报酬率？应如何计算项目的内含报酬率？
9. 净现值法、现值指数法和内含报酬率法的联系和区别有哪些？

练习题

1. 某公司拟购置一固定资产，该固定资产的购置成本为120 000元，资产寿命5年，按直线法折旧，第5年年末有残值20 000元，该资产无须安装。另需垫支运营资金30 000元，年收入80 000元，付现成本第一年30 000元，以后逐年递增4000元。所得税率40%，资金成本为10%。

要求：计算该固定资产各年的现金流量。

2. 某公司拟投资购买一项机器设备，现有A、B两种设备可供选择，两种设备预计各年的现金流量如表5-12所示，假设资本成本为10%。

表5-12   两种机器设备的预计现金流量   单位：万元

年 份	第0年	第1年	第2年	第3年	第4年	第5年
A设备	-10 000	4000	6000	6000	6000	6000
B设备	-10 000	4000	6000	8000	8000	8000

要求：计算两种设备的静态投资回收期和动态投资回收期。

3. 某公司准备购入一设备以扩充生产能力。现有甲、乙两个方案可供选择，两种方案的现金流量如表5-13所示。资金成本为12%。

表5-13   两种方案的预计现金流量   单位：万元

年 份	第0年	第1年	第2年	第3年	第4年	第5年
A设备	-20 000	7600	7600	7600	7600	7600
B设备	-33 000	9280	9160	9040	8920	15 800

要求：（1）计算两个方案的净现值。

（2）计算两个方案的现值指数。

（3）计算两个方案的内含报酬率。

（4）试判断应采用哪个方案。

4. 某公司准备购入一设备以扩充生产能力。现有甲、乙两个方案可供选择：

甲方案需投资3万元，使用寿命5年，采用直线法计提折旧，5年后设备无残值，5年中，每年销售收入为15 000元，每年的付现成本为5000元。

乙方案需投资36 000元，采用直线法计提折旧，使用寿命也是5年，5年后有残值收入6000元。5年中，每年收入为17 000元，第一年付现成本为6000元，以后，随着设备陈旧，将逐年增加修理费300元。

不管采用哪个方案，均需垫支运营资金3000元。假设所得税税率为25%，资金成本为10%。

要求：（1）计算两个方案的净现金流量。

（2）计算两个方案的净现值。

（3）计算两个方案的现值指数。

（4）计算两个方案的内含报酬率。

（5）计算两个方案的静态投资回收期。

扩展阅读5.1

化学公司投资
决策案例

第六章　投资决策实务

本章学习提示

本章重点：互斥项目投资决策，资本限额决策，风险投资决策，投资时机选择决策。

本章难点：差额净现值法，固定资产更新决策，风险调整贴现率法，肯当量法，决策树法。

本章导读

有一风险投资机会，成功和失败的概率都是0.5。投资者每投1元：若成功，可以得到1.6元的利润（原投资本仍归还给投资者）；若失败，则损失1元（投资者仅失去投资）。有一投资者为了不把钱输光，采取了如下策略：总是拿他所持有的钱的一半去投资。假设他开始的资金是一百万元，且钱是无限可分的，如果他投资了10 000次，问：

（1）平均说来，他最后有多少钱？

（2）他又有多大可能在最后拥有的钱不少于开始的100万元？

资料来源：https://wenku.baidu.com/view/f60a560b763231126edb11c2.html。

第一节　互斥项目的投资决策

互斥项目指互相关联、互相排斥的方案，即一组方案中的各个方案彼此可以互相代替，采纳某一方案，就会自动排斥这组方案中的其他方案。通常，互斥项目是为解决同一个问题而设计的两个备选方案。

面对互斥项目，仅仅评价哪一个项目方案可以接受是不够的，因为他们都有正的净现值，我们需要利用具体决策方法去比较各个方案的优劣，并从备选方案中选出一个最优方案。对于互斥方案而言，在多数情况下，运用净现值法、内含报酬率法和回收期法进行决策得出的结论是一样的，但在一些特殊情况下，不同的决策方法将得出不同的结论。

评价结论出现矛盾的原因主要有两种：一是投资额不同；二是项目寿命不同。如果是投资额不同（项目的寿命相同）而引起的，那么，对于互斥项目而言，可以使用净现值法或差额净现值法进行择优决策。

如果净现值法与内含报酬率法的矛盾是由于项目的使用寿命不同而引起的，那么，我们有两种解决办法：一种是共同年限法，另一种是等额年金法。

一、互斥项目使用寿命相同的情况

在互斥项目使用寿命相同的情况下，我们可以直接计算出两个项目的净现值来进行比较，还可以采用差额净现值法进行择优决策。

假设有两个投资期限相同的互斥项目A和B，那么，采用差额净现值法进行决策的基本步骤如下（所有增减量均用"Δ"表示）。

首先，将两个方案的现金流量进行对比，求出各期Δ现金流量（＝A的现金流量－B的现金流量）。

其次，根据各期的Δ现金流量，计算两个方案的Δ净现值。

最后，根据Δ净现值做出决策：如果Δ净现值≥0，则选择方案A；否则，选择B。

【例6-1】　某公司考虑用一台新的效率更高的设备来代替旧设备，以减少成本，增加收益。旧设备采用直线法计提折旧，新设备采用年数总和法计提折旧，公司的所得税税率为25%，资本成本率为10%，不考虑营业税的影响，新旧设备的其他资料如表6-1所示。试做出该公司是继续使用旧设备，还是对其进行更新的决策。

表6-1　新旧设备的相关数据

单位：元

项　　目	旧　设　备	新　设　备
原价	50 000	70 000
可用年限	10	4
已用年限	6	0
尚可使用年限	4	4
税法规定残值	0	7000
目前变现价值	20 000	70 000
每年可获得的收入	40 000	60 000
每年付现成本	20 000	18 000
每年折旧额：	直线法	年数总和法
第1年	5000	25 200
第2年	5000	18 900
第3年	5000	12 600
第4年	5000	6300

1. 计算初始投资的差额现金流量

Δ初始投资 ＝ 70 000 － 20 000 ＝ 50 000（元）

2. 计算各年营业现金流量的差额（如表6-2所示）

表6-2　各年营业现金流量的差额

单位：元

项　　目	第1年	第2年	第3年	第4年
Δ销售收入（1）	20 000	20 000	20 000	20 000
Δ付现成本（2）	−2000	−2000	−2000	−2000
Δ折旧额（3）	20 200	13 900	7600	1300
Δ税前利润（4）＝（1）−（2）−（3）	1800	8100	14 400	20 700
Δ所得税（5）＝（4）×25%	450	2025	3600	5175
Δ税后净利润（6）＝（4）−（5）	1350	6075	10 800	15 525
Δ营业现金净流量（7）＝（6）＋（3）＝（1）−（2）−（5）	21 550	19 975	18 400	16 825

3.计算两个方案的差额现金流量（如表6-3所示）

表6-3　两个方案的差额现金流量　　　　　　　单位：元

项　目	第0年	第1年	第2年	第3年	第4年
△初始投资（1）	−50 000				
△营业现金流量（2）		21 550	19 975	18 400	16 825
△终结现金流量（3）					7000
△现金流量（4）=（1）+（2）+（3）	−50 000	21 550	19 975	18 400	23 825

4.计算差额净现值

$$\triangle NPV = 21\,550 \times (P/F,\ 10\%,\ 1) + 19\,975 \times (P/F,\ 10\%,\ 2) +$$
$$18\,400 \times (P/F,\ 10\%,\ 3) + 23\,825 \times (P/F,\ 10\%,\ 4) - 50\,000$$
$$= 21\,550 \times 0.9091 + 19\,975 \times 0.8264 + 18\,400 \times 0.7513 +$$
$$23\,825 \times 0.6830 - 50\,000$$
$$= 16\,194.84 （元）$$

因为该机器设备更新后，将增加净现值16 194.84元，故应该更新。

当然，我们也可以用两个项目的净现值来直接进行决策，其结果是一样的。

二、互斥项目使用寿命不同的情况

在【例6-1】中，新旧设备的使用寿命相同。多数情况下，新设备的使用年限要长于旧设备。对于使用寿命不同的项目而言，不能对他们的净现值、内含报酬率及现值指数进行直接比较。例如，一个项目投资3年创造了较少的净现值，另一个项目投资6年创造了较多的净现值，后者的盈利性不一定比前者好。为了使两个项目的各项指标具有可比性，要设法使其在相同的寿命期内进行比较，我们可以使用共同年限法和等额年金法。

（一）共同年限法

共同年限法的工作原理是：假设投资项目可以在终止时进行重置，那么，将两个方案使用寿命的最小公倍数作为比较期间，并假设两个方案在这个比较区间内可以进行重复投资，再将各自多次投资的净现值进行比较。

【例6-2】　某公司考虑用一台新的效率更高的设备来代替旧设备，以减少成本，增加收益。其中，旧设备可以使用3年，新设备可使用6年。该企业的资本成本率为10%，新旧设备的现金流量如表6-4所示。试做出该公司是继续使用旧设备，还是对其进行更新的决策。

表6-4　新旧设备的现金流量　　　　　　　单位：万元

项　目		旧　设　备		新　设　备	
年份	折现系数（10%）	现金净流量	现值	现金净流量	现值
第0年	1	−17 800	−17 800	−40 000	−40 000
第1年	0.9091	7000	6364	13 000	11 818

续表

项目		旧 设 备		新 设 备	
年份	折现系数（10%）	现金净流量	现值	现金净流量	现值
第2年	0.8264	13 000	10 744	8000	6612
第3年	0.7513	12 000	9016	14 000	10 518
第4年	0.6830			12 000	8196
第5年	0.6209			11 000	6830
第6年	0.5645			15 000	8467
净现值			8324		12 441
内含报酬率		32.67%		19.73%	

通过计算我们发现：新设备的净现值为12 441万元，内含报酬率为19.73%；旧设备的净现值为8324万元，内含报酬率为32.67%。两个指标的评价结论有矛盾，新设备净现值大，旧设备的内含报酬率高。此时，如果认为净现值法可靠，应该更新设备，其实是不对的。

我们用共同年限法进行分析：假设旧设备终止时可以进行一次重置，该项目的期限就延长到了6年，与新设备使用寿命相同。重置旧设备后，两个项目的现金流量分布如表6-5所示。

表6-5 新旧设备的现金流量　　　　　　　　　单位：万元

项目		旧 设 备		重置旧设备		新 设 备	
年份	折现系数（10%）	现金净流量	现值	现金净流量	现值	现金净流量	现值
第0年	1	−17 800	−17 800	−17 800	−17 800	−40 000	−40 000
第1年	0.9091	7000	6364	7000	6364	13 000	11 818
第2年	0.8264	13 000	10 744	13 000	10 744	8000	6612
第3年	0.7513	12 000	9016	−5800	−4358	14 000	10 518
第4年	0.6830			7000	4781	12 000	8196
第5年	0.6209			13 000	8072	11 000	6830
第6年	0.5645			12 000	6774	15 000	8467
净现值			8324		14 577		12 441
内含报酬率		32.67%				19.73%	

其中，重置旧设备第3年末的现金流量−5800万元是重置初始投资−17 800万元与第一期项目第三年末现金流入12 000万元的合计。经计算，重置旧设备的净现值为14 577万元。因此，继续使用旧设备优于新设备，不应进行更新。

共同年限法有一个缺点，即如果设备的寿命周期比较长，则一个可匹配的周期需要相当长的时间。假如一个设备可以使用10年，另一个设备可以使用15年，那么，一个完整的重置周期是10和15的最小公倍数，即30年，计算将是非常复杂的，更主要的是，预计30年后的现金流量并没有实际意义。

（二）等额年金法

为避免共同年限法的复杂计算，我们还可以用等额年金法来进行决策。等额年金法的计算步骤如下。

（1）计算两个项目的净现值NPV。

（2）计算净现值的平均净现值：$\text{ANPV} = \dfrac{\text{NPV}}{(P/A,\ i,\ n)}$。

（3）假设项目可以无限重置，且每次都在该项目的终止期，那么，等额年金的资本化就是项目的净现值。

【例6-3】 仍以【例6-2】的资料为例，试用等额年金法做出决策。

$$\text{旧设备的NPV} = 8324\text{万元}$$
$$\text{旧设备的平均净现值} = 8324/(P/A,\ 10\%,\ 3)$$
$$= 8324/2.4869$$
$$= 3347\text{（万元）}$$
$$\text{旧设备的永续净现值} = 3347/10\% = 33\ 470\text{（万元）}$$
$$\text{新设备的NPV} = 12\ 441\text{万元}$$
$$\text{新设备的平均净现值} = 12\ 441/(P/A,\ 10\%,\ 6)$$
$$= 12\ 441/4.3553$$
$$= 2857\text{（万元）}$$
$$\text{新设备的永续净现值} = 2857/10\% = 28\ 570\text{（万元）}$$

其实，等额年金法的最后一步即永续净现值的计算，并非总是必要的。在资本成本相同时，平均净现值大的项目，永续净现值肯定大，根据平均净现值的大小就可以直接判断项目的优劣。

三、固定资产更新决策

（一）固定资产更新决策概述

固定资产更新决策是典型的互斥项目投资问题，即在技术上或经济上不宜继续使用的旧资产，用新的资产进行更换或用先进的技术对原有设备进行局部改造。

固定资产更新决策主要研究两个问题：一个是决定是否更新，即继续使用旧资产，还是更换新资产；另一个是决定选择什么样的资产来更新。实际上，这两个问题是结合在一起考虑的，如果市场上没有比现有设备更适用的设备，那么就继续使用旧设备。由于旧设备总可以通过修理继续使用，所以，固定资产更新决策实际上是对继续使用旧设备与购置新设备所做出的选择。

固定资产更新决策不同于一般的投资决策。一般来说，设备更换并不改变企业的生产能力，不增加企业的现金流入，因此，更新决策的现金流量主要是现金流出，即使有少量的残值变价收入，也属于支出抵减，而非实质上的流入增加。

（二）固定资产更新决策的平均年成本法

如果新固定资产与旧固定资产的未来使用年限不同，那么由于没有适当的现金流入，不能计算其净现值和内含报酬率，且新旧设备的未来使用年限不同，也不能通过比较两个方案的总成本来判别方案的优劣。因此，我们应当比较其1年的成本，即获得1年的生产能力所付出的代价，并据以判断方案的优劣，即通过计算新旧固定资产的平均年成本来对固定资产是否进行更新作出决策。

【例6-4】 某公司打算购买一台新机器，以更新原有的一台机器，新旧机器的相关资料如表6-6所示。已知新旧机器均采用直线法折旧，在第6年末，新机器要进行大修理一次，费用为1800元，该公司的所得税税率为40%，该项目的资本成本为12%，该公司应如何决策？

表6-6　新旧机器资料　　　　　　　　　　　　　　单位：元

项　　　目	旧　机　器	新　机　器
账面价值	4900	0
尚可使用年限	5	10
折旧年限	5	8
年折旧	900	900
年经营成本	2500	2400
预计残值	400	0
市场价值	3000	7200

对于旧机器而言，如果现在按市场价格出售，则可得3000元，另外，由于该机器的账面价值为4900元，处理固定资产的损失为1900元，可抵减当年所得税760元，因此，我们把这3760元作为继续使用旧机器的机会成本。

平均年成本法把继续使用旧机器和购置新机器看成是两个互斥的方案，而不是一个更换设备的特定方案。也就是说，要有正确的"局外观"，即从局外人角度来考察。一个方案是用3760元购置旧机器，可使用5年。另一个方案是用7200元购置新机器，可使用10年，在此基础上比较各自的平均年成本，并选择其中较低者作为最优方案。继续使用旧机器和购买新机器的现金流出如表6-7和表6-8所示。

表6-7　继续使用旧机器的现金流出　　　　　　　　　单位：元

项　　　目	第0年	第1年	第2年	第3年	第4年	第5年
市场价值	3000					
处理损失抵税	760					
经营成本		2500	2500	2500	2500	2500
折旧		900	900	900	900	900
总成本		3400	3400	3400	3400	3400
税后成本		2040	2040	2040	2040	2040
残值流入						（400）
税后现金流出	3760	1140	1140	1140	1140	740

旧机器现金流出的净现值为

$$NPV = 3760 + 1140 \times (P/A, 12\%, 4) + 740 \times (P/F, 12\%, 5)$$
$$= 3760 + 1140 \times 3.0373 + 740 \times 0.5674$$
$$= 7642.4 （元）$$

那么，使用旧机器的平均年成本为

$$EAC = \frac{7642.4}{(P/A, 12\%, 5)} = 2120.1(元)$$

表6-8　购置新机器的现金流出　　　　　　　单位：元

项　　目	第0年	第1~5年	第6年	第7年	第8年	第9年	第10年
购置成本	7200						
经营成本		2400	2400	2400	2400	2400	2400
折旧		900	900	900	900		
大修理			1800				
总成本		3300	5100	3300	3300	2400	2400
税后成本		1980	3060	1980	1980	1440	1440
税后现金流出	7200	1080	2160	1080	1080	1440	1440

新机器现金流出的净现值为

$$NPV = 7200 + 1080 \times (P/A, 12\%, 5) + 2160 \times (P/F, 12\%, 6) +$$
$$1080 \times (P/F, 12\%, 7) + 1080 \times (P/F, 12\%, 8) +$$
$$1440 \times (P/F, 12\%, 9) + 1440 \times (P/F, 12\%, 10)$$
$$= 7200 + 1080 \times 3.6048 + 2160 \times 0.5066 + 1080 \times 0.4523 +$$
$$1080 \times 0.4039 + 1440 \times 0.3606 + 1440 \times 0.3220$$
$$= 14\ 095.1 （元）$$

则新机器的平均年成本为

$$EAC = \frac{14\ 095.1}{(P/A, 12\%, 10)} = 2494.6(元)$$

由此可见，旧机器的平均年成本较低，应继续使用旧机器。

平均年成本法的假设前提是将来设备更换时，可以按原来的平均年成本找到可替换的设备。例如，旧机器5年后报废时，仍可找到平均年成本为2120.1元的可代替设备。如果有明显证据表明，5年后，替换设备的平均年成本会高于当前更新设备的平均年成本（2494.6元），则需要把5年后更新设备的成本纳入分析范围，合并计算当前使用旧机器和5年后更新设备的综合平均年成本，然后与当前更新设备的平均年成本进行比较。

第二节　资本限额决策

资本限额指企业可以用于投资的资金总量有限，不能投资于所有可以接受的项目，这种情况在很多公司都存在，尤其是那些以内部融资为经营策略或外部融资受到限制的企业。

在资本限额的情况下，为使企业获得最大利益，应选择那些使净现值最大的投资组合，可以采用两种方法——现值指数法和净现值法。

一、现值指数法步骤

第一步，计算所有投资项目的现值指数，并列出每个项目的初始投资额。

第二步，只接受PI≥1的投资项目，如果资本限额能够满足所有可以接受的项目，则决策过程完成。

第三步，如果资本限额不能满足所有PI≥1的投资项目，那么就对第二步进行修正。修正的过程是，在资本限额内，对所有项目进行各种可能的组合，然后计算出各种可能组合的加权平均现值指数。

第四步，接受加权平均现值指数最大的投资组合。

二、净现值法步骤

第一步，计算所有投资项目的净现值，并列出每个项目的初始投资额。

第二步，只接受NPV≥0的投资项目，如果资本限额能够满足所有可以接受的项目，则决策过程完成。

第三步，如果资本限额不能满足所有NPV≥0的投资项目，那么就对第二步进行修正。修正的过程是，在资本限额内，对所有项目进行各种可能的组合，然后计算出各种可能组合的净现值合计数。

第四步，接受净现值合计数最大的投资组合。

三、资本限额投资决策举例

【例6-5】 某公司有五个可供选择的项目A、B、C、D、E，五个项目彼此独立，企业的初始投资限额为400 000元。详细情况如表6-9所示。

表6-9　投资项目情况　　　　　　　　　　　　　　　　单位：元

投 资 项 目	初 始 投 资	现值指数PI	净现值NPV
A	120 000	1.56	67 000
B	150 000	1.53	79 500
C	300 000	1.37	111 000
D	125 000	1.17	21 000
E	100 000	1.18	18 000

如果该公司想选取现值指数最大的项目，那么就选择A、B、C；如果该公司按每个项目净现值的大小来选取，那么，它的首选项目C，另外可选择的项目只有B。而这两种选择方法都是错误的，因为它们选择的都不是使公司投资净现值最大的项目组合。

为选出最优的项目组合，可以用穷举法列出五个项目的所有投资组合，在其中寻找满足资本限额要求的各种组合，并计算它们的加权平均现值指数和净现值合计，从中选出最优方案。

以上五个项目的所有投资组合共有31种，其中满足初始投资限制为400 000元条件的有16种，将这16中组合列于表6-10中，并分别计算它们的加权平均现值指数和净现值合计数。

表6-10　16种投资组合

单位：元

序　　号	项目组合	初始投资	加权平均现值指数	净现值合计	优先级排序
1	A	120 000	1.168	67 000	13
2	AB	270 000	1.367	146 500	3
3	AD	245 000	1.221	88 000	10
4	AE	220 000	1.213	85 000	11
5	ABD	395 000	1.420	167 500	1
6	ABE	370 000	1.412	164 500	2
7	ADE	345 000	1.226	106 000	7
8	B	150 000	1.199	79 500	12
9	BD	275 000	1.252	100 500	8
10	BE	250 000	1.240	97 500	9
11	BDE	375 000	1.297	118 500	5
12	C	300 000	1.278	111 000	6
13	CE	400 000	1.323	129 000	4
14	D	125 000	1.053	21 000	15
15	DE	225 000	1.098	39 000	14
16	E	100 000	1.045	18 000	16

在表6-10中，投资组合ABE有30 000元资金没有用完，在计算加权平均现值指数的时候，可以假设这些剩余资金不再进行投资而作为现金持有，即将这部分剩余资金的现值指数看做1（其余项目组合也是如此），则组合ABE的加权平均现值指数可计算为

$$\mathrm{PI}_{\mathrm{ABE}} = \frac{120\,000}{400\,000} \times 1.56 + \frac{150\,000}{400\,000} \times 1.53 + \frac{100\,000}{400\,000} \times 1.18 + \frac{30\,000}{400\,000} \times 1$$
$$= 1.412$$

从表6-10中可以看出，用现值指数法和净现值法得到的结论一致：项目ABD是最优组合，其净现值为167 500元。

第三节　投资时机与投资期选择决策

一、投资时机选择决策

投资时机选择决策可以使决策者确定开始投资的最佳时期，如产品专利权的所有者必须决定何时推出该产品比较合适。这类决策既会产生一定的效益，又会伴随相应的成本。在等待时机的过程中，公司能够得到更为充分的市场信息或更高的产品价格，或者有时间继续提高产品的性能。但是，这些决策有时也会因为等待而引起时间价值的损

失，以及竞争者提前进入市场的危险。另外，成本也可能会随着时间的延长而增加。如果等待时机的利益超过伴随而来的成本，那么，公司应采取等待时机的策略。

进行投资时机选择的标准仍然是净现值最大化。但由于开发时间的不同，不能将计算出来的净现值进行简单对比，而应在折算成同一个时点的现值后，再进行比较。

【例6-6】某公司有一片经济林，准备采伐并加工成木材出售，该经济林的树木将随着时间的推移而更加茂密，也就是单位面积的经济价值会逐渐提高。根据预测，每年每亩树木的销售收入将提高20%，但采伐的付现成本每年也将增加10%。按照公司的计划安排，可以现在采伐或3年后再采伐。无论哪种方案，树林都可供采伐4年，需要购置的采伐及加工设备的初始成本都为100万元，直线法折旧4年，无残值，项目开始时均需垫支营运资本20万元，采伐结束后收回。计划每年采伐200亩林木，当前，每亩林木可获得销售收入1万元，采伐每亩林木的付现成本为0.35万元。

有关林木采伐的基本资料如表6-11所示，试做出公司是现在采伐还是3年后采伐的决策。

表6-11　林木采伐方案的基本资料

投资与回收		收入与成本	
固定资产投资	100万元	年采伐量	200亩
营运资金垫支	20万元	当前采伐每亩收入	1万元
固定资产残值	0	当前采伐每亩付现成本	0.35万元
固定资产直线折旧	4年	所得税税率	25%
资金成本	10%		

1. 计算现在采伐的净现值

现在采伐的现金流量如表6-12所示。

表6-12　现在采伐的现金流量　　　　　　　　　　　　　　单位：万元

项　　　目	第0年	第1年	第2年	第3年	第4年
固定资产投资	−100				
营运资金垫支	−20				
销售收入		200	240	288	345.6
付现成本		70	77	84.7	93.17
折旧		25	25	25	25
税前利润		105	138	178.3	227.43
所得税		26.25	34.5	44.58	56.86
税后利润		78.75	103.5	133.72	170.57
营业现金流量		103.75	128.5	158.72	195.57
营运资金回收					20
现金流量	−120	103.75	128.5	158.72	215.57

计算现在采伐的净现值：

$$NPV = 103.75 \times (P/F，10\%，1) + 128.5 \times (P/F，10\%，2) +$$

$$158.72 \times (P/F, 10\%, 3) + 215.57 \times (P/F, 10\%, 4) - 120$$
$$= 103.75 \times 0.9091 + 128.5 \times 0.8264 + 158.72 \times 0.7513 +$$
$$215.57 \times 0.6830 - 120$$
$$= 346.99（万元）$$

2. 计算3年后采伐的净现值

3年后采伐的现金流量（以第4年年初为起点）如表6-13所示。

表6-13　3年后采伐的现金流量　　　　　　　　单位：万元

项　目	第4年年初	第4年	第5年	第6年	第7年
固定资产投资	-100				
营运资金垫支	-20				
销售收入		345.6	414.72	497.66	597.2
付现成本		93.17	102.49	112.74	124.01
折旧		25	25	25	25
税前利润		227.43	287.23	359.92	448.19
所得税		56.86	71.81	89.98	112.05
税后利润		170.57	215.42	269.94	336.14
营业现金流量		195.57	240.42	294.94	361.14
营运资金回收					20
现金流量	-120	195.57	240.42	294.94	381.14

计算3年后采伐的净现值：

$$NPV = 195.57 \times (P/F, 10\%, 4) + 240.42 \times (P/F, 10\%, 5) +$$
$$294.94 \times (P/F, 10\%, 6) + 381.14 \times (P/F, 10\%, 7) -$$
$$120 \times (P/F, 10\%, 3)$$
$$= 195.57 \times 0.6830 + 240.42 \times 0.6209 + 294.94 \times 0.5645 +$$
$$381.14 \times 0.5132 - 120 \times 0.7513$$
$$= 554.79（万元）$$

通过计算发现，3年后采伐的净现值大于现在采伐的净现值，所以应在3年后再采伐。

二、投资期选择决策

投资期指项目从开始投入至项目建成投入生产所需的时间。较短的投资期需要在初期投入较多的人力、物力，但后续的营业现金流量发生得比较早；较长的投资期，初始投资较少，但由于后续的营业现金流量发生得比较晚，因此会影响投资项目的净现值。所以，在可以选择的情况下，公司应运用投资决策的分析方法，对延长或缩短投资期进行比较，以权衡利弊。

在投资期选择决策中，最常用的方法是差量分析法。虽然采用差量分析法的计算比较简单，但不能反映不同投资期下的项目净现值。

【例6-7】某公司要进行一项投资，正常投资期为3年，每年投资200万元，3年共需要投资600万元，第4～13年，每年现金流量为210万元。如果把投资期缩短为2年，每年需投资320万元，2年共投资640万元，竣工投产后的项目寿命和每年现金流量不变。资本成本为20%，假设项目终止时没有残值，不用垫支营运资金。试分析判断是否应该缩短投资期。

1. 用差量分析法进行分析

计算不同投资期的现金流量差量，如表6-14所示。

表6-14　不同投资期的现金流量差量　　　　　　　　　　单位：万元

项　　　目	第0年	第1年	第2年	第3年	第4～12年	第13年
缩短投资期的现金流量	-320	-320	0	210	210	
正常投资期的现金流量	-200	-200	-200	0	210	210
缩短投资期的 Δ 现金流量	-120	-20	200	210	0	-210

计算净现值的差量：

$$\Delta NPV = -120 - 120\times(P/F,20\%,1) + 200\times(P/F,20\%,2) +$$
$$210\times(P/F,20\%,3) - 210\times(P/F,20\%,13)$$
$$= -120 - 120\times0.8333 + 200\times0.6944 + 210\times0.5787 - 210\times0.0935$$
$$= 20.78（万元）$$

2. 分别计算两种方案的净现值并进行比较

采用差量分析法计算比较简单，但不能反映不同投资期下项目的净现值到底是多少，因此还可以分别计算两种方案的净现值，然后通过比较得出结论。

计算原定投资期的净现值：

$$NPV = -200 - 200\times(P/A,20\%,2) + 210\times(P/A,20\%,10)\times(P/F,20\%,3)$$
$$= -200 - 200\times1.5278 + 210\times4.1925\times0.5787$$
$$= 3.94（万元）$$

计算缩短投资期后的净现值：

$$NPV = -320 - 320\times(P/F,20\%,1) + 210\times(P/A,20\%,10)\times(P/F,20\%,2)$$
$$= -320 - 320\times0.8333 + 210\times4.1925\times0.6944$$
$$= 24.71（万元）$$

通过计算可以发现，缩短投资期会比按照原定投资期增加净现值20.77万元，所以，应采用缩短投资期的方案。

第四节　风险投资决策

由于长期投资决策的实际时间较长，因而对未来的收益和成本都很难进行准确预测，即投资决策都存在不同程度的不确定性或风险性。前面的分析，我们都避开了风险问题，讨论了一些确定性投资决策问题。实际上，风险是客观存在的，如何处置项目的风险是一个很复杂的问题，本节我们将讨论风险性投资决策问题。

一、风险调整贴现率法

风险调整贴现率法的基本思路是：首先根据项目的风险程度来调整贴现率，对于高风险的项目而言，采用较高的折现率，对于低风险的项目而言，采用较低的折现率；然后再根据调整后的贴现率计算项目投资净现值，并根据净现值进行项目投资决策。

$$调整后的净现值 = \sum_{t=0}^{n} \frac{预期现金流量}{(1+风险调整贴现率)^t}$$

风险调整贴现率法的关键在于对贴现率按照风险程度进行调整，其确定方法很多，比较有代表性的方法是根据资本资产定价模型来调整贴现率。其计算公式为

风险调整贴现率=无风险报酬率+项目的β×（市场平均报酬率-无风险报酬率）

【**例6-8**】当前的无风险报酬率为4%，市场平均报酬率为12%，某项目的β值为1.5，该项目的初始现金流出为40 000元，第1年末到第5年末的现金流入均为13 000元，计算该项目的净现值。

在不考虑风险因素的情况下，该项目的净现值为

NPV=-40 000+13 000×（P/A，4%，5）=17 874（元）

考虑了风险因素后：

项目的风险调整贴现率=4%+1.5×（12%-4%）=16%

则其净现值可计算为

NPV=-40 000+13 000×（P/A，16%，5）=2569（元）

调整后，净现值也有较大幅度的下降。这是因为风险调整贴现率要远远大于无风险报酬率，所以，其未来有风险的现金流量的现值会大幅度降低，引起项目的净现值下降。

二、肯定当量法

在风险投资决策中，由于各年的现金流量具有不确定性，因此需要进行调整。肯定当量法把不确定的现金流量用肯定当量系数调整为确定的现金流量，然后用无风险的报酬率作为贴现率计算其肯定当量净现值，再根据净现值进行风险项目的投资决策。

在肯定当量法下，投资项目的净现值的计算公式为

$$肯定当量净现值 = \sum_{t=0}^{n} \frac{肯定当量现金流量}{(1+无风险报酬率)^t}$$

我们知道，肯定的1元比不肯定的1元更受欢迎。不肯定的1元只相当于不足1元的金额，两者的差额与现金流的不确定性程度的高低有关。利用肯定当量系数可以把不肯定的现金流量折算成肯定的现金流量，或者说去掉了现金流中有风险的部分，使之成为"安全"的现金流。

肯定当量系数指不肯定的1元现金流量期望值相当于使投资者满意的肯定的金额的系数，它可以把各年不肯定的现金流量换算为肯定的现金流量。肯定当量系数介于0和1之间，其计算公式为

$$肯定当量系数 = \frac{肯定当量现金流量}{不肯定的现金流量的期望值}$$

经研究表明，现金流量的变异系数与其肯定当量系数之间存在着一定的关系，其关系如表6-15所示。对于不肯定的现金流量来说，我们可以首先判断其概率分布，计算出该现金流量的期望值和标准差，而其标准差与期望值之比即为变异系数。然后利用表6-15查出其相应的肯定当量系数，从而把不肯定的现金流量换算为肯定的现金流量。

表6-15 现金流量的变异系数与其肯定当量系数对照表

变 异 系 数	肯定当量系数
0～0.07	1
0.08～0.15	0.9
0.16～0.23	0.8
0.24～0.32	0.7
0.33～0.42	0.6
0.43～0.54	0.5
0.55～0.70	0.4
……	……

【例6-9】 当前的无风险报酬率为4%。某项目的初始现金流出为40 000元，第1年末到第5年末的现金流入均为13 000元。假设第1年到第5年的现金流量的变异系数分别为0.1、0.2、0.3、0.4、0.5，请计算该项目调整前的净现值和调整后的净现值。

调整前的净现值为

$$NPV = -40\ 000 + 13\ 000 \times (P/A，4\%，5) = 17\ 874（元）$$

调整后的现金流量如表6-16所示。

表6-16 肯定当量现金流量 单位：元

项　　目	第0年	第1年	第2年	第3年	第4年	第5年
调整前的现金流量	−40 000	13 000	13 000	13 000	13 000	13 000
变异系数		0.1	0.2	0.3	0.4	0.5
肯定当量系数		0.9	0.8	0.7	0.6	0.5
肯定当量现金流量	−40 000	11 700	10 400	9100	7800	6500

则调整后的净现值为

$$NPV = 11\ 700 \times (P/F，4\%，1) + 10\ 400 \times (P/F，4\%，2) +$$
$$9100 \times (P/F，4\%，3) + 7800 \times (P/F，4\%，4) +$$
$$6500 \times (P/F，4\%，5) - 40\ 000$$
$$= 11\ 700 \times 0.9615 + 10\ 400 \times 0.9246 + 9100 \times 0.8890 +$$
$$7800 \times 0.8548 + 6500 \times 0.8219 - 40\ 000$$
$$= 965（元）$$

由此可见，调整后的净现值有较大幅度的下降。对于有些项目而言，用肯定当量法调整后，净现值会由正转为负，项目由可行转为不可行，这就提醒人们要充分注意项目中包含的风险。

通过对风险调整贴现率法和肯定当量法的比较，我们不难发现：风险调整贴现率法用单一的贴现率同时完成风险调整和时间调整，这种做法意味着风险随时间推移而加大，可能与事实不符，夸大远期现金流量的风险；而肯定当量系数法对时间价值和风险价值分别进行调整，先调整风险，然后把肯定现金流量用无风险报酬率进行折现，对不同年份的现金流量，可以根据风险的差别使用不同的肯定当量系数进行调整，但如何准确、合理地确定肯定当量系数是一个比较困难的问题。

三、决策树法

我们在运用净现值法进行决策时，第一步工作就是要先估计项目的现金流量。但是，当未来的现金流量不确定时，预先估计的现金流量就会很不准确。实际上，人们总是在项目的进行过程中不断地调整对下一阶段的现金流量的估计。当项目的现金流量包含较多的不确定因素时，就需要进行多阶段决策，此时，决策树法就是一种非常好的方法。

决策树法是通过分析投资项目未来各年各种可能的净现金流量及其发生概率，并通过计算投资项目的期望净现值来评价风险投资的一种决策方法。决策树法考虑了投资项目未来各年现金流量之间的依存关系，为考察投资项目未来各年各种可能的净现金流量及其发生的概率，一般以树状图的形式列示各种净现金流量的条件概率分布，并在此基础上计算项目的期望净现值。当项目的期望净现值大于零时，项目就可以被投资，否则就不能被投资。

决策树法对项目的决策步骤如下。

（1）把项目分成明确界定的几个阶段。

（2）列出每一个阶段可能发生的结果。

（3）基于当前可以得到的信息，列出每个阶段、每个结果发生的概率。

（4）计算每一个结果对项目的预期现金流量的影响。

（5）根据前面阶段的结果及其对现金流量的影响，从后向前评估决策树各个阶段所采取的最佳行动。

（6）基于整个项目的预期现金流量和所有可能的结果，考虑各个结果相应的发生概率，估算第一阶段应采取的最佳行动。

【例6-10】某公司拟投资的项目有两个备选方案A和B，两个方案的寿命期均为10年，生产的产品也完全相同，但投资额及年净收益均不相同。方案A的投资额为500万元，其年净收益在产品销路好时为150万元，销路差时为-50万元；方案B的投资额为300万元，其年净收益在产品销路好时为100万元，销路差时为10万元。根据市场预测，在项目寿命期内，产品销路好的可能性为70%，销路差的可能性为30%。该项目的折现率为10%。使用决策树法对该项目进行决策。

此项目中有一个决策点，两个备选方案，每个方案又面临着两种状态。由此，可画出其决策树，如图6-1所示。

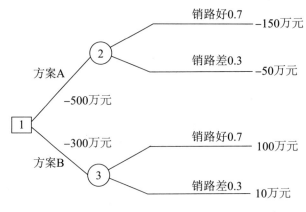

图6-1　项目的决策树

计算各个机会点的期望净收益：

机会点②的期望净收益 = 150 ×（P/A，10%，10）×0.7 +
$$（-50）×（P/A，10%，10）×0.3$$
$$= 553（万元）$$

机会点③的期望净收益 = 100×（P/A，10%，10）×0.7 +
$$10×（P/A，10%，10）×0.3$$
$$= 448.50（万元）$$

计算各个备选方案净现值的期望值：
$$方案A的净现值的期望值 = 553-500 = 53（万元）$$
$$方案B的净现值的期望值 = 448.50-300 = 148.50（万元）$$

因此，应优先选择方案B。

四、敏感性分析

正确的投资决策是在贴现率、项目有效期、净现金流量等相关因素科学预测的前提下做出的，而这些预测是在一定的"基础状态"下进行的，如果组成"基础状态"的因素发生变动，就需要进行敏感性分析。

敏感性分析是衡量不确定性因素的变化对项目评价指标的影响程度的一种分析方法，是投资项目的经济评估中常用的分析不确定性的方法之一。敏感性分析法指从众多不确定性因素中找出对投资项目经济效益指标有重要影响的敏感性因素，并分析、测算其对项目经济效益指标的影响程度和敏感性程度，进而判断项目承受风险能力的一种不确定性分析方法。如果某因素的小幅度变化能导致经济效益指标的较大变化，则称此因素为敏感性因素，反之则称其为非敏感性因素。进行敏感性分析的目的是使人们预见到各相关因素在多大范围内变动时，不会影响原来结论的有效性。当相关因素的变动超过一定范围时，原来的结论就不得不进行修正了。也就是说，原来认为经济上可行的方案，可能变为不可行；原来认为经济上最优的方案，可能变为不是最优的了。

对投资项目进行敏感性分析的主要步骤包括如下内容。

（1）确定敏感性分析指标，如NPV、IRR等。

（2）计算投资项目的目标值。一般把正常状态下的评价指标数值作为目标值。

（3）选取不确定因素。影响投资评价结果的因素有很多，这里要选择对项目的投资收益影响较大且自身的不确定性较大的因素。

（4）将所有选定的不确定因素分为乐观、正常、悲观等情况，并做出估计。

（5）计算不确定因素变动对分析指标的影响程度。假设其它因素保持正常状态不变，变动其中一个不确定因素，估算对应的评价指标数值。

（6）以正常情况下的评价指标数值作为标准，分析其对各种影响因素的敏感程度，找出敏感因素，以提高投资项目的抗风险能力。

【例6-11】 某公司2019年准备投资一个新项目，正常情况下，有关资料如表6-17所示，初始投资全部为固定资产投资，固定资产按直线法折旧，使用期为10年，期末无残值，假定公司的资本成本为10%，所得税税率为40%。

表6-17 正常情况下的公司现金流量情况 单位：元

项 目	第0年	第1~10年
原始投资额	−10 000	
销售收入		40 000
变动成本		30 000
固定成本（不含折旧）		4000
折旧		1000
税前利润		5000
所得税		2000
税后净利		3000
现金流量	−10 000	4000

根据敏感性分析的步骤，对该项目进行敏感性分析评价。

（1）选择净现值NPV作为该项目的敏感性分析对象。

（2）计算正常情况下项目的净现值。

$$NPV = -10\ 000 + 4000 \times (P/A，10\%，10)$$
$$= -10\ 000 + 4000 \times 6.145$$
$$= 14\ 580（元）$$

（3）选取不确定因素。这些因素包括：初始投资额、年销售收入、变动成本（均为付现成本）、固定成本（不含折旧，折旧需要根据初始投资额计算）。

（4）对以上不确定因素分别在乐观情况、正常情况和悲观情况下的数值作出估计，如表6-18所示。

（5）计算各个因素变动时对应的净现值，如表6-18所示。

（6）以正常情况下的评价指标数值作为标准，分析其对各种影响因素的敏感程度，找出敏感因素，以提高投资项目的抗风险能力。

表6-18　NPV的敏感性分析表　　　　　　　　单位：元

影响因素	变 动 范 围			净 现 值		
	悲观情况	正常情况	乐观情况	悲观情况	正常情况	乐观情况
初始投资	15 000	10 000	8 000	10 809①	14 580	16 088
销售收入	30 000	40 000	50 000	−22 290②	14 580	51 450
变动成本	38 000	30 000	25 000	−14 916	14 580	33 015
固定成本	6000	4000	3000	7206	14 580	18 267

①此处，我们以初始投资在悲观因素情况下的净现值为例来说明影响因素变动时，净现值的计算过程。

在悲观情况下，初始投资由正常情况下的10 000元变为15 000元，因此，年折旧额＝15 000÷10=1500（元）

其他因素仍然保持正常情况下的状态，因此，第1～10年的营业现金流量为

（40 000－30 000－4000－1500）×（1－40%）+1500＝4200（元）

NPV＝－15 000+4200×（P/A，10%，10）＝10 809（元）

②这里假设公司的其他项目处于盈利状态，这意味着此项目上的亏损可用于抵扣其他项目的利润，从而产生节税效应，节税金额看作是该项目现金流入的一部分。当公司在悲观情况下的年销售收入为30 000元时：

年息税前利润EBIT＝30 000－30 000－4000－1000＝－5000（元）

年节税金额＝5000×40%＝2000（元）

税后净利润＝－5000+2000＝－3000（元）

营业现金流量＝－3000+1000＝－2000（元）

NPV＝－10 000－ 000×（P/A，10%，10）＝－22 290（元）

（7）分析净现值对各种因素的敏感性，并对投资项目做出评价。从表6-18中可以看出如下内容。

①净现值对每年销售收入的变化十分敏感。当年销售收入从40 000元下降到30 000元时，净现值由14 580元降到−22 290元；而当年销售收入从40 000元增加到50 000元时，净现值则由14 580元增加到51 450元。也就是说，如果销售收入减少10 000元，则项目就是失去了投资价值，如果这种情况出现的可能性较大，那么就应该考虑放弃该项目。

②净现值对变动成本的变化也比较敏感，相对来说，净现值对初始投资和固定成本的变化不太敏感。初始投资和固定成本无论是变高，还是变低，净现值都大于零，这说明，即使出现悲观情况，项目仍然可以投资。

无论是乐观估计，还是悲观估计，都是人们的主观估计，因此可能会存在过分乐观估计悲观状态的情形。如果项目在所有悲观状态下的净现值都是正值，那么，经理就会误认为该项目无论怎样都不会亏损，这实际上会加重"安全错觉"。为避免这种情形出现，有些公司并没有主观地对悲观估计和乐观估计进行预测，而是把各个变量的悲观估计简单地假定为正常估计的某个百分比，如低于正常状态的20%。然而，这种试图改进

敏感性分析有效性的方法并不灵验，因为用同一固定百分比的偏离来确定所有变量的悲观估计似乎很客观，但忽略了一个事实，即某些变量比其他变量更易于预测，而且所有变量在悲观状态下偏离正常状态的幅度并不会完全一样。

敏感性分析可以测量各种不确定性因素变动对投资方案效益的影响范围，有利于决策者了解投资方案的风险根源和风险程度；可以从各种不确定性因素中寻找出最敏感的因素，使评估人员将注意力集中于这些关键因素；在多方案比较中，运用敏感性分析可以进行投资方案的优选。但敏感性分析方法也存在一些不足：如敏感性分析关于乐观和悲观的估计在一定程度上带有主观性；敏感性分析没有考虑各种不确定性因素在未来发生变动的概率分布情况，从而影响风险分析的准确性。比如说项目评价标准对某些因素十分敏感，而这些因素发生变动的可能性却很小；相反，一些不太敏感的因素发生变动的可能性却很大，也会对决策指标产生重要影响。另外，敏感性分析孤立地处理每个影响因素的变化，这有时也会与实际不符，事实上，许多影响因素都是相互关联的。

五、盈亏平衡分析

盈亏平衡分析是通过计算某项目的盈亏平衡点来对项目的盈利能力及投资可行性进行分析的方法。一般用达到盈亏平衡时的销售量和销售收入来表示，盈亏平衡分析可分为会计盈亏平衡分析和财务盈亏平衡分析。

（一）会计盈亏平衡分析

会计利润的盈亏平衡分析即计算税后净利润为零时必须达到的销售水平。如果把项目的成本分为固定成本和变动成本，那么，会计上的盈亏平衡点就可以按下面公式进行计算：

$$会计盈亏平衡点 = \frac{固定成本}{单价 - 单位变动成本} = \frac{固定成本}{单位边际贡献}$$

【**例6-12**】某公司2019年准备投资30 000元建设一条数控机床生产线，该项目的寿命期为10年，设备按直线法折旧，无残值，每年固定成本为7000元（含3000元折旧），预定每台机床售价为8000元，单位变动成本为6000元/台，公司所得税税率为40%，资金成本为10%，根据以上条件计算该生产线的会计盈亏平衡点。

$$会计盈亏平衡点 = \frac{固定成本}{单价 - 单位变动成本} = \frac{7000}{8000 - 6000} = 3.5（台）$$

根据计算结果，当公司每年的销售量为4台时，即可保证会计利润大于零。

（二）财务盈亏平衡分析

财务上的盈亏平衡分析指使项目的净现值为零时的销售水平。财务上的盈亏平衡点考虑了项目投资的机会成本，它不仅产生一个较大的最低收益率，还将产生一个更加现实的最低收益率。

在计算财务盈亏平衡点时，首先估算达到盈亏平衡（即净现值为零）时所需的年均现金流量，然后推算出产生这些现金流量所必需的收入水平，最后计算出产生这些收入所需要的销售量。

设项目的初始投资为C，年均现金流量为ACF，则：

$$NPV = ACF \times (P/A, i, n)$$

因此，当达到财务盈亏平衡时，即净现值为零时的年均现金流量为

$$ACF = \frac{C}{(P/A, i, n)}$$

假设项目期末没有残值和点至流动资金回收等现金流入，那么，年均现金流量就是项目的营业现金流量，即：

ACF=（销售收入－变动成本－固定成本）×（1－所得税率）+折旧

=[（单位－单位变动成本）×销售数量－固定成本]×（1－所得税率）+ 折旧

所以，财务盈亏平衡点的销售数量为

$$销售数量 = \frac{ACF - 折旧 + 固定成本(1-所得税率)}{(销售单价 - 单位变动成本) \times (1-所得税率)}$$

按照【6-12】的数据，该数控机床生产线达到财务盈亏平衡时的年均现金流量为

$$ACF = \frac{30\,000}{(P/A,10\%,10)} = \frac{30\,000}{6.1446} = 4882（元）$$

公司财务盈亏平衡点的销售数量为

$$销售数量 = \frac{4882 - 3000 + 7000(1-40\%)}{(8000 - 6000) \times (1-40\%)} = 5.1（台）$$

由此可见，当公司的预计销售能力在6台/年以上时，项目可以接受，因为此时的净现值大于零。

从上面的计算可知，财务盈亏平衡点大于会计的盈亏平衡点，这是因为在计算会计盈亏平衡点时，并未考虑30 000元初始投资的机会成本，因此，只要销售量达到3.5台，就可以获得足够的收入来补偿折旧和其他费用，但由于30 000元投资的机会成本为10%，因此，该公司即使实现了会计盈亏平衡点的销售量，但公司实际上还是亏本。

六、投资决策中的选择权

到目前为止，我们一直在用净现值法对投资项目进行决策，而净现值法实际上就是对估计的现金流量进行贴现的过程，而现金流量的估计是在一个既定的基础上进行的，且假定该项目的现金流量在决策期内不发生变化，这是一种静态的分析方法。但是，现实中的实际现金流量可能与估计的现金流量大不一样，因为一个项目在采纳后，企业可以根据市场情况灵活决定是否对该项目进行调整，或扩大规模，或推迟该项目的进度，甚至中途放弃该项目，这种因情况的变化而对以前的决策做出相应更改的选择权被称为项目投资中的实际选择权或管理选择权。

在存在选择权的情况下，投资项目的价值是按照传统方法计算出来的净现值与选择权的价值之和。即

投资项目的价值=项目的净现值+选择权的价值

投资过程中的实际选择权主要包括以下几种。

1. 扩张选择权

这种选择权允许企业在市场条件发生变化时可以随机调整产量的选择权。当市场条件有利时，企业可以执行其扩张选择权，适时扩大产量以增加盈利，当市场条件不利时，企业可以放弃其扩张选择权。

例如，有一家生产胶水的企业正在评估是否生产一种新型的胶水。如果生产的话，则该企业需要建一个月产量为25 000支胶水的厂房。由于这样一个月产量不管是从生产的角度还是从销售的角度都是不经济的，因此，评估的结果是该项目的净现值为−300万元。如果按照传统的净现值法，该项目应该被拒绝。

但从另一个角度看，新胶水厂是值得投资的。因为如果新胶水厂试销成功，则该企业可以在2年后扩大规模，投资建设一个月产量为75 000支的新厂房。但如果不做先前的投资，则不能进行后续的投资，即原先的投资给企业带来一种先入优势。因此，该投资实际包含着一个扩张选择权，该选择权的价值即为后续投资的净现值的期望值。

该企业认为，新胶水试销成功的可能性为50%，如果试销成功，则该企业可以在第2年年末建新厂房，扩大产量。该项投资在第2年末的净现值为1500万元，若该企业的资本成本为15%，继续贴现到现在，则净现值为1134万元。如果试销不成功，则该企业不会扩大投资，净现值为0。由此可见，新投资的净现值的期望值为

$$E（NPV）=1134×0.5+0×0.5=567（万元）$$

考虑到项目中选择权的价值，该企业建胶水厂的投资总价值为

$$项目价值=-300+567=267（万元）$$

因此，该项目应进行投资。尽管原始投资的净现值为负数，但将来可以扩建的选择权却能使总的净现值为正。

2. 延期选择权

延期选择权又称投资时机选择权，指对项目有等待实施以便获取更多信息的选择权。例如，大多数自然资源的储量是有限的，由于不断开采，价格将随储量的下降而上升。在这种情况下，由于价格的不断上升，早开发则销售收入少，而推迟开发则销售收入多。这时，拥有自然资源的企业便同时拥有了何时开发的延期选择权。本章第三节的投资时机选择决策就可以看作延期选择权的实际运用。

3. 放弃选择权

当一项投资决策做出之后，人们通常会坚持下去，即使事实证明该项投资是错误的，人们也不会轻易放弃，而是寄希望于将来会发生奇迹，这实际上造成了对不盈利项目的恶性增资。事实上，在项目执行过程中，企业可以根据对未来现金流量的预期和当时的放弃价值，选择是否中途放弃该投资项目。

放弃选择权的基本原理与资本预算是相同的，即如果一个项目在经济上是不可行的，那么，就不应投资或应及时撤回投资。如果一个项目可以及时放弃，其价值将会增加，即：

$$项目价值=项目本身的净现值+放弃选择权价值$$

当一个项目放弃选择权的价值超出项目未来后续现金流量的现值之和时，而且现在放弃比以后放弃更有利时，则该项目就应该被放弃。

【例6-13】 某公司正在考虑购买一台机器，该机器的使用期限是2年，投资额为300万元，根据市场状况的不同，2年后，机器报废没有残值，该机器可能带来的净现金流量及其概率分布如表6-19所示，资本成本为10%。

表6-19　净现金流量及其概率分布　　　　　　　　单位：万元

第0年	第1年			第2年			联合概率（P_i）	净现值
净现金流量	市场状况	概率	净现金流量	市场状况	概率	净现金流量		
-300	好	0.25	300	好	0.25	350	0.0625	261.9800
				中	0.50	300	0.1250	220.6600
				差	0.25	200	0.0625	138.0200
	中	0.5	200	好	0.25	300	0.1250	129.7500
				中	0.50	200	0.2500	47.1100
				差	0.25	100	0.1250	-35.5400
	差	0.25	100	好	0.25	200	0.0625	-43.8000
				中	0.50	100	0.1250	-126.4500
				差	0.25	0	0.0625	-209.0900

要求：

（1）在无选择权的情况下，判断项目的可行性。

（2）假设存在放弃选择权，在第一年末放弃该项目并出售机器，税后可得现金150万元。以此重新对该项目做出评价。

①无选择权的情况。由于该项目两年中有9种可能的净现金流量，第一组：第0年现金流量为-300万元，第1年现金流量为300万元，第2年现金流量为350万元。第一组现金流量的联合概率为0.0625（即0.25×0.25），因此，第一组现金流量的净现值可以这样求出：

NPV= -300 + 300×（P/F, 10%, 1）+ 350×（P/F, 10%，2）= 261.98（万元）

然后，求出每一组现金流量的净现值，列于表6-19的最后一栏。将每一组净现值与其相应的联合概率的成绩相加，求出项目的期望净现值，即

$$\overline{\text{NPV}} = \sum_{i=1}^{9} \text{NPV}_i P_i = 44.52(万元)$$

②存在放弃选择权的情况。如果存在第1年放弃项目并出售设备的选择权，就要判断第2年以后的现金流量的价值与放弃价值（即出售设备的价值）的大小：如果第2年以后的现金流量的价值小于放弃价值，则选择放弃；否则，就继续执行项目。

当第1年的市场状况为"好"时，第2年预期净现金流量的价值为

（350×0.25 + 300×0.5 + 200×0.25）×（P/F, 10%, 1）= 261.36（万元）

当第1年的市场状况为"良"时，第2年预期净现金流量的价值为

（300×0.25 + 200×0.5 + 100×0.25）×（P/F, 10%, 1）= 181.82（万元）

当第1年的市场状况为"差"时，第2年预期净现金流量的价值为

$$（200×0.25 + 100×0.5 + 0×0.25）×（P/F，10\%，1）= 90.91（万元）$$

由此可见，当第一年的市场状况为"差"时，第2年预期净现金流量的价值为90.91万元，小于第1年末放弃项目的价值150万元，因此应选择第1年末放弃该项目。而在第1年市场状况为"良"或者"好"的情况下，则选择继续执行此项目。

实施放弃选择权后，由于该项目第1年可获得的净现金流量为100万元，加上放弃选择权的价值150万元，所以，第1年的全部净现金流量为250万元。在实施放弃选择权后，该项目的净现金流量及对应的净现值如表6-20所示。

表6-20 存在放弃选择权后的净现金流量   单位：万元

第0年	第1年			第2年			联合概率（P_i）	净现值
净现金流量	市场状况	概率	净现金流量	市场状况	概率	净现金流量		
-300	好	0.25	300	好	0.25	350	0.0625	261.9800
				中	0.50	300	0.1250	220.6600
				差	0.25	200	0.0625	138.0200
	中	0.5	200	好	0.25	300	0.1250	129.7500
				中	0.50	200	0.2500	47.1100
				差	0.25	100	0.1250	-35.5400
	差	0.25	100+150				0.2500	-72.7300

在存在放弃选择权的情况下，该项目的净现金流量的分布状况变为7种，净现值的期望值为

$$\overline{NPV} = \sum_{i=1}^{7} NPV_i P_i = 57.95（万元）$$

通过计算发现，当存在放弃选择权时，项目的净现值大于零，项目可以进行投资。放弃选择权的存在使得原本不能投资的项目变得可以投资。在实施放弃选择权后，净现值的期望值由44.52万元增加到57.95万元，增加额即为放弃选择权的价值。

无论是扩张选择权、延期选择权，还是放弃选择权，都有一个共同之处，就是限制未来不利情况的发生，且未来的不确定性越大，选择权的价值就越大。实际选择权的存在为投资决策提供了灵活性，而这种灵活性可能会使决策者接受当初认为应该拒绝的项目或拒绝当初认为应该接受的项目。但是，实际选择权也有一个局限性，就是判断选择权的存在，以及对其进行估值比较困难，所以，必须谨慎使用投资决策中的选择权。

第五节　通货膨胀条件下的投资决策

通货膨胀是经济生活中的一个客观存在。通货膨胀的存在不仅会导致利率的不确定性，而且会增加预期现金流量的不确定性，从而使得投资项目的风险增加，因此，在进行投资项目决策时，应考虑通货膨胀的影响。

通货膨胀对项目未来现金流量的估计和利率都会产生影响。在对投资项目进行决策

分析时，两者或都需要考虑通货膨胀因素，或都不考虑通货膨胀因素。当一项估计包括通货膨胀因素时，称为名义量；当它不包括通货膨胀因素时，称为实际量。只有各部分全部以名义值或全部以实际值来表示，才能做到计量口径的一致。也就是说，名义现金流量要用名义利率来折现，实际现金流量要用实际利率来折现。

一、通货膨胀对利率的影响

在发生通货膨胀时，存在着两个利率，一个是名义利率，另一个是实际利率。

名义利率和实际利率之间的关系是：

$$1+名义利率＝（1+实际利率）×（1+通货膨胀率）$$

整理后可以得到：

$$实际利率 = \frac{1+名义利率}{1+通货膨胀率} - 1$$

当通货膨胀率较低时，上式也可近似表示为

$$实际利率 \approx 名义利率-通货膨胀率$$

假定银行的一年期存款利率为10%，则意味着今天存入1000元，一年后将得到1100元，但如果发生6%的通货膨胀，即物价将上涨6%，则该存款带来的实际收益将会大打折扣，其实际利率为3.8%，约等于4%。

二、通货膨胀对现金流量的影响

和利率一样，当存在通货膨胀时，现金流量也有名义现金流量和实际现金流量之分。一般情况下，项目的营业收入、付现成本等可以是根据不变购买力水平估测出来的实际值，也可以是随着通货膨胀变化的名义值。而每年的折旧是按照设备的历史成本和约定折旧方法计算出来的，也即是说，每年的折旧额预先已经固定，它是一个名义量。所以，在求净现值的时候：一定要将折旧和其他现金流量统一用名义值表示，然后用名义利率进行折现；或者统一用实际值表示，然后用实际利率折现。

在预期每年通货膨胀率相同的情况下，名义现金流量与实际现金流量之间的关系为

$$第n期的实际现金流量 = \frac{第n期的名义现金流量}{(1+通货膨胀率)^n}$$

例如，某出版商用200万元购买了一套印刷设备，该设备将以直线折旧法在5年内提取折旧，即每年的折旧费为40万元。那么，这40万元的折旧费是名义量，还是实际量呢？

很显然，折旧是一种名义量，因为在以后的4年内，都按40万元来提取折旧，而不考虑物价上涨因素。假设通货膨胀率为6%，第4年的折旧额如果用第0年的不变价格来表示的话，就是：

$$\frac{40}{(1+6\%)^4} = 31.68 （万元）$$

因此，我们说，第4年折旧的名义量为40万元，而其实际量为31.68万元。

三、通货膨胀情况下的投资决策

我们前面介绍了当存在通货膨胀时，名义利率与实际利率，以及名义现金流量与实际现金流量之间的关系，那么，当我们用净现值法进行投资决策时，就应该做到在现金流量和贴现率之间保持一致。

【**例6-14**】 某公司正在考虑投资一个项目，该项目的初始投资额为100 000元，项目寿命期为4年，期末无残值，采用直线法折旧，每年的折旧额为25 000元。按不变的购买力水平估算，这台机器每年可以为公司带来营业收入80 000元，每年的付现成本是30 000元。假定公司的所得税税率为40%，与该项目适应的贴现率为10%。但该公司的财务人员认为，在未来4年内，预计每年将会发生8%的通货膨胀。请就该项目做出投资决策。

1. 按实际值计算净现值

在按实际值计算该项目的净现值时，收入和付现成本按不变的购买力水平计算，但折旧是按历史成本计算的，并不会因通货膨胀而增加，因折旧额本身就是一个名义量，需要转换成实际值。

$$第1年折旧的实际现金流量 = \frac{25\,000}{1.08} = 23\,148(元)$$

$$第2年折旧的实际现金流量 = \frac{25\,000}{1.08^2} = 21\,433(元)$$

$$第3年折旧的实际现金流量 = \frac{25\,000}{1.08^3} = 19\,846(元)$$

$$第4年折旧的实际现金流量 = \frac{25\,000}{1.08^4} = 18\,376(元)$$

然后，按实际值计算该项目的净现金流量，如表6-21所示。

表6-21 按实际值计算的现金流量 单位：元

项　　目	第0年	第1年	第2年	第3年	第4年
初始投资	−100 000				
营业收入		80 000	80 000	80 000	80 000
付现成本		30 000	30 000	30 000	30 000
折旧		23 148	21 433	19 846	18 376
税前利润		26 852	28 567	30 154	31 624
所得税		10 741	11 427	12 062	12 650
税后利润		16 111	17 140	18 092	18 974
营业现金流量		39 259	38 573	37 938	37 350
净现金流量	−100 000	39 259	38 573	37 938	37 350

最后，以实际资金成本的10%为贴现率计算净现值。

$$\text{NPV} = -100\,000 + 39\,259 \times (P/F, 10\%, 1) + 38\,573 \times (P/F, 10\%, 2) +$$
$$37\,938 \times (P/F, 10\%, 3) + 37\,350 \times (P/F, 10\%, 4)$$
$$= 21\,582.4(元)$$

2. 按名义值计算净现值

首先，将各年的营业收入和付现成本转换成名义值。

$$第1年营业收入的名义值 = 80\,000 \times 1.08 = 86\,400（元）$$

$$第2年营业收入的名义值 = 80\,000 \times 1.08^2 = 93\,312（元）$$

$$第3年营业收入的名义值 = 80\,000 \times 1.08^3 = 100\,777（元）$$

$$第4年营业收入的名义值 = 80\,000 \times 1.08^4 = 108\,839（元）$$

同理，可以计算出第1～4年的付现成本的名义值分别是32 400元，34 992元，37 791元和40 815元。

其次，计算项目各年的净现金流量，如表6-22所示。

表6-22　按名义值计算的现金流量　　　　　　　　单位：元

项　　　目	第0年	第1年	第2年	第3年	第4年
初始投资	−100 000				
营业收入		86 400	93 312	100 777	108 839
付现成本		32 400	34 992	37 791	40 815
折旧		25 000	25 000	25 000	25 000
税前利润		29 000	33 320	37 986	43 025
所得税		11 600	13 328	15 194	17 210
税后利润		17 400	19 992	22 792	25 815
营业现金流量		42 400	44 992	47 792	50 815
净现金流量	−100 000	42 400	44 992	47 792	50 815

最后，以名义资金成本为贴现率计算净现值。

$$名义资金成本 = （1+10\%）\times（1+8\%）-1 = 18.8\%$$

$$NPV = -100\,000 + 42\,400 \times（P/F，18.8\%，1）+ 44\,992 \times（P/F，18.8\%，2）+$$
$$47\,792 \times（P/F，18.8\%，3）+50\,815 \times（P/F，18.8\%，4）$$
$$= 21\,584（元）$$

由此可见，无论是用名义现金流量和名义利率进行贴现，还是用实际现金流量和实际利率进行贴现，其净现值都是一样的。由于净现值大于零，所以应该投资新项目。

思考题

1. 在对互斥方案进行投资决策时，应注意哪些问题？

2. 在固定资产的更新决策中，为什么要比较各方案的平均年成本？

3. 通货膨胀条件下，应如何进行投资决策？

4. 在进行投资决策时，应如何处理现金流量中包含的不确定性？

5. 什么是投资决策的决策树法？

6. 什么是敏感性分析？其重要性体现在哪里？

7. 什么是盈亏平衡分析？敏感性分析与盈亏平衡分析是如何相互作用的？

8. 项目投资中存在哪些实物期权？它们的价值应如何计量？

练习题

1. 某公司拟对正在使用的一台旧设备予以更新，新旧设备均采用直线法计提折旧，新旧设备的相关资料如表6-23所示，该公司的所得税税率为25%，要求的最低收益率为10%。

表6-23　新旧设备的资料　　　　　　　　　　　　　　单位：万元

项　　目	使用旧设备	购置新设备
原值	5000	6000
预计使用年限/年	8	8
已用年限/年	4	0
尚可使用年限/年	4	8
税法残值	500	600
最终报废残值	450	750
目前变现价值	2000	6000
年折旧	562.5	675
年付现成本	2500	1800

要求：做出公司是继续使用旧设备，还是对其进行更新的决策。

2. 某公司现有6个项目可供选择，但该公司今年制定的投资限额为1 000 000元。假设这6个项目是互相独立的，相关资料如表6-24所示。

表6-24　项目的投资额和净现值　　　　　　　　　　　　　　单位：元

项　　目	投　资　额	净　现　值
A	500 000	105 000
B	150 000	−7500
C	350 000	70 000
D	450 000	81 000
E	200 000	40 000
F	400 000	20 000

要求：为B公司做出投资决策。

3. 某公司有甲、乙、丙三个投资项目；投资支出分别为100 000元、350 000元和12 000元，每一项目的经济寿命均为5年，每年的净现金流量如表6-25所示。该企业在无风险条件下的投资报酬率为5%，而甲、乙、丙三个项目属于风险投资，风险溢价分别为2%、10%和15%。

表6-25　项目的净现金流量　　　　　　　　　　　　　　单位：元

项目＼年份	第1年	第2年	第3年	第4年	第5年
甲	20 000	25 000	28 000	33 000	40 000
乙	80 000	95 000	100 000	80 000	90 000
丙	3000	3000	4000	5000	4500

要求：用风险调整贴现率法对甲、乙、丙三个投资项目的可行性做出评价。

4. 某公司准备进行一项投资，其各年的净现金流量和分析人员确定的肯定当量系数如表6-26所示，该公司的资金成本是10%。

表6-26　净现金流量及约当系数　　　　　　　　　单位：元

年　　份	第0年	第1年	第2年	第3年	第4年
净现金流量	−20 000	6000	7000	8000	9000
约当系数	1	0.95	0.90	0.80	0.80

要求：用肯定当量法分析该项目的可行性。

5. 某公司正在评估一项投资，该投资购置生产设备需96万元，使用年限为6年，采用直线法计提折旧，到期账面无余额，无残值收入。每年的产品销售量为15万件，单价19.95元，单位变动成本为12元。每年的固定成本（不包括折旧）为75万元，所得税率为25%，投资报酬率为12%。

要求：（1）计算该投资项目的净现值。

（2）假设当市场繁荣时，销售量会增加1万件，当市场衰退时，销售量会减少1万件，请对销售量对净现值的影响做敏感性分析。

6. B航空制造业公司投资生产A产品，购置机器成本为50万元，预计寿命为5年，设备采用直线折旧法计提折旧，期末无残值。该生产线投资后，每年生产2万件A产品，每件产品的单位变动成本为10元，固定成本总额（不包括折旧）为60万元/年。公司所得税率为25%，项目资本成本为15%。

要求：（1）如要达到会计盈亏平衡点，A产品的售价应为多少？

（2）如要达到财务盈亏平衡点，A产品的售价应为多少？

7. 某公司准备投资购买一项检测设备，该设备售价为6万元，寿命为5年，预期每年可减少人工检测成本2万元，期末无残值，采用直线法折旧，该公司的所得税率为25%，资本成本为15%。

要求：（1）用净现值法评价该项目的可行性。

（2）如果预计从第1年末开始将发生6%的通货膨胀，则该设备节约的人工成本将会在每年增加6%，即第1年为20 000万元，第2年为21 200元，以此类推，那么，该项目的净现值是多少？试评价该项目的可行性。

扩展阅读 6.1

案例分析

第七章 对外长期投资决策

本章学习提示

本章重点：对外长期投资的特点与原则，对外直接投资的方式，证券投资组合风险与收益的计算，套利定价模型。

本章难点：证券投资组合风险与收益的计算，套利定价模型。

本章导读

话说蜀国军师诸葛亮一日正与主公刘备收看电视。"三国财经"栏目新闻播音员正在播报今日财经新闻："魏国和吴国昨日分别发行普通股，行情看好，专家预测……"，诸葛亮听罢新闻叹了口气说："哎……只可惜三国中我们实力最弱，没有获得发行资格。"刘备安慰军师说："没关系，我们可以投资曹操和孙权的股票啊，只是我们应该买谁的股票呢？"诸葛亮沉思片刻便提出了投资组合的主张："主公，您应当拿出5000两银子购买曹操的股票；再拿出5000两银子购买孙权的股票，建立一个比例各半的二项投资组合。如果曹操打败孙权，曹操股就会升值，如果孙权打败曹操，孙权股就会升值。所以，这是万无一失之策。"刘备反问："如果曹操和孙权都被我们打败，我那1万两银子岂不是泡汤了？"诸葛亮笑着说："如果那样，江山都是您的，您就是最大的赢家！"刘备听罢，竖起拇指，直夸道："军师高见！"。这则小品说明，运用对外长期投资，对企业获取收益，降低风险和控制其他企业等具有重要战略意义。

资料来源：乔世震，乔阳.漫话财务管理 [M].北京：中国财政经济出版社，2003.

第一节 对外长期投资的特点与原则

一、对外长期投资的概念和目的

企业对外长期投资指在满足内部生产经营需要的基础上，以货币资金、实物资产、无形资产的方式或购买股票、债券等有价证券的方式对企业以外的其他经济实体进行投资的经济行为。对外长期投资是相对于对内投资而言的，其投资过程、投资风险和投资收益均具有不同特征。随着资本市场的不断发展和企业战略的不断创新，企业对外长期投资的机会日渐增多，开展对外长期投资对降低企业的经营风险，提高企业的经营收益具有重要意义，因此，企业对外长期投资已成为企业财务决策与管理的重要内容。

企业对外长期投资主要有以下几种目的。

（一）优化资源配置，提高资产利用效率

资产是企业拥有或控制的经济资源，企业的经营活动就是运用资产取得收益，并不断实现资本的增值。因此，企业必须充分利用现有资产，提高资产的利用效率。但企业的内部经营管理及外部的市场环境是不断变化的，在经营过程中，有时会出现资产的闲置，或资产报酬率下降，甚至是亏损的情况。这时，当企业外部发现更好的、盈利性更强的投资机会，企业就可以考虑利用现有的资产对外投资，进行资产的重新组合，以优化资源配置，增加企业收益。将资金投放在盈利性更好的机会上，这是资本的逐利性特点所决定的，企业对外长期投资正是在这一特点的支配下做出的能动反应。因此，优化资源配置，提高资产利用效率，从而增加企业收益，这是企业对外长期投资的首要目的。

（二）扩大生产规模，实现长远战略规划

为了生存和发展，企业往往要不断扩大经营规模。企业扩大经营规模的方式有两种。一种是对内扩张，即通过对内投资（包括固定资产投资、流动资产投资、无形资产投资及其他投资等）扩大企业的生产经营规模。一般来说，这种扩张方式较慢。另一种是对外扩张，即通过对外长期投资（包括证券投资和其他直接投资等）扩张企业的经营规模。这种形式的扩张速度较快，往往在较短的时间内就能迅速扩张企业的规模，从而扩大市场占有率，增强运营能力、获利能力和偿债能力，提高其市场竞争力，以便实现企业的长期战略规划。

（三）优化投资组合，降低经营风险

由于市场激烈的竞争，企业在经营过程中会面临不同程度的风险，规避风险是企业生产经营中应考虑的一个重要问题。如果企业的经营领域单一，则可能会使企业承担较大的经营风险，一旦市场发生变化，则会给企业造成重大的经济损失。在这种情况下，企业可以考虑将一部分资产投放于企业外部，以优化投资组合，降低经营风险。

（四）稳定和加强与客户的关系，扩大市场占有率

面对竞争日益激烈的市场环境，企业为了保证稳固的原材料来源和销售渠道，通过向供应方或经销单位进行投资，来对其生产经营施加影响和控制。一般情况下，企业为取得规模经济效益和范围经济，需要在一定程度上进行横向一体化或纵向一体化并购，从而达到控股的目标。横向一体化即同业间的一体化，如一家面粉厂并购另一家面粉厂，从而达到规模经济的目的。纵向一体化即行业上下游间的一体化，比如，面粉厂可以从上游来并购小麦生产企业，从下游来控制面包生产商，从而达到"一条龙"式的生产经营态势。从这一目的出发，企业对外投资不仅仅是为了取得投资收益，更是为了加强与客户间的关系，稳固原材料来源和扩大市场占有率，最终目标是实现企业可持续发展。

（五）增强资产的流动性，改善企业的偿债能力

资产流动性的高低直接影响一个企业的偿债能力。在企业资产中，长期资产的收益性较好，但变现能力较弱，一般不能直接用于偿还债务，而流动资产的现金可以直接用于偿还债务，但持有过多现金会降低资产的收益率。证券投资的流动性仅次于现金，可以随时出售转变成现金，用于偿还债务，因此，其既能保持资产的流动性，又可以增加企业的收益。

二、对外长期投资的特点

企业对外长期投资的种类、形式均多样化，其投资收益、风险等方面都有较大的差异，主要有以下几个特点。

（一）对外长期投资的形式和对象多样化，决策程序比较复杂

对外长期投资包括对外直接投资和对外间接投资（也称证券投资）。对外直接投资指企业以现金、实物、无形资产等方式将资金直接投入其他企业。该种投资与生产经营联系密切，直接形成企业的生产能力，投资回收期较长，投资变现速度慢。直接投资又可分为对外合作投资、对外合资投资和对外并购投资。证券投资指以购买有价证券（如股票、债券等）的方式对其他企业进行投资。该种投资并不直接形成企业的生产经营能力，被投资企业只有在取得资金并以一定方式投入后，才能形成生产经营能力。证券投资又可分为股票投资、企业债券投资、政府债券投资等。投资形式和对象的多样化决定了投资决策的复杂多样化。

（二）对外长期投资的收益与风险差别较大

企业对外长期投资的种类不同，其投资的收益与风险也各不相同。一般来说，高风险的投资项目要求较高的预期投资收益；低风险的投资项目要求较低的预期投资收益。投资的收益与风险受投资的回收期、投资的形式和性质等多种因素的影响。投资的回收期越长，未来的不确定性因素越多，其风险就越大，要求的投资收益也越高；权益性投资比债权性投资的风险大，要求的投资收益也较高。因此，企业在选择对外长期投资种类时，必须综合考虑投资收益与风险之间的关系，在收益与风险之间权衡利弊。

（三）对外长期投资的变现能力差别较大

不同种类的对外长期投资的变现能力具有较大的差别，证券投资比直接投资的变现能力强，在企业急需现金时，可以随时将证券出售，兑换成现金，而直接投资则较难在短期内转变成现金。因此，企业在进行对外投资时，必须考虑投资的变现能力，以满足企业未来对现金的需求。

（四）对外长期投资的回收方式差别较大

对外直接投资和证券投资的回收方式存在较大差别，证券投资的变现能力较强，在

证券市场上卖掉证券就可以收回投资，而直接投资的回收方式则比较复杂。因此，企业在进行对外投资时，应考虑投资项目回收对企业现金的影响，合理安排投资组合。

三、对外长期投资的原则

一般情况下，企业对外长期投资应遵循以下原则。

（一）效益性原则

企业是一个盈利性的经济组织，投资的最终目的是取得效益。虽然对外长期投资的目的不同，但任何一种对外投资都希望获得好的投资收益。可是，受市场经济条件的制约，并不是每个投资项目都能如愿以偿地盈利，所以，企业在进行对外长期投资前，应以投资项目获取收益为准则，进行财务可行性分析，尽可能选择一个经济效益最大的项目。当企业采取证券投资方式时，可供选择的投资对象更多，企业需要广泛收集相关的投资信息，了解市场发展的趋势，以便做出正确的投资决策。

（二）分散风险原则

企业的对外长期投资一般都会面临许多风险，一般说来，风险越大，预期报酬率越高；风险越小，预期报酬率越低。因此，企业必须在投资报酬和风险之间权衡利弊，基本原则是所承受的风险水平要与预期报酬水平相适应。通常，投资于资金雄厚的大企业要比投资于小企业的风险小；投资于基础产业要比投资于高新技术产业的风险小；债权性投资要比股权性投资的风险小；投资组合要比单项投资的风险小。

（三）整体性原则

企业对外长期投资是企业全部生产经营活动的一个组成部分，对外长期投资的意图和效果应与企业生产经营的总体规划相一致，或者应有利于实现企业的整体经营目标。不应因对外长期投资而妨碍企业正常的经营活动，不应削弱企业的经营效率，不应影响企业自身正常资金周转的需用量，不应在资金分配上影响整体财务预算。对外长期投资必须根据企业经营的需要来选择合适的投资项目和投资方式，根据不同的投资目的做出相应的投资决策，应为实现企业财务管理总体目标服务，不应偏离财务目标。

（四）流动性原则

企业对外长期投资的流动性指对外长期投资的变现能力和速度，其要求是对外长期投资的资金能够以合理的价格、较快的速度转换为货币资金。为此，必须合理安排对外投资的结构。有的对外投资期限很长，一般不考虑在近期变现；有的对外投资只是为了充分利用现有闲置资金，这部分资金在以后可能会有其他用途，这种投资就应当考虑其流动性，以便在将来需要现金时，能够及时变现。一般来说，短期投资的流动性高于长期投资的流动性；证券投资的流动性高于直接投资的流动性。

企业的对外投资在上述四项原则指导下，还需注意一些具体问题：①应量力而行；

②对外投资的预期收益率一般应高于对内投资收益率；③决不能盲目行事，必须采取概率方法对投资风险进行测算，以期充分利用资金，控制和规避风险，创造高额收益。

第二节　对外直接投资

对外直接投资是相对于对外间接投资而言的。在市场经济条件下，对外直接投资通常是企业的一种长期战略性投资，一般不经常发生，具有投资期限长、金额大、风险高、变现能力较差等特点。

一、对外直接投资应考虑的因素

投资的成败对企业的长远发展具有重要影响，在进行投资决策时，必须充分考虑各方面因素。

（一）企业当前的财务状况

企业进行对外直接投资必须首先考虑本企业当前的财务状况，如企业资产的利用情况、偿还债务的能力、未来几年的现金流量状况，以及企业的筹资能力等。企业当前的财务状况是制约企业对外直接投资的一项重要因素：如果企业的资产利用情况较好，且正面临着资金紧张、偿债能力不足、筹资渠道较少等情况，即使有较好的投资机会，也没有投资的能力；反之，如果企业的资产没有得到充分的利用，有大量闲置的资金，就可以考虑进行对外直接投资。

（二）企业的整体经营目标

企业的对外直接投资必须服从企业的整体经营目标。对外直接投资的目标应与企业的整体经营目标相一致，或者应有利于实现企业的整体经营目标。企业的对外直接投资必须根据企业经营的需要来选择投资项目和投资方式，根据不同的投资目的做出相应的投资决策。

（三）投资对象的收益与风险

虽然对外直接投资的目的不同，但企业进行任何一种对外直接投资都希望获得更好的投资收益。而企业面临的一些政治的、经济的、市场的、技术的、自然的和企业的各种因素的变化都会给投资带来风险，对外投资的风险也可能会使企业遭受经济损失或者不能获得预期投资收益。因此，企业在进行对外直接投资时，要认真考虑投资对象的收益和风险，在保证达到投资目的的前提下，尽可能选择收益较高，风险较小的投资项目。

二、对外直接投资的程序

对外直接投资对企业影响重大，是企业的一种长期战略性投资，它不经常发生，一旦发生，就不易更改。因此，企业在进行对外投资之前，必须按照科学的方法和程序进行论证，从决策环节避免给企业带来不必要的损失和潜在的风险。对外直接投资一般可以按照以下程序进行，如图7-1所示。

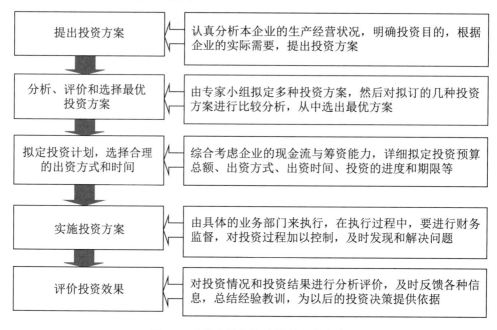

图7-1 对外直接投资决策的一般程序

以上是对外直接投资决策的一般程序。对于某一个具体的企业来说，其决策程序可以有其自身的特点。

三、对外直接投资的方式

通常，企业对外直接投资的方式主要有以下几种。

（一）合资经营方式

合资经营方式指投资企业通过与其他企业共同投资组建合资经营企业所进行的对外直接投资。合资经营企业是由投资各方按照共同投资、共同经营、共享利润、共担风险的原则设立的有限责任公司，它具有独立的法人资格，以其全部财产作为企业从事经营活动的经济担保，合资各方以其出资额为限对企业债务承担有限责任。合资经营企业的投资各方必须将出资折成相应的股份，是股权式的经营，并根据各自的出资额在注册资本中所占的股权比例对企业享有权利和承担义务，共享利润，共担风险。

（二）合作经营方式

合作经营方式指投资企业与其他企业组建合作经营企业所进行的对外直接投资。合作经营企业是一种契约式的合营企业，它是投资企业与其他企业通过签订合同、协议等形式来规定各方面的权利和义务而组建的企业。各方的权利和义务不受各方投资额的限制。合作经营企业在法律形式上可以是法人，也可以不是法人，各方所投入的资本不必折成股份，投资各方的责任完全由投资协议来确定。这种投资方式比较灵活、简便，但不如合资经营企业那样规范。

（三）并购控股方式

并购控股方式指通过兼并其他企业或购买其他企业的部分股权来实现对被投资企业控股的目的所进行的对外直接投资，包括兼并投资和收购投资两种。兼并通常指一家企业以现金、证券或其他形式（如承担债务、利润返还等）购买取得其他企业的产权，使其他企业丧失法人资格或改变法人实体，并取得这些企业的控制权的经济行为。收购指一家企业以现金或有价证券购买另一家企业的股票或资产，以获得该企业的全部资产或部分资产的所有权，或获得该企业的控制权。在实际运作中，兼并、合并、收购统称购并或并购，泛指在市场机制作用下，企业为获得其他企业的控制权而进行的产权重组活动。企业通过并购谋求管理、经营及财务上的协同效应，实现战略重组，开展多元化经营，增强企业的经济实力。

四、对外直接投资的出资形式与价值确定

对外直接投资的出资形式指投资所用资产的具体形式。根据我国法律、法规的有关规定，企业对外直接投资的出资形式主要有货币资金、固定资产、实物性流动资产和无形资产四种出资形式。确定对外直接投资所用资产的实际价值是正确计算投资企业所投资金占被投资企业资本比例的关键。它不仅会对投资企业的权益产生重要影响，也会对接受投资企业的收益分配和经营管理权限分配产生重要影响。因而，财务管理人员必须对此予以重视。对外直接投资的出资形式与价值确定方法如表7-1所示。

表7-1　对外直接投资的出资形式与价值确定方法

出资形式		价值确定方法
货币资金	本币与外币库存现金，本币与外币存款	以实际支付的金额来确定
实物性流动资产	原材料、产成品和低值易耗品等	当市场价格变化不大时，可以账面价值为准来确定
		当市场价格变动较大时，应以投出时的市场价格来确定
固定资产	房屋、建筑物、机器设备、运输工具等	当以新建或新购置的固定资产对外直接投资时，可采用账面净值法
		当市场上有相同或类似固定资产出售时，可采用重置成本法
		当有一个活跃和充分的固定资产市场时，可采用市场价格类比法
无形资产	专利权、商标权、土地使用权、专有技术等	专利权、商标权及专有技术等无形资产可采用收益法
		土地使用权可采用成本加成法、收益法和市场价格类比法

评估无形资产价值时应考虑的具体因素有：①无形资产的未来收益能力；②无形资产的取得成本，如取得专利的成本应包括专利的科研成本、申请专利的费用和登记费用；③无形资产的有效期限，包括无形资产的使用寿命和经济寿命；④该项技术在国内外的发展及其更新换代的速度；⑤同行业、同类无形资产的计价标准和依据；⑥接受方接受该项无形资产时可能增加的销售量。

五、对外直接投资的决策

在进行对外直接投资决策时应从以下几个方面考虑。

（1）与企业内部长期投资相比，对外直接投资更应遵循完备的法律程序。对外直接投资不仅涉及企业自身，还涉及与被投资企业之间的关系，这种关系既是经济关系，又是法律关系，因此必须履行相应的法律手续，以免在以后发生法律纠纷。特别应注意，产权要清晰，责任要明确。

（2）在不能取得完全控股地位的情况下，对外直接投资不易为企业所控制，对被投资方具有较大的依附性。因此，难以控制投资之后被投资企业的生产经营活动，其投资的回报也比较难于预测，具有较大的不确定性。这就要求在进行投资决策时，应充分考虑可能发生的各种因素，对投资的风险和收益进行慎重的分析、比较。

（3）对外直接投资的期限一般都较长，应考虑资金时间价值对投资收益的影响，在进行投资决策时，应使用贴现现金流量方法进行决策。

（4）由于对外直接投资的变现能力较差，因此，在进行投资决策时，必须对被投资企业的信用状况、发展前景、市场形象、经营能力等各方面的情况有充分的了解，不能在不了解对方的情况下盲目投资，以免造成投资损失。

六、对外直接投资的收回

对外直接投资的收回，从财务管理的角度讲，其重要意义不亚于企业内部固定资产投资和无形资产的收回。企业在收回对外直接投资时，应注意以下几个问题。

（1）收回投资的时间问题。企业收回对外直接投资的时间一般应在接受投资的企业被清算时。当然，接受投资的企业被清算，可能是因为其自身原因引起（如经营不善），也可能是因为合资各方无意继续合作引起。通常，企业不到万不得已时不要提前收回对外直接投资，因为这样做对双方都没有好处，企业将会因为提前收回投资而利益受损，接受投资的企业也会因为提前收回投资而使生产经营活动受到影响。

（2）收回投资的方式问题。企业的对外直接投资可以以货币资金的方式收回，也可以以其他实物资产的方式收回，但不宜强调必须以所投资产方式收回对外直接投资。若以收到所投实物资产的方式收回对外直接投资，其资产的实际价值也须经过资产评估来确定。

（3）收回投资中的有关法律问题。企业在收回对外直接投资时，涉及的法律问题比较复杂，大体包括：①若企业必须提前收回对外投资，则按规定一般只能收回所投资金，而不能分走接受投资企业所积累的公积金、公益金；②若企业提前收回对外投资的具体时间在年终决算之前，则按规定不能分配接受投资企业当年尚未决算确定的利润，但若接受投资的企业当年有经营亏损或有上年未弥补的亏损，则应先按规定的利润分配办法分担亏损，然后再收回投资；③若接受投资的企业被清算，则应从清算财产中优先支付清算费用和各项债务，企业应按自己的出资比例从接受投资企业的剩余财产中收回自己的投资。

第三节 证券投资组合

人们进行证券投资的主要目的是获得投资收益，证券投资的高盈利性吸引了众多投资者，但其高风险性又使许多投资者望而却步。就单个证券而言，风险与收益是成正比的，高收益总是伴随着高风险。理性投资者厌恶风险，同时又追求收益最大化。为降低和分散证券投资的风险，投资者一般并不把所有资金都投资于单一的某种证券，而是有选择地同时持有多种证券。这种同时投资于多种证券的方式称为证券投资组合。证券投资组合理论是美国经济学家哈里·马科威茨（Harry M. Markowitz）于1952年首次提出的。该理论认为，在若干种证券组成的投资组合中，收益率高的证券会在一定程度上抵消收益率低的证券带来的负面影响，因此，证券投资组合的整体"收益—风险"特征会达到在同等风险水平上收益最高，在同等收益水平上风险最小的理想状态。在实践中，绝大多数法人投资者如工商企业、投资信托公司、投资基金等都会同时投资于多种证券，即使是个人投资者，从分散风险的角度出发，一般也是投资证券组合，而不是只持有某一个公司的证券。"不要把所有鸡蛋放在同一个篮子里"是分散和降低证券投资风险的最基本手段。所以，了解证券投资组合的风险和收益对企业财务人员来说是非常重要的。

一、证券投资组合概述

（一）证券投资组合的特点

证券投资组合具有以下三个方面的特点：①投资组合的目的是提高投资总额的收益水平，弱化投资总额的风险；②投资组合是根据各种投资项目在风险和收益方面的关联关系而有机地组合在一起的，不是投资总额的简单切割或比例分割；③投资组合表现为一个动态的过程。由于各项投资的收益和风险会随着时间的推移及市场状况的变化而变化，这种变化又会导致投资总额及各项投资之间的相互关系发生变动。因此，为优化收益和风险的相互关系，投资者必须根据这种变动，对投资组合作出调整。

（二）证券投资组合的效果

投资组合的效果可以从风险吸纳效应和收益释放效应两方面来衡量。

风险吸纳效应指某一单项投资与其他投资有机地组合在一起时，其风险会被稀释或吸收，从而使总的投资风险相对降低的现象。风险吸纳效应表现在两个方面：一是当总投资被分散投放时，不同投资项目的风险不同，只要组合是有效的，由于平均化的作用，总投资的风险必然相对下降；二是由于不同的投资之间存在互补关系，因此，通过投资组合可以减少，甚至避免某些风险，从而使总的投资风险下降。

收益释放效应指某一单项投资与其他投资有机组合在一起时，由于各项投资之间收益联动关系的存在，因此使总的投资收益超出各单项投资收益累加之和的现象。各项投资之间的收益联动是建立在各项投资的功能联动基础上的。这里的功能联动指某一投资项目产生效用对另一些投资项目的依存关系，只有将这些投资项目联结或组合在一起，才能使投资项目的整体效用最佳，各项投资的收益才能达到最大。

（三）证券投资组合的类型

证券投资组合的分类通常以组合的投资目标为标准。以美国为例，证券投资组合可以分为收入型、增长型、收入和增长混合型、避税型、国际型、货币市场型及指数化型。

收入型证券组合追求基本收益（即利息、股息收益）的最大化，能够带来基本收益的证券有附息债券、优先股及一些避税债券。

增长型证券组合以获得资本利得（即未来价格上升带来的价差收益）为目标，投资者往往愿意通过延迟获得基本收益来求得未来收益的增长。这种投资者会购买分红很少的普通股，投资风险较大。

收入和增长混合型组合试图在基本收入与资本利得增长之间达到某种均衡，因此也称为均衡组合。二者的均衡可以通过两种组合方式获得：一种是使组合中的收入型证券和增长型证券达到均衡；另一种是选择那些既能带来收益，又具有增长潜力的证券进行组合。

避税型证券组合通常投资于市政债券，在美国，这种债券免联邦税，也常常免州税和地方税。

国际型证券组合投资于海外不同国家，是组合管理的时代潮流，实证研究结果表明，这种证券组合的业绩总体上强于只在本地投资的组合。

货币市场型证券组合是由种种货币市场工具构成的，如国库券、高信用等级的商业票据等，安全性极强。

指数化证券组合模拟某种市场指数，信奉有效市场理论的投资者通常会倾向于这种结合，以求获得平均的市场收益水平。根据模拟指数的不同，指数化证券组合可以分为两类：一类模拟内涵广大的市场指数，这属于常见的被动投资管理；另一类模拟某种专业化的指数，如道·琼斯公共事业指数，这种组合不属于被动管理之列。

（四）证券投资组合管理

组合管理的目标是实现投资者效用最大化，即使投资组合的风险和收益特征能够给投资者带来最大的满足。具体而言，就是在实现投资者对一定收益水平追求的同时，将投资者面临的风险降至最小或在投资者可接受的风险水平，使其获得最大的收益。为实现这一目标，就需要对投资组合进行有效的管理。一般而言，证券投资组合的管理内容包括计划、选择证券、选择时机等。

（1）计划。这是进行证券投资组合管理的第一步，投资者需要考虑和准备一组能满足组合管理目标的证券名单。如果投资目标是今年为收入，以后为增长，那么，组合计划应该符合这种目标及变化。如果投资没有任何计划，则组合管理者就可能会发现他拥有的有价证券无法实现组合管理的目标。要避免这类问题的发生，组合管理者就应该明确定义投资目标，并制定相应的投资计划。

（2）选择证券。在选择证券及实际买卖时，组合管理者应持谨慎、理性的态度。谨慎是非常重要的，因为组合管理的最基本目的就是防范风险。

（3）选择时机。一个投资组合中的各种证券构成比例并非是一成不变的，组合管理者需要根据市场情况的变化不断调整投资组合中的证券，因此就存在着何时卖出组合中的已有证券、何时买入新证券充实到组合中的问题。投资分析的任务就是确定证券的理论价格，并通过把它与当前价格相比来确定哪些证券属于价值高估，哪些证券属于价值低估，从而做到低价买入、高价卖出。组合管理者当然不可能总是在证券价格的最低点买入、最高点卖出，但他可以确定一个价格波动区间，从而以尽可能低的价格买入，以尽可能高的价格卖出。

二、证券投资组合的风险与收益

进行证券投资组合的目的是选择一个收益最高、风险最低的最优组合，因此，有必要分析和确定证券投资组合的收益与风险。证券投资组合是由多个单个证券组合而成的，因此，要分析确定投资组合的收益与风险。证券投资组合的风险与收益衡量主要有以下两种方法。

（一）组合标准差（σ_p）与期望收益率（$\overline{E}_P$）法

1. 证券投资组合收益——组合期望收益率（$\overline{E}_P$）法

证券投资组合的收益采用加权平均计算方法，其期望报酬率为组合中各个证券的期望报酬率以其投资比重为权数计算出来的加权平均数，其计算公式为

$$\overline{E}_P = \sum_{i=1}^{n} W_i \overline{E}_i$$

式中，$\overline{E}_P$ 表示证券投资组合的期望收益率；W_i 表示第 i 种证券在投资总额中所占的比重；$\overline{E}_i$ 表示第 i 种证券的期望报酬率，n 表示证券组合中的证券总数。

【**例7-1**】 某证券分析师经过分析认为，受新冠肺炎疫情影响，航空业的收益率均表现出不同程度的下降，2020年8月，伴随国内疫情逐步好转，民航国内航线已经出现强劲复苏态势，海外疫情对航空业需求影响持续，在此背景下，对航空业的四只股票预期收益率做出预测，如表7-2所示。

表7-2 股票预期收益率

股票代码及名称	预期收益率	股票代码及名称	预期收益率
A航空公司	−18.95%	C航空公司	13.82%
B航空公司	3.46%	D航空公司	13.91%

某投资人对每只股票投入5万元，组成一个价值20万元的证券组合，那么，该证券组合的预期收益为

$$\overline{E}_P = \sum_{i=1}^{n} W_i \overline{E}_i = -18.95\% \times 25\% + 13.82\% \times 25\% + 3.46\% \times 25\% + 13.91\% \times 25\% = 3.06\%$$

2. 证券投资组合风险——组合标准差（σ_p）

本书第二章已经介绍了，单项投资的风险可用 σ_i 来衡量，那么，证券投资组合的风险可用组合标准差（σ_p）来衡量。由于证券组合中各个证券的风险可能具有一定的相互抵消或增强作用，因此，证券投资组合的风险并不是单个证券标准差的简单加权平均，组合风险不仅取决于组合内部的单个证券的风险，还取决于各证券之间的关系。计算公式如下：

$$\sigma_P = \sqrt{\sum_{i=1}^{n} \sum_{j=1}^{n} W_i W_j \sigma_{ij}}$$

式中，σ_p 表示投资组合的标准差；W_i 为第 i 种证券在投资组合中的比重；W_j 为第 j 种证券在投资组合中的比重；σ_{ij} 为第 i、j 两种证券的协方差。

当证券投资组合由 N 种证券组成时，则该组合的整体方差由 N 个方差和 N（N-1）个协方差组成。而随着投资组合中包含资产数量的增加，单个证券资产的方差对投资组合总体方差的影响越来越小，反映证券资产之间相互关系和共同风险的协方差的影响越来越大。当投资组合中所包含资产的数量足够大时，单个证券资产的方差对投资组合的总方差的影响几乎可以忽略不计。式中，协方差 σ_{ij} 是证券 i 和 j 的实际报酬率与期望报酬率的离差之积的期望值，用来反映两种证券收益之间的互动性。在证券组合中各单个证券的风险和投资比重一定的条件下，决定证券组合风险大小的唯一因素就是证券之间的协方差。当协方差=0时，证券之间不具有互动性。当协方差>0时，证券之间具有同向互动性，证券组合的风险将加大。当协方差<0时，证券之间具有反向互动性，证券组合的风险将减小。

证券投资组合的标准差 σ_p 越大，证券投资组合的风险就越大；反之则证券投资组合的风险就越小。

（二）组合 β_p 系数与必要报酬率（R_p）法

1. 证券投资组合风险——组合 β_p 系数法

由于各证券收益之间往往存在一定的相关性，即当某一因素发生变动时，各证券收益率之间呈现出同向或反向的对应变化，一般用相关系数表示。

$$\rho_{ij} = \frac{\sigma_{ij}}{\sigma_i \sigma_j}$$

式中，ρ_{ij} 表示投资组合的相关系数；σ_i 为第 i 种证券收益率的标准差；σ_j 为第 j 种证券收益率的标准差；σ_{ij} 为第 i、j 两种证券的协方差。

相关系数仍然保持协方差的性质，但其取值范围为 -1 和 $+1$ 之间。当相关系数为 -1 时，证券之间完全负相关，各证券之间的风险相互抵消掉，证券组合将不再具有风险。当相关系数为 $+1$ 时，证券之间完全正相关，它们的收益将会同时增减，这样的投资组合无法分散风险。

【**例7-2**】　假设投资100万元于证券A和证券B，证券A和B各占50%。如果A和B完全负相关，则投资组合的风险将被全部抵消，如表7-3所示。如果A和B完全正相关，则组合的风险不减少也不扩大，如表7-4所示。

表7-3　证券A、B及完全负相关组合AB的风险及收益

方案	A		B		组　合	
年度	收益/万元	报酬率（%）	收益/万元	报酬率（%）	收益/万元	报酬率（%）
2015	20.0	40	−5.0	−10	15.0	15
2016	−5.0	−10	20.0	−40	15.0	15
2017	17.5	35	−2.5	−5	15.0	15
2018	−2.5	−5	17.5	35	15.0	15
2019	7.5	15	7.5	15	15.0	15
平均数	7.5	15	7.5	15	15.0	15
标准差		22.6		22.6		0

表7-4　证券A、B及完全正相关组合AB的风险及收益

方案	A		B		组　合	
年度	收益/万元	报酬率（%）	收益/万元	报酬率（%）	收益/万元	报酬率（%）
2015	−5.0	−10	−5.0	−10	−10.0	−10
2016	20.0	40	20.0	40	40.0	40
2017	−2.5	−5	−2.5	−5	−5.0	−5
2018	17.5	35	17.5	35	35.0	35
2019	7.5	15	7.5	15	15.0	15
平均数	7.5	15	7.5	15	15.0	15
标准差		22.6		22.6		22.6

事实上，各种证券收益之间不可能完全正相关，也不可能完全负相关。若投资组合包含的证券多于两只，通常情况下，投资组合的风险将随包含证券数量的增加而降低。要想找到预期收益负相关的证券很难，多数股票都呈正相关关系，但并非完全正相关。因为当经济繁荣时，多数股票都走势良好，而当经济低迷时，多数股票都表现不佳。因此，即使是数量非常大的投资组合，也仍然存在一些风险。

在证券收益的风险中，通过投资组合能被消除的部分称为非系统风险，即公司特有风险、可分散风险。而不能够被消除的部分则称为系统风险，即不可分散风险、市场风险。如果一个组合中的证券数量足够多，则完全有可能消除非系统性风险，但分散化投资不能消除系统性风险。那么，是不是证券组合所包含的证券个数越多就越能消除更多的非系统性风险？实证研究结果表明，当证券组合中的证券种类从1只增加到10只左右时，证券组合风险的下降程度很明显，但是，随着组合中证券种类的增加，组合风险降低的边际效果在迅速递减。一般来说，当证券组合中的证券种类增加到20只时，证券组合的风险几乎降低到只包含系统性风险的水平，再增加证券的种类，对组合风险的降低作用就不大了。特别是当组合中的证券种类增加到30只以上时，就会出现风险降低的边

际效果小于由此而增加的边际成本，因为增加证券种类是要增加管理成本的。因此，一般来说，证券组合中的证券种类在15～20只比较适宜。

系统性风险通常用β系数来计量。证券i的β系数可由下式得出：

$$\beta_i = \left(\frac{\sigma_i}{\sigma_M}\right)\rho_{iM}$$

式中，σ_i表示第i种证券收益率的标准差；σ_M表示市场组合收益的标准差，ρ_{iM}表示第i只证券的收益与市场组合收益的相关系数。

上式为β系数的理论计算方法，在实际操作中，β系数可以通过将证券收益对市场收益做回归得到。

从上式可以看出，对于标准差σ_i较高的证券而言，其β系数也较大。因为在其他条件都相同的情况下，高风险的股票将为投资组合贡献更多的风险。同时，与市场组合间相关系数ρ_{iM}较高的证券也具有较大的β系数，从而风险也更高，这意味着分散风险的作用将不大。

作为整体的证券市场的β系数为1。如果某种证券的风险情况与整个证券市场的风险情况一致，即与市场水平同步波动，则这种证券的β系数=1。如果某种证券的β系数>1，则其风险报酬的波动程度大于整个市场风险报酬的波动程度，说明其风险大于整个市场的风险；如果某种证券的β系数<1，则其风险报酬的波动程度小于整个市场的波动程度，说明其风险小于整个市场的风险。比如：整个市场的风险报酬上升了10%，当某种证券的β系数为1时，则通常此类证券的风险报酬也将上升10%；如果整个市场的风险报酬下降了10%，则该证券的风险报酬也将同样下降10%。若$\beta=2$，则证券将随之同向波动20%。若β系数=0.5时，则证券将随之同向波动5%。

β系数一般不需投资者自己计算，一些投资服务机构会定期计算并公布，也可在相关数据库中查询。表7-5列示了我国几家航空业上市公司的β系数。

表7-5　我国航空业几家上市公司2020年度的β系数

股票代码	公司名称	原始β系数	调整β系数
600316	洪都航空	1.3188	1.2136
600115	东方航空	0.9940	0.9960
600029	南方航空	0.9762	0.9841
600221	海航控股	0.7078	0.8042
601111	中国国航	1.0563	1.0377

资料来源：根据 Wind 数据库计算导出。标的指数：沪深300。计算周期：周。时间范围：从2019年11月10日至2020年11月9日。收益率计算方法：普通收益率。不剔除财务杠杆。

以上介绍了单只证券β系数的相关情况。投资组合的β系数是单个证券β系数的加权平均数，权数为各种证券在投资组合中所占的比重。其计算公式如下：

$$\beta_p = \sum_{i=1}^{n} \beta_i x_i$$

式中，β_p表示证券组合的β系数；β_i表示第i种证券的β系数；x_i表示证券组合中第i种证券所占的比重；n表示证券组合中证券的数量。

证券投资组合的β_p系数越大，表明组合的系统风险越大；反之则系统风险越小。

【例7-3】　某航空公司持有A、B、C三种股票构成的证券组合，它们的β系数分别为 1.8、1.0和0.6，它们在证券组合中所占的比重分别为50%、30%和20%，计算其证券组合的β系数，如下：

$$\beta_p = 1.8 \times 50\% + 1.0 \times 30\% + 0.6 \times 20\% = 1.32$$

2. 证券投资组合收益——组合必要报酬率（R_p）法

投资者进行证券组合投资与进行单项投资一样，都要求对承担的风险进行补偿，证券的风险越大，要求的收益越高。但是，与单项投资不同，证券组合投资要求补偿的风险只是系统风险，而不要求对非系统风险进行补偿。因此，证券组合的风险收益是投资者由于承担系统风险而要求的，超过时间价值的额外收益，可用下式表示：

$$K_p = \beta_p(R_m - R_f)$$

式中，K_p表示投资组合的风险报酬率；β_p表示证券组合的β系数；R_f表示无风险报酬率；R_m表示整个证券市场的平均报酬率。

证券投资组合的β_p系数运用资本资产定价模型，可以得出证券投资组合的必要报酬率（R_p）：

$$R_p = R_f + \beta_p(R_m - R_f)$$

式中，R_p表示投资组合的必要报酬率；R_f表示无风险报酬率；R_m表示整个证券市场的平均报酬率。

【例7-4】　续例7-3，该公司证券投资组合的β系数为 1.32，股票的市场收益率为14.5%，无风险收益率为10%，计算其证券投资组合的风险收益率，如下：

$$R_p = 10\% + 1.32 \times (14.5\% - 10\%) = 15.94\%$$

第四节　套利定价理论

一、套利定价理论的意义

资本资产定价模型的提出是财务理论和方法的重大创新，在财务学的发展史上具有极其重要的意义。多年来，资本资产定价模型经受住了大量的经验上的证明，表明了证券收益率与β系数之间确实存在着线性关系。在资本资产定价模型中，任何风险资产的预期收益率都是该资产相对于市场的系统风险的线性函数，即一种资产的收益率决定于单一因素，但在现实世界中，许多因素都会影响风险资产的预期收益率。1976年，美国学者斯蒂芬·A·罗斯（Stephen A·Ross）循着资本资产定价模型的逻辑，提出了多因素模型——套利定价理论（arbitrage pricing theory，APT），又称为套利定价模型，是对资本资产定价模型的重大改善和发展。

套利定价理论解释了风险资产收益率与有关共同因素的预期收益率的关系，它认为风险资产的收益率不仅仅与单一的共同因素之间存在线性关系，还与多个共同因素之间具有线性关系，资产分析的目的就在于识别经济中的这些因素，以及资产对这些经济因素变动的不同敏感性。

二、套利定价理论的假设

套利定价理论是建立在一定的基本假设之上的，主要有如下内容。

（1）投资者有相同的理念。

（2）投资者是回避风险的，而且还要实现效用最大化。

（3）市场是完全的，因此对交易成本等因素都不做考虑。

（4）投资回报率与一组指数线性相关，这组指数代表着形成投资回报率的一些基本因素。

三、套利定价模型的建立

套利机会指在无风险且无资本的情况下就可以从投资中获利的机会。套利定价理论的核心是在市场均衡的条件下是不存在套利机会的。根据套利定价理论，如果市场中存在套利机会，则众多投资者会竞相购买期望收益率高的证券，售出期望收益率低的证券，通过套利所实现的利润就是两种证券之间的价格差异。那些试图识别具有相同风险的证券却有着相异的期望收益率的情形的投资者们被称为套利者。套利行为的结果是两种证券收益率最终相等，此时，市场实现相对均衡。

套利定价模型的一般形式为

$$R_j = R_f + \beta_{j1}\left(E_{j1} - R_f\right) + \beta_{j2}\left(E_{j2} - R_f\right) + \cdots + \beta_{jk}(E_{jk} - R_f)$$

式中，k是影响资产收益率因素的数量；E_{j1}，E_{j2}，$\cdots$，E_{jk}表示证券j在因素为1，2，$\cdots$，k时的预期收益率；β_{j1}，$\beta_{j2}$$\cdots$表示证券$j$对因素1，2，$\cdots$，$k$时的敏感系数。

假设A、B、C分别代表三个投资组合，其收益率受单一因素影响，且均不存在可分散风险。β_A=0.5，β_B=1，β_C=1.5；R_A=8.6%，R_B=12%，R_C=10.6%。A、C组合的风险收益是相对应的，因而他们的价格定得适当。B组合的收益较高，大于其承担的风险，因而其价格被低估，它在三个组合中表现出获利机会，从而形成套利交易。

为说明这一套利过程及其结果，先假设投资2000元建立一个与B组合风险相同（β_D=1）的D组合，假设D组合的投资一半在A组合，一半在C组合，则D组合的风险或收益就是A、C两个组合的风险或收益的加权平均数：

$$\beta_D=0.5\times0.5+0.5\times1.5=1.0$$

$$E_D=0.5\times8.6\%+0.5\times10.6\%=9.6\%$$

A、B、C、D四个组合的关系如图7-2所示，B和D组合的风险是相等的，都是1.0，但B组合的收益率是12%，比D组合的收益率9.6%要高。这时，投资者就会把2000元的D组合卖空，所得2000元投资购买B组合，即进行套利交易。在这笔交易中，投资者没

有增付资本，也没有多承担风险，但通过卖空套利48元，如表7-6所示。

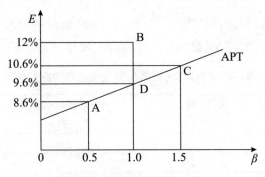

图7-2 投资组合关系图

表7-6 B与D套利组合

投 资 组 合	投资额（元）	收益（元）	风险
D组合	−2000	192	−1.0
B组合	2000	240	1.0
套利组合	0	48	0

由于这种套利既不增加投资，又不增加风险，因此投资者将会继续进行。从发展过程来看，卖空D组合将会降低A、C组合的价格，从而提高它们的预期收益率，同时，买进B组合会提高它的价格，从而降低它的收益。这种过程将不断重复进行，直到B组合的收益与D组合的收益持平，且A、B、C三个组合都位于这条直线上为止。在市场均衡的条件下，所有资产都必须落在套利定价线上，也就是说，套利交易使资产或投资组合的风险与收益保持为APT线性关系。

需要说明的是，上例中的预期收益率仅受一个因素的影响，并假设只有市场这一因素。套利定价理论的最大优点是可以扩大到包含若干风险因素，但这一理论没有指明影响证券收益的因素有哪些，以及如何衡量这些因素的敏感性。这一问题尚需进一步探索。

思考题

1. 企业对外长期投资的目的是什么？

2. 企业对外长期投资应遵循哪些原则？

3. 对外直接投资的方式有哪些？

4. 区分系统风险和非系统风险对财务管理而言有什么意义？

5. 证券组合的作用是什么？如何计算证券组合的预期收益？

6. 在日常生活中，风险指某种特定的风险事件（事故或意外事件）发生的可能性，而在财务管理中，风险被定义为投资报酬率的标准差，这两种定义是一致的吗？

7. 投资组合中β系数的财务意义是什么？它用来衡量什么性质的风险？

8. 资本资产定价模型和套利定价模型在定价方法上有什么不同？

练习题

一、表7-7给出了四种经济状况下，A股票和B股票的预期收益率及发生概率。假设两种股票的投资比重分别为30%和70%，且两种股票报酬率之间的相关系数为0.89。

表7-7 A股票和B股票的预期收益率和发生概率

经 济 状 况	发 生 概 率	A股票预期收益率	B股票预期收益率
差	0.1	−3%	2%
稳定	0.3	3%	4%
适度增长	0.4	7%	10%
繁荣	0.2	10%	20%

要求：（1）计算两种股票的期望报酬率。

（2）计算两种股票各自的标准差。

（3）计算两种股票的投资组合报酬率。

（4）计算两种股票的投资组合标准差。

二、某投资者手中拥有100万元的资金，用于投资购买债券。其中：40万元购买了政府债券，预期收益率为4%；余下60万元购买了甲公司的债券，预期收益率为8%，方差2.5。

要求：（1）计算该投资组合的预期收益率。

（2）计算该投资组合的风险。

三、无风险债券的收益率是6%，市场投资组合的收益率是12%。市场投资组合收益的标准差为15%，A股票收益率的标准差为45%。A股票收益率与市场投资组合收益率的相关系数是0.7。

要求：（1）计算市场风险溢价。

（2）计算A股票的β系数，以及该股票的预期收益率。

（3）如果某股票要求的收益率是9%，则其β系数是多少？

扩展阅读 7.1

海南航空并购
风险及其启示

第八章　流动资产管理

本章学习提示

本章重点：最佳现金持有量的确定，经济订货量的基本模型和扩展模型的应用。

本章难点：应收账款信用政策的制定。

本章导读

从前，有三个贫穷的人。一个理发师，一个裁缝，还有一个是鞋匠。

清晨起来，店铺开张了，但他们三个人的小店却生意冷清。因为顾客看到他们凌乱的头发和胡子，满是皱纹的皮鞋，还有破了洞的衣服，觉得很邋遢，于是连进来坐一下都不肯。

正午的阳光下，三人各蹲在门铺前发愁，各自心想：手里只剩下2块钱，晚上一家老小的伙食费都不够，怎么办？

还是理发师聪明。他先拿出一块钱到裁缝铺，把衣服补好，熨得笔挺；再拿出一块钱到鞋匠那里，鞋匠精心地为他把鞋子擦得锃亮。收拾完毕，理发师站在自己的店铺门口，顾客看到这么精神抖擞且干干净净的小伙子，都到这里来剪发。虽然他花了2块钱，但是开张营业了。

裁缝和鞋匠看到后，十分美慕。于是裁缝先到理发师那里花一块钱理了发；然后去鞋匠处又花了剩下的一块钱，把皮鞋擦亮。收拾完毕，顾客们也陆续地上门了。

鞋匠看到他们都开张了，终于决定如法炮制，先去理发师那里花了一块钱把自己的头发弄利落，又到裁缝铺花了一块钱补好了衣服。终于，顾客也来光顾了。傍晚时分，三个人凑在一起聊天，发现每个人手里都有5块钱，但是新顾客只来了3位。这是怎么回事呢？三个人左思右想，突然间明白了，每个人原本手里的2块钱在三个人之间转了一圈又回到了各自口袋里。

这就是资金流动的神奇力量。企业在经营过程中同样离不开现金，如果没有这些现金，可想而知，公司的经营将会变得多么糟糕。流动资金为什么重要？因为它每周转一次都能产生营业收入和利润，所以，我们可以认为，流动资金就是公司利益的创造者。

资料来源：风鸣.鞋匠、裁缝、理发师[J].启迪与智慧：2014(7):1.

流动资产指在一年以内或超过一年的一个营业周期内变现或运用的资产。流动资产不仅是企业资产的重要组成部分，还是企业最具活力的资产。按照实物形态进行划分，流动资产包括库存现金、交易性金融资产、应收及预付账款和存货等形式。流动资产投资的主要目的仍然是实现股东财富的最大化，但由于流动资产的投资是一个周而复始的不断循环过程，因此，对流动资产投资评价的主要方法是以最低的投资成本满足企业正常生产经营周转的需要。

第一节　现金管理

一、现金及现金管理的目的

（一）现金的定义

现金指能够立即投入流通的交换媒介，可以随时用来购买商品、货物、劳务或偿还债务，具有普遍的可接受性。现金是企业资产中变现能力及流通性最强的资产，但其收益性也最差。现金的定义有狭义和广义之分。狭义的现金仅指库存现金，即人民币现金和外币现金，而广义的现金除了指库存现金外，还包括各种可以随时转换成现金的现金等价物，如银行存款、银行本票、银行汇票及有价证券等货币性资产。

企业的现金除极少数以流通中的货币形态持有外，大部分以活期存款的形态持有。有价证券指能自由流通转让的政府债券、公司债券及公司股票等，这里的有价证券仅指短期有价证券，包括国库券、大额可转让定期存单、商业汇票等。企业持有短期有价证券的目的是获取短期投资收益。所以，对于企业来讲，这种短期性质的有价证券实际是一种货币性资产，可以随时在金融市场上变现。

（二）企业持有现金的动机

企业持有现金的直接报酬率几乎为零，在通货膨胀的情况下，其实际报酬率甚至为负。企业之所以持有现金，主要出于交易性动机、预防性动机和投机性动机。

1. 交易性动机

交易性动机指企业为保证正常的生产经营活动而需要持有的现金。为进行正常的生产经营，企业需要采购原材料、支付员工工资、缴纳税款、偿还到期债务、支付现金股利等，这些都要求企业以现金的形式支付，形成现金流出。同时，企业在日常生产经营过程中，会经常产生相应的营业收入，形成现金流入，但由于现金流入与流出在时间上、数量上不可能完全保持一致，通常会产生一定程度的差异。有时现金流入大于流出，形成现金置存；有时现金流出大于现金流入，需要借入现金，这就要求企业保持一定数量的现金余额，以满足日常生产经营活动的要求。一般来说，企业日常生产经营活动所产生的现金流入和流出，以及它们的差额同其销售量呈正比例变化，因此，交易所需现金的数量取决于销售水平。

2. 预防性动机

预防性动机指企业为预防意外事件或紧急情况而需要持有的现金。在企业生产经营过程中，会有许多意外事件影响企业现金的收入和支出，使企业对未来的现金流入量和流出量难以做出准确的预测和估计，尤其是经营风险或销售收入变动幅度较大的企业，现金流量更是难以准确测算。这些意外事件的发生会打乱企业的现金收支计划，使现金收支出现不平衡。因此，企业有必要持有一定数量的现金，以应付这些意外事件和紧急情况的发生。预防性动机所需要的现金数量主要取决于以下三个因素：现金预算的准确性、企业临时借款的能力和企业风险的承受能力。企业现金预算的准确性越高，临时借款的能力越强，其现金持有量会相应地越低。

3. 投机性动机

投机性动机指企业为把握市场上稍纵即逝的投资机会进行投机获利而需要持有的现金。比如，在原材料价格突然下跌时，可用现金大量购入，以获取低价的原材料，降低其生产成本。再比如，在证券价格大幅度跌落时买入合适的有价证券，等证券价格反弹时再出售，从中获取投资收益。投机性动机所需要的现金数量必须在不影响企业日常生产经营需要的前提下进行，因此，企业在确定现金余额时，投机性动机并不是其最主要的因素。

企业持有现金的动机主要基于以上三方面，但有时企业也会在某些特殊条件下持有现金，如银行要求企业维持一定的补偿性余额，企业为满足股利分配、股票回购及资本投资等方面的开支等。企业持有的现金余额总额并不是上述各种动机所需现金的简单相加，因为企业各种动机之间所需的现金可以相互调节。

（三）现金管理的目的

现金管理的主要目的是在现金资产的流动性与收益性之间进行权衡，在做到保证企业日常生产经营需要的同时，提高现金的使用效率，增加企业的收益。虽然现金的流动性最强，但其收益性也最差，出于交易、预防、投机等原因的需要，企业必须持有一定数量的现金余额。如果企业缺乏必要的现金，则企业的日常生产经营将得不到有效保证，企业可能会因此蒙受巨大损失；但如果企业持有过多的现金，那么，企业的日常生产经营除了可以得到有效保证外，还有大量的现金闲置未投入使用，现金的闲置一方面降低了其资金的使用效率，另一方面，闲置的现金不能给企业带来任何收益，同样会给企业造成损失。因此，现金管理应做到既保证企业生产经营所需现金，降低风险，又不使企业产生过多的闲置现金，增加企业的收益。

二、现金管理的成本

企业要持有一定数量的现金，就需要对其进行有效管理，相应的会产生一定的成本，现金管理的成本通常有以下几个方面。

（一）机会成本

机会成本指因选择一个方案而必须放弃另外一个方案，所放弃方案的收益就是选用方案的成本。企业只要持有了现金就不能进行其他投资，因此，现金的机会成本指由于持有一定数量现金而丧失投资机会的投资收益，一般以有价证券的利息率来衡量。由于持有现金所放弃投资机会的投资收益就是持有现金的机会成本，因此，现金的机会成本也叫持有成本。很显然，企业持有的现金数量越多，所丧失的投资收益也就越大，因此，现金的机会成本与其持有量成正比。

（二）短缺成本

企业如果持有的现金数量不够，则可能会给企业带来诸多损失。短缺成本指由于缺少必要的现金持有量，以及无法及时通过有价证券的变现加以补充，而给企业造成的无法满足其日常生产经营活动所产生的经济损失。比如，由于缺乏现金不能按时支付材料款而被迫停工待料所蒙受的经济损失，以及由于停工待料而给企业信誉方面所造成的损失；再比如，由于缺乏现金支付能力而无法享受到现金折扣等等。很显然，企业持有的现金数量越少，现金短缺的可能性越大，其短缺成本也越大，因此，现金的短缺成本与现金持有量成反比关系。

（三）转换成本

企业在日常生产经营过程中，可能会出现现金的多余或短缺：当现金出现多余时，企业需要将现金转化成有价证券；当现金出现短缺时，需要将有价证券转换成现金，及时变现，以满足企业所需，在转换过程中就会发生相应的成本。转换成本指企业用现金购入有价证券及将有价证券转换成现金时付出的交易费，如委托买卖的佣金、手续费、证券过户费等。转换成本与证券交易的次数成正比，与现金持有量成反比。在现金需要量既定的前提下：现金持有量越少，有价证券变现的次数就越多，其转换成本也就越大；反之，现金持有量越大，有价证券变现的次数就越少，其转换成本也就越小。

（四）管理成本

只要企业持有现金，就需要对其进行相应的管理。现金管理成本指由于企业持有一定数量的现金而产生的各项管理费用，如现金管理人员的工资、必要的安全措施费等。现金管理成本在一定范围内与企业现金持有量的多少关系不大，一般属于固定成本。

三、最佳现金持有量的确定

现金管理的关键在于如何有效管理现金的收入与支出，保证企业生产经营的有序运作，以及如何将多余的现金进行合理投资，进而获取适当的收益。企业持有过多的现金尽管可以保证企业正常生产经营的需要，但同时过多的现金持有量会导致企业持有现金的机会成本增加，降低企业收益。如果企业持有现金的数量过少，则机会成本虽然降低了，但可能会造成现金短缺，影响企业日常生产经营，加大企业的经营风险。因此，有必要确定一个最佳现金持有量，使企业的收益最大，风险最小。确定最佳现金持有量的方法主要有现金周转模型、成本分析模型、存货模型和随机模型等。

（一）现金周转模型

现金周转模型是从现金周转的角度出发，根据现金的周转速度来确定最佳现金持有量的一种方法。现金周转指企业从现金投入生产经营开始，到最终转化为现金的过程。现金周转期指企业从购买原材料支付现金到销售产品收回现金的时间。这一过程主要包括以下三个方面。①存货周转期，即用现金购买原材料，将原材料转化成产品并最终出售所需要的时间。②应收账款周转期，即将销售过程中未收回的款项转换成现金所需要的时间。③应付账款周转期，即从收到尚未付款的原材料开始到最后现金支付所需要的时间。

在现金周转模型下，首先要确定现金周转期。现金周转期与存货周转期、应收账款周转期、应付账款周转期的关系如图8-1所示，即

$$现金周转期=存货周转期+应收账款周转期-应付账款周转期$$

$$存货周转期=360/存货周转率$$

$$应收账款周转期=360/应收账款周转率$$

$$存货周转率=销售成本/平均存货$$

$$应收账款周转率=销售收入/平均应收账款$$

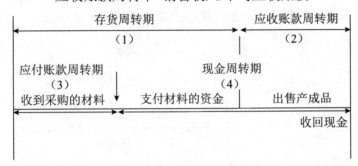

图8-1 现金周转期示意图

在确定现金周转期后，计算现金周转率。现金周转率指一年中现金的周转次数，其公式为

$$现金周转率=360/现金周转期$$

现金周转率确定后，便可据此计算最佳现金持有量。其公式为

$$最佳现金持有量 = 企业年现金需求总额/现金周转率$$

$$= （企业年现金需求总额/360）×现金周转期$$

【例8-1】 某企业的预计存货周转期为70天，应收账款周转期为20天，应付账款周转期为30天，预计全年需要现金3000万元，求最佳现金持有量。

$$现金周转期=70+20-30=60（天）$$

$$现金周转率=360/60=6（次）$$

$$最佳现金持有量=3000/6=500（万元）$$

企业在其他因素不变的情况下，加速现金流周转也就相应地提高了现金的利用效率，从而增加企业的价值创造。要加快现金周转，就必须提高现金周转率，缩短现金周转期。缩短现金周转期的途径主要有：①缩短存货周转期；②缩短应收账款周转期；③延长应付账款周转期。

现金周转模型的优点在于容易计算、简单明了。然而，该方法能够实施的前提条

件是要求预计期内企业的现金总需求量已知，现金周转天数及周转次数可以进行准确测算，否则，最佳现金持有量的计算结果将不准确。

（二）成本分析模型

成本分析模型指通过对企业持有现金的机会成本、短缺成本、管理成本等三项持有成本进行比较分析，使这三项总成本之和最低时的现金持有量便是企业的最佳现金持有量。在成本分析模型中，不考虑现金的转换成本，只考虑机会成本、短缺成本与管理成本。在这三项成本中，管理成本属于固定成本，与现金持有量不存在明显的线性关系，机会成本与现金持有量成正比，短缺成本与现金持有量成反比，这些成本与现金持有量之间的关系如图8-2所示。

从图8-2中可以看出，由于机会成本与短缺成本呈反方向变化，因此使得总成本呈一个向上开口的抛物线状，在抛物线的最底端就是总成本最低处，此时的现金持有数量为最佳现金持有量。这种方法预测出的最佳现金持有量通常并不是很准确，它取决于管理人员对各项成本预测的准确度，尤其是对短缺成本估计的准确性。

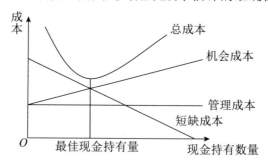

图8-2　成本分析模型下的最佳现金持有量

【例8-2】　某企业根据市场资金供应情况预计其每期现金持有量可能为600万～1000万元。现有以下五种现金持有方案，根据测算，企业的投资报酬率为10%，现金持有管理成本为15万元。根据历史资料测算企业的各种现金持有情况，现金的短缺成本如表8-1所示。现将各项持有成本用表列示，见表8-1。

表8-1　不同现金持有量方案的成本表　　　　　　　　　单位：万元

项　目	具体方案				
	1	2	3	4	5
现金持有量	600	700	800	900	1000
机会成本	60	70	80	90	100
短缺成本	100	50	20	5	0
管理成本	15	15	15	15	15
总成本	175	135	115	110	115

通过对上述各方案的总成本进行比较，便可发现第四个方案，即现金持有量为900万元时，持有成本的总额最低，所以，按照该方法所确定的企业最佳现金持有量应为900万元。

（三）存货模型

存货模型是由美国经济学家威廉·鲍莫首先提出的。他认为现金管理与存货管理存在诸多相似之处，故以存货管理模型为基础，确定最佳现金持有量。基于此，采用该模型需满足的假设包括：①企业所需的现金总量是稳定且可以预测的；②企业的现金流入量与流出量均保持稳定，同样可以预测；③现金与有价证券的转换是畅通的，预测期内企业不会发生现金短缺，可以通过出售有价证券获得现金。

存货模型的目的是使企业持有现金的相关总成本最低。在该模型中：由于管理成本在一定范围内与现金的持有量无关，因此被视为无关成本；另外，由于现金的需求总量稳定且是可以预测的，且企业一旦缺少现金，可以随时通过有价证券的转换获得，企业不存在现金短缺的可能性，因此，现金的短缺成本也被视为与决策无关的成本。在存货模型中，与现金持有量相关的成本只有机会成本和转换成本，使这两项相关总成本最低的现金持有数量就是最佳现金持有量。如果企业的现金持有量增多，则其机会成本会增加，但转换成本可以减少；反之，如果现金持有量减少，则其机会成本会下降，但转换成本却上升。存货模型的机会成本、转换成本与总成本之间的关系如图8-3所示：由于机会成本与转换成本之间的此消彼长关系，因此要求企业对现金与有价证券之间确定一个最佳比例，使机会成本与转换成本之和达到最低。

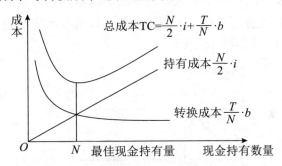

图8-3　存货模型下的最佳现金持有量

式中，TC为总成本；T为特定时间内的现金需求总额；b为现金与有价证券的转换成本；N为理想的现金转换数量（最佳现金持有量）；i为短期有价证券利息率（机会成本）。则有：

$$TC = \frac{N}{2} \cdot i + \frac{T}{N} \cdot b$$

转换成数学中的求极值问题，对TC求一阶导数，然后令一阶导数等于0，求出极值N。

$$TC' = \left(\frac{N}{2} \cdot i + \frac{Tb}{N} \right)' = \frac{i}{2} - \frac{Tb}{N^2} = 0$$

所以，最佳现金持有量 $N = \sqrt{\dfrac{2Tb}{i}}$ ，其相关总成本 $TC = \sqrt{2Tbi}$ 。

【例8-3】　某企业预计一个月经营所需现金2000万元，企业现金支出过程较稳定，故准备用短期有价证券变现取得，平均每次证券固定变现费用为500元，证券的市场年利率为6%，试运用存货模型计算：

（1）最佳现金持有量。

（2）最佳现金管理相关总成本。

（3）有价证券的转换次数。

答：（1）最佳现金持有量 $N = \sqrt{\dfrac{2 \times 2000 \times 0.05}{6\% \div 12}} = 200$ （万元）

（2）最低现金持有成本 $TC = \sqrt{2 \times 2000 \times 0.05 \times \dfrac{6\%}{12}} = 1$ （万元）

（3）一个月内的最佳变现次数=2000/200=10（次）

存货模型可以较为精确地测算出最佳现金持有量和变现次数，但该模型的运用离不开相关的假设条件，只有在符合这些假设条件时，才能运用此种方法，且现金与存货的特点不同，存货模型中的有些假设对于现金来说是不适用的。

（四）随机模型

随机模型又称为米勒-奥尔模型（Miller-Orr Model），该模型在现金需求量难以准确预测的情况下，运用控制理论来确定最佳现金持有量。存货模型假设企业经营过程中的现金支出量是均匀发生的，但事实上，现金的需求量通常很难准确估计。随机模型假定企业现金需求量是随机的，无法准确预测，但可以根据历史经验和现实需要确定一个现金持有量的控制区域，如图8-4所示。

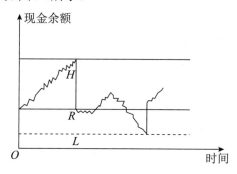

图8-4　随机模型示意图

随机模型的基本原理是依据经验制定出一个控制区域，即现金持有量的上限H和下限L，上限为现金持有量的最高点，下限为现金持有量的最低点。当现金持有量达到或超过上限H时，将现金用于短期投资，购买短期有价证券，使其现金数量降至现金返回线，即最佳现金持有量水平R处；当现金持有量达到或低于下限L时，则出售短期有价证券，将现金数量升至现金返回线水平R处；当现金持有量介于上下限之间时，现金数量处于企业合理的控制区域，无须买卖有价证券。

该模型的关键是如何确定最佳现金持有量R。由于现金流量是随机的，R不仅受现金机会成本和交易成本的影响，还受现金余额波动幅度的影响。在计算总成本时，必须将这三者都予以考虑。其计算公式为

$$R = \left(\frac{3F\sigma^2}{4i}\right)^{\frac{1}{3}} + L$$

式中，R为最佳现金余额；F为有价证券的每次固定交易费用；σ为每日现金余额的标准差；i为有价证券的日利率；L为控制下限。

通过公式可以看出：控制下限L、交易成本F、现金余额的标准差σ均与最佳现金余额R呈同方向变动，有价证券日利率i与最佳现金余额R呈反方向变动。

控制上限H的计算公式为

$$H = 3R - 2L$$

控制下限L主要取决于每日现金需要量、有价证券变现所需的时间和管理人员的风险倾向，可根据经验数据确定。一般而言，激进型的管理者会将其下限L定的较低。

【例8-4】 某企业根据现金流动性要求，最低现金持有量为20 000元，每日现金余额的标准差为900元，证券的每次固定交易费用为72元，有价证券年利率10%，则：

$$R = \left(\frac{3 \times 72 \times 900^2}{4 \times 10\% \div 360}\right)^{\frac{1}{3}} + 20\,000 = 25\,400 \quad （元）$$

$$H = 3 \times 25\,400 - 2 \times 20\,000 = 36\,200 （元）$$

根据上述计算结果：当企业的现金余额超过36 200元时，购入有价证券，使现金余额回落到25 400元；当现金余额降至不足20 000元时，则将有价证券转换为现金，使现金余额回升到25 400元；而只要现金余额在20 000元至36 200元之间，则无须进行证券买卖。

由于随机模型是在现金需求量难以预测的情况下所采用的现金持有量控制方法，因此，该模型计算出来的现金持有量相对比较保守。与存货模型的假设相比，由于随机模型假设日常的现金流量服从均值为0的正态分布，因此，它更符合实际。存货模型与随机模型解决的是公司的现金交易性余额的最优化问题，没有考虑影响现金余额的其他因素，如补偿性余额对现金的需求等。

以上各种模型分别从不同角度计算最佳现金持有量，各有优缺点，在实际工作中，可结合起来加以运用。另外，现金持有量的多少是多种因素共同作用的结果，数学模型并不能把各种因素的变化都考虑进去，所以，在大多数情况下，还需根据财务人员的经验加以确定。

扩展阅读8.1

决定企业现金持有量的十大因素

四、现金收支预算管理

（一）现金收支预算的概念

现金收支预算也称为现金收支计划，是以现金管理的目标为导向，对未来一定时期内的企业收支状况进行预测，并进行合理安排与平衡的计划。现金收支预算以销售预算为起点，它反映各预算期的收入与支出款项，其目的在于资金不足时筹措资金，资金盈余时及时使用现金余额，并提供现金收支的控制限额，发挥现金管理的作用。现金预算一般根据企业的生产经营特点和管理要求，按月、周或日进行编制，也可以几个月或一年编制一次。

（二）现金收支预算的内容

现金收支预算的内容主要包括以下几个方面。

1. 现金收入

现金收入指预算期内所实现的现金收入，主要包括：①营业现金收入，指销货所取得的现金收入，如现销与当月应收账款的收回、以前月份应收账款的收回等；②其他现金收入，如证券投资的利息与股利收入、设备租赁收入等。

2. 现金支出

现金支出指预算期内的各项现金支出，主要包括：①营业现金支出，主要有材料采购支出、工资支出，以及管理费用、销售费用、财务费用等；②其他现金支出，主要有固定资产投出、偿还债务本息、所得税支出、股利支出等。其中，"直接材料""直接人工""制造费用及管理费用"的数据分别来自各有关预算，购置设备、所得税费用及股利分配等现金支出的相关数据分别来自另行编制的专门预算。

3. 现金余缺

现金余缺指预算期内现金收入合计与现金支出合计的差额。现金余缺的计算公式如下：

$$现金余缺=现金收入合计-现金支出合计$$
$$=（期初现金余额+营业现金收入+其他现金收入）-（营业现金支出+其他现金支出）$$

若收入大于支出，则其差额为正值，说明预算期内现金盈余；若收入小于支出，则其差额为负值，说明预算期内现金短缺。

4. 现金融通

企业为了保持足够的支付能力，必须持有一定数量的现金余额。现金融通指以最佳现金持有量为目标，对经营活动中产生的现金余缺进行调整。当现金盈余时，应对多余资金进行安排，如进行短期投资、偿还银行借款等，实现充分利用资金的目的；当现金短缺时，企业应设法筹集资金，如向银行借款或出售有价证券等，弥补资金的不足。在资金筹集和资金运用后，期末现金余额应力求接近最佳现金持有量，但不能低于该水平。

五、现金回收管理

企业在收款时应尽量加快收款的速度。现金回收管理的目的是尽快收回现金，加速现金的周转速度，提高现金的使用效率。加快现金回收的方法主要有集中银行法和锁箱法两种。

（一）集中银行法

集中银行法指企业不仅在其总部所在地设立收款中心，同时还根据客户地理位置的分布情况，以及收款额的多少，在收款额比较集中的地区设立多个收款中心，并指定一个收款中心的银行作为集中银行，一般为企业总部所在地的收账中心。具体做法是企业在销售商品时，由各地分设的收款中心开出账单，并通知客户将货款送到最近的收款中心，收款中心再将每天所收到的货款存到当地银行或委托银行办理支票兑现，当地银行在进行票据交换处理后立即转给企业总部所在地银行。

与传统的集中收款法相比，集中银行法具有两个优点。一是大大缩短了账单和货款的往返邮寄时间。这是因为账单是由客户所在地的收款中心开出并寄发给当地客户，所需时间明显少于从总部寄发给客户。二是大大缩短了支票兑现的时间。这是因为各地收款中心收到客户汇来的支票并存入所在地银行，而支票的付款银行通常也在该地区内，企业支取现金时比较方便。这种方法也有不足，不足之处在于：一是各个收款中心的当地银行所开设的账户按要求需要保持一定的补偿性余额，而补偿性余额企业是不可以使用支配的，因此，企业设立的中心越多，补偿性余额及闲置资金也就越多，企业的成本也相应越大；二是设立收款中心要耗费企业的人力、物力和财力，花费较多。因此，企业在决定是否采用银行集中法时，应根据成本效益的原则进行权衡。

（二）锁箱法

锁箱法又叫邮政信箱法，它是西方企业加速现金周转的一种常用方法，指企业首先选择在业务比较集中的主要城市租用专门收取支票的邮政信箱，并开立分行存款账户，然后通知客户将款项直接邮寄到当地的专用信箱，再授权企业在当地的开户银行每日开启信箱，以便及时取出客户支票予以结算，并通过电汇将货款拨给企业所在地银行。这样，就省去了公司办理收账、货款存入银行的一切手续，缩短了支票邮寄及在企业的停留时间。锁箱法通过两种方式减少企业处理支票的时间：一是利用遍布全国的邮箱及代收银行，减少支票在邮寄过程中的时间，从而减少邮寄产生的未收支票余额；二是由银行处理支票和票据工作，避免支票在接收公司耗费时间，消除在公司处理支票的时间。但是，采用该方法的企业除了要在各中心所在地区银行保持一定的补偿性余额外，还必须支付给银行一定的服务费，成本较高。企业在决定是否采用锁箱法时，需在该方法所带来的收益与银行所收取的锁箱费之间进行权衡，做出正确决策。锁箱法虽然缩短了支票的处理时间，但公司要花费更多的时间来记录谁已经付了款，而且，该种方法也会给客户造成一些困惑，因为付款是邮寄到锁箱所在的地址，而其他信件则是邮寄到公司经营所在地。

六、现金支出管理

与现金回收管理相反，现金支出管理的目的是在对风险与收益进行权衡的基础上，选用适当方法尽量延缓现金支出。现金支出管理的内容主要是对现金支出的金额和时间进行控制，常见的控制方法如下。

（一）合理运用现金浮游量

充分利用现金浮游量是西方企业广泛采用的一种提高现金利用效率、节约现金支出总量的有效手段。现金浮游量指企业账户上的存款余额与银行账户上所示的存款余额之间的差额，也就是企业和银行之间的未达款项。产生现金浮游量的主要原因是企业开出支票，收款人收到支票并将其送到银行，直到银行办理完款项的划转，通常都需要一定的时间。在这个过程中，企业和银行双方在出账和入账时会存在相应的时间差，正是这一时间差使得企业账户上的存款余额和银行账户上的存款余额会暂时出现不一致，产生差额。企业应合理预测现金浮游量，有效利用时间差，提高现金的使用效率。但是，企业在运用现金浮游量时应谨慎行事，要事先估计好这一差额并控制好使用时间，否则可能会发生银行存款的透支，给企业带来不利影响。

（二）合理利用商业信用，控制付款时间

企业在支付货款时，在不影响其自身信誉的前提下应尽量推迟货款的支付时间。如果对方提供了现金折扣，则企业应在成本效益的原则下尽量享受现金折扣。例如，企业在采购材料时，其付款条件为开票后10天内偿付，可享受2%的现金折扣，30天内则按发票金额付款。企业应安排在开票后第10天付款，这样既可最大限度地利用现金，又可享受现金折扣。倘若企业急需现金而放弃折扣的优惠，则应该安排在信用条件规定的最后一天支付款项。

此外，企业还可以利用汇票这一结算方式来延缓现金支出的时间。因为汇票和支票不同，通常不能见票即付，还需由银行经购货单位承兑后方能付现，故企业的银行存款的实际支付时间迟于开出汇票的时间。

提高现金使用率不仅要求做到加速收款、严格控制现金支出，还应尽量做到现金流量同步，使现金收入与支出在时间上相匹配，这样才能使企业所持有的交易性现金余额降低到最低限度。

第二节　短期金融资产管理

一、短期金融资产的概念

短期金融资产指能够快速变现且持有时间不超过一年（包括一年）的金融资产，如股票、债券、基金等。由于短期金融资产容易变现，故往往能够成为现金的替代品。短期金融资产管理的方法与现金管理密切相关。

二、短期金融资产的种类

随着我国金融市场的不断完善，企业持有的短期金融资产日益广泛。通常来讲，短期金融资产的种类主要包括银行定期存款、大额可转让定期存单、商业票据、短期国库券、货币市场基金及证券化资产等。

大额可转让定期存单（CDs）是20世纪60年代初首先由美国花旗银行推出的一种定期存款创新。目前，CDs已成为商业银行的主要资金来源，是定期存款的一种主要形式，它与传统的定期存款存在一定区别，表现在：①存单面额固定，有存款起点的限制，通常情况下，面额较大，一般不低于10万元，而普通定期存单的要求较少，存款

金额由储户自行决定；②利率不同，CDs的利率通常高于普通定期存单的利率；③资金流动不同，CDs在到期之前可以转让，而普通定期存单只能在到期后提取，提前支取会损失一定的利息。另外，两者均可以用于质押担保，通常情况下，质押担保期限不能超过存单的有效期。CDs分为记名和不记名两种，期限为3个月、6个月、9个月至一年不等。虽然CDs不能提前支取，但可在二级市场上流通转让，并能够获得高于普通定期存单的收益，能满足企业流动性和盈利性的双重要求。

商业票据指由金融公司或某些信用较高的企业开出的无担保短期票据。商业票据有确定的金额及到期日，其可靠程度依赖于发行企业的信用程度，可以背书转让和向银行贴现。商业票据的期限通常为2～270天，由于其风险较大，利率高于同期银行存款利率，因此，商业票据可以由企业直接发售，也可以由经销商代为发售，但对出票企业的信誉审查十分严格。如由经销商发售，则它实际在幕后担保了售给投资者的商业票据，商业票据有时也以折扣的方式发售。与CDs一样，商业票据是筹措流动资金的工具。从融资成本来看，发行商业票据与CDs没有什么区别，因为两者的收益率是相当的，但商业票据的期限通常在30天以内，以避免与CDs市场竞争。

短期国库券指中央政府为调节国库收支而发行的一种短期政府债券，其债务人是中央政府，偿还债务的资金来源于中央财政收入，风险很小，是西方国家货币市场上最主要的信用工具之一。英国在1877年通过了《财政部证券法》，把国库券的发行纳入了法律。其后，各国政府也采用了这一融资形式，建立了国库券的发行与流通市场，并成为西方金融市场中的一个重要组成部分。其期限主要有3个月、6个月、9个月和12个月四种。一般采取无记名方式，可在证券市场上自由转让流通。由于其期限短、风险小、流通性强，利率一般比较低。

货币市场基金指投资于货币市场上短期有价证券的一种基金。该基金资产主要投资于剩余期限在一年以内的短期投资工具，如国库券、商业票据、银行定期存单、政府短期债券、企业债券等短期有价证券。由于货币市场基金风险低、流通性高且投资成本低，故常常被称为"准储蓄"；也正是因为货币市场基金的灵活性接近活期储蓄，而收益远高于活期储蓄，故受到大多数投资者的青睐。

证券化资产指实施了资产证券化的资产。资产证券化指资金需求者以发行有价证券的方式从资金供给方取得资金，使相关资产以证券的形式存在。20世纪80年代以来，我国金融市场的融资方式发生了重大变化，由以间接融资为主逐步转变为以直接融资为主，出现金融资产证券化的趋向。2005年，我国央行和银监会联合发布《信贷资产证券化试点管理办法》，随后展开信贷资产证券化的首批试点。在央行和银监会主导下，基本确立了以信贷资产为融资基础，由信托公司组建信托型SPV，在银行间债券市场发行资产支持证券并进行流通的证券化框架。

三、短期金融资产的持有动机与基本原则

1. 持有动机

企业持有短期金融资产的动机主要体现在两个方面。①作为库存现金的替代品。由

于短期金融资产具有易变现、流通性强等特征，故企业可以通过持有不同类型的短期金融资产，丰富企业货币资金的持有形式。②获取一定的投资收益。由于持有现金的收益较低，故可以通过投资短期金融资产获取较高的收益，这在一定程度上能够在保障企业资金变现能力的同时获取高于持有现金的收益，这也是现代诸多企业的普遍做法。

2. 基本原则

企业持有短期金融资产的基本原则主要包括以下三个方面。①安全性、流动性与盈利性相均衡的原则。企业持有不同类型的短期金融资产能够使企业货币资金的持有形式多样化，从而保障企业资金的安全性和流动性，进而获取高于持有现金的收益，实现安全性、流动性与盈利性之间的相对平衡。②分散投资原则。金融资产的价格波动存在一定的随机性，为有效控制持有短期金融资产的未知风险，应遵循分散化的投资原则，将总体风险保持在可控范围内。③理性投资原则。在购买短期金融资产的过程中，应充分考虑不同类型资产的风险与收益，不能为了追求盈利而忽略风险，时刻保持理性投资。

四、短期金融资产的投资组合策略

企业持有短期金融资产的目的在于保持流动性、风险性与收益性的相对平衡。为保障这一目的的顺利实现，企业有必要对短期金融资产进行投资组合管理。通常来讲，较为常见的投资组合策略有以下几种。

1. 三分组合模式

部分西方发达国家较为流行的投资组合三分法指：1/3的资金存入银行以备不时之需；1/3的资金投资于股票、债券等有价证券；1/3的资金投资于房地产等不动产。同样，投资于有价证券的资金也要进行三分，即1/3投资于风险较大的、有发展前景的成长性股票，1/3投资于安全性较高的债券或优先股等有价证券，1/3投资于中等风险的有价证券。

2. 风险与收益组合模式

证券投资能够给企业带来额外收益的同时，也存在诸多风险。投资者可以测定出自己期望的投资收益率和所能承受的风险程度，然后，在市场中选择相应风险和收益的证券作为投资组合。一般来说，在选择证券进行投资组合时，同等风险的证券应尽可能选择报酬高的，同等报酬的证券应尽可能选择风险低的，并要尽可能选择一些风险呈负相关的证券进行投资组合，以便分散证券的非系统性风险。

3. 期限搭配组合模式

期限搭配组合模式指根据企业不同时期的现金流模式和规律，对短期金融资产的期限进行搭配，构建长、中、短期相结合的投资组合。投资者对现金的需求总是有先有后，长期不用的资金可以进行长期投资，以获得较高的投资收益，近期可能需要使用的资金最好投资于风险较小、易于变现的有价证券。同时，通过期限搭配，还可以使企业现金流入与流出的时间尽可能接近，从而降低因到期日不同而造成的机会成本。

第三节　应收账款管理

在生产经营过程中，由于商业竞争的存在，企业会采取赊销、分期付款等商业信用方式来扩大销售，增加利润，随之产生的是应收账款。应收账款的产生一方面会增加企业的销售额和利润，但另一方面也会增加企业的资金成本和坏账损失等费用。应收账款管理的基本目标是在净增效益原则的基础上，充分发挥应收账款的功能，降低应收账款投资的成本，使提供商业信用、扩大销售所增加的收益大于其相关的各项成本。

一、应收账款的功能与成本

（一）应收账款的功能

应收账款的功能指它在企业生产经营中所具有的作用。应收账款的主要功能是扩大销售和减少存货。

1. 扩大销售

在市场经济中，激烈的竞争使企业采取各种手段扩大销售，而赊销是扩大销售的一种重要方式。尤其是当企业为了扩大市场占有率或开拓新的市场领域时，一般都会采用较优惠的信用条件促进销售，提高竞争力。企业在给客户提供赊销时，允许客户在获得商品和服务之后的一定期限内再付款，这就给予了客户商业信用。企业为鼓励客户购买商品和劳务提供的信用属于商业信用范畴。商业信用的主要目的是扩大销售，增强企业的竞争力。

2. 减少存货

企业持有产成品存货要支付管理费、仓储费和保险费等支出费用；相反，如果企业持有应收账款，则无须支付上述费用。尤其是对于那些季节性生产的企业而言，在销售淡季时，企业的产成品存货积压较多，这些企业在淡季一般会采用较为优惠的信用条件进行赊销，将存货转化为应收账款，减少产成品存货，降低各种费用的支出。

（二）应收账款的成本

企业在给客户提供商业信用时，实际向客户提供了两项交易：一是向客户提供了所销售的产品和劳务；二是在一定期限内向客户提供了资金。因此，基于商业信用产生的应收账款实际上是企业的一项资金投放和使用，企业持有应收账款就会产生相应的投资成本。应收账款的成本主要有以下几个方面。

1. 机会成本

企业在向客户提供商业信用时，预先占用了企业一段时期的资金，这些资金如果能够及时收回，不投资于应收账款，便可用于其他投资并获得投资收益，如投资于有价证券，获得一定的利息收入。这种因投资于应收账款而放弃其他投资所减少的收入，就是应收账款的机会成本。这种机会成本通常以应收账款所占资金的利息来表示，一般按有价证券利息率计算。应收账款的机会成本计算公式如下：

$$应收账款的机会成本 = 应收账款占用资金 \times 有价证券利息率$$
$$= 应收账款平均余额 \times 变动成本率 \times 有价证券利息率$$
$$应收账款平均余额 = 日销售额 \times 平均收账期 = （年赊销收入 \div 360） \times 平均收账期$$
$$平均收账期 = 360/应收账款周转率$$
$$应收账款周转率 = 销售收入/应收账款平均余额$$

【例8-5】 某企业预测的年赊销收入净额为5000万元，应收账款周转期为36天，变动成本率为60%，有价证券利息率为10%，则应收账款的机会成本计算为

$$应收账款平均余额 = 5000 \div 360 \times 36 = 500 （万元）$$
$$应收账款占用资金 = 500 \times 60\% = 300 （万元）$$
$$应收账款的机会成本 = 300 \times 10\% = 30 （万元）$$

2. 坏账成本

如果企业的每次销售都以现金结算，则不会产生应收账款。如果允许客户可以在售货之后的一定期限内再付款，则企业就承担了客户不按承诺付款的风险，而且，如果公司放宽了信用条件的限制，或是对任何人都提供商业信用，则会吸引那些很有可能不支付允诺款项的客户。因此，由于各种原因，企业的应收账款总有一部分不能收回，这些因不能收回而发生的损失就是坏账损失成本，它一般与应收账款的数量成正比。

$$坏账损失 = 赊销收入 \times 实际（或预期）坏账损失率$$

3. 管理成本

企业只要持有应收账款，就会产生相应的管理和催收账款的成本，这些成本主要包括调查顾客信用情况的费用、收集各种信息的费用、账簿的记录费用、收账费用等其他费用。

二、信用政策

企业应收账款的数额及效果直接取决于信用政策，企业可以通过调整信用政策来改变或调节应收账款的大小。一般来说，企业的信用政策包括信用标准、信用条件和收账政策三个方面。

（一）信用标准与信用条件

信用标准指客户获得企业商业信用所应具备的最低条件，是用来评价是否给予信用的准则。一个企业的信用标准制定得是否合适，直接影响其应收账款的多少及赊销政策的效果。如果信用标准过于严格，则企业的应收账款数额会减少，其机会成本也将减少，但同时也丧失向信誉较好的客户销售产品的机会，影响企业的市场竞争力；反之，如果信用标准过于宽松，那么，虽然企业的销售收入增加了，市场占有率也提高了，但其潜在的坏账成本和应收账款占用的资金也随之增加。因此，企业应根据不同情况制定合理的信用标准。

在客户满足企业信用标准的前提下，一旦企业决定给予客户信用展期，就需要考虑具体的信用条件。信用条件就是企业愿意授予客户信用的条件，主要包括最高信用额度、信

用期限、现金折扣及折扣期限率等。信用条件一般用"2/10，n/30"来表示，意思是：客户若在发票开出后的10天内付款，则可以享受2%的现金折扣；如果放弃享受现金折扣，则必须在30天内全额付清。在此，30天为信用期限，10天为折扣期限，2%为现金折扣率。

（1）最高信用额度。企业在给予客户信用后，应规定一个信用额度。信用额度指该客户在任何时候都可以赊欠的最大限额。只要这个客户的未付款保持在信用额度以内，就可由具体的经办人员按规定办理。一旦超过信用额度，则必须经有关负责人批准方可办理。信用额度实际上代表企业愿意对该客户承担的最高风险。由于风险是可以变化的，企业现在可以接受的风险将来可能成为不可能接受的风险，因此，对于信用额度而言，企业应定期检查、定期重新评估，以做必要的变动。

（2）信用期限。信用期限指企业允许客户付款的最终期限，即客户付款的最长时间。信用期限过长一方面可以扩大企业的销售，增加企业的利润，但另一方面，应收账款所占用的资金也相应增加，其机会成本随之也增加，而且，随着信用期限的延长，其潜在的坏账损失和管理成本也会相应增加。但信用期限过短的企业则不足以吸引客户，销售额下降，在商业竞争中丧失优势。因此，企业在制定信用期限时，应按照净增效益原则，信用期限的延长取决于延长信用期限所增加的边际收入是否大于其边际成本，当延长信用期限所增加的边际收入大于其边际成本时，则可以延长，否则不宜延长。如果缩短信用期限，则情况与之相反。

【例8-6】 某企业预测的年度赊销收入为9000万元，其信用条件为n/30，变动成本率为60%，有价证券利息率为10%。该公司为扩大销售，拟将信用条件放宽到n/60。由于信用条件的放宽，销售收入将增长10%，坏账损失率也由原来的4%上升至6%，每年的收账成本由原来的55万元上升至80万元。假设企业的收账政策不变，固定成本总额不变。根据以上资料可计算相关指标并编制表8-2。

表8-2 某企业信用条件变化情况分析表

项 目	当前收账政策（n/30）	拟改变收账政策（n/60）
年赊销额（万元）	9000	9900
变动成本（万元）	5400	5940
扣除信用成本前的收益（万元）	3600	3960
应收账款周转率（次）	360/30=12	360/60=6
应收账款平均余额（万元）	9000/12=750	9900/6=1650
应收账款占用资金（万元）	750×60%=450	1650×60%=990
应收账款机会成本（万元）	450×10%=45	990×10%=99
坏账损失（万元）	9000×4%=360	9900×6%=594
收账费用（万元）	55	80
信用成本合计（万元）	460	773
扣除信用成本后的收益（万元）	3140	3187

从上述计算结果来看，延长信用期可使企业的边际收益由改变前的3140万元增至改变后的3187万元，净增47万元，因此，企业应将信用期限由原来的30天延长至60天。

（3）现金折扣和折扣期限。现金折扣指企业为鼓励客户在一定期限内尽早偿还货款，而对销售货款给予一定比率的扣减，其主要目的是吸引客户为享受折扣优惠而提前付款。通常，延长信用期限能扩大销售，但同时也会增加应收账款所占用的资金。企业为尽早收回货款，加速资金回笼，减少坏账损失，在提供信用期限的同时会给予一定的现金折扣，以促使客户尽早付款，缩短企业的收账期。折扣期限是企业规定客户可享受现金折扣的付款时间，如折扣条件"2/10，*n*/60"，折扣期限为10天，现金折扣率为2%，信用期限为60天，如果在10天内付款，则可以得到2%的折扣，如果放弃现金折扣，则必须在60天内付清全部货款。现金折扣虽然可以鼓励客户提早付款，但也会增加企业的成本，即价格折扣损失，现金折扣实际上是产品售价的扣减。企业在给予客户现金折扣时，应当比较折扣所能带来的收益与成本，按照成本效益原则进行决策。

由于现金折扣通常和信用期限相结合，因此，企业在采用现金折扣时，应将信用期限与现金折扣结合起来，观察各方案信用期限的改变与折扣能为企业带来多大的边际收益。在净增效益原则下，只要改变后的净增效益大于零，则方案可行。

【例8-7】 沿用【例8-6】，假定该公司在放宽信用条件的同时，为吸引客户尽早付款，将信用条件改为（2/10，1/20，*n*/60），则估计会有60%的客户（按赊销额计算）会利用2%的现金折扣，15%的客户会利用1%的现金折扣，坏账损失率降为5%，收账费用降至65万元，根据相关资料计算如下：

$$应收账款周转期=60\%×10+15\%×20+25\%×60=24（天）$$

$$应收账款周转率=360÷24=15（次）$$

$$应收账款平均余额=9900÷15=660（万元）$$

$$应收账款占用资金=660×60\%=396（万元）$$

$$应收账款的机会成本=396×10\%=39.6（万元）$$

$$坏账损失=9900×5\%=495（万元）$$

$$现金折扣=9900×（2\%×60\%+1\%×15\%）=133.65（万元）$$

根据上述计算资料及计算数据可编制表8-3。

表8-3 某企业信用条件变化情况分析表

项　　目	收账政策（*n*/60）	收账政策（2/10，1/20，*n*/60）
年赊销额（万元）	9900	9900
减：现金折扣（万元）	0	133.65
变动成本（万元）	5940	5940
扣除信用成本前的收益（万元）	3960	3826.35
减：应收账款机会成本（万元）	99	39.60
坏账损失（万元）	594	495
收账费用（万元）	80	65
信用成本合计（万元）	773	599.60
扣除信用成本后的收益（万元）	3187	3226.75

从计算结果可以看出，企业实行现金折扣政策后，收益由原来的3187万元增至3226.75万元，净增收益39.75万元，即该方案的改变能给企业增加边际收益39.75万元，因此，应延长信用期，并提供现金折扣。

（二）收账政策

收账政策指当客户违反信用条件，逾期不付账时，企业所采取的收账策略与措施。企业的收账政策一经确定，一般不宜做大的改变，但有时企业为了加快资金回笼，尽快收回其应收账款，确实需要改变当前的收账政策。由于收账政策的改变会影响企业的收入和成本，因此，企业在改变收账政策时，应对改变前后的成本收益进行比较，看收账政策的改变是否能给企业带来边际收益的增加。合理的收账政策是在改变收账政策所需追加的收账成本与收款政策改变后所节约的坏账损失和机会成本之间进行比较，如果前者小于后者，则应改变当前的收账政策；否则，不宜改变。

【例8-8】某企业的现行收款政策和建议改变收款政策后的有关资料如表8-4所示，目前的有价证券利息率为10%。

表8-4　某企业收款政策的变化情况

项　　目	当前收账政策	拟改变的收账政策
年赊销额（万元）	9000	9000
年收账费用（万元）	30	40
平均收账期（天）	20	10
坏账损失占销售收入的比率（%）	5	3
变动成本率（%）	60	60

根据以上资料可列表分析如下，见表8-5。

表8-5　收款政策变化分析表

项　　目	当前收账政策	拟改变的收账政策
年赊销额（万元）	9000	9000
应收账款周转率（次）	360/20=18	360/10=36
应收账款平均余额（万元）	9000/18=500	9000/36=250
应收账款占用资金（万元）	500×60%=300	250×60%=150
应收账款机会成本（万元）	300×10%=30	150×10%=15
坏账损失（万元）	9000×5%=450	9000×3%=270
收账费用（万元）	30	40
总成本合计（万元）	510	325

上表计算结果表明，该企业采用积极的收账政策虽然使收账费用增加了10万元，但缩短了应收账款的周转期，且机会成本和坏账损失分别减少了15万元和180万元，从而使其边际收益增加了185万元。因此，该企业改变收账政策有利可图，应加以改进。

三、应收账款的确认

一般在销售发生时会同时确认收入，如为赊销，则将确认为应收账款。

如果出售者给予消费者一定的商业折扣，则应收账款的金额为扣除商业折扣后的金额；如果出售者在预设信用条款的基础上外加一个现金折扣来加快现金的流回，此时的应收账款可以通过两种计算方式进行处理。

（1）总值法。总值法下，公司需要根据发票金额确认应收账款。对于在规定账期内收到的金额而言，公司需要按实际收到的金额记录；对于在现金折扣期内收到的金额而言，公司需要确认折扣的金额，该金额用于计算当期的净销售金额。

（2）净值法。在此种方法下，公司需要先剔除所有的现金折扣，再确认应收账款的金额。对于在规定账期内收到的金额而言，除了按实际收到的金额记录外，还需同时确认放弃的销售折扣，期末确认剩余的放弃的销售折扣。（所有放弃的销售折扣在当期确认的损益表中列为"其他收入"）

对于在现金折扣期内收到的金额而言，公司只需确认实际收到的金额。

四、应收账款的计量

在核算应收账款时，可用无法收回的金额来计算其可实现的净值。记录无法收回的金额的方法有直接注销法和备抵法两种。

（1）直接注销法。此方法是企业确认某笔应收账款无法收回时，直接将该笔金额从应收账款中剔除，并在损益表中将该笔损失确认为当期的坏账费用。只是此方法未将费用和收入进行配比，也无法根据可实现净值在资产负债表上报告应收账款，因此，不适用于应收账款的计量（除非未收回的金额很小）。

（2）备抵法。此方法根据配比原则，在期末预估当期的赊销收入中无法收回的应收账款的金额，并确认当期的坏账费用金额，以将此项费用与销售进行配比。预估无法收回金额的方法有销售百分比法和应收账款百分比法。

①销售百分比法又叫损益表法。会计师根据历史经验预估一个坏账比例，并将该比率与当期的赊销金额相乘，推算可能无法收回的金额。

②应收账款百分比法又叫资产负债表法。通过期末应收账款余额来估算可能发生坏账的金额。一般情况下，时间越久的应收账款，收回的可能性越小。

五、应收账款的日常管理

在应收账款发生后，企业应采取各种措施对其进行日常管理，使账款能尽量按期收回，以免因拖欠时间过长而形成坏账，使企业遭受损失。在管理过程中：首先应对客户的信用进行事先的调查与分析，以确定是否给予客户一定的商业信用；其次对应收账款回收过程中的各种情况进行有效监督；最后制定合适的收账政策，以在客户违反信用条件时做好相应的催收工作。

（一）客户信用的分析

对客户的信用进行分析评价是应收账款日常管理的重要内容。只有正确地评价客户的信用状况，才能合理地执行企业的信用政策。要合理评价客户的信用状况：首先要收集客户相关的信息资料；然后要对所收集的客户信息资料进行分析，并对其信用状况进行评价，以确定客户的信用可靠度。有关客户信用分析评价的方法有很多，常见的方法有5C评估法和信用评分法。

（1）5C评估法指通过对影响客户信用的5个关键因素进行定性分析，来判别客户还款意愿与还款能力的一种分析方法。由于这5个因素的英文均以C开头，故称为5C评估法。

①品质（character）指客户的信誉。企业可以通过了解客户的付款历史，看其借款之后一般情况下是否能够按期全额付款，并关注客户与其他供货企业之间的关系是否良好。该因素是衡量客户是否守信的重要标准，也是决定是否给予信用的首要条件。

②能力（capacity）指客户偿还债务的能力。企业可以通过分析客户流动资产的数量与质量，以及与流动负债之间的比例关系来进行综合评估。一般来讲，流动资产越多，其短期内转换为现金支付款项的能力越强。同时，企业也应关注客户流动资产的质量，了解流动资产的构成中是否存在过多的存货积压，是否有过多的不良债权影响其变现能力和支付能力。

③资本（capital）指客户的财务能力与财务状况。企业可以通过直接查阅客户的财务报表，分析相关的财务比率，了解其财务能力及财务状况。

④抵押（collateral）指客户无力支付款项或拒付款项时被用作抵押的资产。通常在宏观经济不景气或对客户财务状况不甚了解的情况下要求客户提供抵押品，一旦客户的款项无法收回，便以抵押品抵补。

⑤条件（condition）指可能影响客户付款能力的经济环境。通过了解客户过去困难时（如经济不景气）期的付款历史，评估是否给予信用。

（2）信用评分法指基于统计学原理，先对客户的一系列财务比率和信用情况进行评分，然后进行加权平均，计算出客户的综合信用分数，并以此进行信用评估的一种方法。信用评分法的基本公式为

$$Y = a_1x_1 + a_2x_2 + a_3x_3 + \cdots + a_nx_n = \sum_{i=1}^{n} a_ix_i$$

式中，Y为某企业的信用评分；a_i为事先拟定出的对第i种财务比率和信用品质进行加权的权数$\left(\sum_{i=1}^{n} a_i = 1\right)$；$x_i$为第$i$种财务比率或信用品质的评分。

现以某企业的财务数据为例来说明这种方法，具体情况如表8-6所示。

表8-6 某公司的信用评分表

项　　目	财务比率和信用品质（1）	分数（x_i）0～100（2）	预计权数（a_i）（3）	加权平均数（a_ix_i）（4）=（2）×（3）
流动比率	0.18	70	0.2	14
资产负债率（%）	75	75	0.1	7.5
销售净利率（%）	2	75	0.1	7.5
信用评估等级	AAA	95	0.25	23.75
付款历史	好	85	0.25	21.25
企业未来预计	尚好	75	0.05	3.75
其他因素	好	85	0.05	4.25
合　　计	—	—	1.00	82.00

在表8-6中：第2列的相关结果是由所收集资料通过分析确定的；第3列的相关结果由第2列所确定；第4列的相关数据由财务比率和信用品质的重要程度来确定。

在采用信用评分法进行信用评估时：80分及以上说明企业的信用状况良好；60～79分说明信用状况一般；60分以下说明信用状况较差。在应用此方法时，需要考虑成本效益原则。因为收集客户信息是需要耗费成本和时间的，所以，只有当这些成本小于应收账款所带来的收益时，此种方法才合适。尤其是对于那些数额不大的应收账款而言，收集信息的成本可能会超过此项应收账款所产生的潜在收益，在这种情况下，应用此方法对企业来讲则是得不偿失。

信用评分法是通过运用成熟的统计学方法来分析很多过去的客户的付款记录而构建起来的，这种方法的特点是：一方面，它能使销售方迅速接受信用好的顾客而拒绝信用不良的顾客；另一方面，该模型需要包含足够的样本，而且样本必须经常更新。

（二）应收账款的监控

由于应收账款的投资占用了企业大量的资金，因此，对应收账款的监控就显得尤为重要。通过对应收账款进行全面监控，可将应收账款的潜在坏账损失降至最小。常见的应收账款监控方法为账龄分析法，就是通过制定账龄分析表来对企业的应收账款进行监控。企业已经发生的应收账款的时间有长有短，有的已经超过收款期，有的尚在收款期内。一般情况下，账款拖欠的时间越长，其收回的可能性越小，发生坏账的可能性越大。通过编制账龄分析表，可将企业所有的应收账款按照发生时间的长短分别列示，使企业所有的应收账款情况及客户遵循信用条件的程度一目了然，便于及时监控。账龄分析表的具体格式如表8-7所示。

表8-7　某企业的账龄分析表

应收账款账龄	应收金额（万元）	坏账准备（万元）	金额比率（%）
1年以内	399 912	19 995.600	93.550
1～2年	21 666.900	2166.690	5.070
2～3年	2755.810	826.742	0.640
3～4年	1413.870	706.936	0.330
4～5年	301.439	241.151	0.070
5年以上	1437.520	1437.52	0.340
合　计	427 487	25 374.6	100

根据上述账龄分析表，我们可以得出以下结论。

（1）有多少账款和客户在信用期内。这些尚在信用期内的账款属于正常欠款，但到期后能否收回，还要做具体分析，因此，对此部分账款应进行及时必要的监控。

（2）有多少账款和客户已经超过信用期，超过时间长短的款项的具体分布情况，以及有多少账款最终会形成坏账。账龄越长的账款，发生坏账的可能性越大。企业应针对不同账龄的客户制定不同的收账政策，采取不同的收账方法，避免出现过多的坏账损失。

（三）收账政策的制定

为避免或减少坏账损失，提高收款效率，企业应制定适宜的收账政策。一般来讲：企业的收账政策过松，则可能拖欠的账款会越来越多，发生坏账的风险会越来越大，应收账款的投资成本也会越来越高；企业的收账政策过严，催收过紧，又可能会得罪无意拖欠的客户，影响公司未来的销售和利润。因此，企业在制定收账政策时必须十分谨慎，既不能过严，也不能过松。

有了合理的收账政策后，在催收拖欠账款的过程中，还应确定合理的收账程序。催收账款的程序一般是：信函通知、电话催收、派员面谈、法律行动。当客户拖欠账款时：先给客户一封有礼貌的通知信件或电子邮件；接着，可寄出一封措辞较直率的信件；进一步则可通过电话催收；如果再无效果，企业的收账员可直接与客户面谈，协商解决；如果协商不成，就只好交给企业的律师采取法律行动。

由于客户拖欠账款的原因不尽相同，因此，企业在催收账款的过程中还应针对不同的原因确定相应合理的讨债方法。客户拖欠账款的原因大致可以分为两类：一类是无力偿还，另一类是故意拖欠。无力偿还是由于客户经营不善，财务出现困境，没有资金偿付到期债务。对于这种情况要进行具体分析：如果客户仅是暂时遇到困难，企业应帮助客户渡过难关，积极寻找债务重组的可能性；如果客户遇到严重困难，已达破产界限，企业应及时向法院起诉，以便在破产清算时得到债权的部分清偿。故意拖欠指客户虽有付款能力，但为了自身利益，想方设法不付款。遇到这种情况，企业需要确定合理的讨债方法，以便账款及时收回。目前，常用的方法为委托追账公司追账，特别是在涉及海外应收账款时，由于时差、语言、商业程序等差异，委托追债公司追债可以弥补企业在这些方面的不足。

第四节 存 货 管 理

一、存货的功能

存货指企业在生产经营过程中为生产或销售而储备的物资，包括各类材料、商品、在产品、半成品、产成品等。企业持有存货的主要功能有以下几个方面。

（一）保证生产与销售的需要

首先，为保证企业的不间断生产，企业必须持有一定数量的原材料，尤其是在生产不均衡和原材料市场波动时，持有一定数量的原材料是必需的。其次，企业在生产经营过程中不是生产一件产品出售一件产品，而是成批生产，成批销售。为满足产品生产批量化、销售批量化的需要，企业应持有一定数量的半成品和产成品，以供销售。

（二）降低进货成本

通常零星采购物资的价格都比较高，而批量购买往往可以获得商业折扣，享受价格上的优惠。批量购买一方面可以降低购买成本，另一方面还可以减少采购费用。但过多的存货会占用企业过多的资金，同时增加相应的管理费用和仓储费用。

（三）维持均衡生产

有些企业的生产经营属于季节性生产，有些企业的产品需求不是很稳定，如果根据需求状况时高时低进行生产，有时生产能力可能得不到充分利用，有时又会出现超负荷生产，这些情况都会使生产成本提高。为降低生产成本，实行均衡生产，企业应储存一定的产成品存货，同时也要保持一定的原材料存货。

（四）防止缺货

企业在生产经营过程中，可能会发生各种意外事件，比如，由于原材料的缺货使得企业不能进行正常生产和销售，给企业造成停工待料的损失，以及由于停工待料不能按时交货给企业造成的信誉损失。为避免和减少意外事件对企业造成的损失，企业应持有必要存货，以防止缺货事件的发生。

二、存货的成本

存货成本指取得和维持存货相关的成本。企业只要持有一定数量的存货，就会发生一定的成本支出。存货成本主要有以下几项。

（一）采购成本

企业为了生产经营，需要购买大量的原材料，采购成本指购买存货而发生的相关支出，主要由买价和运杂费构成。采购成本一般与采购数量成正比，采购的数量越多，其采购成本也越大。单位采购成本一般不随采购数量变动而变动，因此，在批量采购决策中，采购单价与采购数量无关，此时，采购成本可视为与决策无关的成本；但当供应商提供数量折扣等优惠办法时，即量大从优时，采购成本与采购数量密切相关，采购的数量越多，其采购的单位成本可享受的现金折扣就越高，此时，采购成本为与决策相关的成本。

（二）订货成本

订货成本指每次因订购货物而发生的各种成本，包括采购人员的工资、采购部门的一般性费用（如办公费、水电费、折旧费等）和采购业务费（如差旅费、邮电费、检验费等）。订货成本一般与订货的数量无关，而与订货次数有关。企业如果想降低订货成本，就需要降低采购次数，而只有通过大批量采购才能减少订货次数。

（三）储存成本

储存成本指因储存存货而发生的各种成本，主要包括付现成本和资本成本两大部分。付现成本指支付在存货储存过程发生的仓储费、搬运费、保险费、公司自设仓库的一切费用等。资本成本指由于企业将资金投资于存货而放弃了其他投资的机会成本，表现为存货占用资本应计的利息。

有关订货成本和储存成本，在进行存货决策时要对其进行成本分解，将其按成本习性分为固定成本和变动成本两大部分。固定的订货成本和固定的储存成本往往与采购数量无关，如仓库折旧、仓库职工固定工资等视为存货决策中的无关成本。

（四）缺货成本

缺货成本指因存货数量不能及时满足生产和销售的需要而给企业造成的有形和无形的损失。比如，因停工待料而导致的企业无法按期交货所造成的罚款损失及信誉损失，因存货不足而失去的销售机会，以及高价采购所需存货而发生的超额费用等。缺货成本大多属于机会成本，计算比较困难，但为了决策的需要，应采用一定的方法估算出单位的缺货成本。

知识链接：计入存货成本的相关税费有哪些？

消费税：生活中常见的烟酒、鞭炮、化妆品、小汽车、汽油等成品油、电池都是需要缴纳消费税的，外购商品的这些税费随同商品一起计入"存货成本"。注意：如果委托外单位加工的存货在收回后直接出售，则消费税计入"存货成本"；如果收回后继续加工成应税消费品，则计入"应交税金——消费税"。

资源税：原油、天然气、煤炭等自然资源是需要缴纳资源税的，资源税也要一同计入"存货成本"。

增值税：对于一般纳税企业来说，要单独计入"应交税金-增值税-进项税额"，日后用来抵扣增值税。但是，小规模企业应直接计入"存货成本"。

三、存货管理政策

为保证企业的正常生产和销售需要，企业必须持有一定的存货，但无论持有多少数量的存货都会产生相应的成本。企业如果持有过多数量的存货，则其缺货的损失会减少，但储存成本却随之增加；反之，如果持有存货数量过少，则储存成本会随之减少，但缺货成本却增加。因此，企业应对存货资产进行合理规划，有效配置存货数量和资本使用效率，在保证企业正常的生产经营下使存货的投资成本最小。通常，对存货资产的规划都是通过存货经济批量模型来进行的，存货经济批量模型有基本模型和扩展模型两种。

（一）经济订货批量基本模型

经济订货批量基本模型主要是帮助我们确定每次最佳的订货数量，以使整个期间的存货相关总成本最小。它是基于以下假设建立的。①企业能够及时到货，需要订货便可及时取得，即所需存货市场供应充足，不会因买不到需要的存货而影响生产经营。②存货能集中到货，而不是陆续入库。③不允许缺货，即不考虑缺货成本。④一定时期存货的需求量稳定，并能预测，即需求量已知。⑤存货单价不变，即不考虑现金折扣。⑥企业现金充足，不会因现金短缺而影响进货。

订货批量指每次订购货物的数量。经济订货批量指既能满足生产经营的需要，又能使存货成本费用达到最低的一次订货数量。在不存在数量折扣的批量决策中，采购成本与采购数量无关，此时，采购成本为无关成本。根据基本模型的上述假设条件，在经济订货批量中不考虑缺货，缺货成本视为与决策无关的成本，因此，在基本模型中，与经济订货批量决策相关的成本只有订货成本与储存成本。在全年存货需求量既定的情况下，订购批量越小，订货次数越多，订货成本就越高，但储存成本却越低。反之，订货批量越大，订货次数越少，订货成本越低，但相应的储存成本却越高。存货决策的目的是找出在满足企业正常生产经营的前提下，使存货的投资成本达到最小的订货数量。在基本模型中，使订货成本与储存成本两种相关成本之和最低的订货数量就是经济订货批量。

假设：D为某种存货的全年需求量；Q为订货批量；F为每批的订货费用；C为单位存货年储存成本，T为年成本总额。则：年订货次数为D/Q；平均储存量为$Q/2$，如图8-5所示。

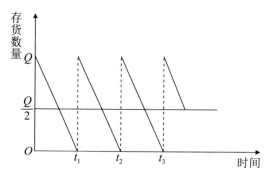

图8-5   集中到货时存货数量的变动

全年总成本（T）＝年订货成本＋年储存成本＝$\dfrac{D}{Q} \cdot F + \dfrac{Q}{2} \cdot C$。

求T对Q的一阶导数并令其等于零，得：

$$T' = \left(\frac{D}{Q} \cdot F + \frac{Q}{2} \cdot C \right)' = \frac{C}{2} - \frac{DF}{Q^2} = 0$$

可得经济订货批量：

$$Q = \sqrt{\frac{2DF}{C}}$$

将上式代入总成本的计算公式，可以求出最低年成本为

$$T^* = \sqrt{2DFC}$$

【例8-9】某企业全年需要某种材料8000kg，每次订货成本为20元，单位储存成本为2元，求最佳经济订货批量、最低年成本及年订货次数。

答：经济订货批量 $Q = \sqrt{\dfrac{2DF}{C}} = \sqrt{\dfrac{2 \times 8000 \times 20}{2}} = 400$ （件）

最低年成本 $T^{*}=\sqrt{2\times8000\times20\times2}=800$ （元）

年订货次数 $=D/Q=8000/400=20$ （次）

（二）经济订货批量扩展模型

存货经济批量基本模型是在很多假设条件下建立的，但在现实中满足上述所有假设是不切实际的。为使模型与现实更为相符，我们可以将基本模型中的一些假设条件逐个放宽，使其更为符合实际。

1. 有数量折扣的经济批量模型

在经济订货批量基本模型中，我们假设存货单价不变，即存货价格不随其采购数量变化而变化，因此，在基本模型中，采购成本被视为与采购无关的成本。但在实际生活中，许多商家为了扩大销售，在销售时都会量大从优，当采购数量达到相应水平时会提供相应的价格折扣优惠。在这种情况下，采购成本与采购数量密切相关，采购数量影响着采购成本，此时的采购成本与采购决策紧密相关，为相关成本。因此，在数量折扣模型下，与采购决策相关的成本除了订货成本、储存成本外，还包括采购成本，此时的总成本为

$$T=\frac{D}{Q}\cdot F+\frac{Q}{2}\cdot C+p(1-d)\times D$$

式中，p为存货单价；d为数量折扣率。

使这三项成本之和最低的采购数量就是最佳经济订货批量。

【例8-10】 某企业全年需要A材料1200kg，每次订货成本为400元，单位储存成本为6元，该种材料买价为10元/kg。供应商规定：若每次订购量在600kg以上可获得2%的折扣，要求：判断公司最佳经济订货量应是多少。

答：确定最佳经济订货批量，一般按以下步骤进行计算。

第一步：计算无数量折扣下的经济订货批量Q。

$$Q=\sqrt{\frac{2DF}{C}}=\sqrt{\frac{2\times1200\times400}{6}}=400(kg)$$

第二步：计算无数量折扣下的总成本（订货成本、储存成本、采购成本）。

$$T=\frac{D}{Q}\cdot F+\frac{Q}{2}\cdot C+p(1-d)\times D=\frac{1200}{400}\times400+\frac{400}{2}\times6+1200\times10=14\,400(元)$$

第三步：计算接受数量折扣时（即订货批量为600kg）的总成本（订货成本、储存成本、采购成本）。

$$T_{600}=\frac{D}{Q}\cdot F+\frac{Q}{2}\cdot C+p(1-d)\times D=\frac{1200}{600}\times400+\frac{600}{2}\times6+1200\times10\times(1-2\%)=14\,360（元）$$

第四步：确定最佳经济订货批量，选择总成本最低的订货数量即为最佳经济订货批量。

根据上述计算结果，比较各方案的总成本，可知订货量为600kg时，总成本最低，因此，最佳经济订货批量应为600kg。

2. 存货陆续供应和使用的经济批量模型

在基本模型中，我们假设存货为集中到货，陆续使用，在这个假设条件下，存货的存量变化为一条垂直的直线，年平均存货量为$Q/2$。而事实上，有些存货是订货后陆续到达、陆续使用的情况，因此我们需要将集中到货这条假设放松，对基本模型进行扩展。

假设每批订货数量为Q，每日送货量为S，这批货全部送完需要Q/S天，即送货期为Q/S，每日耗用量为f，每日存货剩余量为$(S-f)$，由于存货边送边用，故每批送完时，最高库存量为$Q/S×(S-f)$，平均存货量为

$$\frac{1}{2}×\frac{Q}{S}·(S-f)=\frac{Q}{2}·\left(1-\frac{f}{S}\right)$$

很显然，每日耗用量f要小于每日送货量P。因此，与批量相关的存货总成本为

$$TC(Q)=\frac{D}{Q}·F+\frac{Q}{2}·(S-f)×C$$

同样，求T对Q的一阶导数并令其等于零，得

$$Q=\sqrt{\frac{2DF}{C}·\left(\frac{S}{S-f}\right)}$$

最低年成本为

$$T^{*}=\sqrt{2DFC·\left(1-\frac{f}{S}\right)}$$

由于此模型中的存货为边送边用，因此，该模型中的经济订货批量Q要大于集中到货情形下（基本模型）的经济批量Q。由于存货陆续到货，企业平均库存量下降，年储存成本也随之下降，因此，该模型中的年成本T^{*}要小于基本模型中的T^{*}。企业自制零部件属于边送边用的情况，因此，该扩展模型除了适用于陆续送货决策外，还可以适用于自制在产品或零部件的经济生产批量决策。

【例8-11】某企业全年需要某种零部件2700件，每日送货量为25件，每日消耗量为9件，每次订货成本为100元，单位储存成本为6元，计算其经济订货批量及总成本。

答：经济订货批量$Q=\sqrt{\dfrac{2×2700×100}{6}×\dfrac{25}{25-9}}=375$（件）

总成本$T^{*}=\sqrt{2×2700×100×6×\left(1-\dfrac{9}{25}\right)}=1440$（元）

上述计算结果表明，在陆续供货、陆续使用的情况下，最佳经济订货批量应为375件，此时年成本为1440元。

（三）再订货点与保险储备量

企业除了要知道每次需要订多少货外，还需要知道在什么时候订货。经济批量模型在企业存货的相关总成本最低的情况下，确定每批最优的订货数量。由于从订货到供应商交货还需要一段时间，在这段时间期内，企业仍然需要存货来进行正常的生产经营，

因此，为保证企业的生产和销售正常进行，企业必须在存货用完之前提前订货，即企业必须正确确定在什么时候订货最为合适，也就是要确定"再订货点"。再订货点指企业订购下一批存货时，本批存货的储存量。如果订货过早，则会造成存货的闲置与资本的积压；如果订货过晚，则存货的储备量会下降，可能会产生缺货，进而影响企业的正常生产经营。因此，再订货点的确定是企业存货决策的一项重要内容。

假设 L 为交货时间，d 为平均每天的存货需求量，则在交货时间不变且不考虑缺货的情况下，企业应在上批存货用至还剩 $L \cdot d$ 的数量时，接着订下一批货物，即此时的再订货点为 $L \cdot d$。

上述再订货点是基于以下假设确定的：企业存货的供需稳定；全年存货的需求量已知，且每天的需求量不变。在这种假设下，存货的交货时间不变。但事实上，情况并非完全如此，一方面，企业对存货的需求量经常会因为市场上各种原因而发生变化，另一方面，供货方也会发生延迟供货的情形。一旦企业对存货的需求量猛增或者是供应商未能及时供货，就会给企业造成巨额损失。基于这些不确定性因素，企业必须保持一定的保险储备，以防因不确定性因素而造成的损失。如果考虑保险储备量，则企业的再订货点应为

$$R = L \cdot d + B$$

式中，R 为再订货点；L 为正常的交货时间；d 为平均每天存货的需要量；B 为保险储备量。

即当上一批存货还剩 R 时，企业就应该订下一批货物了。

【例8-12】 假设某生产材料的全年平均日耗用量为30件，平均每次交货时间为15天，为防止需求变化导致缺货损失，该材料的保险储备量为200件，试计算该企业的再订货点。

答：再订货点 $R = L \cdot d + B = 15 \times 30 + 200 = 650$ （件）

在一个订货周期内：若 $d = 30$，则不需要动用保险储备；若 $d > 30$，则需求量大于供货量，需要动用保险储备；若 $d < 30$，则不仅不需要动用保险储备，而且在正常储备未用完时，下次存货即已送到。

保险储备量的建立可以使企业避免缺货或因存货供应不及时而造成的损失，降低缺货成本，但保险储备量增加了存货的数量，其储存成本也相应增加。如果保险储备量过低，则其储存成本会下降，但缺货成本会上升；如果保险储备量过高，则缺货成本会下降，但储存成本会上升。因此，保险储备量的确定是在储存成本与缺货成本之间进行权衡。使这两项成本之和达到最低的保险储备量就是最佳保险储备量。

四、存货控制

（一）ABC管理法

ABC管理法最早由意大利经济学家巴雷特于19世纪提出，后被不断发展和完善，现已广泛应用于存货管理、成本管理和生产管理。ABC管理法的基本原理是企业在对

存货进行控制时，应分清主次和管理的重点，根据存货的不同特点进行分类管理。具体而言就是根据存货的重要性程度将存货分为A、B、C三类，其中最重要的是A类存货，然后是B类，最后是C类。一般A类存货的价值占据存货总价值的70%左右，但其数量只占存货总量的10%左右；而C类存货则刚好和A类相反，C类存货价值在存货总价值中的比例比较低，一般占存货总价值的比例为10%左右，但其数量和品种却占存货总量的70%左右；B类存货则介于A类和C类之间，B类存货的价值一般为存货总价值的20%左右。

在运用ABC管理法对存货进行管理时，一般分为以下几个步骤。首先，计算每一种存货在一定时间内（一般为一年）的资金占用额，即存货的价值。其次，计算每一种存货资金占用额占全部资金占用额的百分比，并按大小顺序排列，编成表格。再次，根据事先制定好的标准，把最重要的存货列为A类，一般存货列为B类，不重要的存货列为C类，并用图表列示出来。最后，按照ABC管理法控制的原则，对A类存货进行重点管理和控制，对B类存货进行次重点管理，对C类存货只进行一般管理。例如：假设10%的存货种类占了存货总价值的75%，25%的存货占了存货总价值的20%，而65%的存货只占据了存货总价值的5%，具体如图8-6所示。

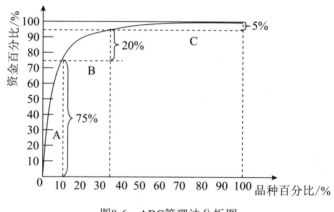

图8-6　ABC管理法分析图

（二）准时生产制（JIT）

准时生产制（just-in time，JIT）又称为无库存生产方式，其最早是由丰田汽车公司于20世纪50年代首先创立并推行的。20世纪70年代中期以后，伴随着日本丰田汽车公司在世界市场竞争中的节节胜利，准时生产制（JIT）被当作日本企业成功的秘诀，受到众多西方企业界人士和管理学家的广泛关注。企业的生产系统如果真正在准时生产制的状态下运行，它的库存就被减至最小的程度，因此，JIT又被誉为"零库存"管理。很显然，JIT的零库存是企业理想的状态，其主要目的是在原材料、产品及产成品保持小库存的情况下实现大批量生产。在准时生产制下，原材料应正好在需要它们的时候准时获得，其思想就是在对生产和销售无负面影响的情况下持有零存货或存货尽可能接近于零，从达到缩减存货成本的目的。众所周知，企业持有的存货越少，其储存成本就越低，减值的风险也越低，如果企业的存货持有数量为零，则其储存成本和资产减值缺失就降为零。为达到准时生产制的零存货目的，企业在整个生产过程中都需要与供应商和销售商进行全面广泛的合作。在JIT的生产方式中，质量管理贯穿于企业的每一道工序中，通过全面质量管理来提高产品质量，同时降低成本。而全面质量管理又要求企业的全员参与，只有通过企业全体员工的共同努力，才能达到提高企业产品和服务质量的同时降低成本。

准时生产制和经济订货批量模型都是使持有和订购存货的成本最小。经济订货批量模型通过确定最佳订购数量的商品使其成本最小，而准时生产制则通过关注这些成本的来源使其成本达到最小。

（三）ERP管理法

随着英特网的普及与信息技术的发展，借助信息化的先进成果来管理存货已成当前存货管理领域最热门的话题之一。ERP又叫企业资源计划系统，是建立在信息技术基础上，以系统化的管理思想为企业决策层及员工提供决策运行手段的管理平台。如今，ERP的观念已深入人心，而各大软件公司也纷纷推出各种版本的ERP管理软件，引入ERP已是实现存货信息化管理的必由之路。现在，大多数软件公司推出的ERP系统中都包含了相应的存货管理模块，企业可以通过计算机精确、快速的响应来实现对存货的有效管理。随着ERP观念的深入，引入ERP的企业也不计其数。家电连锁巨头苏宁就是通过ERP来实现对全国各个分店存货的有效统一管理。众所周知，连锁企业对存货的流转要求最高，从后台库存到前台POS机，从总部到每个分店，都要经过繁杂的程序，存货周转成本很大。通过引入ERP管理系统，苏宁在全国各个分店实现了统一平台、统一供货。从后台库存到前台POS机，从总部到每个分店，都在同一个平台上工作，这就可以实现与上级的对接，大大减少仓库的储存量。ERP系统的实施使苏宁可以在一定半径里，让这个区域里面所有的门店都共享一个仓库，这就大大减少了库存量，提高了库存周转率，加快了资金流转的速度，提高了企业效益。虽然ERP能给企业带来可观的好处，但引入ERP要耗费企业大量的精力和资源，且还要不断地对固有的管理模式进行更新，对员工的适应性要求较高。

思考题

前三星公司CEO尹钟龙认为，手机与寿司存在许多共同点。他说，再贵的鱼，一两天后也会变得便宜。无论是寿司店，还是数码业，存货都是有害的，速度就是一切。你如何理解这种观点？

练习题

练习题1
一、目的：掌握最佳现金持有量的计算。

二、资料：某企业现金收支状况稳定，其年现金需求量为20万元，每次有价证券的转换成本为400元，有价证券的年利率为10%。

三、要求：

（1）计算该企业的最佳现金持有量。

（2）计算最佳现金管理的相关总成本。

（3）计算一年内的最佳变现次数。

练习题2

一、目的：掌握信用政策改变决策方法。

二、资料：某公司目前的赊销收入为3000万元，变动成本率为70%，资本成本率为12%，信用条件$n/30$，坏账损失率2%，年收账费用48万元。该公司拟改变信用政策以增加销售收入10%，有A、B两个方案可供选择。

A方案：坏账损失率3%，年收账费用70.2万元。

B方案：信用条件（2/10，1/20，$n/60$），坏账损失率2%，收账费用58.78万元，客户分布为10日内付款占60%，20日内付款占15%，60日内付款占25%。

三、要求：通过计算说明该公司是否应改变目前的信用政策。若改变，应采纳哪个方案。

练习题3

一、目的：掌握经济订货量基本模型的计算。

二、资料：某公司本年度需耗用A材料2000kg，该材料采购成本为1元/kg，年度储存成本为10元/kg，平均每次进货费用为100元。

三、要求：

（1）计算本年度A材料的经济订货批量。

（2）计算本年度A材料经济订货批量下的相关总成本。

（3）计算最优订货次数。

练习题4

一、目的：掌握经济订货量扩展模型的计算。

二、资料：某企业全年耗用B材料8000件，每次订货成本100元，单位存货年储存成本为10元，该材料的价格为20元/件。若企业一次订货800件以上，则可享受3%的折扣，一次订货1000件以上，则可享受4%的折扣。

三、要求：计算该企业的最佳经济订货批量。

扩展阅读8.2

案例分析

第九章　融资概述

本章学习提示

本章重点：金融市场的类型、融资方式、融资模式。

本章难点：货币市场和自资本市场，内部资金与外部资金，直接筹资和间接筹资。

本章导读

党的十八大以来，我国资本市场改革不断深化，各项制度逐渐完备，目前已形成涵盖沪深主板、科创板、创业板、北交所、新三板、区域性股权市场、私募股权基金在内的多层次资本市场。2019年7月22日科创板注册制落地后，我国资本市场正式开启了全面注册制改革，已形成从科创板到创业板，再到全市场的"三步走"的注册制改革布局。注册制是我国多层次资本市场体系建设的一次重大探索，是对资本市场发展理念、监管思路、审核方式的一次深刻变革。这些变革将有效畅通企业上市融资渠道，丰富企业融资方式，提高直接融资的规模和比重，为实体经济提供大量的资金，对整个金融市场的发展影响深远，也会对企业融资方式、融资渠道以及融资模式的选择产生重要的影响。

资料来源：https://baijiahao.baidu.com/s?id=1680974002934750267&wfr=spider&for=pc。

第一节　金融市场

金融市场是财务管理环境的重要因素。公司的财务管理环境是对公司财务活动产生影响的公司外部条件，理财环境是公司决策难以改变的外部约束条件。公司财务决策更多的是适应理财环境的要求和变化，而不是设法改变环境。

金融市场种类繁多，每个金融市场服务于不同的交易者，有不同的交易对象。金融市场可能是一个有形的交易场所，如在某一个建筑物中进行交易，也可能是无形的交易场所，如通过通信网络进行交易。按照不同的标准，金融市场有不同的分类，下面仅介绍与公司投资和筹资关系密切的金融市场类型。

1.货币市场和资本市场

金融市场按照所交易的金融工具的期限是否超过一年分为货币市场和资本市场。这两类金融市场的功能不同，所交易的证券期限、利率与风险也不同。

货币市场指短期金融工具交易的市场，交易的证券期限不超过一年。通常情况下，短期债券利率低于长期债券利率，短期利率的波动大于长期利率。货币市场的主要功能是保持金融资产的流动性，以便随时转换为货币，可以满足借款者的短期资金需求，同时为暂时性闲置资金找到出路。货币市场工具包括短期国债、大额可转让定期存单、商业票据和银行承兑汇票等。

资本市场指期限在一年以上的金融工具交易市场。资本市场包括银行中的长期存贷市场和有价证券市场。由于长期融资证券化成为一种趋势，因此，资本市场也称为证券市场。与货币市场相比，资本市场所交易的证券期限较长，超过一年，风险较大，利率或要求的报酬率较高。资本市场的主要功能是进行长期资本的融通。资本市场的工具包括股票、公司债券、长期政府债券和银行长期贷款等。

2. 债务市场和股权市场

金融市场按照证券的不同属性，分为债务市场和股权市场。

债务市场交易的对象是债务凭证，例如，公司债券、抵押票据等债务凭证是一种契约，借款者承诺按期支付利息和偿还本金。债务工具的期限在一年以下的是短期债务工具，期限在一年以上的是长期债务工具，有时也把1~10年的债务工具称为中期债务工具。

股权市场交易的对象是股票，股票是分享一个公司净利润和净资产权益的凭证，持有人的权益按照公司总权益的一定份额表示，没有确定的金额。股票的持有者可以不定期地收取股利，且股票没有到期期限。

股票持有人与债务工具持有人的索偿权不同。股票持有人是排在最后的权益要求人，公司必须先支付债权人，然后才可以向股票持有人支付。股票持有人可以分享公司盈利和净资产价值增长，但股票的收益不固定，而债权人却能按照约定的利率得到固定收益，因此，股票风险高于债务工具。

3. 一级市场和二级市场

金融市场按照所交易证券是否为初次发行分为一级市场和二级市场。

一级市场也称发行市场或初级市场，是资本需求者将证券首次出售给公众时形成的市场。它是新证券和票据等金融工具的买卖市场。该市场的主要经营者是投资银行经纪人和证券自营商。它们承担政府公司新发行证券的承购或分销。投资银行通常采用承购包销的方式承销证券，承销期结束后的剩余证券由承销人全部自行购入，发行人可以获得预定的全部资金。

二级市场是各种证券发行后在不同投资者之间买卖流通所形成的市场，也称流动市场或次级市场，该市场的主要经营者是证券商和经纪人。证券持有者在需要资金时，可以在二级市场将证券变现。想要投资的人也可以进入二级市场购买已经上市的证券，出售证券的人将获得资金，但该证券的发行公司不会得到新的资金。

一级市场和二级市场有密切的关系。一级市场是二级市场的基础，没有一级市场就不会有二级市场。二级市场是一级市场存在和发展的重要条件之一。二级市场使得证券更具流动性，正是这种流动性使证券受到欢迎，投资者才更愿意在一级市场购买。某公司证券在二级市场的价格决定了该公司在一级市场上新发行证券的价格。一级市场上的购买者只愿意向发行公司支付其认为二级市场可接受的价格。二级市场上的证券价格越高，公司在一级市场出售的证券价格就越高，发行公司筹借的资金也越多，因此，与企业理财关系更为密切的是二级市场，而非一级市场。

4.场内交易和场外交易市场

金融市场按照交易程序分为场内交易市场和场外交易市场。

场内交易市场指各种证券的交易所。证券交易所有固定的场所、固定的交易时间和固定的交易规则，按交易所拍卖市场的程序进行交易。证券持有人在拟出售证券时，可以通过电话或网络终端下达指令，该信息输入交易所撮合主机按价格从低到高排序，低价者优先。拟购买证券的投资人用同样的方法下达指令，按照由高到低排序，高价优先。出价最高的购买人和出价最低的出售者取得一致时成交。证券交易所通过网络形成全国性的证券市场，甚至形成国际化市场。我国多层次资本市场结构如图9-1所示。

场外交易市场没有固定的场所，持有证券的交易商分别进行。任何人都可以在交易商的柜台上买卖证券，价格由双方协商形成。这些交易商互相用计算机网络联系，掌握各自开出的价格，竞价充分，与有组织的交易所并无多大差别。场外交易市场的交易对象包括股票、债券、可转让存单和银行承兑汇票等。

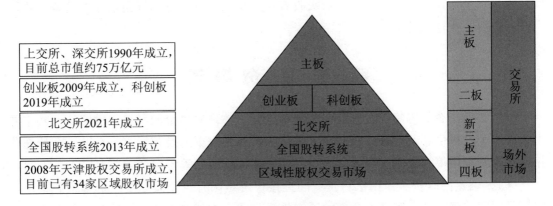

图9-1　我国多层次资本市场结构

第二节　融资方式

资金筹集方式指企业筹措资金所采用的具体形式或工具，体现了资金的属性和期限。如果说筹资渠道属于客观存在，那么，筹资方式则属于企业主观能动行为。企业筹资管理的重要内容是如何针对客观存在的筹资渠道选择合适的筹资方式进行筹资。认识筹资方式的种类及各种筹资方式的属性有利于企业选择适宜的筹资方式，并有效进行筹资组合，降低成本，提高效益。

（1）吸收直接投资。吸收直接投资是企业以协议的形式筹集政府、法人、自然人等直接投入的资金，形成企业投入资本的一种筹资方式。这种方式不以股票为媒介，所以适用于非股份制企业，是非股份制企业取得权益资本的基本方式。

（2）发行股票。发行股票筹资是股份制公司按照公司章程依法发售股票直接筹资，形成公司股本的一种筹资方式。发行股票筹资要以股票为媒介，仅适于股份公司，是股份公司取得权益资本的基本方式。

（3）利用留存收益。利用留存收益是企业将实现的净利润留存在企业内部，成为企业的资金来源。

（4）银行借款。银行借款筹资是企业按照借款协议从银行等金融机构借入各种款项的筹资方式。这种方式广泛适用于各类企业，是企业获得长期和短期债务资本的主要筹资方式。

（5）发行债券。发行债券筹资是企业按照债券发行协议来发售债券直接筹资。

（6）商业信用。商业信用筹资是企业通过赊购商品或劳务、预收货款等交易行为来筹集短期资金的一种筹资方式。这是中小型企业最重要的短期筹资方式。

（7）租赁筹资。租赁筹资是企业按照租赁合同租入资产，从而筹集资本的特殊方式。

以上所述的各种筹资方式中：发行债券和租赁筹资主要为企业获得长期债务资本；商业信用筹资方式往往可为企业筹集短期债务资金；银行借款既可用于筹集长期债务资本，也可用于短期债务资金的筹集；吸收直接投资、发行股票和利用留存收益等方式可为企业取得永久性权益资本。

第三节　融资渠道

筹资渠道指企业筹集资金来源的方向与通道，体现着资金的源泉与供应量，其主要由社会资金的提供者及数量分布决定。认识和了解各个渠道及其特点，有助于企业充分拓宽和正确利用筹资渠道。概括起来，目前，我国企业的筹资渠道主要有以下几方面。

（1）国家财政资金。国家对企业的直接投资是国有企业最主要的资金来源渠道，特别是国有独资企业，其资本全部由国家投资形成。在现有国有企业的资金来源中，其资本部分大多是由国家财政以直接拨款的方式形成的。从产权关系上来看，它们都属于国家作为所有者投入的资金，产权归国家所有。

（2）银行信贷资金。各类企业的重要资金来源是各种银行的贷款。银行一般分为商业性银行和政策性银行。商业性银行为各类企业提供商业性贷款，政策性银行主要为特定企业提供政策性贷款。为适应不同类型企业的资金需求，银行也采取了多种贷款方式。随着我国社会主义市场经济的不断发展，我国银行的贷款方式将更多元化。

（3）非银行金融机构资金。非银行金融机构资金也可以为一些企业提供一定的筹资来源。他们有的直接集聚社会资本，融资融物，如典当行、融资租赁公司；有的承销证券，为一些企业直接筹集资金或为一些公司发行证券筹资，提供承销信托服务。这种筹资渠道的财力虽然比银行小，但具有广阔的发展前景。

（4）其他企业资金。企业在生产经营过程中，往往会形成部分暂时闲置的资本，并因一定的目的而进行相互投资；另外，在市场经济条件下，企业间的购销业务可以通过商业信用的方式来完成，从而形成企业间的债权债务关系，形成债务人对债权人的短期信用资金占用。企业间的相互投资和商业信用使其他企业的资金也成为企业资金的重要来源。

（5）民间资金。民间资本可以为企业直接提供筹资来源。我国企业和事业单位的职工和广大城乡居民持有的大笔货币资金可以对一些企业直接进行投资，为企业筹资提供资金来源。

（6）企业自留资金。企业自留资金指企业内部形成的资金，主要包括计提折旧、提取公积金和未分配利润等。这些资本的重要特征之一是他们无需企业通过一定的方式去筹集，而直接由企业内部自动生成或转移。

（7）外商资金及港澳台资金。改革开放以来，外国投资者及我国香港、澳门和台湾地区的投资者已成为企业资金筹集的重要来源。随着世界经济一体化的进一步发展，其资金将在我国内地的建设中发挥更大的作用。

各种筹资渠道在所能提供的资金量方面存在着较大的差别。有些渠道的资金供应量大，如银行信贷资金和非银行金融机构资金等。而有些则相对较小，如企业自留资金等。这种资金量的大小在一定程度上取决于财务管理环境的变化，特别是宏观经济体制、银行体制和金融市场的发达程度等。

扩展阅读9.1

案例分析

第四节　融　资　模　式

企业从不同的筹资渠道、采用不同的筹资方式筹集的资金，按不同的标准可分为不同的类型。

（一）长期资金与短期资金

按照所筹资金使用时间的长短可分为长期资金和短期资金。

1. 长期资金

长期资金是企业筹集的使用期限在一年以上的资金。企业的资本金、长期债券、长期借款等都是长期资金。广义的长期资金又可以分为中期资金和长期资金。一般来说：使用期限在一年以上至五年以内的资金为中期资金；使用期限在五年以上的资金为长期资金。

企业长期资金主要用于构建固定资产、取得无形资产、开展长期投资、垫付于长期性流动资产等。长期资金通常采用吸收直接投资、发行股票、发行债券、长期借款、融资租赁等方式来筹措。

2. 短期资金

短期资金是企业筹集的使用期限在一年以内，用于生产经营过程中短期周转所需的资金。短期资金主要用于流动资产、零星技术改造等方面。企业的短期借款、应付工资、应付税金等流动负债属于短期资金。

一个企业的长期资金和短期资金的比例关系构成企业全部资金的期限结构。资金的期限结构对企业的风险与收益会产生一定的影响，企业应根据资金的使用期限进行合理搭配。此外，长期资金与短期资金亦可相互融通。在长期资金富裕的情况下，可临时用于弥补短期资金的短缺；在短期资金充足的情况下，亦可暂时用来补充长期资金的不足。

（二）自有资金与借入资金

按照所筹资金的所有权性质可分为自有资金和借入资金。

1. 自有资金

自有资金又叫权益资金，指企业投资者投入且拥有所有权的一部分资金，包括企业资本金、资本公积金、盈余公积金和未分配利润。按照国际惯例，自有资金包括实收资本和留存收益，是一个企业经济实力的体现。自有资金具有以下特点。

（1）所有者以此参与企业经营管理，取得收益，对企业经营承担有限责任。

（2）属"永久性资金"，在企业存续期内只能依法转让，所有者不得以任何形式抽回。

（3）无还本付息压力，财务风险低。

2. 借入资金

借入资金指企业从债权人处所借得的那部分资金，包括银行借款、应付债券等。企业借入资金形成企业负债，而这种负债利息可列入企业成本费用中。当投资收益率高于负债利息率时，利用借入资金进行生产经营活动可以提高企业自有资金利润率。借入资金具有以下特点。

（1）企业承担到期还本付息的责任，风险较大。

（2）债权人无权参与经营管理，对企业的企业债务不承担责任。

（3）特定条件下，有些借入资金可转换为自有资金，如可转换债券等。

（三）内部资金与外部资金

按照所筹资金的来源分为内部资金与外部资金。

1. 内部资金

内部资金是企业在其内部通过计提折旧、留用利润等方式形成的资金。其中：计提折旧不增加企业的资金总量，只改变资金的形态，其数量取决于企业的折旧资产及其政策；留用利润则增加企业的资金总量，其数量取决于企业的可供分配利润及利润分配政策。内部资金的筹集一般不需要支付筹资费用。

2. 外部资金

外部资金是企业在其内部资金不足时，向企业外部筹集形成的资金。外部资金一般需要花费筹资费用，如借款时支付的手续费，发行股票、债券时支付的相关费用等。

（四）直接筹资与间接筹资

企业筹资按是否通过金融机构的信贷可分为直接筹资和间接筹资两种类型，其关系如图9-2所示。

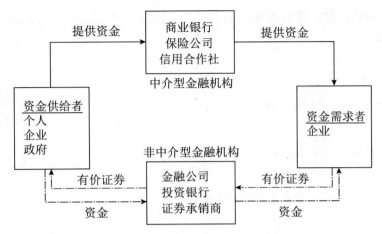

图9-2　直接筹资与间接筹资的关系

1. 直接筹资

直接筹资指企业不通过银行等金融机构中介，直接与资金供应者协商借款或直接在金融市场上通过发行股票、债券等方式筹集资金。在图9-2中，虚线部分表示直接筹资的过程。在直接筹资过程中，筹资者和投资者通过双方都接受的合法手段，资金的需求者（筹资方）通过向资金的提供者（投资方）交付有价证券的形式，直接获取资金，直接实现资金从所有者转移到资金使用者手中，该有价证券为双方交换资金的法律凭据。直接筹资具有以下的特点：①受金融市场及企业法规的限制较大；②通常需依附于一定的载体，如股票、债券等；③筹资范围广，可利用的筹资方式较多，随着金融创新的不断增多，企业的选择更多，直接筹资是企业筹资较有发展前途的方式。

2. 间接筹资

间接筹资是企业借助于银行等金融机构进行的筹资。在间接筹资活动过程中，资金的提供者将资金贷给银行等中介型的金融机构，这些金融机构将从个人、企业、政府等处所获得的资金以金融机构的名义提供给资金的需求方。因此，在间接筹资中，银行等金融机构发挥着重要的中介作用。间接筹资的主要形式为银行借款、非银行金融机构借款、租赁筹资等。间接筹资是我国企业目前最重要的手段，它具有筹资效率高的优点，但范围较窄、方式单一，不能完全满足企业筹资的需要。

3. 直接筹资与间接筹资的区别

直接筹资与间接筹资相比，具有明显的区别，主要表现为以下几个方面。

（1）筹资机制不同。直接筹资有赖于资本市场机制，以各种证券如股票和债券为媒介；而间接筹资则既可运用市场机制，也可运用计划或行政手段。

（2）筹资范围不同。直接筹资具有广阔的领域，可利用的筹资渠道和筹资方式比较多；而间接筹资的范围相对较窄，筹资渠道和筹资方式比较少。

（3）筹资效率和筹资费用高低不同。直接筹资因程序较为繁杂，准备时间较长，故筹资效率较低，筹资费用较高；而间接筹资过程简单，手续简便，故筹资效率高，筹资费用低。

（4）筹资效应不同。直接筹资可使企业最大限度地筹集社会资本，并有利于提高企业的知名度和资信度，改善企业的资本结构；而间接筹资主要是为了适应企业资金周转的需要。

扩展阅读9.2

案例分析

思考题

　　1. 简述我国金融市场的类型。

　　2. 一级市场和二级市场有哪些区别？

　　3. 企业具有哪些融资渠道？

　　4. 企业的融资模式有哪些？

　　5. 直接融资和间接融资具有哪些区别？

扩展阅读9.3

案例分析

第十章 权益资本融资决策

本章学习提示

本章重点：资本金制度，吸收直接投资，发行普通股、优先股和认股权证。

本章难点：普通股融资、认股权证融资。

本章导读

广联航空工业股份有限公司（以下简称"广联航空"）成立于2011年2月25日。公开资料显示，广联航空深耕航空产业链近十年，专注于航空工业配套制造领域，以航空工装业务为基础，目前已经形成集航空工装、航空零部件、无人机整机及航空辅助工具与设备的研发、制造于一体的产业链布局。值得一提的是，广联航空的无人机业务开展时间比较晚，但依托公司此前在航空工装和零部件领域的技术积累，无人机业务得以形成从设计到批量生产的全产业链，覆盖下游整机生产等高附加值环节，近三年营收增长逾40倍，成为公司营收业绩的增长源泉。而《中国制造2025》和《中华人民共和国国民经济和社会发展第十三个五年规划纲要》均提出要推进无人机的产业化，在政策层面为无人机市场提供了可持续增长的"温床"。广联航空需要借此东风将无人机业务的增量空间进一步打开。为此，公司筹划上市扩产，为建设"航空强国"赋能。2019年6月21日预先披露的招股说明书申报稿显示，募集资金主要用于航空工业上下游的生产线技术升级改造及扩大产能项目。2020年8月4日，经深圳证券交易所创业板上市委员会审议通过，广联航空首次公开发行不超过5256万股的普通股（A股）。2020年10月15日，广联航空进行网上网下申购，申购代码"300900"，申购价格17.87元/股，发行市盈率为61.67倍。可以预见，公司上市后依托资本市场获得充足"燃料"，爬升至新的高度，为我国"航空强国"之梦贡献自己的力量。

资料来源：https://wxly.p5w.net/news/2473355.html。

权益资本也称主权资本，指企业所有者投入企业生产经营过程中的自有资金，它是企业得以创立、生存和发展的资本，是企业独立自主地开展生产经营活动的物质条件。筹集权益资本主要有吸收直接投资、发行股票等方式。本章主要阐述资本金、吸收直接投资、发行普通股、优先股和认股权证五种权益资本融资的理论与实务。

第一节 资本金制度

企业在成立之初必须先筹集资本金作为最初的启动资金。

一、资本金的概念及意义

（一）资本金的含义

资本金指投资者为了企业生产经营而投入的，并在工商行政管理部门登记注册的资金。资本金的概念明确了资本金确立的原则。从性质上来看，资本金是所有者投入的资本，是权益资金；从目的上来看，资本金要本求利，具有盈利性；从功能上来看，资本金用于生产经营，承担民事责任；从法律地位上来看，资本金要在工商行政管理部门注册登记，已注册的资本金如果要追加或减少，则必须办理变更登记。

资本金确立的原则主要有三种。一是实收资本制。在公司成立时，必须确定资本金总额，并一次认足，且实收资本与注册资本一致，否则，公司不得成立。二是授权资本制。在公司成立时，虽然也要确定资本金总额，但是否一次认足，与公司成立无关，只要缴纳了第一期出资，公司就可以成立，没有缴纳的部分可委托董事会在公司成立后筹集，即允许实收资本与注册资本不一致。三是折中资本制。要求公司在成立时确定资本金总额，并规定首期出资的数额，接近于授权资本制，但对第一期的出资数额或比例一般要作出限制。理论上认为，授权资本制和折中资本制在资本金的筹集及筹集后的使用上具有一定的灵活性，但实收资本制更有利于加强对企业登记的管理，资本金的筹集更具有法律约束力。

（二）资本金的种类

资本金按投资主体可分为国家资本金、法人资本金、个人资本金、外商及港澳台商资本金。这种分类兼顾了区分投资主体类型和区分内外资两个标准。

国家资本金指有权代表国家投资的政府部门或机构以国有资产投入企业所形成的资本金。国家投入的资本金是国有企业最主要的资本来源。

法人资本金指其他法人单位以其依法可支配的资产投入企业所形成的资本金。由于其他法人单位也可能包含国家、个人、外商等的投资，所以法人资本金从其原始构成来看又分属于不同的投资个体。

个人资本金指社会个人或各个企业内部职工以个人合法财产投入企业形成的资本金。在股份有限公司中一般表现为公众或职工持有公开发行的股票。

外商及港澳台商资本金指外国投资者及我国港、澳、台地区投资者以其资金投入企业所形成的资本金。

（三）资本金的意义

资本金作为企业赖以生存的前提，不仅是企业运营的物质基础，还是企业债务资金的风险保障，其意义主要表现在以下几个方面。

（1）资本金是企业作为法人存在的前提。从立法角度来看：法律为了保护债权人及社会公众的利益，避免不法者利用企业名义进行欺诈等非法行为，要求企业必须具有一定数额的资本金；另外，企业作为法人，必须有其独立的法人财产，并以此为基础对外实施经商、法律行为，承担经营、法律责任。可见，企业资本金就是充当物质的依据，没有资本金，企业就不可能设立。

（2）资本金是企业从事生产经营的前提条件。没有资本金的原始投入，企业的经营活动就无法进行。这是因为：第一，资本金本身是企业形成初始生产能力的基本物质条件；第二，资本金是企业开展对外负债，从而促进企业发展的基本物质条件。离开资本金，企业就不可能正常发展。

（3）资本金是决定企业偿债能力，承担债务风险的最低限度的担保。资本金不仅是一种资金来源，还是决定企业举债能力的重要标志。企业实力的大小在表面上表现为资产规模的大小，在实质上要看资本金数量的多少。

（4）资本金构成是确定投资者权益的主要依据。投资者在投资于企业形成资本金的同时，即已表明投资者占有的企业权益份额是多少，从而成为投资者行使其权利和责任的基础，它以各投资者之间的产权明晰为前提。

二、资本金制度

资本金制度指国家围绕资本金的筹集管理及所有者的责权利等方面所做的法律规范，建立资本金制度是世界各国通行的做法，但不同国家有所差别，各国选择资本金制度的实质是在安全与效率之间寻找一个最佳平衡点的过程。

（一）资本金的筹集制度

资本金的筹集制度主要涉及融资数量、融资方式、融资期限、出资违约及其责任等内容。

（1）资本金筹集的最低限额。我国《公司法》对股份有限公司和有限责任公司的注册资金最低限额分别做了明确规定，《中华人民共和国外资企业法》要求外商投资企业的注册资本与其生产经营的规模、范围相适应，并明确规定了注册资本占投资总额的最低比例或最低限额。

（2）资本金的筹集方式。企业筹集资本金的方式多种多样，既可采用吸收货币资金方式，也可采用吸收实物、无形资产等方式。股份有限公司还可以通过发行股票筹集资本金。企业在筹集资本金的过程中，无论采用何种方式，都必须符合国家法律法规的规定，即依法融资。

（3）资本金的筹集期限。企业资本金可一次筹足或分期筹集。对出资期限的规定应以国家有关法律、法规及合同章程为准。融资期限的规定有利于企业按时形成正常的生产经营能力，并保护投资者、债权人的利益。

（4）验资及出资证明。验资指对投资者所投资产进行法律上的确认，包括价值确认和时间确认两项内容。从价值量与入账时间来看：现金出资方式以实际收到或存入企业开户银行的金额与日期作为投入资本的入账依据；实物投资和无形资产投资应按合同、协议或评估确认的价值作为投资入账价值；在时间上，实物投资在办理完实物转移和产权转移手续时确认，无形资产投资则按合同、协议或公司章程规定移交有关凭证日期确认其投资。投资者投入的资本必须经过会计师事务所等中介机构的验证，重点确认资本是否及时、足额到位。验证后，受托会计师事务所等中介机构及注册会计师应向企业出具验资报告，企业据此向投资者出具出资证明。

（5）投资者的违约及其责任。资本金筹集方式、投资者的出资期限及出资比例等，都在投资协议或合同中做了规定，并写入企业章程。但有时投资者出于各种目的或其他因素，违反企业章程、有关协议或合同的规定，没有及时足额地出资，进而影响企业的成立，这种行为在法律上视为出资违约。企业和其他投资者可以依法追究其违约责任，政府部门还应根据国家有关法律法规，对违约者进行处罚：属于单方违约的，守约方有权按法律程序要求赔偿因延期缴入资本而支付的利息及相应的经济损失等；属于双方共同违约的，工商行政管理部门有权对违约各方进行处罚，甚至吊销营业执照。

（二）资本金管理制度

企业筹集的资本金在管理上有许多方面的要求，且企业组织形式不同，在管理上的要求也不一样，主要包括资本保全及投资者对其出资所拥有的权利和承担的义务两方面的内容。

从投资者对其出资所拥有的权利和承担的责任来看，几乎所有法规规定都是一致的，即投资者按照出资比例或合同章程的规定，分享企业利润和分担风险及亏损。企业盈利了，投资者可以获取相应的回报，分取利润；企业亏损了，投资者则应分担相应的风险，但分担风险（亏损）一般以注册资本为限，即承担有限责任。

扩展阅读10.1

《中华人民共和国公司法》

第二节　吸收直接投资

吸收直接投资指企业按照"共同投资、共同经营、共担风险、共享利润"的原则来吸收国家、企业单位、个人和外商投入资金的一种融资方式。与发行股票不同，吸收投资无须发行任何证券。吸收投资中的出资者是企业的所有者，可通过一定方式参与企业经营决策，有关各方按出资额的比例分享利润，承担损失。

一、吸收直接投资的种类

企业采用直接吸收投资方式筹集的资金可以有多种类型，企业可根据规定选择适合其自身的类型，筹措所需要的权益资本。

（一）按所形成权益资本的构成分类

（1）吸收国家投资。国家投资指有权代表国家投资的政府部门或机构以国有资产投入企业，这种情况下形成的资本金称为国家资本金。吸收国家投资一般具有以下特点：①产权归属国家；②资金数额巨大；③只有国有企业才能采用。

（2）吸收法人投资。法人投资指法人单位以其依法可以支配的资产投入企业，这种情况下形成的资本金叫法人资本金。吸收法人投资一般具有如下特点：①发生在法人单位之间；②出资方式灵活多样。

（3）吸收个人投资。个人投资指社会个人或本企业内部职工以个人合法财产投入企业，这种情况下形成的资本金称为个人资本金。吸收个人投资一般具有以下特点：①参加投资的人员较多；②每人投资的数量相对较少。

（4）吸收外商及港澳台商投资。外商及港澳台商投资指外国投资者及我国香港、澳门和台湾地区投资者把资金投入企业，这种情况下形成的资本金叫外商及港澳台商资本金。吸收外商及港澳台商投资一般具有以下特点：①可以筹集外汇资金；②出资方式比较灵活。

（二）按投资者的出资形式分类

（1）筹集现金投资。筹集现金投资是企业筹集投入资本所乐于采用的形式。企业有了现金，就可用于购置资产、支付费用，比较灵活方便。因此，企业一般争取投资者以现金方式出资。各国法规大多都对现金出资比例做出规定，或由融资各方协商确定。

（2）筹集非现金投资。筹集非现金投资主要有两类形式。一是筹集实物资产投资，即投资者以房屋、建筑物、设备等固定资产和材料、燃料、产成品等流动资产作价投资。二是筹集无形资产投资，即投资者以专利权、商标权、商誉、非专利技术、土地使用权等无形资产作价投资。

二、吸收直接投资的程序

企业吸收直接投资的一般程序如图10-1所示。

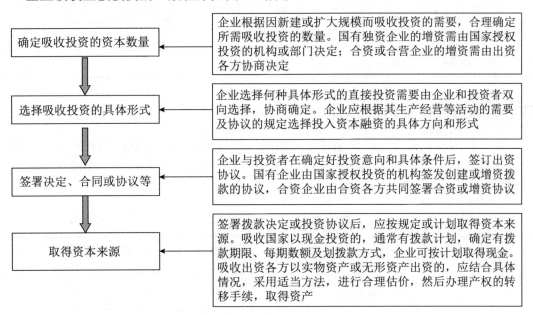

图10-1　吸收直接投资的一般程序

三、吸收非现金投资的估价

由于企业吸收现金投资的估价方法比较简单，所以，我们在此仅讨论吸收非现金投资的估价。企业吸收的非现金投资主要指非现金形式的流动资产、固定资产和无形资产，应按评估确定或合同、协议约定的金额计价，具体估算方法如表10-1所示。

表10-1 吸收非现金投资的具体估价方法

非现金流动资产	材料、燃料、产成品等	现行市价法或重置成本
	在制品、自制半成品	先按完工程度折算为相当于产成品的约当量，按产成品的估价方法进行估价
	应收款项	（1）能够立即收回的应收账款，可以其账面价值作为评估价值；（2）能够立即贴现的应收票据，可以其贴现值作为评估价值；（3）不能立即收回的应收账款，应合理估计其坏账损失，并以其账面价值扣除预计坏账损失后的金额作为评估价值；（4）能够立即变现的带息票据，可以其面额加上持有期间的利息作为评估价值
	有价证券	（1）能够立即变现的有价证券，如债券和股票，以其现行市价作为评估价值；（2）能够立即变现的有息债券，可以其面额加上持有期间的利息作为评估价值
固定资产	机器设备	（1）合资或联营中吸收的机器设备一般采用重置成本法和现行市价法进行估价；（2）有独立生产能力的机器设备亦可采用收益现值法估价。评估价值应包括机器设备的直接成本和间接成本
	房屋建筑物	可采用现行市价法结合收益现值法进行估价
无形资产	专利权、专有技术等	可采用重置成本法进行估价
	租赁权、土地使用权等	可采用现行市价法进行估价
	特许经营权、商标权等	可采用收益现值法进行估价

四、吸收直接投资的优缺点

吸收投资是我国企业融资中最早采用的一种方式，也曾是我国国有企业、集体企业、合资或联营企业普遍采用的融资方式，它既有优点，又有不足，主要优缺点如表10-2所示。

表10-2 吸收直接投资的优缺点

优点	提高公司信誉	与债务资本相比较，吸收直接投资能够提高公司的资信和借款能力
	降低财务风险	相对于债务资本，直接投资可以根据经营状况向投资者支付报酬，大大降低了财务风险
	获得先进技术	吸收的投资是专利等无形资产

续表

缺点	资本成本较高	企业经营状况良好时尤为明显，支付投资者的报酬会随之升高
	分散企业控制权	如外部投资者投资较多，则管理者会有相当大的管理权，甚至完全控制企业
	不利于产权交易	吸收投资由于没有证券作媒介，因此产权关系有时不清晰，所有者进行产权交易比较困难

第三节　普通股融资

扩展阅读 10.2

案例分析

普通股资本不仅是股份公司权益的主要来源，而且是构成股份公司资本结构的基础。因此，我们研究股份有限公司的融资问题应先从普通股融资开始。

一、股票的概念

股票是股份有限公司为筹措股权资本而发行的有价证券，是持股人拥有公司股份的凭证。它代表持股人在公司中拥有的所有权，股票持有人即为公司的股东，股东作为出资人按投入公司的资本额享有获取投资收益、参与公司重大决策和选择管理者的权利，并以其所持股份为限对公司承担有限责任。

二、股票的种类

股份有限公司根据融资者和投资者的需要发行各种不同的股票，其中，按股票的权利不同，可分为普通股和优先股。

普通股指股利随着公司利润变动而变动的股票。它是最基本的股票，构成股份公司权益资本的最基础部分。通常情况下，股份有限公司只发行普通股。普通股的股东享有比较全面的权利，如盈利分配权、投票表决权、剩余资产索偿权、优先购股权和查账权等。

优先股是公司发行的优先于普通股股东分取公司盈利和剩余财产的股票。对于持续经营的企业而言，优先权意味着只有在优先股股东获取股利后，普通股股东才有资格获得股利。多数国家的《公司法》规定，优先股可以在公司设立时发行，也可以在公司增发新股时发行。但有些国家的法律则规定，优先股只能在特殊情况下，如公司增发新股或清理债务时才准予发行。

优先股股东在以下两个方面优先于普通股股东。①股利分配的优先权。优先股的股息是固定的，从股份公司的净利润中首先要扣除一定的金额用于支付优先股的股息。②剩余财产分配的优先权。在公司解体时可在普通股股东之前分配剩余财产。

除此之外，按股票有无记名可分为记名股票和无记名股票；按票面是否标明金额可分为有面额股票和无面额股票；按投资主体不同可分为国家股、法人股、个人股和外资股；按发行对象的不同可分为内资股和外资股。

三、普通股股东的权利

依照我国《公司法》规定，普通股股东主要有以下几项权利。

（1）盈余分配权。企业盈余的分配方案由股东大会决定，每一个会计年度由董事会根据企业的盈利数额和财务状况来决定分发股利的多少，并经股东大会批准通过。

（2）优先认股权。当公司发行新股时，原有股东可以按持有公司股票的比例，优先认购新股票的权利。优先认股权的目的有二：一是维护股东在公司的既得利益，为股东提供免于股票价值被稀释的保障；二是维持股东对公司所有权的比例，保护现有股东对公司的控制权。

（3）审查质询权。普通股股东对公司账目和股东大会决议等具有审查权，对公司事务有质询权。

（4）投票表决权。出席或委托代理人出席股东大会，并依公司章程规定行使表决权，这是普通股股东参与公司经营管理的基本方式。

（5）剩余资产索偿权。当公司进行清算时，普通股股东有权在债权人、优先股股东分得公司资产之后，分享剩余资产。

四、股票的发行与上市

（一）股票的发行条件

根据国家有关法律法规和国际惯例，股份有限公司发行股票只有具备一定的发行条件，才能取得发行资格。按《中华人民共和国证券法》规定，公司首次公开发行新股，应当符合下列条件。

（1）具备健全且运行良好的组织机构。

（2）具有持续经营能力。

（3）最近三年财务会计报告被出具无保留意见审计报告。

（4）发行人及其控股股东、实际控制人最近三年不存在贪污、贿赂、侵占财产、挪用财产或者破坏社会主义市场经济秩序的刑事犯罪。

（5）经国务院批准的国务院证券监督管理机构规定的其他条件。

（二）股票的发行程序

各国对股票的发行程序都有严格的法律规定，未经法定程序发行的股票无效。股票发行包括设立发行（包括新设立股份有限公司发行股票和原有企业改组设立股份有限公司申请公开发行股票）和增资发行，它们在发行程序上有所不同。

（1）设立发行股票的程序。股份公司设立时发行股票的基本程序如图10-2所示。

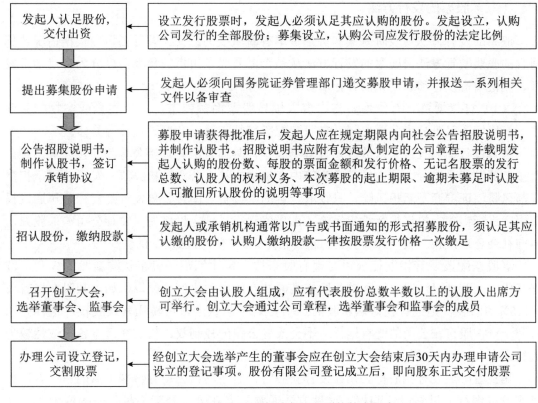

图10-2 股份公司设立时发行股票的基本程序

（2）增资发行新股的程序。增资发行新股的基本程序如图10-3所示。

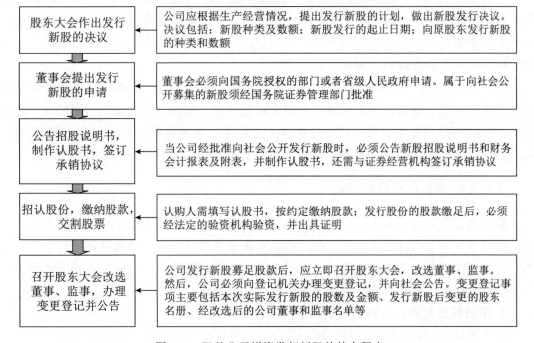

图10-3 股份公司增资发行新股的基本程序

（三）股票的发行方法

股票的发行方法对及时筹集和募足资本有着重要的意义。发行公司应根据情况选择适宜的股票发行方法。股票的发行方法从是否需要股东出资的角度可以分为有偿增资发行、无偿增资发行和有偿无偿并行增资发行三种。

（1）有偿增资。有偿增资指出资人须按股票面额或市价，用现金或实物购买股票。有偿增资又可分为公募发行、老股东配股发行、第三者配股发行等具体做法。

公募发行即向社会公众公开发行募集股票。具体方法有直接公募和间接公募两种。直接公募发行是发行公司通过证券商等中介机构向社会公众发售股票，发行公司承担责任与风险，证券商不承担风险，只收取一定的手续费。间接公募发行是发行公司通过投资银行进行销售，投资银行承担风险，由投资银行以一定价格先从发行公司购入股票，再向社会公众发售。美国90%以上的新股票是采用这种方法发行的。

老股东配股发行指发行公司对现有股东按一定比例赋予股东认购新股的权利，准许其优先认购新股。股东认购的新股按其原持有的股份比例分配。例如，某股东持有公司2.5%的旧股，则他有权认购新股的2.5%，若不想认购，可转让其认购权。这种办法有利于维护股东在公司的既有地位，不会改变公司的控制权，目前在西方各国依然较为流行。

第三者配股发行指股份公司在发行新股时，给予与该公司有特殊关系的第三者（如供应商或银行）以新股认购权，这种方法通常只有在公司经营不景气、融资困难时才采用。

（2）无偿增资。无偿增资指公司不向股东收取现金或实物财产，而是无代价地将公司发行的股票交付给股东，即向股东无偿配股。配股公司这样做的目的不在于增资，而是为了调整资本结构，提高公司的社会地位，增强股东的信心。无偿增资通常有资本公积转增股本和股票股利（即送股）。

（3）有偿无偿并行增资。当采用这种方式时，股份公司发行新股交付股东时，股东只需交付一部分股款，其余部分用公司公积金抵免。例如，新股每股面额10元，其中6元为有偿部分，4元由公司公积金抵免转入。这样，股东只需支付6元即可获取面额为10元的新股票。这种做法兼有增加资本和调整所有者权益内部结构的作用。

（四）股票发行价格的确定

股票的发行价格是股份公司发行股票时，将股票出售给投资者所采用的价格，也就是投资者认购股票时所支付的价格。在以募集设立方式设立公司首次发行股票时，股票发行价格由发起人决定；在公司成立后再次增资发行新股时，由股东大会或董事会决定。股份公司可以参照以下两种方法确定股票发行价格。

1. 根据每股利润、市盈率确定股票发行价格

由于市盈率=每股市价/每股利润，所以股票发行价格可按以下公式计算确定。

$$每股市价=每股利润×市盈率$$

式中，每股利润根据本年度预测税后利润除以平均股数确定；市盈率的规定较为复杂，实际工作中通常参考同行业上市公司的市盈率并与证券承销商协商确定。

现以广联航空（公司代码：300900）的新股发行价格的计算为例。

$$发行价格=\frac{本年度预测税后利润}{发行前总股本数+本次公开发行股本\times\dfrac{12-发行月份}{12}}\times市盈率$$

【例10-1】广联航空发行当年（2020）预测税后利润为3500万元，发行前总股本数为15 768万股，2020年10月公开发行股本数为5256万股，市盈率取61.67倍，则

$$广联航空新股发行价格=\frac{3500}{15\,768+5256\times\dfrac{12-10}{12}}\times61.67=12.97（元）$$

2. 根据股票的内在价值确定股票发行价格

股票与其他商品一样，其价格是由价值决定的，而且围绕价值上下波动。因此可以通过计算股票的价值来确定股票的发行价格。股票价值的大小取决于股票将给股票的持有人带来收益（股利）的大小。由于股票没有到期日，所以股票的价值计算公式如下。

$$V=\sum_{t=1}^{\infty}\frac{D_t}{(1+K_c)^t}$$

式中，D_t 为普通股第 t 年的股利；K_c 为普通股投资的必要报酬率。

运用上述公式计算股票的价值，因具体的股利政策而有所不同。

（1）如果公司采用固定股利政策，即每年分派的现金股利完全相同（假定为 D 元），则股票的价值可按下式计算。

$$V=\frac{D}{K_c}$$

【例10-2】某公司拟发行一批普通股，预定每年将分配现金股利1.2元/股，投资者要求的必要报酬率预计为12%，则该股票的价值为

$$V=\frac{1.2}{12\%}=10（元）$$

（2）如果公司采用固定增长股利的政策，即假定股利固定年增长率为 g，则股票的价值可按下式计算：

$$V=\frac{D_1}{K_c-g}$$

【例10-3】某公司准备发行普通股，预定第一年分派现金股利1.5元/股，以后每年股利增长5%，投资者要求的必要报酬率预计为17.5%，则该公司的股票价值为

$$V=\frac{1.5}{17.5\%-5\%}=12（元）$$

（五）股票上市

股票上市指股份有限公司公开发行的股票，符合规定条件，经过申请批准后在证券

交易所作为交易的对象。经批准在证券交易所上市交易的股票称为上市股票，其股份有限公司称为上市公司。

1. 股票上市的意义

股份有限公司申请股票上市，基本目的是增强本公司股票的吸引力，形成稳定的资本来源，能在更大范围内筹措大量资本。股票上市对上市公司而言，主要具有以下意义。

（1）提高公司所发行股票的流动性和变现性，便于投资者认购、交易。

（2）促进公司股权的社会化，防止股权过于集中。

（3）提高公司的知名度。

（4）有助于确定公司增发新股的发行价格。

（5）便于确定公司的价值，以利于公司实现财富最大化目标。

正是因为股票上市有以上意义，所以，尽管从理论上讲发行股票的资本成本是各种融资方式中最高的，但在我国还是有很多公司积极创造条件，争取让其股票上市。

但是我们认为，在看到股票上市好处的同时，还要看到股票上市也会给公司带来不利的一面，主要是：各种"公开"的要求可能会暴露公司的商业秘密；股价的人为波动有时会歪曲公司的实际状况，损害公司的声誉；可能会分散公司的控制权。一些原本很不错的公司在上市后经营状况不断恶化，在某种程度上说明上市给公司带来了负面影响。因此，对于有些公司来讲，若没有融资需求，即使已符合上市条件，也宁愿放弃上市机会。

扩展阅读10.3

创业板、科创板
与新三板

2. 股票上市的条件

与股票发行一样，股票的上市也必须符合一定的条件。我国《证券法》《公司法》和《首次公开发行股票并在创业板上市管理暂行办法》分别规定了在我国主板、中小板和创业板股票上市的条件，其主要区别如表10-3所示。

表10-3   主板、中小板和创业板股票上市条件[①]

条　　件	主板（中小板）	创　业　板
主体资格	依法设立且合法存续的股份有限公司	依法设立且持续经营三年以上的股份有限公司，定位服务成长性创业企业；支持自主创新的企业
股本要求	发行前股本总额不少于3000万元，发行后不少于5000万元	发行前净资产不少于2000万元，发行后的股本总额不少于3000万元
盈利要求	最近3个会计年度净利润均为正数且累计超过人民币3000万元，净利润以扣除非经常性损益前后较低者为计算依据	最近两年连续盈利，最近两年净利润累计不少于1000万元，且持续增长；或者最近一年盈利，且净利润不少于500万元，最近一年营业收入不少于5000万元，最近两年营业收入增长率均不低于30%

---

①　资料来源：http://baike.baidu.com/view/96367.htm。

续表

条　件	主板（中小板）	创　业　板
盈利要求	最近3个会计年度经营活动产生的现金流量净额累计超过人民币5000万元；或者最近3个会计年度营业收入累计超过人民币3亿元	净利润以扣除非经常性损益前后孰低者为计算依据
	最近一期不存在未弥补亏损	注：上述要求为选择性标准，符合其中一条即可
无形资产要求	最近一期末无形资产（扣除土地使用权、水面养殖权和采矿权等后）占净资产的比例不高于20%	无要求
主营业务要求	最近3年内主营业务没有发生重大变化	发行人应当主营一种业务，且最近两年内未发生变更
董事、管理层和实际控制人	发行人最近3年内董事、高级管理人员没有发生重大变化，实际控制人未发生变更。高管不能在最近36个月内受到中国证监会行政处罚，或者在最近12个月内受到证券交易所公开谴责	发行人最近2年内主营业务和董事、高级管理人员均未发生重大变化，实际控制人未发生变更。高管不能在最近3年内受到中国证监会行政处罚，或者在最近一年内受到证券交易所公开谴责
同业竞争和关联交易	除创业板标准外，还需募集投资项目实施后，不会产生同业竞争或者对发行人的独立性产生不利影响	发行人的业务与控股股东、实际控制人及其控制的其他企业间不存在同业竞争，以及影响独立性或者显失公允的关联交易

3. 股票上市决策

股份公司为实现股票上市目标，需在申请上市前对公司状况进行分析，对上市股票的股利政策、上市方式和上市时机做出决策。

扩展阅读10.4

其他国家和地区主板与创业板的比较

（1）公司状况分析。申请股票上市的公司需分析公司及其股东的状况，全面分析权衡股票上市的各种利弊及其影响，确定关键因素。例如：如果公司面临的主要问题是资本不足、现有股东风险过大，则可通过股票上市予以解决；倘若公司目前存在的关键问题是一旦控制权外流，就会导致公司的经营不稳定，从而影响公司长远的稳定发展，则可放弃上市计划。

（2）上市公司的股利政策。股利政策指公司税后净利润在向股东支付股利与公司内部留存收益之间的分配选择，它既影响上市公司股票的吸引力，又影响公司的支付能力，因此，必须做出合理的选择。

①股利政策类型。股利政策通常有固定股利额、固定股利支付率、正常股利加额外股利等。固定股利额能给市场以稳定的信息，有利于保持上市公司股票价格的稳定性，增强投资者的信心，有利于投资者有计划地安排股利的使用，但这也成为公司的固定财务负担。固定股利支付率可与公司盈利水平相衔接，但股利额不稳定。正常股利加额外股利的政策既能保持股利的稳定性，又能实现股利与盈利之间的配合，故为许多上市公司所采用。

②股利分派方式。股利分派方式主要有现金股利、股票股利、财产股利等。现金股

利在公司具有充足的现金时才便于采用。股票股利可在公司现金短缺时选用。财产股利一般指公司以其投资的短期有价证券代替现金分派股利，由于这种证券变现能力强，股东可以接受，因此公司不必立即支付现金，可以暂时弥补公司的现金不足，但财产股利的支付通常被股东认为是公司不景气的表现。

（3）股票上市方式。股票上市的方式一般有公开出售、反向收购等。申请上市的公司需要根据股市行情、投资者和该公司的具体情况进行选择。

①公开发售。这是股票上市的最基本方式，申请上市的公司通常采用这种上市方式。它有利于达到公司增加现金资本的目的，有利于原股东转让其所持有的部分股份。

②反向收购。这指申请上市的公司收购已上市的较小公司的股票，然后向被收购的公司股东配售新股，以达到融资的目的，也称为"借壳上市"。一般来说，微利、流通盘小、股本结构特殊（如第一大股东持股比例很低）是"壳"的必要条件。

（4）股票上市时机。股票上市的最佳时机是公司预计来年会取得良好业绩的时间。当然，还需考虑当时的股市是否适宜而定。

五、普通股融资的优缺点及其融资策略

股份有限公司运用普通股筹集股权资本，与优先股、公司债券、长期借款等融资方式相比，有其优点和缺点。

（一）普通股融资的优点

（1）没有固定利息负担。公司有盈利才支付股利，无盈利则不必支付股利。甚至在有盈利的情况下，也可以不支付或少支付股利。

（2）没有到期日，不用偿还。普通股筹集的资金没有固定的到期日，是一项永久性的资金来源，只有公司清算才需偿还。

（3）增加公司信誉。由于普通股股本与留存收益构成公司偿还债务的基本保障，所以，普通股融资可以提高公司的信用价值，为更多的债务资金提供强有力的支持。

（4）融资限制较少。利用优先股或债券融资通常有许多限制，这些限制往往会影响公司经营的灵活性，而利用普通股融资则没有这些限制。

（二）普通股融资的缺点

（1）资本成本较高。一般而言，普通股融资的成本要高于债务融资。这主要是因为投资股票的风险较高，股东相应要求得到较高的报酬率，股利从税后利润中支付，而使用债务资本的成本（表现形式如利息）却允许从税前利润中扣除。此外，普通股在发行、上市等方面的费用也十分庞大。

（2）容易分散控制权。利用普通股融资，出售了新股票，引进了新股东，容易导致公司控制权的分散。

（3）可能导致股价下跌。公司过度依赖普通股融资会被投资者视为消极的信号，从而导致股票价格下跌，进而影响公司其他融资手段的使用。过去，公司配股被看成是

积极进取的象征，现在，不少上市公司的配股已经没有号召力了，反而被股民看成只知"圈钱"不图回报的代名词。

另外，上市交易的普通股票增加了对社会公众股东的责任，其财务状况和经营成果都要公开，接受公众股东的监督。一旦公司经营出现了问题或遇到财务困难，公司就有被他人收购的风险。

（三）普通股融资的策略

针对普通股融资的优缺点，融资采取的策略就应是在充分权衡风险与收益的情况下，合理确定普通股权益占公司总资金来源的比重，使普通股权益收益率在可承受的风险范围内最大化。具体地说，要注意以下几方面的问题。

（1）将公司总资产报酬率与负债成本率（利息率）相比较，如公司总资产报酬率大于负债成本率，则借债可取。公司总资产报酬率越是高于负债成本率，并且越稳定，扩大借债规模就越可取；反之则不可取。因此，要确定所有者权益融资的规模，首先要从权衡负债规模开始，然后在负债与所有者权益之比达到最优的基础上，再确定所有者权益融资规模。

（2）将公司净资产收益率与优先股股息率相比较，如果公司净资产收益率大于优先股股息率，那么，发行优先股融资可取，前者越是大于后者，且稳定程度越高，优先股权益与普通股权益之比越大，就越可取；反之则不可取。因此，要确定普通股发行规模，还要考虑优先股的发行规模，在确定优先股权益与普通股权益的最佳比例之后，再确定普通股票的融资规模。

（3）要选择普通股票发行的时间和方式。因为发行时间和方式不一样，发行价格就会有差异，发行同量股份所筹得的资金量也就不一样，或筹集等量资金所发行的股份数不一样，所以，它们会直接影响到普通股票的每股账面价值、每股收益和每股市价，对原普通股股东的利益产生直接影响。

总之，普通股融资量的确定要放在其他各类资金来源之后考虑，并充分注意其发行时间和方式对其发行价格的影响，只有这样才能充分利用普通股融资的优点，规避其缺点，使股东财富最大化的目标得以实现。

第四节　优先股融资

优先股指由股份有限公司发行的，在分配公司收益和剩余财产方面比普通股股东具有优先权的股票。它是一种股息固定的股票，既类似于债券，又同时具有普通股的某些特性，故而优先股又被称为混合证券。发行优先股对公司资本结构、股本结构的优化，提高公司的效益水平，增强公司财务弹性无疑具有十分重要的意义。

一、优先股的特征

优先股虽然与普通股一样都是公司权益资金，但它兼有负债与普通股两方面的特征，表现在以下几个方面。

（一）优先股所具有的普通股特征

优先股与普通股同属于公司权益资本，具有普通股的一些特征，表现在：发行优先股所融资金的性质为权益资金，优先股票持有者也是公司的股东；优先股构成股本，大部分情况下没有明确的到期日，不必定期支付股利，股利不是一种义务；其股息在税后收益中支付，不具有节税作用；优先股股东对其财产的求偿权仅限于股票面额，并承担有限责任。

但优先股股东比普通股股东具有一些优先权利，主要表现在优先股股东拥有优先分配股利和优先分配剩余财产的权利。

（二）优先股所具有的债务特征

优先股还兼有债券融资的特性，表现在以下几方面：

（1）优先股的股息固定。其股息通常按面值的固定百分比来发放或核定股利额发放，不受公司经营状况和盈利水平的影响。

（2）优先股股东一般没有表决权和管理权。即优先股股东没有选举权、被选举权和对公司的控制权。

（3）优先股的发行契约中可能规定有收回或赎回条款，有的还有偿债基金条款。

（4）附转换权的优先股可在一定条件下转换为普通股，可转换优先股与可转换债券一并称为可转换证券。

（5）由于优先股的股利固定，因此，对普通股股东权益而言，具有财务杠杆的作用。

二、优先股的种类

优先股按发行条款和股利的分配条款不同，可分为若干种类，如表10-4所示。

表10-4　优先股种类

分类标准	类　别	概　念
按股利能否累积	累积优先股	公司由于种种原因未能在营业年度内按期支付的股利积累到以后年度一并支付的优先股股票
	非累积优先股	不论上年度公司对其优先股股利是否进行过分配，一律以本年度所获得的盈余和比率为限进行分配的优先股股票
按能否参与剩余利润分配	非参与分配优先股	优先股的股东所获得的股利只限于按事先规定的股利率计算，如果公司有额外盈余，则应全部归属普通股所有的优先股
	部分参与分配优先股	优先股股东除了按约定的固定股息率获得股息收入外，还有权在一定幅度内参与剩余利润的分配
	全部参与分配的优先股	优先股股东有权与普通股股东同股同利、共享本期剩余利润

续表

分类标准	类　　别	概　　念
按是否可转换为普通股	可转换优先股	在发行契约中规定，优先股的持有人可以在既定条件下将其股票按照事先规定的兑换率转换为公司的普通股
	不可转换优先股	优先股的持有人无权要求将其优先股转换成普通股，只能享受固定股利的优先股
按能否赎回	可赎回优先股	股份公司有权按预定的价格和方式收回已发行的优先股股票。可以采取溢价方式、设立偿债基金方式或转换方式赎回其发行在外的优先股
	不可赎回优先股	在有关合同条款中，没有赋予公司以某一价格或方式收回优先股的股票。公司如要收回此类优先股，只能在证券市场上按市价收购，或者以其他证券调换优先股

三、优先股融资的优缺点及其融资策略

（一）优先股融资的优点

（1）优先股通常没有固定的到期日，不用偿还本金。事实上，公司等于获得了一笔无限期的贷款，且一般优先股又附有收回条款，这就使得资金更具有弹性，可以调整公司的资本结构，从而使公司获得较稳定的资金。

（2）股利的支付既固定，又具有一定弹性。一般而言，优先股固定股利的支付并不构成公司的法定义务。如果公司财务状况不佳，则可暂时不支付优先股股利。

（3）保持普通股股东的控制权。优先股股东一般无表决权，发行优先股既可增加公司的资本金，又能够维持原股东的控股格局，使公司可按既定的规划稳定发展。

（4）具有财务杠杆作用。若公司所获得的报酬率超出股权资本的成本，则采用举债或优先股融资的每股收益将高于普通股，从而获得财务杠杆效应。

（5）降低负债比例，增强举债能力。发行优先股增加了公司的股本，提高了公司的信誉，并增强了举债能力。

（6）可促使兼并谈判的成功。若被兼并公司的股东希望获得高水平和稳定的收入，则兼并公司可用优先股换取被兼并公司的普通股，以利于谈判的成功。

（二）优先股融资的缺点

（1）优先股融资成本较高。优先股所支付的股利要从税后盈余中支付，不同于债券利息可在税前扣除，因此，优先股成本较高，对公司会造成一定的财务负担。

（2）如果公司不能获取超过优先股资本成本的报酬，则会降低每股收益。

（3）发行优先股可能会对公司的经营发展造成一定的限制。比如，规定公司留存收益的标准和某些财务比率的水平，若公司未能达到这些标准和水平，则不能分配普通股股利等。

（4）发行优先股可能会引起一些有关控制和所有权的问题。如转换成普通股的优

先股可能会改变普通股所有权的构成比例，加入的新股东可能会对公司管理上所采取的一系列方针、政策持反对态度。

（三）优先股融资策略

在发行优先股融资时应注意分析不同盈利水平条件下优先股融资的不同影响。一般来说，若公司的净资产收益较高，并足以抵消优先股的成本时，公司应充分运用有利的财务杠杆，按某种最佳的负债权益比，同时增加债务和优先股，使普通股股东收益最大化。但当经营风险较大时，为了规避财务风险，应少增加债务，多增加优先股，因为这样做既可以减少公司总风险，又可使普通股股东获得最大的风险收益。总之，在依靠负债融资会增大公司风险，而又不愿发行普通股削弱公司的控制权和丧失风险收益的情况下，最佳的融资方案就应该是发行优先股融资。

扩展阅读 10.5

案例分析

第五节　认股权证融资

认股权证是期权的一种。要了解认股权证，就必须了解期权的相关理论知识。

期权（亦称选择权）指在期权交易市场中的买卖双方按照交易规则达成的一种金融合约，这种合约赋予期权持有人（买方）一定权利——在合约规定的时间，按规定的价格买入或卖出一定数量的标的物，而期权的立约人（卖方）则按照期权持有人的买卖要求，卖出或买进一定数量的标的物。因此，期权具有两个重要的特征：第一，它不是"现货"的资产交易，而是"期货"的交易；第二，它是卖方给予买方在标的物上的一个选择权，即期权持有人可以履行合约进行交易，也可以不履行合约放弃权利，而合约的立约人无权干预合约持有人对标的物买卖或者停止买卖的选择权。期权持有人对期权立约人只承担义务而没有选择权的回报，期权持有者需要向期权立约人支付一定的费用，这就是期权合约的权利金，也就是通常所认为的期权的价格或者期权的价值。

期权根据所针对的对象分为买入期权和卖出期权。

买入期权又称看涨期权，投资于买入期权的投资者一定是看好了标的物的价格有看涨趋势，才以交付权利金为代价而持有看涨期权。若标的物的市场价格在合约期限内超过期权成本（履约价格+权利金+佣金），则投资者便可行使买进标的物的权利，再以市价卖出标的物，从中获利。

卖出期权又称看跌期权，当投资者预测到标的物的市价有看跌趋势时，即可交付权利金，买入一定时期的标的物卖出期权。在合约的有效期限内，若标的物的市价跌至期权成本之下，则投资者就可以从市场上低价购入标的物，再行使卖出期权——高价将标的物卖给立约人，以获取投资利益。

我们下面要讲的认股权证就属于买入期权，即看涨期权。

一、认股权证的概念及特征

（一）认股权证的概念

认股权证是公司发行的一种长期股票买入选择权，它的持有者可以在规定的时间内按照事先确定的价格购买一定数量的公司股票。它本身不是股票，既不享受股利收益，又没有投票权，但不难看出，认股权证本质上是以股票为标的物的一种长期买入期权。认股权证一般是附在公司的长期债券或优先股上与它们共同发行的，但认股权证在发行后就可以同它所附着的公司债券或优先股相分离，单独流通与交易。由于公司股票的市场价格通常要高于认股权证确定的特定买价，因此，认股权证可视为一种有价证券，形成市场价格。公司通过发行认股权证可以顺利募集到大量的资本。认股权证合约主要包括以下基本要素。

（1）标的物。它指认股权证可以认购的对象。

（2）有效期限。认股权证行使的有效期限相当于合约期限。在有效期限内，认股权证的持有者可以随时认购股份，超过此期限，认股权证将失效。一般说来，期限越长，认股权证的价格就越高。认股的期限长短，在不同国家、不同地区、不同市场，均会有所不同，通常为3~10年。

（3）认股比率。一份认股权证可认购的数量，即期权合约中的标准交易量。

（4）认股价格。行使认股权时的结算价格也叫履约价格。认股价格一般以认股权证发行时发行公司的股票价格为基础，或者以公司股价的轻微溢价发行。如果公司股份有所变动，则可能会对认股价格进行调整。有些公司则规定当公司的股票市价过度上扬时，其发行的认股权证的认股价格可以按预定公式自动上调。

（二）认股权证的特征

（1）可选择何时实施权利。认股权证往往是按购买债券或优先股票数量的某种比例配售给投资者的，这样，投资者不仅能获取所购债券或优先股票的固定利（股）息收入，而且还能根据认股权证规定的价格在适当的时间购买普通股票。

（2）认购股数固定。每份认股权证所能认购的普通股股数是固定的，其固定数目应列示在认股权证之上。当认股权证持有人行使认股权时，应把认股权证交回公司。

（3）认购价格可变。认股权证上应规定认购普通股票的价格，该价格可以是固定的，也可以按普通股票的市场行情进行调整，这种调整通常随时间的推移而逐渐提高。由于认股权证是一种股票买权，所以，其上面规定的执行价格将像普通股票买权那样随发行公司发放股票股利或拆股去调整。比如，某公司认股权证规定的普通股，认购价格为每股10元，若公司进行了1变2拆股，则原认股权证对应的股票认购价格也相应降低为每股5元。

（4）认购期限有限。认股权证上还须载明认股权证的有效期限，超过有效期限后，认股权证即失效。尽管也有无期限的认股权证，即永久有效的认股权证，但多数认股权证是有期限限制的。

（5）自身具有价值。认股权证实质上是发行公司用来给予投资者以优惠价购买普通股票的权利来换取所售债券或优先股票的低利（股）息率的利益的一种手段。因此，用认股权证购买普通股票，其价格一般低于市价，这样，认股权证就有了价值。

二、认股权证的价值衡量

认股权证的价值包括理论价值与实际价值。

（一）认股权证的理论价值

其理论价值可用下面的公式计算。

$$理论价值=（每股市价-认股价格）×认股数量$$

如果普通股市价低于其执行价格，则认股权证的理论价值为负数，但此时，认股权证的持有者不会行使其认股权。所以，当这种情况出现时，设定认股权证的理论价值为零。

影响认股权证理论价值的主要因素有以下几方面。①普通股市价。市价越高，认股权证的理论价值越高。②剩余有效期。认股权证的剩余有效期越长，市价高于执行价格的可能性就越大，认股权证的理论价值就越大。③换股比率。认股权证一权所能认购的普通股股数越多，其理论价值就越大。④执行价格。执行价格越低，认股权证的持有者为换股而支付的代价就越小，普通股市价高于执行价格的机会就越大，认股权证的理论价值也就越大。

【例10-4】某普通股股票现行市价为每股55元，认股权证规定认购价为40元，每张认股权证可购得1张普通股股票。则认股权证的理论价值为

$$V=（55-40）×1=15（元）$$

（二）认股权证的实际价值

认股权证在证券市场上的市场价格或售价称为认股权证的实际价值（或市场价格）。

一般认股权证的实际价值大于其理论价值。主要因为：①如果实际价值小于理论价值，则市场上的套利者会消除这种差额，即首先购买认股权证，然后再凭认股权证购买股票，最后将股票出售；②认股权证给予投资者高度的获利杠杆作用，增加其获得高额资本利得的机会，导致其实际价值一般要高于其理论价值。认股权证的市场价格大于理论价值的差额被称为认股权证溢价。一般情况下，认股权证的收益率高于普通股的回报率，而且投资损失会小于普通股，从而产生"以小博大"的杠杆作用。

【例10-5】某公司认股权证载明的认购价格为30元，其售价等于其理论价值，且每权认购一股，当股票市价为40元时，甲投资者投资120元于普通股股票，乙投资者用120元投资认股权证，当股票市价上升为60元时，比较两者的收益情况。

$$甲投资者总收益=（60-40）×（120/40）=60（元）$$

$$甲投资者获利率=60/120×100\%=50\%$$

乙投资者认股权证理论价值=（40-30）×1=10（元）

故120元可购入认股权证数=120/10=12（张）

乙投资者总收益=（60-30）×12-120=240（元）

乙投资者获利率=240/120×100%=200%

可见，用同样的资金，乙投资者却获得了相当于甲投资者4倍的权益，认股权证的杠杆作用显而易见。

同样，可以考虑股价持续下跌时两人可能遭受的损失。

如果股票市价持续下跌，假设跌至5元，此时，若乙用120元已购买4张认股权证，甲用120元已购买3股普通股，则

甲的总损失=（40-5）×3=105（元）

乙的可能总损失=（40-30）×4=40（元），即购买认股权证的费用。

可见，认股权证所具有的高获利和有限的损失使其市价高于理论价值。

总之，认股权证溢价与相关股票市价的变动具有直接的因果关系。相关股票的涨幅与认股权证市价成正比变动，若相关股票市价下跌，则认股权证的持有人可以选择不执行买权，其损失只限定在最初购买认股权证的费用。认股权证投资所体现的上方收益无限，下方损失锁定的特征为市场投资者提供了利用杠杆效应的机遇与挑战，而投资者对相关股票市价未来走势的预期将决定认股权证投资的成败。

三、认股权证融资的优缺点及融资策略

（一）认股权证融资的优缺点

1. 认股权证的优点

（1）吸引投资者。这是发行认股权证的主要优点。在企业发行债券或优先股票时，给予投资者认购普通股票的权利，可以有效地刺激投资者的投资欲，使企业较容易筹得所需的资金。

（2）低资金成本和宽松的融资条款。由于认股权证具有价值，因此，企业在发行债券或优先股票时可以适当地降低利率，从而获取低成本的资金来源。另外，投资者在获取认股权所带来的利益后，往往乐意放弃对公司来说属于过严的某些契约条款，使公司处于主动的位置。

（3）扩大了潜在的资金来源。当认股权证的认购权被行使时，就增加了企业的资金来源。对需要扩充权益资金的公司而言，它既可以获得享受发行债券或优先股票低资金成本的好处，又可以享有融资权益资金的好处。

2. 认股权证的缺点

（1）不能确定投资者将在何时行使认股权。这一点往往使公司陷于被动。虽然认股权证为公司提供了一个融资数额，但这笔资金何时才能取得，公司又不能控制。在公司急需资金时，这笔资金数额不能满足需要，公司又不便于用其他方法再融资，特别是通过发行普通股票再融资，因为这会过度稀释普通股的每股收益，而用负债融资，又可

能使财务风险过大。这就使公司处于既有潜在资金来源又无资金可用的困境之中，陷于被动。

（2）高资金成本风险。上述融资困境一旦产生，公司就只好通过提高普通股股利来刺激认股权证持有者行使认购权，以筹措资金，但这会使资金成本增高。如强行逐级提高认购价格，虽可刺激认股权证持有者行使认股权，但若无充分理由，则会影响公司形象，对公司不利。

（3）稀释每股普通股收益。当认股权行使时，普通股股份增多，每股收益下降。同时，这也稀释了原股东对公司的控制权。

（二）认股权证的融资策略

认股权证给其持有者在未来以较低的价格买入具有较高价值的公司股票的权利，作为回报，它使得附有认股权证的公司债券或优先股的发行公司可以为它们所发行的公司债券或优先股支付较低的利息或股利，降低了债券或优先股的资本成本。对那些有良好发展前途的中小企业来说，由于受实力限制，发行普通公司债券需要支付较高的利息，因此，这对营运资金紧张的发展中的中小企业而言，是一个较大的压力。而发行附有认股权证的公司债券，既可以吸引那些对公司的前途感兴趣，目前又不愿意直接购买公司股票的投资者购买，又可以减少债券利息或优先股股利的支付，缓解资金压力。另外，利用认股权证的一个边际作用是，当认股权证的持有者执行其权利向公司认购普通股股票时，公司又可以筹措到一笔新的资金。

综上所述，发行认股权证融资对公司与投资者均有一定的好处，但还应注意融资时机和条件，一般说来，其主要适用于下列情形。

（1）公司目前股票市价较低。

（2）公司目前急需大额长期资金，而普通股股票此时不具有吸引力。

（3）预计未来收益能力和普通股市价会稳步上升。

（4）预计公司未来有资金需求。

20世纪70年代以前，认股权证主要是一些中小公司采用，20世纪70年代以后，像AT&T这样的大公司也开始利用认股权证融资，目前，这一融资方式已得到西方国家许多企业的认可，在我国也曾经有企业采用。

> 扩展阅读10.6
>
> 中国认股权证的发展

思考题

1. 什么是资本金制度？资本金融资制度包括哪些内容？

2. 在采用吸收直接投资融资方式时，如何对非现金投资进行估价？

3. 普通股股东有哪些基本权利？

4. 股票发行有哪几种形式？每种发行形式应具备哪些条件？

5. 如何确定股票的发行价格？

6. 什么是上市股票？什么是上市公司？请简述股票上市的利弊。

7. 为什么说"优先股常被普通股东视为债券，而被债权人视为主权资本"？

8. 认股权证融资的优缺点是什么？

练习题

1. 某公司拟发行普通股融资，当时投资者要求的最低报酬率为16%。

（1）若该股为固定成长股，成长率为6%，预计一年后的股利为1.5元，求该普通股的内在价值。

（2）若该股未来三年的股利为零增长，每股股利为1.5元，预计从第四年起转为正常增长，增长率为6%，求该普通股此时的内在价值。

2. 某公司发行的股票有以下几种。

（1）普通股，每股面值10元，在外流通股数为20 000股，共计20万元。

（2）股息率为6%的部分参与优先股（最高股利限额为8%），每股面值50元，在外流通股数为1000股，共计5万元。

（3）股息率为6%的不参与优先股，每股面值50元，在外流通股数为1000股，共计5万元。

若某公司在第一年到第三年内宣布分派股利分别为2.5万元、3.33万元、4.2万元。计算各年各类股东分得的股利。

扩展阅读10.7

广联航空发行上市案例分析

第十一章　长期负债资本融资决策

本章学习提示

本章重点：长期负债融资的主要方式，长期借款的种类，债券的基本要素，债券估值，可转换债券的价值，租赁融资的主要方式。

本章难点：债券估值，可转换债券的价值分析。

本章导读

2019年12月31日，NF航空公司的资产负债率为74.87%，在其2296亿元的负债总额中，长期负债为1341亿元，占负债总额的58.41%，其中，长期借款24亿元，债券112亿元，租赁负债1141亿元。

2020年12月31日：NF航空公司的资产负债率为73.98%，虽比上年末有所下降，但仍然处于高位；负债总额为2413亿元，比上年末增长5%，长期负债为1456亿元，比上年末增长8.55%；长期负债中包括长期借款88亿元，比上年末增长2.68%；债券293亿元，比上年末增长161.61%；租赁负债1003亿元，比上年末减少12.09%。

从NF航空公司的筹资情况可以看出，长期负债是企业重要的资金来源，该公司长期负债的主要形式包括银行借款、发行债券、融资租赁等。

资料来源：作者根据NF航空公司年报整理计算。

长期负债与股权资本一样，都是企业重要的长期资金来源，包括长期借款、长期债券、租赁负债等。长期负债资本具有资本成本低、筹资难度较小、筹资风险大等特点，如何筹措长期负债资本才能使企业价值最大、资本成本最小、资本结构最佳是企业财务决策层需要认真考虑的问题。本章将阐述长期借款、发行债券、租赁筹资的理论与实务。

第一节　长期借款融资

长期借款是企业从银行或其他金融机构借入的，期限在一年以上的借款，它是企业长期负债的主要来源之一。长期借款主要用于企业购置固定资产和满足永久性流动资金占用的需要。

一、长期借款的种类

按不同的标准，长期借款可做如下分类。

（一）按提供贷款的机构可分为政策性银行借款、商业银行借款和非银行金融机构借款

1. 政策性银行借款

政策性银行借款即执行国家政策性借款业务的银行（统称政策性银行）提供的借款。这种借款利率较低、期限较长，但只有特定的企业或特定的项目方可申请获得此种借款。

2. 商业银行借款

商业银行借款即由商业银行提供的长期借款。这种借款一般具有以下特点：①企业与银行之间要签订借款合同，含有对借款企业的具体限制条件；②有规定的借款利率，可固定，亦可随基准利率的变动而变动；③主要采用分期偿还方式。

3. 非银行金融机构借款

非银行金融机构借款即由信托投资公司、保险公司、证券公司、财务公司等非银行金融机构向企业提供的借款，这种借款一般较商业银行借款的期限更长，相应的利率也较高。

（二）按有无抵押品作担保可分为信用借款和担保借款

1. 信用借款

信用借款指依据借款企业的信誉发放的借款，借款企业不需要提供抵押和担保。对于银行来说，信用借款的风险较大，因此，银行通常要对借款企业的经济效益、经营管理水平、发展前景等情况进行全面评估，以降低其借款风险。

2. 担保借款

担保借款指银行要求借款企业提供担保，以保障按期偿还的借款。担保借款有利于降低银行的风险，提高借款的安全性。担保借款按照担保方式的不同，可以分为保证借款、抵押借款和质押借款。

（1）保证借款指保证人和贷款银行约定，当借款企业不按期偿还债务时，由保证人负责偿还的借款。具有代为清偿能力的法人、其他组织或公民可以作为保证人。

（2）抵押借款指以特定的抵押品作为担保的借款。作为借款担保的抵押品主要是不动产、机器设备、交通运输工具等实物资产，如果借款到期时借款企业不偿还借款，则银行可取消企业对抵押品的赎回权，并有权处理抵押品。

（3）质押借款指借款企业以其动产或权利作为抵押的借款。质押的动产应移交债权人，可以质押的权利主要有汇票、支票、本票、债券、存款单、提货单，还有可以依法转让的股份、股票，以及可以依法转让的商标权、专利权等。

二、企业对贷款银行的选择

在申请长期借款时，借款企业除了要考虑借款种类、借款成本等因素外，还要对贷款银行进行分析，做出选择。对贷款银行的选择，通常要考虑以下几个方面。

（一）银行对贷款风险的政策

有些银行倾向于保守政策，只愿承担较小的风险，而有些银行则富有开拓性，敢于承担较大风险。

（二）银行与借款企业的关系

一家企业可能与多家银行有业务往来，但关系的亲密程度不同。当借款企业面临财务困难时，有的银行可能大力支持，帮助企业渡过难关，而有的银行则可能会施加更大的压力，迫使企业偿还借款，或提高借款利率。

（三）银行是否为借款企业提供咨询与服务

有些银行会主动帮助企业分析其财务中存在的潜在问题，提出解决问题的建议和办法，这对借款企业有着重要的参考价值。

（四）银行对贷款专业化的区分

一般而言，大银行都设有不同部门来分别处理不同行业的贷款，如工业、农业、商业等，企业应根据专业化的区分来选择相应的银行。

三、长期借款的程序

（一）企业提出申请

企业申请借款必须符合借款原则和借款条件。

我国金融部门对贷款规定的原则是：按计划发放，择优扶植，有物资保障，按期归还。

企业申请借款应具备的条件主要有：①借款企业实行独立核算，自负盈亏，具有法人资格；②生产经营方向和业务范围符合国家政策，且借款用途符合银行借款办法规定的范围；③借款企业具有一定的物资和财产保证，或担保单位具有相应的经济实力；④具有还贷能力；⑤借款企业的财务管理和经济核算制度健全，资金使用效益及企业经济效益良好；⑥在银行开立有账户，办理结算。

企业提出的借款申请应陈述借款的原因、借款金额，用款时间与计划，还款期限与计划等。

（二）银行进行审批

银行按照有关政策和借款条件，对借款企业进行审查，依据审批权限，核准企业申请的借款金额和用款计划。银行审查的内容包括：①企业的财务状况；②企业的信用情况；③企业的盈利稳定性；④企业的发展前景；⑤借款投资项目的可行性；⑥抵押品和担保情况等。

（三）签订借款合同

借款申请获批准后，银行与借款企业需要进一步协商借款的具体条件，签订正式的合同，规定借款的数额、利率、期限和一些约束性条款。

（四）企业取得借款

借款合同生效后，银行可在核定的贷款指标范围内，根据用款计划和实际需要，一次或分次将贷款转入企业的存款结算户，以便企业支用借款。

（五）企业偿还借款

借款到期时，借款企业应依借款合同规定按期清偿借款本金与利息，或续签合同。一般而言，企业还贷的方式主要有：①到期一次性还本付息；②分期付息到期还本；③定期偿还等额本金；④定期等额偿还本息。

借款到期经银行催收，如果借款企业不予偿付，则银行可按合同规定，从借款企业的存款户中扣还借款本息及加收的利息。借款企业当因暂时财务困难，需延期偿还借款时，应向银行提交延期还贷计划，经银行审查核实，续签合同，但通常要加收利息。

四、长期借款的利率

借款利率的高低直接影响借贷双方的经济利益，是借贷双方都十分关心的事。长期借款利率在市场利率的基础上，主要受借款期限和借款企业信用状况的影响。借款期限越长，银行等金融机构承担的风险就越大，相应要求的借款利率也就越高。在借款期限既定的条件下，如果企业的信用状况好和抵押品价值大、变现能力强，那么，贷款银行所承受的风险就低，相应要求的借款利率也会降低。这说明，借款利率与借款期限成正比，与企业信用状况成反比。即借款期限越长，借款利率越高；企业信用程度越高，借款利率越低；反之亦然。

长期借款的利率通常分为固定利率和变动利率两种。

（一）固定利率

固定利率指在债务存续期间内固定不变的利率。具体利息率的高低通常由借贷双方按市场利率并视公司信誉情况确定，这种计息方式一般在资本市场利率中波动不大，只有资金供应比较平稳的情况下才使用。

（二）变动利率

变动利率指在债务存续期间根据市场利率的变动而做出调整的利率。调整以后，尚未归还的贷款余额按新确定的利率计息。变动利率计息方式在高通货膨胀，以及市场利率上升的情况下被广泛采用。在国际上，长期借款多采用变动利率。

长期借款中的变动利率一般有以下几种。

1. 分期调整利率

分期调整利率在一般基准利率的基础上，根据资金市场的变化情况，每半年或一年时间调整一次利息率，尚未归还借款的利息应按调整后的利息率计算。这种利率将通过借贷双方协商后在借款合同中进行规定。

2. 浮动利率

浮动利率指借贷双方通过协商，在借款协议中规定其利率可随市场利率的变动而随时调整。它通常以市场上信誉较好的企业的商业票据利率为参考，或以市场上相同借款期的公认利率为准，规定了基本利率（又称"最惠利率"），然后在此基础上加成计算浮动比，如加0.5或2个百分点。在这种计息方式下，利率随最惠利率变动而浮动，定期支付的利息要按浮动利率计算，到期时则按面值还本。

3. 期货利率

期货利率指借贷双方在借款协议中规定，到期的借款利率按期货业务的利率来计算。在借款期内规定的付息日，应按当时期货市场利率计算付息额，到期按面值还本。

随着经济业务的发展和环境的复杂多变，还会出现其他形式的变动利率。企业财务人员应在长期借款时根据具体情况合理应用不同的利率策略，使其既对债权人有吸引力，又对企业有利。例如：若估计市场利率已达到顶峰，预期将下跌，则可先进行短期借款，或采用浮动利率；也可发行可提前赎回的优先股等，获取短期资本，待利率水平下跌后，再借入利率较低的长期借款，减少企业的利息费用；如筹资时市场利率较低，则可借入固定利率的长期借款，这能大大降低企业的成本。同时，企业财务人员应对还款方式和单复利计算等各种条件进行仔细研究，选择对企业最有利的借款利率和还款方式。

五、长期借款的信用条件

1. 信贷额度

信贷额度指借款人与银行签订协议中规定的借入款项的最高限额。通常，在信用额度内，企业可随时按需要向银行申请借款，如借款人超过限额继续借款，则银行将停止办理。例如，在正式协议下，约定一企业的信贷额度为50万元，该企业已借用30万元且尚未偿还，则该企业仍然可以申请20万元的借款，银行将予以保证。此外，如果企业信誉恶化，银行也有权停止借款。对于信贷额度而言，银行不承担法律责任，没有强制义务。

2. 周转信贷协定

与信贷额度不同，该协定指银行具有法律义务地承诺提供不超过某一最高限额外的借款。在协定的有效期内，银行必须满足企业在任何时候提出的借款要求。企业要想享用周转信贷协定，就必须对借款限额的未使用部分向银行付一笔承诺费，一般来说，数额为该企业未使用信用额度的一定比率（2‰左右）。银行对周转信贷协议负有法律义务。

3. 补偿性余额

补偿性余额指银行要求借款人在银行中保留按借款限额或实际借用额的一定百分比

（通常为10%～20%）的最低存款余额。企业在使用资金的过程中，通过资金在存款账户的进出，始终保持一定的补偿性余额在银行存款的账户上。银行的目的在于降低银行的贷款风险，这增加了借款企业的实际利率，加重了企业的财务负担。例如，如果某企业需要80 000元资金以清偿到期债券，且需要维持20%的补偿性余额，那么，为了获取这80 000元就必须借款100 000元。如果名义利率为8%，则实际利率为

$$\frac{100\,000 \times 8\%}{100\,000 \times (1 - 20\%)} = 10\%$$

4. 借款抵押

除信用借款外，银行向财务风险大、信誉不好的企业发放贷款，往往需要抵押或担保，即企业以抵押品作为借款的担保，以减少银行蒙受损失的风险。借款的抵押品通常是借款企业的应收账款、存货、股票、债券及房屋等。银行接受抵押品后，将根据抵押品的账面价值决定借款金额，一般为抵押品账面价值的30%～50%。企业接受抵押借款后，其抵押财产的使用及将来的借款能力将会受到限制。

5. 偿还条件

无论何种借款，一般都会规定还款的期限。根据我国央行的相关规定，借款到期后仍无力偿还的，视为逾期借款，银行要照章加收逾期罚息。借款的偿还有到期一次还清和在借款期内定期等额偿还两种方式，企业一般不希望采取后一种方式，因为这样会提高借款的实际利率。

除上述所说的信用条件外，银行有时还要求企业为取得借款而做出其他承诺，如及时提供财务报表、保持适当资产流动性等。如企业违背做出的承诺，则银行可要求企业立即偿还全部借款。

六、长期借款还款计划表的编制

长期借款金额大、期限长，为保证按期还本付息，借款企业必须编制还款计划表。该计划通常由借贷双方协商确定，它是长期借款合同中最重要的内容。就借款企业而言，确定还款计划要充分注意企业现金流量的时间和数量这两个因素，尽量使长期借款的偿债期和偿付量与现金流入期和积累量相衔接，以回避偿还长期借款的风险。

长期借款的偿还方式主要有：分期付息到期还本法、等额本金法、等额本息法等多种方式。以下将一一举例介绍如何编制还款计划表。

（一）分期付息到期还本法

分期付息就是按既定的期间，如每隔一年或半年支付一次利息；到期还本就是在借款到期时，一次性偿还借款本金。

【例11-1】某公司向银行取得借款100万元，期限5年，年利率4%，银行要求企业每年年末付息到期一次性还本。那么，该笔长期借款的还款计划如表11-1所示。

每年的利息额=100×4%=4（万元）

表11-1   分期付息到期还本的还款计划表   单位：万元

年　　　度	支付利息	偿还本金	剩余本金
第1年	4		100
第2年	4		100
第3年	4		100
第4年	4		100
第5年	4	100	0

分期付息到期还本的偿还方式在实践中极为普遍。就借款企业而言，该还债方式较其他方式有两方面的优点：一是前期只需支付利息，偿债压力比较小；二是可以实实在在地在整个借款期内占用全部借款本金，从而有利于保证企业的资金需要。但该种偿债方式在长期借款到期日的偿债压力较大，因此，借款企业在平时也要注意积累现金，以保证到期日偿还借款本金的需要，或在长期借款到期日前筹措新的资金来源，以满足偿债的需要。

该种还款计划虽然对借款企业好处较多，但对贷款银行而言，其风险较大，因此，按该种还款计划筹措长期借款的利率也会较高。

（二）等额本金法

该种偿债方式的基本特征是分期等额偿还本金，按照当年实际使用的资金数额进行计算并支付利息。随着本金的偿还，利息支付额会逐渐降低，所以，每期偿债的金额并不相等。

【例11-2】某公司向银行取得借款100万元，期限5年，年利率4%，该公司和银行商定的还款计划为等额本金法，请编制该公司的还款计划表。

每年末需偿还本金=100÷5=20（万元）

每年末支付利息时按照本年实际使用的资金数额进行计算，例如：第1年实际使用的资金为100万元，所以第1年末需支付利息=100×4%=4（万元）；因为第1年年末还本20万元，第2年实际使用的资金数额为80万元，因此第2年年末需支付利息=80×4%=3.2（万元）；第3年实际使用的资金数额为60万元，因此第3年年末需支付利息=60×4%=2.4（万元）；第4年实际使用的资金数额为40万元，因此第4年年末需支付利息=40×4%=1.6（万元）；第5年实际使用的资金数额为20万元，因此第5年年末需支付利息=20×4%=0.8（万元）。那么，该公司的还款计划如表11-2所示。

表11-2   等额本金法的还款计划表   单位：万元

年　　　度	偿还本金	剩余本金	支付利息	偿债总额
第0年	-	100	-	-
第1年	20	80	4	24
第2年	20	60	3.2	23.2
第3年	20	40	2.4	22.4
第4年	20	20	1.6	21.6
第5年	20	0	0.8	20.8

显然，这种偿债方式有利于减少贷款银行的风险，故贷款银行普遍喜欢这种还款计划。但对借款企业而言，前期还款金额多，风险大，且随着本金的偿还，企业可用资金不断减少，可能会导致企业资金供应紧张。一般而言，对于借款企业来讲，专门用来购建固定资产的长期借款可以采用该种还款计划，特别是当借款期与固定资产折旧期一致时，采用分期还本付息的还款计划较优。因为以折旧形式流入的现金正好可以用来偿还借款本金，而固定资产产生的收益则只需用来保证利息支付，所以，其负担较轻，风险也相对较低。相反，在借款期的前期没有足够现金流入量的企业则不宜采用等额本金法的还款计划。

（三）等额本息法

该种还款计划的基本特征是在借款期内按某一相等的金额偿付借款的本金和利息。由于借款前期的利息多，后期的利息少，因此，按相等金额偿付借款本息的结果必然是前期偿还的本金少，后期偿还的本金多。

【**例11-3**】 某公司向银行取得借款100万元，期限5年，年利率4%，还款计划为等额本息法，每年末还款一次。请编制该公司的还款计划表。

首先，计算每年还款额。由于每年还款额相等，且年末还款，所以，还款额属于普通年金，可利用年金现值系数进行计算。

$$\frac{100}{(P/A,4\%,5)}=\frac{100}{4.4518}=22.46（万元）$$

然后，计算每年的还款额中包含的利息和本金。因为利息是计入企业财务费用，且可以抵税的项目，故必须将年还款额分解为偿还本金和支付利息两个部分。

因第1年实际使用的资金为100万元，所以，第1年末需支付利息=100×4%=4，则本金部分=（22.46-4）=18.46（万元）。

第2年实际使用的资金为100-18.46=81.54（万元），所以第2年末需支付利息=81.54×4%=3.26（万元），则本金部分=22.46-3.26=19.20（万元）。

第3年实际使用的资金为81.54-19.20=62.34（万元），所以第3年末需支付利息=62.34×4%=2.49（万元），则本金部分=22.46-2.49=19.97（万元）。

第4年实际使用的资金为62.34-19.97=42.37（万元），所以第4年末需支付利息=42.37×4%=1.69（万元），则本金部分=22.46-1.69=20.77（万元）。

第5年实际使用的资金为42.37-20.77=21.60（万元），所以第4年末需支付利息=21.60×4%=0.86（万元），则本金部分=22.46-0.86=21.60（万元）。

根据以上计算，该公司的具体还款计划如表11-3所示。

表11-3　等额本息法的还款计划表　　　　　　　　　　单位：万元

年　　度	年偿债额	支付利息	偿还本金	本金剩余额
第0年	-	-	-	100
第1年	22.46	4.00	18.46	81.54
第2年	22.46	3.26	19.20	62.34

续表

年　　度	年偿债额	支付利息	偿还本金	本金剩余额
第3年	22.46	2.49	19.97	42.37
第4年	22.46	1.69	20.77	21.60
第5年	22.46	0.86	21.60	0.00
合　计	112.30	12.30	100.00	

七、长期借款合同的内容

借款合同是规定借贷当事人双方权利和义务的契约。借款企业提出的借款申请经贷款银行审查认可后，双方即可在平等协商的基础上签订借款合同。借款合同依法签订后，具有法律约束力，借贷当事人各方必须遵守合同条款，履行合同约定的义务。

（一）长期借款合同的基本条款

根据我国有关法规，借款合同应具备下列基本条款：①借款种类；②借款用途；③借款金额；④借款利率；⑤借款期限；⑥还款资金来源及还款方式；⑦保证条款；⑧违约责任等。

其中，保证条款规定借款企业申请借款应具有银行规定比例的自有资本。若有适销或适用的财产物资作借款的保证，则当借款企业无力偿还到期借款时，贷款银行有权处理作为借款保证的财产物资；必要时还可规定保证人，保证人必须具有足够代偿借款的财产，当借款企业不履行合同时，由保证人连带承担偿付本息的责任。

（二）长期借款合同的限制条款

由于长期借款风险大，因此，贷款银行为了保护自身的经济利益，均会要求企业保持良好的财务状况，至少要求企业在整个借款期内保持与取得借款时相同的财务状况。但由于长期借款时期长，借款企业财务状况有可能恶化，再者，由于委托代理关系，股东可能会通过损害债权人利益而为自己谋取好处，因此，贷款银行通常会在借款协议中注明各种限制性条款。这些条款具体说明了贷款银行在何种条件下拥有何种干预借款企业行为的法律权力，有利于确保借款企业财务状况的稳定性和借款的安全性。

一般而言，限制性条款可分为例行性限制条款、一般性限制条款和特殊性限制条款三大类。

1. 例行性限制条款

例行性限制条款又称非限制性条款，指所有的借贷合同中均有规定，所有借款均应遵守的条款。其主要内容如下。

（1）定期提供财务报表。贷款银行为保证自己的经济利益需了解借款企业的经营情况，因此，要求借款企业必须定期向贷款银行提供经注册会计师审计的财务报表及现金流量预测等资料，以便贷款银行能经常了解企业的财务状况。

（2）及时支付到期债务和税金。由于任何到期债务的拖欠都有可能导致借款企业的破产，或者导致企业遭受罚款，因此，贷款银行会要求借款企业及时还清其他负债及税款。

（3）不得以资产作为其他承诺的担保或抵押。借款企业不得以资产作为其他承诺的担保或抵押，以避免给企业带来过重的负担。

（4）不得在正常情况下出售较多的资产。借款企业不得在正常情况下通过出售较多的资产来维持正常经营活动的需要。

（5）补偿性余额的要求。补偿性余额是银行要求贷款企业在银行中保持按借款限额或实际借用额一定百分比（一般为10%~20%）计算的最低存款余额。银行一般会对企业做出补偿性余额的规定，以降低银行的贷款风险，但补偿性余额会提高借款企业的实际利率。

2. 一般性限制条款

一般性限制条款指对借款企业资产流动性、现金支付能力和偿债能力等方面的要求条款，它是维护银行利益的最重要的条款，主要包括以下内容。

（1）最低流动比率限制。企业资产的流动性直接关系到企业的短期偿债能力，因此，贷款银行要求借款企业保持一个最低的流动比率（流动资产/流动负债）是最常见的限制性条件之一，该最低比率由借贷双方协商确定。最低流动比率是贷款银行衡量借款企业财务状况好坏的重要指标，也是贷款银行是否继续向借款企业提供贷款的标准。最低流动比率的确定除了要考虑社会和行业平均标准外，还应充分注意企业生产经营方面的特征。

（2）最高资产负债率限制。借款企业的资产负债率越低，意味着其资产对负债的担保力越强，贷款银行债权的安全性就越有保障，即风险越低。如果借款企业的资产负债率高于限制标准，那么，贷款银行就可以要求借款企业提前偿还借款。

（3）固定资产处置限制。贷款银行为减少其自身风险，往往在清理、抵押等方面对借款企业的固定资产处置权利予以限制。借款企业在支付能力不足以偿还其他到期债务时，有可能通过出售固定资产来换取偿债的现金。然而，这一行为却有损于企业长期借款的偿还能力，因此，贷款银行希望借款企业为其保留固定资产，以减少长期贷款所冒的风险。贷款银行通常要求在借款合同中规定限制借款企业清理任何固定资产或须经贷款银行同意方可清理的契约条款。

长期借款协议还经常包括对固定资产抵押的限制条款。这一条款可以防止借款企业把任何资产抵押给其他债权人；同样地也限制借款企业为其他公司或个人提供担保或背书。

（4）资本性支出限制。为防止借款企业把资金冻结在非流动性投资上面，贷款银行有时会限制借款企业在固定资产方面的资本支出。通常的做法是要求借款企业在借款期内将每年的资本支出限制在一定金额之内，这种限制条款的目的在于要求借款企业将一定量的资金投放在流动资产上，以保持资产应有的流动性。

限制性条款也可能规定：未经贷款银行同意，借款企业不得与其他企业合并，也不得进行企业分立，以确保借款企业经营结构和财务结构不被改变。贷款银行也可能会限制借款企业进行长期证券投资，目的在于确保借款企业的变现能力。

（5）增加负债限制。借款协议经常会限制借款企业接受除季节性流动资金借款之外的任何借款，或要求借款企业须经贷款银行同意后才能借款。即使是征得贷款银行同意而增加的任何借款，也只能是处于从属地位的借款，或无担保借款，以确保贷款银行拥有优先偿还的权利，减少其所冒的风险。借款协议通常还包括限制借款企业租赁融资的契约条款。

（6）现金流出限制。为保证借款企业有足够的现金清偿借款，借款协议中经常会有限制现金流出的条款，如规定最高的工资支付额、限制股票回购等。

3. 特殊性限制条款

特殊性限制条款指在个别借贷合同中特别规定的条款，以避免在特殊情况下可能出现的意外。如规定借款专款专用；公司主要管理者要参加人寿保险；主要管理人员的改变或改组须经贷款银行核准；等等，以确保该公司的经营当局是在提供借款当时银行所信赖的人控制之下。

八、长期借款融资的优缺点

长期借款与股票、债券等长期融资方式相比，既有优点，也有不足之处。

（一）长期借款的优点

1. 融资速度快

企业利用长期借款融资，一般所需时间较短，程序较为简单，可以快速获得现金。而通过发行股票、债券来筹集长期资金，须做好发行前的各种工作，发行也需一定时间，故耗时较长，程序复杂。

2. 成本较低

由于长期借款融资的利息可在所得税前列支，可减少企业实际负担的成本，因此，比股票融资的成本要低得多；与债券相比，银行借款利率一般也低于债券利率；此外，由于借款属于间接融资，因此，融资费用极少。

3. 弹性较大

在借款时，企业与银行直接商定借款的时间、数额和利率等；在用款期间，企业财务状况若发生某些变化，亦可与银行再行协商，变更借款数量及还款期限等。因此，长期借款融资的企业具有较大的灵活性。

4. 具有财务杠杆效应

借款融资与债券一样，均可以发挥财务杠杆的作用。

（二）长期借款的缺点

1. 融资风险较高

借款通常有固定的利息负担和固定的偿付期限，一旦企业经营不善，无力偿还到期债务，就有可能被债权人申请破产，故借款企业的融资风险较高。

2. 限制条件较多

借款合同中有多种限制性条款，这可能会影响企业以后的融资、投资和生产经营活动。

3. 融资数量有限

长期借款一般不如股票、债券那样可以一次性筹集到大笔资金。

第二节　发行债券融资

一、债券的概念与特征

债券是债务人为筹集债务资本而发行的，是约定在一定期限内向债权人还本付息的有价证券。发行债券是企业筹集债务资本的主要方式。按照我国《公司法》和国际惯例，股份有限公司和有限责任公司发行的债券称为公司债券，习惯上又称为公司债。我国非公司制企业发行的债券称为企业债券。

（一）债券的基本要素

债券一般需具备面值、利率、期限等基本要素。债券能否成功发行取决于债券基本要素的设计是否合理，因此，企业财务人员必须考虑多方面的因素，认真设计债券的每一个要素。

1. 债券的面值

债券的面值指企业所设定的票面金额，它标明企业在到期日对债券持有人应支付的本金额，债券面值是计算债券利息的依据，它包含两个方面的内容。

（1）面值的币种。面值的币种即以何种货币作为债券面值的计量单位。选择币种时要根据发行对象和实际需要来决定。一般来讲，如果发行对象是国内投资者，则应选择国内货币作为债券面值的计量单位，如果发行对象是国外投资者，则可选择债券发行地的国家货币或国际通用货币。

（2）债券的票面金额。债券票面金额的大小直接影响债券的发行成本及发行数量，从而影响筹资效果，因此，面值设计中最重要的就是票面金额的设计。一般来说，票面金额较小，有利于债券发行，但发行费用较大；相反，票面金额较大，则发行费用较小，但不利于吸引更多的投资者。设计时要根据债券的潜在投资者的特点来设计：若企业的潜在债券投资者主体是机构投资者或富有阶层，则票面金额应设计得大一些；如果企业的潜在债券投资者主体是一般的散户、居民个人，则票面金额应设计得小一些；如果无法确定企业债券的购买者群体，则票面金额应进行多样化设计，即既有大面额的，又有小面额的。

当前，我国发行的公司债券面值大多为100元人民币。

2. 债券的期限

与股票不同，债券必须有偿还期限。债券偿还期限是债券发行日至其到期日的间隔期。比如，NF航空公司分别于2015年11月20日和2016年5月25日发行了5年期公司债券，分别于2018年11月26日、2019年2月21日和2019年5月16日发行了3年期公司债券。

发行公司可以通过综合考虑以下因素来确定债券的期限。

（1）资金的需求期限。发行债券筹措的资金通常用于投资某一大型项目，偿还债券的资金来源主要是该项目产生的净现金流量，因此，在设计债券的期限时，必须考虑拟投资项目的投资回收期。一般而言，债券的偿还期限要长于拟投资项目的投资回收期。

（2）未来市场利率的变动趋势。由于债券的票面利率一般是固定不变的，而市场利率却是变动的，因此，在确定债券期限时，还须考虑未来市场利率的变动趋势。如果预测未来的市场利率将下调，则债券期限应设计得短一些，反之就应设计得长一些。

（3）流通市场发达程度。如果债券流通的市场发达，当投资者想要转让手中的债券时，能够很快地转让出去，则债券期限设计的长一些也不会影响到债券的吸引力；如果债券流通的市场不发达，则应将债券的期限设计的短一些，这样，即使投资者购买后无法转让，也有耐心等待发行公司到期偿还。

（4）其他债券的期限情况。这是效仿原则在债券期限设计中的应用，即当企业无法确定其债券的期限时，可以参照同行业其他企业已发行的债券期限来确定。

（5）投资者的投资偏好。受不同政治、经济、文化环境的影响，对于不同国家、地区的投资者而言，其投资偏好可能有所不同，有的地区的投资者偏好投资长期债券，而有的地区的投资者则偏好投资于短期债券，因此，在债券期限设计时应注意"投其所好"。

但是，随着金融市场的日渐发达，市场上出现了可以续期的公司债券，这使得公司在发行债券时对期限的设计有了更多的灵活性。比如，某公司公开发行面向合格投资者的可续期公司债券，共发行两个品种，均按面值100元等价发行。品种一期限为 $2+n$ 年期，票面利率4.15%，品种二期限为 $3+n$ 年期，票面利率为4.44%。

3. 债券的票面利率

债券的票面利率指债券持有者定期获取的利息与债券面值的比值，以百分率表示。目前，国内发行的长期债券一般为固定利率，如NF航空公司于2019年5月16日发行的3年期公司债券，固定年利率为3.72%，每年付息一次。

企业通常根据"利率=无风险收益率+通货膨胀率+风险报酬率"来确定债券的票面利率，其中，无风险收益率一般根据无通货膨胀时期发行的国债利率来确定，在确定风险报酬率时一般要考虑以下因素。

（1）发行企业自身的资信情况。如果发行企业的资信等级较高，则票面利率可确定的低一些，如果资信等级较低，则票面利率要确定的高一些，否则将出现发行困难。

（2）企业自身的利息承受能力。票面利率的确定必须考虑公司自身的利息支付能力。如果发行公司有较强的利息支付能力，则可以将票面利率定的高一些，以吸引投资者；如果发行公司的利息支付能力不强，则不宜制定较高的票面利率，否则将会形成沉重的利息负担。

（3）利率变动趋势。如果预计市场利率将下调，则票面利率可以较当前市场利率偏低；反之，则可以偏高。

（4）债券期限的长短。一般而言，期限越长的债券，其票面利率越高；反之，则票面利率越低。这是由于，对于投资者而言，债券期限越长，其可能承担的风险越大，因此，投资者要求的报酬率越高，所以其利率就越高。

（二）债券的特征

1. 利息率固定

债券的利息率是债券发行时确定的，与企业将来的经营状况无关，无论企业经营收益多寡，均需按既定的利息率向债券持有者支付利息。

2. 有明确的偿还期

债券的还本期是既定的，按其还本期的长短可将企业债券划分为长期债券（还本期在10年以后）、中期债券（还本期在1年以上，10年以下）和短期债券（还本期在1年以内）。

3. 债券利息可以抵税

企业债券利息作为财务费用计入损益，在税前扣除，可抵税。

4. 可转嫁通货膨胀损失

在通货膨胀的情况下，货币的实际购买力下降，发行企业继续支付定额利息费用，从而将通货膨胀的损失部分转嫁给债券持有者，这降低了公司的经营风险。

二、债券的种类

（一）按债券有无担保品可分为抵押债券和信用债券

抵押债券又称有担保债券，是有指定的财产作担保品的债券。按照担保品的不同，抵押债券又可分为一般抵押债券、不动产抵押债券、设备抵押债券和证券信托债券。一般抵押债券是以公司全部资产作为抵押品发行的债券；不动产抵押债券是以公司的不动产为抵押发行的债券；设备抵押债券是以公司的机器设备为抵押发行的债券；证券信托债券是以公司持有的有价证券交付给信托公司作为抵押品发行的债券。

信用债券指单凭债券发行公司的信用，没有特定的抵押财产作为担保品的公司债券。由于该种债券无特定财产作担保，所以，发行企业必须具备较高的财务信誉与未来获利能力强等条件。信用程度高的企业发行的信用债券的投资价值远远大于一般公司发行的抵押债券。NF航空公司于2019年5月16日发行的3年期公司债券即为信用债券。

（二）按债券偿还方式可分为到期一次偿还债券和分期偿还债券

到期一次偿还债券指发行公司在债券到期时一次性偿还全部本息的债券。分期偿还债券指定期分次归还本金和利息的债券，该种债券可以减轻公司到期还款的压力。NF航空公司于2019年5月16日发行的3年期公司债券为每年付息一次，到期一次还本债券。

（三）按债券是否记名可分为记名债券和无记名债券

记名债券指债券上记有持券人姓名的债券。这种债券只偿付给券面上的记名人，转让时由债券持有人背书并向发行公司登记。无记名债券指债券上不载明持有人的姓名，还本付息时以债券为凭，一般实行剪票付息。NF航空公司于2019年5月16日发行的3年期公司债券为实名制记账式公司债券。

（四）按债券利率是否固定可分为固定利率债券和浮动利率债券

固定利率债券指利率在发行债券时已确定，并载于债券票面。浮动利率债券指利率水平在发行债券之初不固定，而是根据有关利率如银行存贷款利率等加以确定。典型的浮动利率债券的运作是：先规定发行后前六个月的票面利率，以后根据市场利率每六个月调整一次。在浮动利率债券中，可能包括附加条款，如一些条款规定，几年后可以转换成固定利率债券，另外一些条款规定了利率浮动范围的最高和最低点。NF航空公司于2019年5月16日发行的3年期公司债券为固定利率，年利率3.72%。

（五）按债券是否可转换为股票可分为可转换债券和不可转换债券

可转换债券指可转换为普通股股票的债券。发行可转换债券的公司有义务按规定的办法向债券持有人发行股票，债券持有人有权选择是否将债券转为股票。不能转换为本公司股票的债券为不可转换债券。NF航空公司于2019年5月16日发行的3年期公司债券为不可转换债券，NF航空公司于2020年10月15日发行的A股可转债券为可转换债券。

（六）按照债券是否可以提前赎回可分为可提前赎回债券和不可提前赎回债券

可提前赎回债券指企业可以在债券到期日之前全部或部分赎回的债券；反之，则为不可赎回债券。

（七）按债券能否上市可分为上市债券和非上市债券

上市债券指能够在证券交易所挂牌交易的债券。一般来讲，上市债券的信用度高，变现速度快，因而容易吸引投资者，但上市条件严格，且要承担上市费用。不能在证券交易所挂牌交易的债券为非上市债券。NF航空公司于2019年5月16日发行的3年期公司债券于2019年5月29日在上海证券交易所交易市场集中竞价系统和固定收益证券综合电子平台上市。

三、债券的发行

随着2020年3月1日《中华人民共和国证券法》的正式生效，公开发行公司债券或企业债券开始实行注册制，取消负债总额不能超过净资产40%的约束条件，取消净资产规模要求等条款，这给未来的债券市场带来了更为广阔的空间。

债券作为标准化工具，是提升直接融资比例的重要载体。我国的债券市场主要包括银行间市场和交易所市场，包含许多不同的债券品种，而每一债券品种的监管、审批机构和发行条件并不相同。

我国债券市场的发行审核制度主要有4种类型：审批制、核准制、注册制和备案制，不同的债券品种使用不同的发行制度，具体如表11-4所示。

表11-4　我国债券的发行审核制度

发行审核制度	债 券 品 种
审批制	国债、地方政府债
核准制	金融机构债
备案制	非公开发行的公司债
注册制	企业债、公开发行的公司债

由表11-4可知，当企业作为发行主体发行债券时，采用的发行审核制度有备案制和注册制两种。

备案制指非公开发行公司债券的承销机构或自行销售的发行人在每次发行完成后，在五个工作日内向证券业协会报送备案登记表的发行制度。

注册制指注册后即可发行债券的制度。注册制的核心是"公开管理"，在这种制度下，只要符合主管机关规定的债券发行条件，并依据法定程序注册，主管机关就必须认可该债券的发行。

（一）企业债券发行的资格与条件

企业债券是由国家发展改革委员会进行监管，境内具有法人资格的企业发行的债券，其审核制度为注册制。

企业债券发行人应具备健全且运行良好的组织机构，最近三年的平均可分配利润足以支付企业债券一年的利息，应当具有合理的资产负债结构和正常的现金流量，鼓励发行企业债券的募集资金投向符合国家宏观调控政策和产业政策的项目建设。

（二）公司债券的发行资格与条件

公司债券是由证监会进行监管，所有公司制法人（除地方政府融资平台公司外）发行的债券。本章所提到的债券在一般情况下指的是公司债券。

公开发行公司债券的审核制度为注册制，非公开发行公司债券的审核制度为备案制。

《公司债券发行与交易管理办法》（中国证券监督管理委员会第180号）实行后，发行门槛大幅降低，公司债券分为面向所有投资者公开发行的"大公募"、面向合格投资者公开发行的"小公募"、面向特定投资者非公开发行的私募公司债券三种。

1. 公开发行公司债券的发行资格与条件

（1）公开发行公司债券（包括大公募和小公募）应符合下列条件：①具备健全且运行良好的组织机构；②最近三年的平均可分配利润足以支付公司债券一年的利息；③国务院规定的其他条件。

除此之外，面向所有投资者公开发行的"大公募"公司债券发行人还需具备以下条件：①发行人最近三年无债务违约或者迟延支付本息的事实；②发行人最近三个会计年度实现的年均可分配利润不少于债券一年利息的1.5倍（对于需要编制合并财务报表的公司来说，其可分配利润指合并报表归属于母公司所有者的净利润）；③债券信用评级达到AAA级。

公开发行公司债券（包括大公募和小公募）筹集的资金必须按照公司债券募集办法所列的资金用途使用；若要改变资金用途，则必须经债券持有人会议做出决议。公开发行公司债券（包括大公募和小公募）筹集的资金不得用于弥补亏损和非生产性支出。

存在下列情形之一的，不得公开发行公司债券（包括大公募和小公募）：①最近36个月内，公司财务会计文件存在虚假记载，或公司存在其他重大违法行为；②申请材料存在虚假记载、误导性陈述或者重大遗漏；③对已发行的公司债券或者其他债务有违约或者迟延支付本息的事实，且仍处于继续状态；④严重损害投资者合法权益和社会公共利益的其他情形；⑤发行人属于地方政府融资平台公司；⑥改变公开发行公司债券所募资金的用途。

（2）非公开发行公司债券的发行资格与条件。非公开发行债券仅面向合格投资者发行，每次发行对象不超过200人，转让范围也仅限于合格投资者，其发行审核制度为备案制。

证券业协会在审核时实行负面清单制，承销机构在项目承接时不得涉及负面清单的范围。存在以下情形的发行人不得非公开发行公司债券：①最近24个月内，公司财务会计文件存在虚假记载，或公司存在其他重大违法行为；②对已发行的公司债券或者其他债务有违约或迟延支付本息的事实，且仍处于继续状态；③存在违规对外担保或者资金被关联方或第三方以借款、代偿债务、代垫款项等方式违规占用的情形，且仍处于继续状态；④最近12个月内因违反公司债券相关规定被中国证监会采取行政监管措施，或最近6个月内因违反公司债券相关规定被证券交易所等自律组织采取纪律处分，尚未完成整改的；⑤最近两年内，财务报表曾被注册会计师出具保留意见，且保留意见所涉及事项的重大影响尚未消除，或被注册会计师出具否定意见或者无法表示意见的审计报告；⑥因严重违法失信行为，被有权部门认定为失信被执行人、失信生产经营单位或者其他失信单位，并被暂停或限制发行公司债券；⑦擅自改变前次发行公司债券募集资金的用途而未做纠正；⑧本次发行募集资金的用途违反相关法律法规，或募集资金投向不符合国家产业政策；⑨除金融类企业外，本次发行债券募集资金的用途为持有以交易为目的的金融资产、委托理财等财务性投资，或本次发行债券募集资金的用途为直接或间接投资于以买卖有价证券为主要业务的公司；⑩本次发行文件存在虚假记载、误导性陈述或重大遗漏；⑪存在严重损害投资者合法权益和社会公共利益的情形。

（三）债券的发行程序

公司发行债券需经过一定程序，办理有关手续。

1. 作出决议

公司在实际发行债券之前，必须由股东大会（或董事会）作出发行债券的决议，具体决定公司发行债券的总额、票面金额、发行价格、募集办法、偿还日期及方式等内容。

在我国：股份有限公司、有限责任公司发行公司债券，由董事会制定方案，股东会议做出决议；国有独资公司发行公司债券，由国家授权投资的机构或者国家授权的部门做出决定。

2. 进行注册

按照《中华人民共和国证券法》规定，企业在公开发行公司债券时应依据法定程序注册，在非公开发行公司债券时，无须注册。

3. 公告募集办法

企业在公开发行公司债券时，应向社会公告债券募集办法。根据《中华人民共和国证券法》的规定，公司债券募集办法中应载明公司名称、债券募集资金的用途、债券总额和债券的票面金额、债券利率的确定方式、还本付息的期限和方式、债券担保情况、债券的发行价格、发行的起止日期、公司净资产额、已发行的尚未到期的公司债券总额、公司债券的承销机构等。

4. 委托承销机构发售

公司债券的发行方式一般有非公开发行和公开发行两种。前者指由发行公司将债券直接发售给投资者，后者指发行公司通过承销机构向社会发售债券，发行公司可以选择代销或包销方式。代销指承销机构司代发行人发售证券，在承销期结束时，将未售出的证券全部退还给发行人的承销方式。包销指承销机构将发行人的证券按照协议全部购入或者在承销期结束时将售后剩余证券全部自行购入的承销方式。

5. 收缴款项，登记债券存根簿

当发行公司公开发行的债券由证券承销机构发售时，投资者直接向承销机构付款购买，承销机构代理收取债券款，交付债券；然后，发行公司向承销机构收缴债券款并结算预付的债券款。

发行记名公司债券的，应在公司债券存根簿上载明下列事项：债券持有人的姓名或者名称及住所、债券持有人取得债券的日期及债券的编号、债券总额、债券的票面金额、利率、还本付息的期限和方式、债券的发行日期。

发行无记名公司债券的，应在公司债券存根簿上载明债券总额、利率、偿还期限和方式、发行日期及债券的编号。

6. 进行备案

当非公开发行公司债券时，应于发行完成后5个工作日内向证券业协会报送备案登记表，当公开发行公司债券时，无须备案。

（四）债券发行价格的确定

公司债券的发行价格是发行公司（或其承销机构代理，下同）发行债券时所使用的价格，即投资者向发行公司认购债券时实际支付的价格。公司在发行债券之前，必须考虑相关因素，运用一定的方法，确定债券的发行价格。

1. 影响债券发行价格的因素

公司债券发行价格的高低取决于以下四项因素。

（1）债券面值。债券票面金额是决定债券发行价格的最基本因素。一般而言，债券面额越大，发行价格越高。例如，在其他条件相同的情况下，A债券的面值为1000元，B债券的面值为500元，可以肯定，A债券的发行价格要高于B债券的发行价格。

（2）票面利率。债券的票面利率是债券发行公司向债券投资者做出的将据此支付利息的承诺，债券对投资者吸引力的大小主要取决于其票面利率的高低。一般而言，债券的票面利率越高，发行价格也越高；反之，发行价格就越低。

（3）债券期限。债券期限与发行价格的关系比较复杂，这取决于债券是等价发行、溢价发行，还是折价发行。等价发行时，不管债券期限多长，都按照面值发行；溢价发行时，债券期限越长，发行价格就越高；折价发行时，债券期限越短，发行价格就越高。

（4）市场利率。债券发行时的市场利率是衡量债券票面利率高低的参照系，也是债券投资者的最低必要报酬率。显然：投资者要求的最低必要报酬率越高，债券的价值就越低；反之，就越高。

2. 债券发行价格的计算

与其他金融工具一样，债券的发行价格取决于债券的内在价值，因此，可以通过计算债券的价值来确定债券的发行价格。

对于投资者而言，债券的价值大小取决于债券将给债券持有人带来收益的大小，即债券未来收益的现值之和。投资者购买债券后将可获得两项现金流入：每年固定的利息收入和债券到期时的本金偿还额。因此，债券的价值计算公式如下。

$$V = I \cdot (P/A, k, n) + \mathrm{MV} \cdot (P/F, k, n)$$

对于发行企业而言，债券的价值也由两部分构成：一部分是债券到期还本的面值按市场利率折现的现值；另一部分是债券各期利息（年金形式）的现值。因此，其发行价格（P_0）的计算公式与债券价值的计算公式相同，即

$$P_0 = I \cdot (P/A, k, n) + \mathrm{MV} \cdot (P/F, k, n)$$

式中，V为债券的价值；P_0为发行价格；I为债券每年利息额；MV为债券到期值；k为贴现率，即投资者要求的最低报酬率；n为债券期限（年）。

在实务中，债券的发行价格通常有三种情况，即等价发行、溢价发行、折价发行。等价发行指以债券票面金额为价格发行债券，大多数的企业债券都采用等价发行的方式；溢价发行指以高于债券面额的价格发行债券；折价发行指以低于债券面额的价格发行债券。溢价发行或折价发行债券主要是债券的票面利率与市场利率不一致造成的，因为债券的票面利率在债券发行前即已参照市场利率确定下来，并标明于债券票面，无法改变，但市场利率经常发生变动。在债券发售时，如果票面利率与市场利率不一致，则需要调整发行价格（溢价或折价），以协调债券购销双方的利益。当票面利率高于市场利率时，投资者投资于该债券将获得更大的收益，因此，发行公司将抬高发行价格，即采用溢价发行；当票面利率低于市场利率时，往往采用折价发行。

债券发行价格的计算还受利息的计算方法和支付方式的影响，现举例说明不同情况下公司债券发行价格的计算方法。

（1）分期付息、到期一次性还本的债券。这是一种典型的债券，它指债券的利息是分期支付的，到期只偿还债券的票面金额和最后一期的利息，其发行价格的计算方法一般采用复利方式计算，其计算公式与前述的债券价值的计算公式相同，即

$$P_0 = I \cdot (P/A, k, n) + \text{MV} \cdot (P/F, k, n)$$

【例11-4】　某公司发行面值为100元，票面利率为4%，期限为3年的债券，该债券每年付息一次，到期按面值偿还本金。分别按市场利率3%、4%和5%三种情况计算其发行价格。

①当市场利率为3%时，小于票面利率，根据理论分析，这时债券应该溢价发行，下面通过计算结果来证实这一分析。

$$P_0 = 100 \times 4\% \times (P/A，3\%，10) + 100 \times (P/F，3\%，10)$$
$$= 102.82（元）$$

②当市场利率为4%时，等于票面利率，根据理论分析，这时债券应该等价发行，下面通过计算结果来证实这一分析。

$$P_0 = 100 \times 4\% \times (P/A，4\%，10) + 100 \times (P/F，4\%，10)$$
$$= 100（元）$$

③当市场利率为5%时，大于票面利率，根据理论分析，这时债券应该折价发行，下面通过计算结果来证实这一分析。

$$P_0 = 100 \times 4\% \times (P/A，5\%，10) + 100 \times (P/F，5\%，10)$$
$$= 97.27（元）$$

（2）一次性还本付息债券。这种债券在存续期间不支付利息，到期一次性支付本金和利息，利息采用单利法计算。其发行价格的计算公式如下。

$$P_0 = \text{MV} \times (1 + i \times n) \times (P/F, k, n)$$

式中，i为债券的票面利率。

【例11-5】　某公司计划发行面值为100元，票面利率为10%，期限为10年的公司债券。该债券按单利法计息，到期时一次性还本付息。假设目前的市场利率为11%，要求计算该债券的发行价格。

该债券的发行价格计算如下。

$$100 \times (1 + 10\% \times 10) \times (P/F，11\%，10) = 70.4（元）$$

（3）贴现债券。这种债券没有票面利率，采用低于票面金额的方式发行，债券存续期间没有利息，到期时按票面金额偿还。其发行价格的计算公式如下。

$$P_0 = \text{MV} \times (P/F, k, n)$$

【例11-6】　某公司计算发行面值为100元，期限为10年的债券。该债券没有票面利率，按贴现方式发行，到期时按面值偿还。假设目前的市场利率为11%，要求计算该债券的发行价格。

根据公式，该债券的发行价格计算如下。

$$100 \times (P/F，11\%，10) = 35.2（元）$$

四、债券的信用评级

（一）债券信用评级的含义与特征

债券信用评级指根据发行企业的经营状况和财务状况，对债券的风险进行衡量，并用简单直观的符号表示其风险程度，以评价发行公司履行债券契约、按期还本付息的可靠性。债券的信用评级只对债券的违约风险进行评级，而对债券的其他风险不作评估。

《中华人民共和国证券法》规定，公开发行的公司债券必须进行信用评级，且必须达到AAA级。比如，NF航空公司于2019年5月16日发行的3年期公司债券的信用评级为AAA级。

债券的信用评级具有以下两个基本特征。

1. 中立性

债券信用评级的中立性要求信用评级机构应当保持很强的独立性。信用评级机构一般属于民间机构，不受政府的制约，其地位应当独立于债券发行者、投资者，以及债券发行的中介机构。只有具有独立性，才能保证信用评级的结果是中立的。

2. 公正性

债券信用评级的公正性要求信用评级应当具有较强的客观性，其评定的结果能够客观地反映债券的风险程度。公正性是信用评级的生命，因为信用等级是投资者进行投资决策时的一个重要依据。如果债券的信用等级丧失了公正性，则必然会给投资者造成投资决策的失误，从而使信用评级无"信用"可言，必然失信于众。

（二）债券信用评级的意义

债券的信用评级是债券市场发展的客观要求，对完善和促进债券市场的健康发展具有重要作用，其主要意义体现在以下几方面。

1. 有利于债券的顺利发行

对于债券发行企业来说，信用评级可以作为企业资信状况的证明，有利于债券的顺利发行。企业在发行债券时，必须对拟发行的债券进行信用评级，这是发行债券的一个必备条件。债券的信用等级也是发行公司的资信证明，信用等级越高，说明发行公司的资信状况越好，债券也越受投资者的欢迎，有利于债券顺利发售。此外，债券等级越高，该债券的票面利率就可以越低，因此有利于降低其筹资成本。

2. 有利于降低投资者收集信息的成本

投资者在进行债券投资时，要了解发行企业的信用状况，分析债券投资风险的大小，收集这些信息是要付出较多的时间和精力的，成本较高。债券的信用评级为投资者进行投资决策提供了参考依据，投资者通过债券的信用等级可以了解债券的风险程度，从而降低了债券投资者收集信息的成本。

3. 有利于稳定金融市场，促进债券市场的健康发展

如果没有债券的信用评级，由于债券发行企业与投资者之间的信息不对称，就可能出现发行企业有意隐瞒风险，从而使债券市场上出现"逆向选择"的现象。效益好、风险小

的企业由于不愿意付出较高的利率，因此会产生筹资困难；而效益差、风险高的企业由于愿意付出较高的利率，因而更容易筹集资本。这样，金融市场就很难起到优化资源配置的作用。

（三）债券的信用等级

债券评级最早于20世纪初产生于美国，现在各国都有相应的信用评级机构。在美国比较有名的债券评价机构有：标准普尔公司、穆迪投资服务公司、杜佛与菲尔普斯公司、威尔斯公司等。

债券的信用等级表示债券质量的优劣，反映债券还本付息能力的强弱和债券投资风险的高低。它在很大程度上会影响债券的发售能力和到期成本，因此，在考虑发行债券筹资时，财务经理必须认真对待预期的债券等级。

公司债券的信用等级一般按风险程度的大小分为三等九级，这是美国的信用评级机构标准普尔公司和穆迪公司率先采用的。根据这两家公司的经验，各国结合自己的实际情况制定相应的债券评级标准，这些标准在很大程度上完全相同。标准普尔公司和穆迪公司还使用修正符号进一步细化各级债券的信用等级，以便更加具体地识别债券的质量。标准普尔公司用"＋"和"－"来区别同级债券质量的高低，比如，"A＋"表示优质的A级债券，"A－"表示劣质的A级债券。穆迪公司则是在债券级别的英文字母后面再加注1、2、3来分别代表同级债券质量的优、中、差。

目前，我国采用的信用评级也为三等九级制，表示方法与标准普尔相同，即AAA、AA、A、BBB、BB、B、CCC、CC、C，如表11-5所示。

表11-5 债券信用等级设置及说明

级 别	表示方法	具 体 含 义
最高级	AAA	该债券具有最高的清偿支付能力，投资风险最小
高级	AA	该债券具有很高的清偿支付能力，投资风险略大于AAA级
中上级	A	该债券具有较强的清偿支付能力，但可能受环境和经济条件的不利影响
中级	BBB	该债券的有足够的还本付息能力，但经济条件或环境的不利变化会导致偿付能力的降低
中下级	BB	该债券的到期清偿支付能力有限，具有一定的投资风险
投机级	B	该债券的到期清偿支付能力脆弱，投资者的风险很大
完全投机级	CCC	该债券的到期清偿支付能力很低，投资者的风险极大
最大投机级	CC	该债券的到期清偿支付能力极低，投资者的风险最大
最低级	C	企业面临破产，该债券到期没有清偿支付能力，投资者绝对有风险

（四）债券信用评级的程序

企业债券信用评级的基本程序主要包括以下几个步骤。

1. 发行公司提出信用评级的申请

债券的信用评级由发行公司或其代理机构向债券评级机构提出正式的信用评级申

请，经双方协商后签订委托债券信用评级的合同，以明确双方的权责关系。申请方需要向信用评级机构提供有关资料，主要包括以下内容。

（1）发行公司的基本概况。

（2）公司的财务状况与经营计划。

（3）公司的财务报表。

（4）公司债券发行概要。

（5）信用评级机构要求提供的其他资料。

2. 信用评级机构收集有关债券评级的信息

在签订债券信用评级合同之后，信用评级机构要成立由产业研究专家、财务分析专家及经济专家组成的评级工作小组。由评级小组收集有关债券信用评级的信息，如公司的经营情况、财务状况、管理水平、人员素质等。收集信息需要通过现场调查、访谈等方式得到第一手资料，为信用评级提供可靠的依据。

3. 评定债券信用等级

信用评级小组经过调查分析后写出债券评级的草案，并提交给评级委员会。评级委员会经过讨论，通过投票评定债券的等级，并征求发行公司的意见。如果发行公司同意，则此等级就被确定下来；如果发行公司不同意，可申明理由提请重评更改等级。这种要求重评的申请仅限一次，第二次评定的级别不能再更改。评定的债券信用级别要向社会公告。

4. 评级机构跟踪检查

债券评级机构评定发行公司的债券信用等级之后，还要对发行公司从债券发售直至清偿的整个过程进行追踪调查，并定期审查，以确定是否有必要修正已发行债券的原定等级。如果发行公司的信用状况、经营情况等发生了较大的变化，评级机构认为有必要对其做出新的评级，则根据具体情况调高或调低原定的债券信用等级，并通知发行公司予以公告。

（五）债券评级分析

一般情况下，评级机构可以利用财务比率和现金流量的分析进行债券等级评估，所评的债券等级将会与该债券利率呈反方向变动，即高等级债券的利率会比低等级债券的利率低。

债券评级主要靠主观判断力，但在判断分析的过程中，仍需以许多数量和非数量因素作为评估标准。这些因素总括起来可分为三个方面的分析：产业分析、财务分析、信托契约分析等。

1. 产业分析

产业分析是为了判断该企业所属的产业是上升还是衰退产业，是稳定的产业还是对经济活动反应敏感的产业，并评价该产业的级别。同时还应对产业内部的竞争力进行评价，如分析生产设备状况、生产率、技术开发能力、销售份额等在该产业内处于何种位置，今后的发展前景如何。

2. 财务分析

主要以发行债券公司提供的财务数据为基础进行定量分析。财务分析主要分析企业的盈利能力、营运能力、偿债能力三个方面，分析过程中，还应对公司的现金流量进行分析。

3. 信托契约分析

信托契约是详细规定发行债券公司与债券持有人的权利与义务关系的文件，在以保护投资者为目的债券评级中，它是主要的分析内容之一。在信托契约分析中，通常要对契约中的限制性条款及债券的优先次序进行分析研究。

五、债券的偿还

（一）债券的偿还时间

按照债券偿还时间的不同可以分为到期一次偿还、分批偿还和提前偿还。

1. 到期一次偿还

这是最为常见的债券偿还方式，企业按照约定的还本付息时间，分期付息，到期还本。由于期末还本压力较大，因此，有些企业会设置偿债基金来减小偿债压力。偿债基金是一种为将来能顺利偿还债券而设置的专项基金。债券发行企业定期提取相当于债券本金一定比例的基金，并将它专户储存，当债券到期时，企业可用累积的偿债基金偿付本金。偿债基金的年提取额可以是固定的，也可以是变动的。在固定提取的情况下，企业定期提交相同数额的偿债基金专户存储；而在变动提取的情况下，年提取额可视当年的销售收入或税前利润额而定。

2. 分批偿还

有的债券在发行时明确规定所发行的债券将分批收回。例如，某公司在发行5年期100万元的分期偿还债券时，规定五个到期日，每次偿付债券20万元。每次偿付债券的号码既可事先公布，也可在每次偿还前抽签决定，不过更多的是按抽签决定。被抽中的债券，无论该债券持有者是否愿意，其债券均应按期赎回。实际上，企业很少发行这类债券，这类债券的发行者主要是政府部门。

3. 提前偿还

提前偿还又称提前赎回或收回，指在债券尚未到期之前就予以偿还。只有在企业发行债券的契约中明确规定了允许提前偿还的条款，企业才可以提前偿还债券。具有可提前赎回条款的债券可以使企业融资有较大的弹性：当企业资金宽裕时，可以提前赎回债券；当预测利率下降时，也可以提前赎回债券，然后以较低的利率发行新债券。

（二）债券的偿还形式

债券的偿还形式指在偿还债券时采用什么样的支付手段，常用的支付手段有现金、债券和普通股等。

1. 用现金偿还债券

由于现金是债券持有人最愿意接受的支付手段，因此这一形式最为常见。企业可通过建立偿债基金的方法保证债券的按时偿还。

2. 用新债券偿还旧债券

这种方式也称为债券调换。债券调换指企业用发行新债券去替换老债券，即在一种债券到期之前，发行另一种债券来取而代之。企业进行债券调换的前提条件是老债券中必须含有可提前赎回条款，否则不能进行债券调换。债券发行企业之所以采取发行新的债券来调换一次或多次发行的老债券的办法，通常是基于以下原因。

（1）节约利息。老债券发行时，市场利率偏高造成老债券的票面利率偏高，而目前的市场利率趋于下降，此时可以以低利率的新债券调换高利率的老债券，减少债券的应付利息，降低公司的财务负担。

（2）消除约束。企业的某种债券可能是企业过去经营非常困难时发行的，当时为了筹措资金渡过难关，发行债券时"被迫"在债券上加入了一些非常苛刻的限制性条款。现在，公司的经营状况好转，不甘心继续受这些条款的束缚，则可考虑发行一种约束条款比较宽松的债券换回老债券，以有利于企业今后的发展。

（3）推迟到期。债券到期在即，但由于种种原因导致还本资金不足，而债券调换相当于老债券的展期，可以推迟还本，以保证当前的资金需要，缓解企业困境。

3. 用普通股偿还债券

企业可以通过跟债权人协商，以债转股的方式偿还债券。另外，如果企业发行的是可转换债券，那么也可以通过转换为普通股来偿还债券。

六、债券融资的优缺点

发行债券融资，从发行企业的角度来看，既有利，又有弊。其主要优缺点如下。

（一）债券融资的优点

1. 资本成本低

与股票融资相比，债券利息在所得税前支付，因而具有抵税功能，成本也相对较低。

2. 具有财务杠杆作用

由于债券成本是固定的，如果企业收益增加，那么，净资产收益率也会加速增长，因此可获得财务杠杆利益。

3. 有利于保障股东对公司的控制权

债券持有人无权参与企业的经营管理决策，用债券筹资，不会稀释企业的每股收益和股东的控制权，即企业所有者不会损失其对企业的控制权。

4. 有利于调整资本结构

企业在做发行债券决策时，如果适时选择可转换债券或可提前赎回债券，则对企业主动调整其资本结构十分有利，可使企业资本结构更富有弹性。

（二）债券融资的缺点

1. 偿债压力大

债券必须按时还本付息，利息是企业的固定费用，随着这种固定支出的增加，企业的财务负担和破产可能性增大。一旦企业总资产报酬率下降至债券利息率之下，则会产生财务杠杆的负效应。企业一旦不能支付这种固定费用，便有可能宣告破产。

2. 资金的使用约束较多

在债券合同中，各种限制性条款使企业在资金使用方面受到制约，灵活性差。

3. 融资数量有限

公司利用债券受额度限制，比如，《中华人民共和国证券法》规定，小公募债券最近三年平均可分配利润要足以支付公司债券一年的利息，面向所有投资者公开发行的大公募公司债券发行人最近三个会计年度实现的年均可分配利润不少于债券一年利息的1.5倍。

第三节　可转换债券融资

可转换债券指由公司发行的，可以按一定条件转换为一定数量的公司普通股股票的债券，可转换债券的可转换性实质上是一种股票期权或股票选择权，在这一点上，它与认股权证是相同的。

一、可转换债券的特征

可转换债券作为债券的一种，具有债券的一般属性，即表现为债券的投资者有领取利息和收回本金的权利。可转换债券区别于普通债券的主要特征在于"可转换"的选择权，即这种债券的持有人有放弃或行使"可转换"权利的自由，一般情况下，发行公司不强迫投资者将所持有的可转换债券转换为普通股，从而使可转换债券的投资者具有买入股票的期权。

从发行公司的角度来看，可转换债券具有债务融资和股权融资的双重属性，属于一种混合性融资。

（一）债务融资属性

在可转换债券转换之前，发行人需要定期向可转换债券持有人支付利息；如果在规定的转换期限内，持有人未将可转换债券转换为股票，那么，发行人还需要到期偿还债务本金，因此，可转换债券具有债务融资的属性。

（二）股权融资属性

如果在规定的转换期限内，持有人将可转换债券转换为普通股，则发行人无须支付后面的利息，无须还本，负债转化为股东权益，从而具有股权融资的属性。

二、可转换债券的主要条款

（一）转换价格

可转换债券在发行时对转换价格都有明确规定，通常规定债券持有者在行使转换权的有效期内，有权按一固定转换价格将可转换债券转换为普通股，如NF航空公司发行期限为6年，面值为100元的可转换债券，初始转换价格为6.24元，这意味着债券持有者可在转股期内，按每股6.24元的价格将可转债转换成公司普通股股票。

转换价格一般在可转换债券发行时就设定，在该债券存续期间固定不变，但有时，可转换债券的转换价格可以随时间的推移而变化，比如，某可转换债券的转换价格也可以这样规定：发行后第1个三年期间，按每股25元的转换价格调换4股普通股；第2个三年期间，按每股30元的转换价格调换成3.33股普通股；等等。设定逐渐上升的转换价格可以减少每张债券转换成普通股的股数，目的在于促使可转换债券持有者尽可能提早进行转换，以减少损失。

转换价格通常会因公司派送股票股利，转增股本，增发新股、配股而使公司股份发生变化及派送现金股利等情况加以调整。

（二）转换比率

转换比率是一张可转换债券可换取的普通股股数，它与转换价格的关系可用公式表示为

转换比率=可转换债券面值/普通股转换价格

由于可转换债券的面值是确定的，因此，转换价格与转换比率是一个问题的两个方面：知道了转换价格，就知道了转换比率；反之，知道了转换比率，也就知道了转换价格。由于转换价格既有固定的，也有逐步提高的，因此，相应的转换比率也随之有固定的和逐步降低的。

【例11-7】 NF航空公司于2020年10月15日发行的A股可转换债券面值为100元，初始转换价格为6.24元，则转换比率的计算公式如下。

$$转换比率=100/6.24=16.03$$

即每张可转换债券可以转换为16.03股NF航空公司的普通股。

（三）转换期

转换期指可转换债券持有者行使转换权的有效时间。可转换债券的转换期可以等于债券期限，也可以小于债券期限，通常有四种情形：发行日至到期日、发行日至到期前、发行后某日至到期前、发行后某日至到期日。至于选择哪种，要看公司的资本使用状况、项目情况、投资者要求等。例如：转换价格高于公司当前股价，投资者一般不会在发行后立即行使转换权，采取前两种类型能吸引更多投资者；如果公司现有股东并不希望过早稀释控制权，则可采用后两种类型。总之，转换期限是公司根据自身需要而制定的。

我国《上市公司证券发行管理办法》规定，可转换债券自发行结束之日起6个月后方可转换为公司股票，具体转换期限由公司根据可转换债券的存续期限及公司财务状况

决定。比如，NF航空公司于2020年10月15日发行的A股可转换债券的转股期自本次可转债发行结束之日（2020年10月21日，T+4日）满6个月后的第一个交易日（2021年4月21日）起至可转债到期日（2026年10月14日）止。

（四）赎回条款

可转换债券可以在契约中规定发行企业可以在到期日前按约定价格提前赎回的条款。一般来讲，赎回条款包括以下几个要素。

1. 不可赎回期

不可赎回期指从可转换债券发行时间起，可转换债券不可被赎回的一段时间，这段时间通常为1～3年，并非所有可转换债券都设有不可赎回期。

2. 赎回期

可转换债券的不可赎回期结束后，即进入赎回期。在赎回期内，可转换债券的发行方可以根据规定的赎回价格赎回债券。

3. 赎回价格

赎回价格是事先规定的发行公司赎回债券的出价。赎回价格一般高于可转换债券的面值，赎回价格与面值之间的差额称为赎回溢价，赎回溢价随到期日的接近逐渐减少。

4. 赎回条件

赎回条件是对可转换债券发行公司赎回债券的情况要求，即需要在什么样的情况下才可以赎回债券。赎回条件可分为无条件赎回与有条件赎回。无条件赎回指在赎回期内发行方可根据规定的赎回价格随时赎回可转换债券，有条件赎回指发行方规定某些条件（主要是股票价格的上限条件），一旦满足这些条件，发行方即可按照规定价格赎回可转换债券。

比如，NF航空公司发行的可转换债券的赎回条款规定了两个赎回条件：①在转股期内，如果公司A股股票在任何连续三十个交易日中至少十五个交易日的收盘价格不低于当期转股价格的130%（含130%），则公司有权按照本次可转债面值加当期应计利息的价格赎回全部或部分未转股的本次可转债；②在本次发行的可转债转股期内，当本次可转债未转股余额不足人民币3000万元时，公司有权决定以面值加当期应计利息的价格赎回全部未转股的本次可转债。

（五）回售条款

回售条款指当公司股票价格表现不佳时，投资者有权按照高于债券面值的价格将可转换债券出售给债券发行者的有关规定，这种规定是对可转换债券投资者的一种保护。回售条款包括回售时间、回售价格和回售条件等内容。通常情况下：回售期限越长、转换比率越高、回售价格越高，回售的期权价值就越大；相反，回售期限越短、转换比率越低、回售价格越低，回售的期权价值就越小。

比如，NF航空公司发行的可转换债券的回售条款规定，在最后两个计息年度，如果公司A股股票在任何连续三十个交易日的收盘价格低于当期转股价格的70%，那么，可转换公司债券持有人有权将其持有的可转换债券全部或部分按债券面值加当期应计利息的价格回售给公司。

（六）强制性转换条款

强制性转换条款指在某些条件具备后，持有人必须将可转换债券转换为普通股，无权要求偿还债务本金的规定。设置强制性转换条款是为了保证可转换债券顺利地转换为股票，实现发行公司扩大权益筹资的目的。

三、可转换债券的价值

对于投资者而言，可转换债券的价值包括纯粹债券价值和转换价值两个方面。投资者可以根据二者的大小，适时做出是否转换的决策。如果纯粹债券价值大于转换价值，投资者就会继续持有债券，不进行转换；反之，如果转换价值大于纯粹债券价值，投资者就会选择将可转换债券转换为普通股，获取低价购买股票的权利。

（一）纯粹债券价值

纯粹债券价值指可转换债券持有人在不行使转换权且发行者不行使强制赎回权时，所具有的原一般债券的价值，它等于普通公司债券的市价。根据债券评价基本模式，其计算公式为

$$P_0 = I \cdot (P/A, k, n) + \mathrm{MV} \cdot (P/F, k, n)$$

式中，P_0 为债券价值；I 为债券每年利息额；MV 为债券到期日本金；k 为贴现率，即投资者要求的最低报酬率；n 为可转换尚余的期限（年）。

（二）转换价值

转换价值即可转换债券在转换为公司普通股时得到的普通股的市场价值，其计算公式为

$$C_V = P \cdot C_r$$

式中，C_V 为转换价值；P 为普通股股票市价；C_r 为转换比率。

如果面值为100元的可转换债券的转换价格为5元，股票的市场价格为6元，则该可转换债券的转换比率为100÷5=20。

转换价值为6×20=120元。

【例11-8】某公司发行可转换债券，面值为100元，期限为6年，票面利率为3%，市场利率为5%，若该可转债的转换价格为5元，当前正股价格为4元，预计股价会按照每年6%的速度增长，请计算该可转债每年的纯粹债券价值和转换价值。

（1）债券发行时：

纯粹债券价值=100×3%×（P/A，5%，6）+100×（P/F，5%，6）=89.85（元）

转换比率=100÷5=20

转换价值=20×4=80（元）

此时，转换价值低于纯粹债券价值，投资者不会转换。

（2）第1年年末：

纯粹债券价值=100×3%×（P/A，5%，5）+100×（P/F，5%，5）=91.34（元）

股票价格=4×（1+6%）=4.24（元）

转换比率=100÷5=20

转换价值=20×4.24=84.8（元）

此时，转换价值仍然低于纯粹债券价值，投资者不会转换。

（3）第2年年末：

纯粹债券价值=100×3%×（P/A，5%，4）+100×（P/F，5%，4）=92.91（元）

股票价格=4×（1+6%）^{2}=4.49（元）

转换比率=100÷5=20

转换价值=20×4.49=89.8（元）

此时，转换价值仍然低于纯粹债券价值，投资者不会转换。

（4）第3年年末：

纯粹债券价值=100×3%×（P/A，5%，3）+100×（P/F，5%，3）=94.55（元）

股票价格=4×（1+6%）^{3}=4.76（元）

转换比率=100÷5=20

转换价值=20×4.76=95.2（元）

此时，转换价值高于纯粹债券价值，投资者会选择转换。

（5）第4年年末：

纯粹债券价值=100×3%×（P/A，5%，2）+100×（P/F，5%，2）=96.28（元）

股票价格=4×（1+6%）^{4}=5.05（元）

转换比率=100÷5=20

转换价值=20×5.05=101（元）

此时，转换价值仍然高于纯粹债券价值，投资者会选择转换。

（6）第5年年末：

纯粹债券价值=100×3%×（P/A，5%，1）+100×（P/F，5%，1）=94.55（元）

股票价格=4×（1+6%）^{5}=5.35（元）

转换比率=100÷5=20

转换价值=20×5.35=107（元）

此时，转换价值仍然高于纯粹债券价值，投资者会选择转换。

（7）第6年年末：

纯粹债券价值=100（元）

股票价格=4×（1+6%）^{6}=5.67（元）

转换比率=100÷5=20

转换价值=20×5.67=113.4（元）

此时，转换价值仍然高于纯粹债券价值，投资者会选择转换。

四、可转换债券融资的优缺点

（一）可转换债券的优点

1. 降低公司的融资成本

一般情况下，可转换债券的票面利率低于同一条件下的普通债券的利率。由于可转换债券给予其持有者在股票价格有利可图时进行转换的权利，所以，其持有人因有机会分享公司未来发展带来的收益而愿意接受较低利率。比如，NF航空公司于2020年发行的6年期可转债债券的票面利率为浮动利率，分别为第1年0.2%、第2年0.4%、第3年0.6%、第4年0.8%、第5年1.5%、第6年2.0%，而该公司于2019年5月16日发行的3年期公司债券的固定年利率为3.72%。

2. 推迟股权融资的时间

一般来讲，可转换债券发行者发行可转换债券的真正目的不是发行公司债券，而是发行公司股票，但是，由于种种原因，在公司需要资金的时候恰恰并不适合发行股票筹资，比如，当前股票价格太低，为筹集同样的资金需要发行更多的股票，为避免直接发行股票遭受的损失，可通过发行可转换债券来变相发行普通股。因此，当发行新股时机不理想时，可先发行可转换债券，然后通过转换实现较高价格的股权融资。比如，NF航空公司于2020年10月15日发行的6年期可转债券的转换价格为6.24元，而该公司股票当日的收盘价为5.87元。这表明，NF航空公司可以在未来投资者进行转换时按照每股6.24元的价格向其发行普通股，这一价格比当日收盘价高出6.3%。

3. 增加融资灵活性

可转换债券具有可赎回的特征，这一特征使企业有按特定价格（略高于面值）在到期之前赎回债券的权利。当可转换债券的转换价值超过赎回价格时，企业可行使赎回权力，强迫可转换债券持有者将可转换债券转换成股票。强迫转换将使企业的债务转换成权益资本，改变企业的资本结构，增加进一步融资的灵活性。

（二） 可转换债券的缺点

1. 融资成本高于普通债券

虽然可转换债券的利息率低于同等条件的普通债券，但由于可转换债券实际上是债券与权益资本的混合物，因此，它的成本也应介于二者之间。考虑到权益资本的成本高于债务资本的成本这一事实，可转换债券的实际成本并不低。尤其是普通股股价上涨幅度较大时，这一缺点就表现得较为明显。

2. 面临转换失败的风险

如果公司发行可转换债券的实际目的是利用其转换性能发行股票，那么，一旦公司的普通股股价未能如预期的那样上升，无法吸引可转换债券持有者将债券转换为公司普通股股票，则公司将面临严峻的归还本金的威胁。

可转换债券的优缺点都是相对的。如果证券市场是有效率的，那么，证券市场上的交易也必然是公平的，即平均来讲，所有证券都应按照其实际价值销售。这样，证券的买方和卖方都得到了应得到的东西，不存在对谁有利、对谁不利的问题。比如，对于投资者来讲，虽然可转换债券似乎既为其提供了在公司前景不好时的基本债券收益，又为其提供了公司前景看好时与公司股东分享收益的机会，但这样一种机会是用一定价格购买的（即买权的价格），如果这一价格是合理的，那么，投资者并未得到什么额外收益。

第四节　租　赁　融　资

租赁是出租人与承租人签订契约，约定在一定期限内，出租人将其资产的占有权与使用权租借给承租人，并向承租人收取租金的一种经济行为。租赁行为从表面上看只涉及物而不涉及钱，但在实质上具有借贷性质，因此，在租赁双方之间形成了债权债务关系。在租赁业务中，出租人既可以是各种专业租赁公司，又可以是拥有闲置资产的企业，承租人主要是需要某项资产的各类企业，租赁标的物大多为机器设备等固定资产。

一、租赁的种类

租赁一般可分为直接租赁、杠杆租赁和售后租回等形式。

（一）直接租赁

直接租赁是承租人直接向出租人租赁生产经营所需资产的一种租赁形式，它是租赁的典型形式，通常所说的租赁大多属于直接租赁的形式。在直接租赁中，出租人可以是机器设备的制造商，也可以是作为中介机构的租赁公司。如果是承租人向租赁公司租赁，则承租人需先向租赁公司提出租入资产的申请，然后由租赁公司根据承租人的要求出资购买承租人所需的资产，再出租给承租人。具体的直接租赁安排可用图11-1表示。

图11-1　直接租赁示意图

（二）杠杆租赁

当出租人接到承租人需要租赁价值高昂的资产（如飞机）时，出租人一方面不希望将大量资金长期占用在出租的资产上，另一方面又不能将这种租赁业务拒之门外，解决办法就是：出租人以自有资金垫支购买资产所需现金的一部分（一般为20%～40%），其余部分（通常为60%～80%）则以该资产为担保向商业银行借款支付，出租人将资产购入后出租给承租人。在这种情况下，租赁公司既是出租人又是借款人，既要收取租金又要偿还债务。一般情况下，租赁公司所收取的租金要大于借款成本支出。由于出租人是通过银行借款的方式取得标的物的，所以，这种租赁称为杠杆租赁。在杠杆租赁下，由于出租资产的所有权抵押给了贷款银行，因此，在出租人不能偿还借款时，贷款银行将对承租人支付的租金有优先索偿权，也有对出租资产的处置权。

具体的杠杆租赁安排可用图11-2表示。

图11-2　杠杆租赁示意图

（三）售后租回

售后租回指企业将自己的资产出售给出租人，然后再将该项资产租回使用，并按合同约定分期支付租金。采用售后租回方式所出售或租赁的资产实物不需要发生转移，即不需要将资产先由售出企业运送至租赁公司，然后再由租赁公司运回企业，只需租赁双方签订售后租回协议。按照协议规定，承租人要按照市价将资产出售给出租人，然后再从出租人处将资产租回，并定期向出租人支付租金。这样，资产的所有权掌握在出租人手中，原企业对资产只有使用权。但企业通过放弃对某些资产的所有权可以解决企业现金严重短缺的问题，并且可以立即增加企业资产的流动性，优化企业的财务状况。具体的售后租回安排可用图11-3表示。

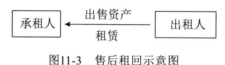

图11-3　售后租回示意图

二、租赁的程序

根据国内外租赁业务的操作经验，租赁业务程序一般包括以下几个阶段。

（一）选定租赁项目

承租人必须根据本企业当前生产经营的需要和未来的发展前景来确定租赁项目（设备或其他物品）。具体地说，要考虑该项目能否提高企业的技术水平，能否提高企业的竞争能力，未来有无较好的经济效益等。为此，企业应按规定在调查研究和反复论证的基础上写出可行性研究报告，供各方面参考，在讨论批准后正式确定租赁项目。

（二）选择租赁公司（即出租人）

承租人在确定了租赁项目之后，第二步就是选定合适的租赁公司，一个合适的租赁公司不但可以替承租人购入其所需的优良设备，还可以替承租人节约租赁成本，从而提高承租人的经济效益。在选择租赁公司时应考虑以下几方面的情况：资本是否雄厚；筹资能力如何；资信程度如何；对国内外租赁设备及其他物品的行情是否熟悉；能否提供全面的服务；是否有优惠条件；等等。承租人应选择资本比较雄厚、筹资能力强、信誉度高、对国内外市场上租赁物品行情比较熟悉且又有优惠条件、能提供一揽子服务的租赁公司作为自己的出租人。

（三）申请租赁委托

承租人在确定租赁公司后，可填写《租赁委托书》或《租赁申请书》，载明自己所需要物品的品种、规格、型号、性能、厂家等指标，向租赁公司申请租赁委托。

（四）租赁项目的审查与受理

租赁公司（出租人）在接受承租人的委托后，需要验证其有关文件。例如：有无可行性研究报告、国际租赁业务中有无进出口批文等。同时，还需要审查承租人以下几方面的情况：必备文件是否齐全；租赁项目能否提高技术水平和经济效益、社会效益；创汇能力如何；承租人的财务状况和经营管理水平；企业的偿还能力；有无担保，担保人的资信和担保能力如何；等等。若经审核符合租赁条件，则租赁公司可以受理，并在委托书上签字盖章，经公证后即可生效。

（五）谈判

租赁公司接受委托后，承租人可以会同租赁公司选定的供货商，就租赁物品的性能、质量、规格、型号、零配件、安装、技术培训等技术方面的问题和价格、交货期、售后服务、索赔、结算方式、交货方式等商务方面的问题同供货商进行谈判，务求购入的租赁物品物美价廉。

（六）签订合同

租赁业务至少需要两个合同：一个是购货合同；另一个是租赁合同。涉及承租人的是租赁合同。租赁合同要由承租人与租赁公司在平等协商的基础上签订，它是租赁业务的重要文件，具有法律效力。租赁合同的内容主要包括一般条款和特殊条款两部分。

1. 一般条款

一般条款是租赁合同中的常规性内容，主要规定租赁关系中的基本条款，具体包括以下内容。

（1）合同说明。主要明确合同的性质、当事人身份、合同签订的日期等。

（2）名词释义。解释合同中所使用的重要名词，以避免歧义。

（3）租赁设备条款。详细列明设备的名称、规格、型号、数量、技术性能、交货地点及使用地点等，这些内容亦可附表详列。

（4）租赁设备交货、验收、使用条款。

（5）租赁期限及起租日期条款。

（6）租金支付条款。规定租金的构成、支付方式和货币名称，这些内容通常以附表形式列为合同附件。

2. 特殊条款

特殊条款主要是租赁双方就有关租赁事项作出的一些特殊约定，具体包括以下内容。

（1）购货协议与租赁合同的关系。

（2）租赁设备的产权归属。

（3）租期中有关退租期的约定。

（4）租赁双方权益保障问题的约定。

（5）承租人违约及对出租人补偿的约定。

（6）设备的使用、保管、维修等问题的约定。

（7）有关租赁资产的保险条款。

（8）租赁保证金和担保的约定。

（9）租赁期满时，对租赁资产处理的约定等。

（七）购入设备

在合同签订后，租赁公司按合同规定筹资购买设备，待价款支付后，供货商应按合同规定将租赁物品交付租赁公司，由租赁公司转交承租人或直接交付给承租人。承租人验收符合标准后，该阶段即完成。在本阶段，租赁物品的保险和保管等费用一般由承租人负担。

（八）偿付租金

从合同规定的租赁日起到期满为止，承租人应按合同约定向租赁公司分期支付租金，租赁期满，租金支付完毕，该阶段即告结束。

（九）维护、保养

在租期内，承租人应负责租赁物品的维护和保养，且一般不能将租赁物品转租或移到别处，租赁期满，这一责任即告解除。

（十）租赁物品期满处置

租赁期满后，租赁物品有三种处理办法：续租，继续租给承租人；退租，承租人退租；留购，把租赁物品出售给承租人。

三、租金的计算与确定

（一）租金的构成

租金是出租人转让财产使用权而获得的收入，也是承租人使用该项财产而支付的费用。租金的计算和支付是租赁合同的主要内容，虽然租赁的种类不同，租金的内容也有所不同，但是，租金一般包括以下几部分。

1. 购置成本

租赁物品的购置成本指出租人向供货商购买承租人选定的租赁物品而付出的资金，主要包括设备（或其他物品）的买价、运输费和途中保险费。若运费与途中保险费由承租人负担，则应从中扣除。

2. 租赁期间的利息

出租人为购买设备所筹集的资金应负担的利息、税金、筹资费用等包括在此项。

3. 租赁手续费

租赁手续费包括出租人的必要利润和出租人为承租人办理设备（或其他物品）租赁业务所开支的营业费用（如办公费、工资、差旅费等）。

4. 其他费用

应根据双方商议而定，若由承租人负担的部分，则应扣除该项，若由出租人负担的部分，则计算租金时应加上该项。比如，物品投保的保险费支付：由承租人投保的，计算租金时应予以扣除；由出租人投保的，应加上这部分保险金。

（二）租金的计算方法

租金的计算方法多种多样，常用的方法有：平均分摊法、附加率法和年金法。每一种方法因租赁条件的不同，如先付或后付、有无残值、有无保证金、有无定金支付、交货次数等，而又有不同的计算规则。下面介绍比较常用的几种方法。

1. 平均分摊法

这种方法是根据租金，由租赁物品购置成本、利息、手续费和其他费用构成来确定每次或每期应分摊的租金的办法。其公式是：

$$租金 = \frac{（租赁物品购置成本-估计残值）+利息+手续费+其他费用}{租期（或租金支付次数）}$$

式中，残值是租赁合同期满后租赁物品的价值，由于出租人可以在租期满后收回这部分价值（若期满留购，承租人需另付款购买），故作为购置成本的减项，以减轻承租人的租金负担。在计算租金时，式中属于承租人负担的有关费用，应予以扣除。这种方法的主要特点是简便易行。

2. 附加率法

它是在租赁资产的概算成本（一般包括租赁资产的实际价格、费用和税金等）的基础上再附加一个特定的比例来计算租金的方法。计算公式是：

$$R = \frac{P(1+n\times i)}{n} + P\times r$$

式中，R为每期租金；P为租赁资产的概算成本；n为还款次数；i为每期利率；r为附加率。

这种方法的主要特点是：每期支付的租金金额相等；融资利息采用单利计算，对承租人比较优惠。

3. 年金法

根据年金现值理论，将一项租赁物品未来各租赁期间的租金金额按一定比率予以折现，使其现值总和恰好等于租赁物品的概算成本，这种方法就称为年金法。由于年金有先付年金和后付年金之分，所以，在采用年金法时，租金也可分为先付租金和后付租金。

（1）先付租金计算公式

$$R = \frac{P}{(P/A,i,n)(1+i)}$$

式中，R为租金；P为概算成本；i为执行率；n为租赁期限。

如果每半年支付一次租金，则上式可转化为

$$R = \frac{P}{\left(P/A,\dfrac{i}{2},2n\right)\left(1+\dfrac{i}{2}\right)}$$

（2）后付租金计算公式

$$R = \frac{P}{(P/A,i,n)}$$

若每半年支付一次租金，则上式可转化为

$$R = \frac{P}{\left(P/A,\dfrac{i}{2},2n\right)}$$

这种方法的特点是：每期支付的租金金额不变；采用复利公式计算，增加承租人的成本；租金余额逐渐减少，符合息随本减的原理；承租人的租金费用均匀负担，不符合成本与收益相配比的原则。

四、融资租赁决策

《企业会计准则第21号——租赁》取消了承租人关于融资租赁与经营租赁的分类，要求承租人对所有租赁（选择简化处理的短期租赁和低价值资产租赁除外）确认使用权资产和租赁负债，并分别确认折旧和利息费用。因此，企业的租赁费用不能一次性在税前扣除，而是通过折旧抵税和利息抵税的方式来影响企业的现金流量。

如果企业缺乏资金但期望获得某项资产的使用权，那么，可以采用举债购置或通过融资租赁的方式获得该项资产的使用权，此时就需要在这两种方案中进行选优。比较两种筹资方式的优劣时，必须充分考虑不同方案的现金流量和资金的机会成本。将不同方案的现金流量折算为现值，净现金流出的现值低者为优。具体的租购决策的分析过程可以归纳为以下几个基本步骤：①计算融资租赁的净现金流出量；②计算举债购置的净现金流出量；③计算两种筹资方式的净现值，选择净现金流出量的现值较低者。下面举例说明融资租赁与举债购置的决策。

【例11-9】某公司决定添置一台价值为200万元的设备，该设备可使用5年，期末无残值，采用直线法计提折旧。现有租赁和长期借款购置两种方案可供选择。租赁方案：租赁期为5年，租金每年年初支付，适用的资本成本为5%。长期借款购置方案：借款期限为5年，借款利息率为4%，每年年末付息，到期还本。已知该公司所得税率为25%。分别计算租赁方案和长期借款购置方案的现金流量及净现值，并做出决策。

第一步，计算折旧及折旧抵税额。

折旧=200÷5=40（万元）

折旧抵税额=40×25%=10（万元）

第二步，计算租赁方案的净现值。首先计算租金，由于租金是在年初支付，属于预付年金，因此，我们用预付年金的计算公式来计算：

$$租金 = \frac{200}{(P/A,5\%,5)(1+5\%)} = 44（万元）$$

因为44万元的租金为预付年金，在期初支付，所以

$$NCF_0 = -44（万元）$$

因为第1年初即支付了44万元的租金，所以，企业第1年年初实际的租赁负债为 $200-44=156$（万元），第1年年末未确认的融资费用（即利息费用）为 $156×5\%=7.80$（万元），租金中用于偿还本金的部分为 $44-7.8=36.20$（万元），第1年年末的租赁负债为 $156-36.2=119.80$（万元）。

由于利息费用为7.80万元，所以，第1年的利息抵税额 $=7.80×25\%=1.95$（万元）。

第1年年末的现金净流量为

$$NCF_1 = 折旧抵税+利息抵税-租金=10+1.95-44=-32.05（万元）$$

因为第2年年初的租赁负债为119.8万元，所以，第2年年末未确认的融资费用（即利息费用）为 $119.8×5\%=5.99$（万元），租金中用于偿还本金的部分为 $44-5.99=38.01$（万元），第2年年末的租赁负债为 $119.8-38.01=81.79$（万元）。由于利息费用为5.99万元，所以第2年的利息抵税额 $=5.99×25\%=1.50$（万元）。第1年末的现金净流量为

$$NCF_2 = 折旧抵税+利息抵税-租金=10+1.50-44=-32.50（万元）$$

其他年份的计算如表11-6所示。

表11-6　融资租赁现金流出量现值计算表　　　　　单位：万元

时　间	0	1	2	3	4	5
①使用权资产账面价值（期初）		200	160	120	80	40
②折旧		40	40	40	40	40
③使用权资产账面价值（期末）（①-②）		160	120	80	40	0
④折旧抵税（②×25%）		10	10	10	10	10
⑤租赁负债（期初）		156	119.8	81.79	41.90	0
⑥租金	44	44	44	44	44	
⑦利息（⑤×5%）		7.80	5.99	4.09	2.10	0
⑧租赁负债（期末）（⑤-⑥+⑦）		119.80	81.79	41.88	0	0
⑨利息抵税（⑦×25%）		1.95	1.50	1.02	0.52	0
⑩现金净流量（④-⑥+⑨）	-44	-32.05	-32.50	-32.98	-33.48	10

所以，租赁方案的净现值为

$$NPV = -44-32.05×(P/F, 5\%, 1)-32.5×(P/F, 5\%, 2)-32.98×(P/F, 5\%, 3)-33.48×$$
$$(P/F, 5\%, 4)+10×(P/F, 5\%, 5)=-152.20（万元）$$

第三步，计算长期借款购置方案的净现值。

由于借款的利息率为4%，所以每期的利息额为 $200×4\%=8$（万元），利息抵税额为 $8×25\%=2$（万元）。折旧抵税同租赁方案，所以，第1～4年末的净现金流量为

$$NCF_{1\sim4}=折旧抵税+利息抵税-利息=10+2-8=4（万元）$$

企业需在第5年末偿还本金，所以，第5年末的现金净流量为

$$NCF_5=折旧抵税+利息抵税-利息-本金=10+2-8-200=-196（万元）$$

具体计算过程见表11-7。

表11-7　举债购置现金流出量现值计算表　　　　　　　　　单位：万元

时　　间	1	2	3	4	5
债务本金					200
债务利息	8	8	8	8	8
利息抵税	2	2	2	2	2
折旧	40	40	40	40	40
折旧抵税	10	10	10	10	10
现金净流量	4	4	4	4	-196

由于借款的利息率为4%，所以，借款的资本成本为4%×（1-25%）=3%，借款购置方案的净现值为

$$NPV=4×（P/A，3\%，4）-196×（P/F，3\%，5）=-154.20（万元）$$

可以看出，租赁方案的净现值大于长期借款购置方案的净现值，因此，该公司应采取租赁的方式获得该项设备的使用权。

五、租赁的优缺点

（一）租赁的优点

在众多的长期负债筹资方式中，租赁往往备受推崇，这是因为此种筹资方式有其他筹资方式不能比拟的优点。

1. 能转嫁设备陈旧风险

企业要拥有某项资产的所有权，就必然要相应地承担该项资产可能变得陈旧过时的风险，特别是那些技术发展迅速的资产，如计算机等高科技产品。但是，租赁可以避免设备陈旧过时的风险。因为租赁合同通常都规定，在承租人不能按期支付租金及相关费用时，出租人有权收回其出租的资产。如果承租人在承租期中发现承租的设备已经陈旧过时，有被淘汰的危险，那么，承租人可以拒付租金，让出租人收回设备。而出租人所能做的只是收回其出租的资产，无权要求承租人用其他资产偿债。这样，可以在一定程度上减少损失。

2. 能降低所有权风险

如果企业举债融资购置设备，在企业发生经营困难，不能按时支付利息和到期偿还本金时，债权人有权向法院申请让企业破产。但如果企业是通过租赁获得设备使用权，那么，当企业发生经营困难不能按时支付租金和相关费用时，出租人的权利只能是收回其出租的资产，而无权要求承租人用其他资产偿债，这就防止了风险的扩大化。

3. 避免了债务上的限制性契约条款

在举债购买设备的情况下，许多债务合同都含有一些限制借款人进一步负债筹资的条款，如举债公司的债务限额、发放股利限制、不动产抵押等。虽然类似的限制在租赁协议中也可能出现，但这些限制的性质及程度和其他形式的债务有所不同，债务人相对容易接受，例如：出租人可能限制承租人每天操作租赁设备的时数；承租人在未得到出租人同意的情况下，不得随意调整改造设备。

4. 获得全额融资

在举债购置固定资产的情况下，贷款银行为减少借款风险，通常会在借款合同中加入补偿性余额、分期等额还本付息等条款，其结果是，能使用的本金只是借款本金的一部分，不能获得所购固定资产的全部筹资额。而租赁，承租人只要承诺按期支付租金就可获得固定资产的使用权，即获得了该固定资产价款的全额筹资量。

5. 迅速获得资产的使用权

租赁集"融资"与"融物"于一体，企业不必事先筹集一笔资金购买设备，而是直接通过租赁获得设备使用权，因此，一般要比先筹措现金然后再购置设备来得更快，还可使企业尽快形成生产经营能力。

（二）租赁的缺点

租赁筹资虽然有上述优点，但也存在以下几个主要缺点。

1. 资本成本较高

由于出租人承受的风险大，要求的回报必然会相应地提高，因此，租赁的实际成本往往会高于借款或债券的成本。

2. 只有资产使用权，没有所有权

由于承租人在租赁期中没有取得租赁资产的所有权，因此难以根据自身的需要对租入资产进行改良。即使征得出租人同意，可以对租入资产进行改良，承租人往往也会从没有获得所有权的角度出发，不愿出资对租赁资产进行最合理的改良。

对于最终所有权不转移的租赁而言，承租人不能获得租入资产的残值和升值利益。在通货膨胀期内，会使承租人丧失更多的利益。

企业实践：

截至2020年12月31日，NF航空公司机队共有飞机867架，其中，自购飞机296架，融资租赁飞机261架，经营租赁飞机310架，租入飞机合计571架，占机队飞机总规模的65.86%。

思考题

1. 长期借款有几种偿还方式？试举例说明其不同之处。

2. 简述借款合同所规定的限制性条款的具体内容。

3. 试从发行规模、面值、期限、利率、利息支付方式等方面简述如何进行债券设计。

4. 企业进行债券调换的原因是什么？

5. 试比较发行股票融资与发行债券融资的异同。

6. 企业为什么会选择可转换债券，而不是直接选择发行普通股或公司债来融资？

7. 租赁有哪几种形式？各自有何特点？

练习题

1. 某公司发行面值为100元，票面利率为5%，期限为6年的债券，每年年末付息一次，到期还本。试分别确定市场利率为4%、5%、6%时，该公司债券的发行价格。

2. 某公司发行了期限为5年，面值为100元，票面年利息率为3%的可转换债券，公司规定的转换价格为20元。可转换债券发行后，该公司普通股票的市场价格为17元。已知同样的不可转换的公司债券的市场收益率为6%，该公司普通股价格预计每年上涨5%，求：

（1）该可转换债券的转换比率。

（2）该可转换债券各年的转换价值。

（3）该可转换债券各年的纯粹债券价值。

扩展阅读11.1

A股可转换公司
债券案例

第十二章　短期融资决策

本章学习提示

本章重点：商业信用融资成本的计算，短期借款的融资成本的计算。

本章难点：商业信用融资决策。

流动负债指偿付期在一年以内的企业负债，流动负债是企业常见的短期资金融资方式。本章主要介绍商业信用融资、商业票据融资、银行短期借款融资，以及其他短期融资方式。

本章导读

伊万欲购物缺钱，便向村里一犹太人借一个金币。他们双方商量了条件：伊万明春加倍的还钱，在此期间，他用斧子作抵押。伊万刚要走，犹太人叫住他："伊万，等等，我想起一件事。明春要凑足两个金币你有困难，你现在先付一半不好吗？"这话使伊万开了窍，他归还了金币，走到路上又想起了一件事："怪事，金币没了，斧子没了，我还欠了一个金币——那个犹太人真有道理。"

资料来源：https://www.doc88.com/p-063193371344.html。

第一节　商业信用融资

信用在商品经济条件下，大多指借贷行为，即商品或货币的持有者将商品或货币暂时让渡给需求者，双方约定借贷的期限并收付利息的行为。根据提供信用的主体不同，信用一般分为银行信用和商业信用。银行信用是间接信用，指银行或其他金融机构以贷款方式向企业提供的信用。商业信用是企业间的直接信用行为，也是企业短期资金的重要来源。

一、商业信用的概念

商业信用是由商品交换中的商品与货币在空间上和时间上的分离而产生的，在商品交易过程中，以延期付款（赊销）或预收货款（预售）进行购销活动而形成的企业之间的借贷关系。其基本形式不外两种：一是先收货后付款，即延期付款所形成的应付账款；二是先收款后交货，即提前收取货款所形成的预收账款。商业信用是现代信用的基础，它产生于银行信用之前，银行信用出现以后，商业信用依然存在，并随商品经济的发展而发展。早在简单商品生产的条件下，就已出现赊购、赊销的现象。只要商品经济存在，商业信用就不会消失。随着市场经济的发展，商业信用已成为企业筹集短期资金的一种重要方式。由于商业信用是企业间相互提供的，因此，在大多数情况下，商业信用筹资属于"免费"筹资。

二、商业信用的主要形式

商业信用是短期资金的重要来源。在传统的"钱货两清"制结算关系下，企业间不存在信用行为。但随着市场经济的发展，商业信用已成为企业间加强竞争的主要手段。从筹资角度来看，商业信用由于期限短，因此偿还压力和风险较大，但其筹资成本低，有时甚至是无成本的。其主要形式有应付账款、预收账款和应付票据等。

（一）应付账款

应付账款是由赊购商品形成的、以记账方法表示的商业信用形式。在这种形式下，买方通过商业信用筹资的数量与是否享用折扣有关。一般认为，企业存在以下三种可能性。

第一种可能，买方企业享用现金折扣，在现金折扣期内付款，其占用卖方货款的时间短，信用筹资数量相对较少。

第二种可能，买方企业不享用现金折扣，在信用期内付款，其筹资量的大小取决于提供的信用期长短。

第三种可能，买方企业超过信用期的逾期付款（即拖欠付款），其筹资量最大，但企业的信用会丧失，它对企业的负作用也最大，企业一般不宜以拖欠货款的方式来进行筹资。

（二）预收账款

预收账款指商品的卖方按合同或协议规定，在商品交付之前，提前收取买方的部分或全部货款的信用方式，买方对紧俏商品乐意采用这种结算方式办理结算。同时，生产周期长、售价高的商品，生产者经常要向订货方分次预收货款，以缓和卖方经营收支不平的矛盾。

三、商业信用条件

商业信用条件指商品的卖方对付款时间和现金折扣所作的具体规定，这些规定从总体上来看，主要有以下三种形式。

（一）预收货款

在这种信用条件下，卖方在货物发出之前提前收取买方的部分或全部货款。它通常只在卖方对买方的信用缺乏了解或表示怀疑时，以及销售生产周期长、售价高的产品时使用。在这种情形下，销售方可以暂时获得资金来源，但购买方则要预先垫支一笔资金。

（二）按发票票面金额付款，无现金折扣

在这种信用条件下，卖方允许买方在交易发生后一定时期内按发票票面金额支付货款，即便买方提前付款也无现金折扣。如"net 30"表示要求在发票开出后30天内按发

票票面金额如数付清。在这种情形下，买卖双方存在商业信用。由于第1天付款与第30天付款没有差别，因此，买方企业会尽可能推迟至信用期限的最后一天付款，即第30天付款，买方可因延期付款而融通到一笔期限30天的短期资金。

（三）按发票票面金额付款，但早付有折扣

在这种信用条件下，卖方允许买方在一定期限内按发票票面金额付清，但若买方提前付款，则可享受一定的现金折扣优惠。如"2/10，net 30"表示在开票之日起10天内付款，买方可享受2%的现金折扣；买方如果放弃享用，则全部货款须在11～30天内付清。

在这种情形下，买卖双方存在信用交易。如果买方在折扣期内付款，则可获得短期的资金来源；如果放弃，则可在稍长的时间里利用这笔资金。

四、商业信用融资成本与决策

（一）商业信用融资成本

按照买方是否享用折扣，可以将应付账款融资分为"免费"信用融资和"有代价"信用融资。"免费"信用融资通常指两种情况下的推迟付款：一种是在卖方不提供现金折扣时，买方在信用期限内，任何时间支付货款都一样，均无需支付代价；另一种是在卖方提供现金折扣时，买方在折扣期限内支付货款，享受货款的折扣，此时只需按折扣后的金额支付货款，没有发生额外的成本。在这两种情况下，买方都是利用应付账款进行"免费"融资的。

"有代价"信用融资指在卖方提供现金折扣时，买方放弃享用现金折扣，选择在折扣期限外支付货款，此时，买方需按全额付款。由于买方放弃卖方所提供的现金折扣，因此必须多支付所折扣的部分货款，此时，多支付的货款就是买方延期付款的成本，即商业信用融资成本，该成本一般用年资金成本率表示，商业信用折扣成本的计算公式为

$$放弃现金折扣成本 = \frac{现金折扣百分比}{1-现金折扣百分比} \times \frac{360}{信用期限-折扣期限}$$

放弃现金折扣的成本与折扣百分比的大小、折扣期的长短成正比，与信用期限的长短成反比。因此，现金折扣比例越大，买方放弃现金折扣的成本越高。在放弃享用现金折扣的情况下，买方推迟付款的时间越长，其经济成本越小，尤其是在信用期限外付款时，其成本越小，但企业的信用成本随之上升。如果买方选择在信用期限外付款，那么，由于过度展期会导致企业信誉恶化，因此，供应商日后会提出更为苛刻的信用条件。

【例12-1】某公司以"2/10，n/30"的条件购入材料100万元，计算其放弃现金折扣的成本。

$$K = \frac{现金折扣百分比}{1-现金折扣百分比} \times \frac{360}{信息期限-折扣期限} = \frac{2\%}{1-2\%} \times \frac{360}{30-10} = 36.73\%$$

如果买方企业选择在折扣期限内支付货款，则无须支付筹资代价。对于买方来讲，第1天和第10天付款的结果一样，因此，买方会选择在第10天支付98万元货款，此时，

买方享受了卖方提供的一笔信用额度为98万元，信用期限为10天的免费短期筹资。

如果买方企业选择在折扣期限外付款，放弃享用卖方所提供的现金折扣，则买方需要支付高昂的融资成本。若买方放弃享用现金折扣，则需要在第11天到第30天内全额付款。由于第11天付款和第30天付款的结果一样，因此，买方通常会选择在第30天付款，付款金额为100万元。由于放弃享用现金折扣，因此，买方在第30天付款要比第10天付款多支付2万元。这可以看作买方向卖方企业借了一笔本金为98万元，期限为20天，利息为2万元的贷款，将这笔贷款利率转换成年利率，则其实际年利率为36.73%。

在企业放弃折扣的情况下，推迟付款的时间越长，其经济成本便会越小，尤其是在信用期限外付款。如例12-1中的企业选择在信用期限外付款，将付款时间延至第50天付款，则其成本为

$$K = \frac{2\%}{1-2\%} \times \frac{360}{50-10} = 18.4\%$$

但同时由于过度展期可能会招致将来更严格的付款条件，因此，过度展期虽然一方面降低了企业的筹资成本，但其信用成本却会急剧上升，企业的信誉和信用的损失无法以数字进行衡量，因此，一般情况下，买方企业即使放弃享用现金折扣，推迟付款，也会尽量在信用期限的最后一天付款。

（二）商业信用筹资决策

在卖方提供商业信用折扣的条件下，买方是否享受现金折扣，在什么时候享受现金折扣，以及享受现金折扣时付款的最佳付款期限就成为企业在支付货款时必须予以认真考虑的一个问题，这就是企业如何利用商业信用折扣进行筹资的决策。放弃现金折扣成本的实质是一种机会成本，买方企业在计算确定商业信用不同折扣条件下的折扣成本后，就应利用该成本进行比较分析，进而做出是否享受折扣的筹资决策，而在对商业信用折扣成本进行比较分析时，应考虑以下几种情况。

第一种情况，买方企业在进行商业信用筹资决策时，要将商业信用折扣成本（K）与目前的短期借款利率（i）相比较，如果$i<k$，此时买方应借钱享受现金折扣。以【例12-1】为例，假如此时的银行借款利率为10%，则买方企业应借入一笔利率为10%的资金，选择在折扣期限内支付货款，此时付款可以获得26.73%（36.73%-10%）的机会收益。

在享受现金折扣时，如果卖方提供了多种折扣条件，那么，买方此时应比较各种现金折扣条件下的折扣成本，选择折扣成本最大的信用，此时的机会收益相应的也最大。续例12-1，假如例12-1中，此时卖方提供的信用折扣条件变为"2/10，1/20，n/30"，借款利率仍为10%，买方应在折扣期限内付款，但到底是在第10天付款还是在第20天付款，此时，应比较两种折扣条件下的折扣成本，由于10天内的信用折扣成本为36.73%，而20天的信用折扣成本为36.36%，因此，应选择在第10天支付货款，即最佳付款日为第10日，此时买方所获得的机会收益最大。

第二种情况，买方企业有足够的现金支付能力，但同时企业又拥有较好的短期投资机会，准备放弃现金折扣方案。此时，要将商业信用折扣成本（K）与企业的短期投资

收益率（R）进行比较。如果此时企业的短期投资收益率大于折扣成本，则应放弃享受现金折扣，将付款日推迟至信用期限的最后一天付款，降低放弃现金折扣的成本。仍然以【例12-1】为例，假设此时买方账上有10万元资金，而此时买方又正好有一较好的短期投资机会，该短期投资的期望收益率为40%，此时，买方应将短期投资收益率与放弃现金折扣的成本进行比较，经过比较，企业应该选择在折扣期内付款，转而将该笔资金进行短期投资，该投资能给企业带来3.27%（40%－36.73%）的机会收益。

第三种情况，当买方准备放弃现金折扣，同时面对两家以上提供不同信用条件的卖方，应选择现金折扣成本最小的一家，以便将买方的短期融资成本降到最小。仍以【例12-1】为例，某企业购入材料100万元，其中一家供应商的信用条件为"2/10，n/30"，另有一家供应商提出"1/20，n/30"的信用条件，如果买方估计不能在折扣期限内付款，则买方应衡量放弃两家供应商现金折扣的成本。其中，第一家商业信用折扣的成本为36.73%，第二家的商业信用折扣成本为36.36%。由于第二家的现金折扣成本低于第一家，因此，买方企业应选择现金折扣成较低的第二家供应商，以降低其短期融资成本。

五、商业信用融资的特点

商业信用作为一种简便的短期资金融资方式，其特点主要体现在以下两方面。

（一）商业信用融资的优点

1. 融资便利

商业信用融资最大的优点是容易取得。作为一种短期持续性的资金来源，商业信用的信用条件及信用的使用权由交易双方自行选择掌握，买方在什么时候享受现金折扣，需要筹集多少短期资金由其自行决定，且多数企业的应付账款是一种连续性的信用融资，无须办理融资手续，随时可以随着企业购销行为的产生而得到该项资金。

2. 限制条件少

与其他融资方式相比，商业信用融资条件宽松，无须抵押品或担保物，只要双方有购销业务往来，买方就可以获得该项资金。

（二）商业信用融资的缺点

1. 成本高

放弃现金折扣成本的实质是一种机会成本，当没有现金折扣或者在折扣期限内付款时，商业信用融资几乎是没有成本的。买方企业若放弃享受现金折扣，则企业商业信用的融资成本将非常高。

2. 期限短，风险大

商业信用融资是一种常见的短期融资方式，其信用期限较短，如果享受现金折扣，则期限更短。商业信用融资由于期限短，到期必需偿还，因此，如若不及时付款可能会给企业的信用造成不必要的损失。

3. 资金规模有限

商业信用由企业直接提供，所提供的规模受商品或劳务的交易量限制，企业不可能超出自身所拥有的商品或劳务量向对方提供商业信用，所以，商业信用无法满足企业大额的信用需求，所提供的资金数量有限。

第二节　商业票据融资

商业票据指由金融公司或某些信用较高的企业开出的无担保短期票据。商业票据的可靠程度依赖于发行企业的信用程度，商业票据可以背书转让，可以承兑，也可以贴现。按照《中华人民共和国票据法》的规定，票据分为汇票、本票、支票。汇票是出票人签发的，委托付款人在见票时或者在指定日期无条件支付确定的金额给收款人或者持票人的票据。汇票分为银行汇票和商业汇票。目前，企业票据融资最常见的形式为商业汇票。

一、商业汇票的形式

根据承兑人的不同，商业汇票可以分为银行承兑汇票（简称"银票"）和商业承兑汇票（简称"商票"）。银行承兑汇票是由收款人或承兑申请人签发，并由承兑申请人向开户银行申请，经银行审查同意，由承兑银行承兑，保证在指定日期无条件支付确定金额给收款人或持票人的商业汇票。商业承兑汇票是由收款人签发，经付款人承兑，或由付款人签发或承兑的票据，它由银行以外的付款人承兑。经承兑的商业汇票允许背书转让。

根据媒介的不同，商业汇票可分为纸质商业汇票和电子商业汇票。随着科技的发展，电子商业汇票已成为主流，我国票据市场已全面进入电子时代。根据上海票据交易所数据，2018年，商业汇票承兑发生额18.27万亿元，其中，电子票据承兑发生额达17.19万亿元，占比94.1%。2019年，票据市场中的电子票据承兑金额占比高达97.94%，贴现金额占比高达99.36%。

根据票据是否附有利息，商业汇票还可分为附息票据和不附息票据两种。附息商业汇票利息率通常比其他融资方式，如银行贷款的利率低。由于采用商业汇票的融资方式不仅无息或低息，而且还会免去向银行贷款遇到的规定额度限制，并可节省许多申请手续费用，因此，商业汇票结算作为一种较好的短期融资方式备受推崇。

扩展阅读 12.1

上海票据交易所

二、商业汇票的贴现

企业基于真实的贸易关系，可以签发商业汇票进行支付，发挥票据的支付功能；票据可以背书转让、贴现和转贴现，主要发挥票据的交易及融资功能。

贴现（直贴）指持票人在票据到期日前，将票据权利背书转让给金融机构，由其扣除一定利息后，将约定金额支付给持票人的票据行为。转贴现指持有票据的金融机构在票据到期日前，将票据权利背书转让给其他金融机构，由其扣除一定利息后，将约定金额支付给持票人的票据行为。再贴现指持有票据的金融机构在票据到期日前，将票据权利背书转让给中国人民银行，由其扣除一定利息后，将约定金额支付给持票人的票据行为。

票据贴现可以看作是银行以购买未到期银行承兑汇票的方式向企业发放贷款。贴现是银行及其他金融机构（如财务公司）向企业提供资金，转贴现是商业银行向其他商业银行提供资金，再贴现是央行向银行及其他金融机构提供资金。

当采用商业票据进行结算时，如果收款人急需资金，则可以持未到期的承兑汇票到银行申请贴现，贴现期从其贴现之日起到汇票到期日为止。商业票据贴现实际是持票人将未到期的商业票据贴付一定的利息转让给银行，从银行那兑取现金的借贷行为，企业所贴付的利息是企业向银行筹资的成本。由于应付票据是基于商业信用产生的，因此，在票据贴现后，商业信用转变为银行信用。应付票据贴现利息及贴现所得额的计算方法如下。

$$贴现利息 = 汇票金额 \times 贴现率 \times 贴现期$$

$$贴现所得额 = 汇票金额 - 贴现利息 = 汇票金额 \times （1 - 贴现率 \times 贴现期）$$

当票据为带息票据时，汇票金额应为票面金额加上票面利息。

【**例12-2**】某公司202×年7月1日持票面金额为500万元，签发日为当年的6月1日，期限为6月的商业汇票送银行办理贴现，银行同意办理贴现，贴现率为月息0.9%。

（1）如果该票据为不带息票据，则该企业贴现时能获得多少现金？

（2）如果该票据为带息票据，票面年利率为10%，则该企业贴现时能获得多少现金？

计算结果如下。

（1）贴现利息 = 汇票金额 × 贴现率 × 贴现期 = 500 × 0.9% × 5 = 22.5（万元）

贴现所得额 = 汇票金额 - 贴现利息 = 500 - 22.5 = 477.5（万元）

（2）汇票金额 = 票面金额 + 票面利息 = 500 × [1 + （10%/12）× 6] = 525（万元）

贴现利息 = 汇票金额 × 贴现率 × 贴现期 = 525 × 0.9% × 5 = 23.625（万元）

贴现所得额 = 汇票金额 - 贴现利息 = 525 - 23.625 = 501.375（万元）

作为一种灵活的短期筹资方式，很多企业往往通过发行商业票据来筹集短期资金：一方面满足企业季节性或临时性资金的需要；另一方面通过票据持有者的票据贴现将商业信用转换为银行信用，不断获得资金来源。

三、商业票据融资的特点

商业票据作为一种商业信用工具，不仅是企业获得程度较高的金融工具，还是企业获得短期资金的重要来源，作为一种简便的短期资金融资方式，其特点主要体现在以下两个方面。

（一）商业票据融资的优点

1. 成本低

商业票据作为一种直接融资方式，其成本通常要低于银行短期贷款利率。由于票据的贴现利率总体低于流动资金贷款利率，因此，通过商业票据融资可以降低企业融资成本。

2. 灵活性强

企业在发行商业票据时，只要与交易商达成书面协议，在约定时期内，发行人可不限次数及不定期发行，以满足自身短期资金的需求。而且，相对于传统的纸质票据，电子票据的业务办理更加高效、便捷，有利于节约时间成本，加速企业资金回笼。

3. 增强企业信誉

由于商业票据是无担保的借款，因此，能够成功在市场上发行出售票据是对公司信用形象的最好证明。目前，商业汇票是我国经济发展阶段企业信用提升的最佳工具之一，票据作为企业获得程度较高的金融工具之一，其可追索性及可背书流转性能够串联企业信用，实现信用增级的效果。

（二）商业票据融资的缺点

1. 期限短

商业汇票作为一种常见的短期融资方式，其信用期限较短。根据新修订的《商业汇票承兑、贴现与再贴现管理办法》商业汇票付款期限最长不超过6个月。

2. 金额有限

商业汇票的签发基于企业间现实发生的业务，商业票据业务的准入门槛较低，所筹资金数额较小。

第三节　短期借款融资

短期借款指借款期限在一年以内（含一年）的借款，一般用于借款人生产、经营中的流动资金需要，是仅次于商业信用的短期融资方式。

一、短期借款的种类

银行短期借款的种类很多，按照不同的标准，可以分为不同的种类。按照借款的目的和用途可以分为生产周转借款、临时借款、结算借款等。按照偿还方式可以分为一次性偿还借款和分期偿还借款；按照利息支付方式不同可分为收款法借款、贴现法借款和加息法借款；按照有无担保可分为担保借款和信用借款。企业在申请短期借款时，应根据不同的借款条件和自身的需求进行分析选择。

二、短期借款的信用条件

银行短期借款往往会附加一些信用条件，主要有信用额度、周转信贷协定、补偿性余额、借款利率等。

（一）信用额度

信用额度指商业银行与企业之间约定的在未来一段时间内银行向企业提供无担保贷款的最高限额，在该额度内，企业可以随时借款。信用额度一般在银行对企业信用状况进行详细调查后确定，其有效期通常为一年，当然也有更短的，但有时根据情况也可延期一年。通常，企业在批准的信用额度内，可随时使用银行借款。但是，银行并不承担必须提供全部信用额度的义务，也不收取贷款限额不足部分的承诺费。一旦企业出现违约等行为，即使银行同意过按信用额度提供贷款，银行也可以拒绝贷款，无须承担法律责任。

（二）周转信贷协定

周转信贷协定是银行有法律义务地承诺提供不超过某一最高限额的贷款协议，在协议的有效期内，只要企业的借款总额未超过最高限额，银行就必须满足企业任何时候提出的借款要求。企业在最高限额内可以连续循环借款，不停地周转使用。企业在享用周转信贷协定时，通常要就贷款限额的未使用部分支付给银行一笔承诺费，这是因为，虽然企业有一部分的信用额度未使用，但银行要保持一定的资金以备随时贷出。承诺费一般按照最高限额中未使用部分的一定比例计算确定。周转信贷的额度一般是一年核定一次，周转信贷协定的有效期通常超过一年，但实际上，借款每几个月发放一次，所以，这种信贷兼具短期借款和长期借款的双重特点。

例如，某企业的周转信贷额为1000万元，承诺费率为0.5%，企业年度内使用了800万元，余额200万元，该借款企业该年度需向银行就其未使用的200万元部分支付承诺费1（200×0.5%）万元。

（三）补偿性余额

补偿性余额是银行要求贷款企业在银行中保持按贷款限额或实际借用额一定百分比（一般为10%~20%）计算的最低存款余额。对于银行来讲，补偿性余额可以降低其贷款风险，补偿遭受的贷款损失；但对于借款企业来讲，补偿性余额减少了企业的实际可用金额，提高了其借款的实际利率，而且，补偿性余额的比例越大，贷款的实际成本越高。在补偿性余额下，借款的实际利率为

$$实际利率 = \frac{借款名义利率}{1-补偿性余额比例}$$

【例12-3】　某企业按年利率10%从银行借入款项1000万元，银行要求企业按贷款限额的20%保持补偿性余额，该借款的实际年利率为

$$实际利率 = \frac{借款名义利率}{1-补偿性余额比例} = \frac{10\%}{1-20\%} = 12.5\%$$

（四）借款抵押

财务风险较大的企业或信誉不佳的企业在向银行申请短期贷款时，银行需要企业提供抵押物进行担保，保证其所贷资金的安全性。常用于短期借款的抵押品主要是借款企业的存货、应收账款、股票及债券等有价证券。企业在向银行提供抵押物时，其用于抵押的物品的使用权会受限，同时也会影响企业未来的借款融资能力。银行接受抵押品后，会根据抵押物的面值决定其贷款的金额，贷款的金额取决于抵押品的变现能力，以

及银行的风险偏好。一般情况下，贷款金额为抵押品面值的30%～90%。抵押借款的成本通常高于非抵押借款。

（五）偿还条件

贷款的偿还有两种方式，到期一次还本付息和在贷款期内定期（每月、季）等额偿还。通常而言，企业希望到期一次还本付息，不希望在贷款期内定期（每月、季）等额偿还，因为这会提高借款的实际年利率，增加企业的短期融资成本。

（六）其他承诺

银行在发放短期借款时，有时会要求企业做出其他承诺，如定期提供财务报表，保持特定的资金流动比率等。一旦企业违反承诺，银行就会要求企业立即偿还全部贷款。

三、短期借款的利率

银行短期借款的利率因其借款期限不同，利率水平也不相同，期限越长，利率越高。短期借款成本的高低主要取决于银行的贷款利率。一般情况下，银行会根据贷款人的信用程度调整利率，信用越差，利率越高，因此，针对不同的企业，银行选取的贷款利率也不同。

1. 优惠利率

优惠利率指商业银行对那些资信最高、财务实力雄厚、处于有利竞争地位的企业，在发放短期贷款时，计收低于其他企业利率水平的利率。对其他企业收取的贷款利率则在优惠利率的基础上逐级上升。因此，优惠利率是确定其他企业利率的基准，也是贷款利率的最低限。

2. 浮动优惠利率

浮动优惠利率指随着其他短期利率的变动而随时调整变动的优惠利率，即随着市场条件的变化而随时调整变化的优惠利率。

3. 非优惠利率

非优惠利率指银行在向一般企业贷款时收取的高于优惠利率的利率，这种利率一般在优惠利率的基础上加收一定的百分比，非优惠利率与优惠利率之间的差额受企业的信誉、与银行之间的关系，以及当时的信贷状况等因素的影响。比如，银行按高于优惠利率的1%向某企业贷款，如果当时的优惠利率为5%，则银行向该企业贷款的利率为6%。

四、短期借款利息的支付方法

短期借款成本的高低主要取决于短期借款的利率及利息的支付方法，支付方法不同，其借款成本也不同。通常，短期借款利息的支付方法主要有以下三种。

1. 收款法

收款法指在借款到期时，企业连本金带利息一并支付给银行的方法，这是最为常用的一种利息支付方式，也是银行向工商企业发放贷款时常用的一种方式。在收款法下，短期借款的实际利率与名义利率一致。

2. 贴现法

贴现法指银行在发放贷款时，先将利息部分从本金中扣除，贷款到期时，企业偿还全部本金的一种利息支付方法。在这种支付方式下，企业实际可利用的贷款金额只是本金扣减利息后的那部分差额，减少了企业实际可用的资金数额，而且，贴现利率贷款的贴现期越长，企业实际支付的利率比名义利率高的越多。因此，在贴现法下，贷款的实际利率高于名义利率，其实际利率的计算公式为

$$i = \frac{利息}{本金-利息} = \frac{r}{1-r}$$

式中，r 为短期借款名义利率。

【例12-4】某企业从银行取得为期1年的借款1000万元，年利率为7%，若用贴现法支付利息，则该笔借款的实际年利率为

$$i = \frac{1000 \times 7\%}{1000(1-7\%)} = \frac{7\%}{1-7\%} = 7.5\%$$

当银行还有补偿性余额要求时，会进一步提高贴现贷款的实际利率，此时的实际利率为

$$i = \frac{利息}{本金-利息-补偿性余额} = \frac{r}{1-r-k}$$

式中，k 为补偿性余额比例。

【例12-5】接【例12-4】，若银行要求此笔贷款保持10%的补偿性余额，则该笔借款的实际年利率为

$$i = \frac{7\%}{1-7\%-10\%} = 8.43\%$$

3. 加息法

加息法是银行在发放分期等额偿还贷款时采用的一种收取利息的方法。在分期等额偿还贷款的情况下，银行首先根据借款的名义利率计算出利息，然后加到贷款本金上，计算出贷款的本息和，最后要求企业在贷款期限内分期等额偿还本息之和的金额。由于贷款本金分期等额偿还，因此，借款企业实际可用的贷款金额只相当于贷款本金总额的一半，但却要按本金全额支付全额利息。在这种利息支付方式下，借款企业的实际借款利率大约为名义利率的2倍，即实际利率高于名义利率大约1倍。

【例12-6】某企业借入年利率为10%的贷款1亿元，分12个月等额偿还本息，则该项借款的实际年利率为

$$i = \frac{1 \times 10\%}{1 \div 2} = 20\%$$

五、短期借款融资的特点

在企业短期负债融资中，短期借款融资的重要性仅次于商业信用筹资。与其他短期负债筹资方式相比，短期借款筹资具有以下特点。

（一）短期借款融资的优点

短期借款大多为短期银行借款。由于银行的资金充足，实力雄厚，因此能随时为企业提供较多资金的短期贷款。尤其是对于季节性生产企业的季节性和临时性的资金需求而言，利用银行短期借款更为方便。另外，银行短期借款具有很好的弹性，可以随企业的资金需要安排，偿还方式也比较灵活，且手续相对简便。

（二）短期借款融资的缺点

短期借款由于其到期时间短，所筹资金在短期内要及时偿还，如未及时偿还，企业很有可能陷入财务危机中，因此，其到期风险较大。而且，有些短期借款要求提供抵押物或担保品，这些抵押物和担保品会提高企业的实际借款成本。

第四节　其他短期融资方式

一、短期融资券

（一）短期融资券的概念

短期融资券是由企业发行的一种以融资为目的、直接面向货币市场投资者的无担保短期商业本票。短期融资券指具有法人资格的非金融企业在银行间债券市场发行的，约定在一定期限内（一年以内）还本付息的有价证券。它是中国人民银行在银行间债券市场上推出的一种企业直接融资工具。短期融资券的发行需要符合以下条件。

（1）发行人为非金融企业或者金融行业，发行企业均应经过在中国境内工商注册且具备债券评级能力的评级机构的信用评级，并将评级结果向银行间债券市场公示。

（2）发行和交易的对象是银行间债券市场的机构投资者，不向社会公众发行和交易。

（3）融资券的发行由符合条件的金融机构承销，企业不得自行销售融资券，发行融资券募集的资金用于本企业的生产经营。

（4）对企业发行融资券实行余额管理，待偿还融资券余额不超过企业净资产的40%。

（5）融资券采用实名记账的方式在上海清算交易所登记托管。

（6）融资券在债权债务登记日的下一个工作日即可在全国银行间债券市场的机构投资人之间流通转让。

作为有价证券的一种，短期融资券类似于债券，但又有别于一般意义上的债券。具体差别体现在以下几点。第一，发行主体比较宽松，为符合条件的非金融企业。只要是境内依法设立的企业法人，具有较强的到期偿债能力，所募集的资金用于本企业生产经营，融资规模和成本取决于自身净资产规模和信用的企业都具有发行短期融资券的资格。第二，发行和交易场所特殊，为银行间债券市场，也就是说，只面向机构投资者发行交易，不对社会公众发行交易。第三，发行期限灵活。虽然短期融资券的发行期限最长不能超过一年，但具体每期的发行期限由企业自主确定。

（二）短期融资券的种类

按照不同的分类标准，短期融资券可以分为不同的种类。

1. 按照发行的主体可分为金融企业的融资券和非金融企业的融资券

金融企业融资券指由各商业银行、财务公司和其他金融机构等金融企业发行的融资券。这类融资券一般都采用直接发行的方式，即由金融企业自己直接发行销售。

非金融企业融资券指除了金融企业以外的所有工商企业发行的融资券。根据《银行间债券市场非金融企业短期融资券业务指引》，我国企业发行短期融资券应由已在中国人民银行备案的金融机构进行承销，为间接发行方式。

2. 按发行方式可分为间接销售的融资券和直接销售的融资券。

间接销售的融资券指由经纪人代销的融资券，先由发行方将融资券卖给经纪人，然后由经纪人再卖给投资者。经纪人主要指银行、信托投资公司、证券公司等。企业委托经纪人发行融资券，一般要按照承销额的一定比例支付相应的手续费。根据规定，我国企业发行短期融资券必须由金融机构进行承销。

直接销售的融资券指发行方直接将融资券销售给最终投资者。直接发行融资券的公司通常指经营金融业务的公司或有附属金融机构的公司。直接发行节省了间接发行时应付给经纪人的手续费。

3. 按发行和流通的范围可分为国内融资券和国外融资券

国内融资券指发行方在其所在国内金融市场上发行的融资券，这种融资券的发行只需遵循本国法律法规和金融市场的规定。

国外融资券指发行方在其所在国以外的金融市场上发行的融资券，这种融资券的发行必须遵循有关国家和国际金融市场的法律法规。

（三）短期融资券的特点

1. 短期融资券的优点

（1）融资成本较低。通常，短期融资券的利率要低于同期银行借款利率，包括利息支出、承销费用、评级费、律师费等在内的综合费率较同期限银行贷款低1～2个百分点，且不需要任何抵押担保。由于短期融资券直接面向投资者，属于直接融资方式，因此，相对于短期银行借款这种间接融资方式，其融资成本较低。

（2）融资数额较大。由于短期融资券的发行对象是银行间债券市场，面向的都是各大投资机构，因此，其融资数额一般远高于短期借款。

（3）提高企业信誉和知名度。发行短期融资券可以提高企业信誉和知名度。对于短期融资券的发行条件而言，《短期融资券管理办法》有相应的规定。并不是所有的企业都具有发行资格，只有达到相应要求的企业才允许发行短期融资券。因此，短期融资券的发行从另一方面说明了企业的实力和信誉非同一般。

2. 短期融资券的缺点

（1）发行短期融资券的风险较大。短期融资券的发行期限最长不超过一年，到期必须偿还，且由于其筹资数额较大，企业如果在短期融资券到期前未能及时偿还债务，则会陷入财务危机，甚至被债权人接管或破产，因此，其到期风险较大。

（2）发行短期融资券的弹性较小。作为一种直接融资方式，短期融资券所筹的资金数额一般较大，只有当企业的资金需求达到一定数量时才能使用短期融资券，如果数量较少，则不适合利用短期融资券进行融资。作为一种有价证券，短期融资券不能提前偿还，即使公司资金比较充裕，也只能到期偿还，而短期借款通常可以提前还款。

（3）发行短期融资券的条件比较严格。对于短期融资券的发行主体来说，《银行间债券市场非金融企业债务融资工具管理办法》有着严格的规定。并不是任何企业都能发行短期融资券，只有符合相应条件的企业才能发行，一般是信誉好、实力强、效益高的企业才有发行资格。

二、应收账款融资

应收账款融资指企业将赊销产生的应收账款进行抵押或质押申请的融资业务。按照《中华人民共和国物权法》的规定，应收账款可以用作企业担保贷款的抵押品，企业运用应收账款进行融资的方式主要有以下几种。

（一）应收账款保理

应收账款保理又称应收账款让售，指企业将所持有的应收账款全部出售给另一方（保理方），通常是商业银行或大型财务公司，保理期限一般在90天以内，最长可达180天。

按照有无追索权，应收账款保理通常可以分为有追索权保理和无追索权保理。无追索权保理一般是贸易性应收账款，企业通过无追索权形式出售给保理商，以获得短期融资，保理商需事先对与卖方有业务往来的买方进行资信审核评估，并根据评估情况对买方进行信用额度核定。有追索权保理指到期应收账款无法回收时，保理商保留对企业的追索权，出售应收账款的企业需要承担相应的坏账损失，保理商收取的费用通常为应收账款面值的0.75%~1.5%，除此之外，如果提前预付资金，如常规保理，保理商还要收取这些资金的利息，通常利率为优惠利率加上2.5%~3%。

（二）应收账款抵押与质押

应收账款抵押指持有应收账款的企业与经办此项业务的银行或公司订立合同，企业将应收账款作为抵押物或担保品，在规定期限内（通常为一年），企业向银行等金融机构借款融资。提供这种贷款的金融机构一般为商业银行或大规模的财务公司，贷款的数额取决于应收账款的质量和数量，一般为应收账款账面价值的70%~80%，应收账款的质量很大程度上取决于借款人的信用等级，因此，贷款机构不接受快过期的应收账款。

以应收账款为抵押进行担保贷款的成本取决于贷款的金额、应收账款的周转率及应收账款的信誉。在应收账款抵押的过程中，银行等金融机构在接受借款人的应收账款作为抵押品的同时，将资金直接贷放给企业（借款人），而企业即借款人则通常要求其客户将货款直接发送给银行等金融机构贷款人。这种方式的主要特点是贷款人不仅对应收账款拥有留置权，而且对借款人拥有债务追索权，即在账款无法收回时，坏账款损失由借款人承担。

（三）应收账款资产证券化（ABS）

应收账款资产证券化指企业将所持有的应收账款直接出售给专门从事资产证券化的特设信托机构（SPV），信托机构经过重组整合后，以应收账款为基础在资本市场上发行有价证券，根据应收账款的信用等级、质量和现金流量大小确定所发行证券的价格。应收账款资产证券化减少了企业对传统融资渠道的依赖，以成本较低和时间周期较快的优势，降低了中小微型企业的融资成本，并盘活了企业的存量资产，提高了资金的使用效率。

（四）应收账款融资的特点

企业以应收账款进行融资一方面可以使应收账款提前变现，及时收回应收账款的投资，有效提高企业营运资金的周转效率，一定程度上降低企业的机会成本和融资成本，降低企业的风险；另一方面，应收账款融资成本高，风险大。

三、存货融资

存货融资指以存货作为担保抵押物向银行等金融机构申请贷款的融资方式，一般只有原材料及制成品方可作为融资的担保物。存货作为流动资产中变现速度较慢的资产，其性质和品种存在很大差别，因此，并不是所有的存货都可以作为担保抵押物，一般只有那些容易保管、变现速度较快的存货才能作为短期银行贷款的担保物。

在存货担保贷款中，银行通常要考虑以下因素。一是存货的变现能力、持久性及其市场价格的稳定性。存货的变现能力越高，持久性越强，市场价格越稳定，越容易被银行作为融资的担保品接受。二是存货的清理价值。清理价值越高，公司违约时补偿贷款本金和利息的安全性越高。三是公司的短期偿债能力。短期偿债能力越高，其违约性越小。由于存货在作为抵押担保物进行融资时，银行对担保物的数量和质量要进行持续的检查和监控，因此，其利率要高于应收账款担保融资的借款利率。

存货融资的一种重要形式是仓单融资，即用企业的仓单实物作为抵押物进行融资。首先由申请企业将其产成品或原材料等存货运至指定的物流、仓储公司的监管仓，然后由物流、仓储公司向申请企业出具仓单，并交付银行，银行据此发放贷款。当申请企业需要使用该部分存货时，需征得物流、仓储公司及银行的双重同意。若因物流、仓储公司工作失职导致银行抵押物落空，则物流、仓储公司需向银行承担连带赔偿责任。目前，这种短期融资方式已被许多产成品、原材料数量较大的中小企业所采用。

思考题

1. 什么是商业信用条件？共有几种主要形式？
2. 什么是商业信用成本？其如何计算？
3. 商业信用融资的优缺点有哪些？
4. 免费的商业信用与有代价的商业信用的区别是什么？
5. 与其他短期融资方式相比，有代价的商业信用的成本如何？
6. 什么是短期融资券？其种类有哪些？
7. 短期融资券融资的优缺点是什么？
8. 银行短期借款的种类有哪些？
9. 银行短期借款包括哪些主要内容？
10. 银行短期借款融资的优缺点有哪些？

练习题

1. 某企业赊购材料，对方开出的信用条件是"1/10，n/30"，当前的市场利率为15%，请问该企业应如何进行决策。

2. 某公司拟采购一批零件，价值5400元，供应商规定的付款条件如下：立即付款，付5238元；第20天付款，付5292元；第40天付款，付5346元；第60天付款，付全额。每年按360天计算，要求回答以下互不相关的问题。

（1）企业现金不足，需从银行借入资金支付货款，假设银行短期贷款利率为15%，计算放弃现金折扣的成本，并确定对该公司最有利的付款日期和价格。

（2）企业有支付能力，但目前有一短期投资报酬率为40%的短期投资机会，确定对该公司最有利的付款日期和价格。

3. 某企业拟采购一批原材料，现有甲、乙两家供应商，甲、乙给出的信用条件分别为"2/15，n/50"和"3/10，n/45"。假设该公司有足够的现金，请问该企业应选择哪家供应商。

4. 某公司向银行借款100万元，年利率为8%，银行要求企业保持10%的补偿性余额比例，请问该笔借款的实际成本应是多少？

5. 某礼品店刚开张，为了购买存货，向银行借入年利率10%，期限6个月的短期借款20万元，要求：

（1）如果期末一次性还本付息，计算这笔借款的成本。

（2）如果银行要求借款人在该银行中保持15%的补偿性余额，计算其实际成本。

（3）如果借款人必须事先支付利息，计算借款的实际成本。

扩展阅读12.2

中航沈飞的应收
账款保理

第十三章　资本结构理论

本章学习提示

本章重点：资本结构与企业价值的关系，MM理论、权衡理论和优序融资理论的主要观点。

本章难点：无税的MM理论、考虑企业所得税的MM理论，以及考虑企业所得税和个人所得税的米勒模型的推导论证过程。

本章导读

现代资本结构理论的奠基人——莫迪格利安尼被授予诺贝尔经济学奖后，芝加哥电视台的记者采访了他的合作伙伴米勒，希望他用10秒钟的时间简明扼要地解释一下他们的资本结构理论。米勒是这样解释的："比如，把一家公司想象成一个盛着全脂奶的大桶，农场主这时有两种选择。一是直接卖出全脂牛奶，二是从全脂牛奶中分离出奶油，以高价卖出奶油，以低价卖出脱脂奶。如果不存在分离成本，则这两种选择的收入应是相同的，否则，将会引起人们的套利行为。"但电视台的人商议之后告诉米勒，这样的解释太冗长、太复杂且太过学术性。米勒又想到了另一种解释办法，他说："设想一家公司，它就像一份至尊披萨，现在被分成了四块。如果你现在再将每块分成两块，你将得到八块披萨，但你拥有的披萨总量保持不变。"米勒想以此说明其资本结构理论的结论：资本结构与企业价值无关。电视台的人再次私下交谈后，关了灯，收起设备，跟米勒说再见，并说以后会再次拜访。但米勒心里很清楚，他已无缘开始一个新的职业，即用10秒钟的时间为电视观众解释像MM理论这样的经济理论。

资料来源：https://max.book118.com/html/2022/0522/7113051163004123.shtm。

本章主要介绍早期的资本结构理论和现代的资本结构理论，重点介绍MM理论。资本结构理论主要探讨资本结构与企业价值之间的关系，即怎样安排企业的资本结构才能使企业价值最大化。

第一节　资本结构与企业价值

从某种意义上讲，企业筹资决策的核心是资本结构决策。合理的资本结构可以使企业充分发挥财务杠杆作用，获取更大的每股收益，使企业价值实现最大化，而不合理的资本结构将使企业背负沉重的债务负担，面临巨大的财务风险。大量因资本结构安排不当，无力偿还到期债务而破产的案例充分说明了资本结构对企业价值的重要影响。

一、资本结构的概念

在企业生产经营活动过程中，需要通过多种筹资渠道，采取多种筹资方式，从各方筹集资金。企业在一定时期内通过不同筹资方式筹集资金的结果就形成了企业一定时期的资本结构。因此，资本结构指企业所筹的全部资本中，各种不同资本的价值构成及其相应的比例关系。

资本结构有广义和狭义之分，广义的资本结构指企业全部资本的构成及其相应的比例关系。企业所筹集的全部资本按照其筹资方式的不同可以分为债务资本和权益资本；按照所筹资金的期限不同可以分为长期资本与短期资本。因此，广义的资本结构既包括债务资本与权益资本的结构，又包括长期资本与短期资本的结构，还包括债务资本与权益资本的内部结构，长期资本与短期资本的内部结构等，其实质是企业资产负债表中右方所有项目之间的构成及其比例关系。因此，广义的资本结构也称为财务结构。

狭义的资本结构仅指企业所筹资本中各种长期资本的结构及其相应的比例关系，主要是长期债务资本与权益资本的结构与比例关系。在这种情况下，企业的短期资金作为营运资金的一部分进行管理。本书所称的资本结构指狭义的资本结构，是财务结构的重要组成部分。

企业的资本结构因企业采用不同的筹资方式而形成。各种筹资方式及其不同的组合类型决定着企业的资本结构及其变化。尽管企业的筹资方式很多，但从性质上只有股权资本和债务资金两大类。资本结构的实质是研究债务资金和股权资本之间的比例构成，或债务资金在全部资本中的比例构成。

企业的债务资金是企业外部债权人对企业的投资，企业使用债权人的投资进行经营是举债经营。举债经营为企业和股东创造更大的经济利益，被认为是最精明的举动。在经济处于上升阶段和通货膨胀比较严重的情况下，举债经营无论是对企业，还是对股东，都是有益处的，主要体现在以下三个方面。

（1）举债可以降低资本成本。债务资金的利息率一般低于企业股权资本的股息率或分红率；且由于债务的利息在税前支付，企业可以减少所得税的交纳，因而债务资本成本低于权益资本成本。

（2）举债可以获得杠杆利益。债务利息一般是相对固定的，随着息税前利润的增加，特别是总资产报酬率大于债务资本成本时，单位利润所负担的固定利息就会减少，企业所有者所分得的税后利润就会随之增加。

（3）举债可以减少货币贬值的损失。在通货膨胀日益加重的情况下，利用举债扩大再生产比利用权益资本更为有利，可以减少通货膨胀造成的贬值损失。

但是，举债经营并非完美无缺，也存在一些缺陷，主要包括以下几点。

第一，资本来源不稳定。如果股权资本比重过低，负债比例过大，则企业再举债会因风险过大而被贷款方拒绝。

第二，资本成本可能升高。虽然债务资本成本一般低于股权资本成本，似乎举债始终是有利的，但是，随着企业负债比例的逐步提高，企业财务风险也在不断加大，债权人在提供贷款时会逐步提高利息率或提出额外要求（如在贷款合同中增加限制性条款），这势必会提高企业的资本成本，给企业经营带来压力。

第三，债务资金会增大企业的财务风险。财务杠杆的作用增加了企业破产的机会或每股收益大幅度变动的机会。企业为取得财务杠杆利益而增加债务资金的行为必然会增加利息等固定费用的负担。另外，由于财务杠杆的作用，在息税前利润下降时，每股收益下降得会更快。这些风险都是利用债务资金带来的。

二、资本结构的种类

资本结构主要有资本的属性结构和资本的期限结构两种。

（一）资本的属性结构

资本的属性结构指企业不同属性资金的价值构成及其比例关系。企业全部资金就属性而言，通常分为两大类：一类是股权资本，另一类是债务资金。这两类资本构成的资本结构就是该企业资本的属性结构。例如，某公司的资本总额为1000万元，其中：银行借款和应付债券属于债务资金，两者合计为500万元，比例为50%；普通股和留存收益属于股权资本，两者合计为500万元，比例为50%。债务资金和股权资本各为500万元或各占50%，或者债务资金与股权资本之比为1∶1。这就是该公司资本属性结构的不同表达。企业同时由债务资金和股权资本构成的资本属性结构有时又称为"搭配资本结构"或"杠杆资本结构"，其搭配比例或杠杆比例通常用债务资金的比例来表示。

（二）资本的期限结构

资本的期限结构指不同期限资金的价值构成及其比例关系。一个企业的全部资金就期限而言，一般可以分为两类：一类是长期资本；另一类是短期资金。这两类资金构成的资本结构就是资本的期限结构。在上例中，该公司的银行借款200万元中有100万元是短期借款，100万元是长期借款，应付债券、普通股和留存收益都是长期资本，因此，该公司的短期资金为100万元，长期资本为900万元，或长期资本占90%，短期资金占10%，或者长期资本与短期资金之比为9∶1。这就是该公司资本期限结构的不同表达。

（三）资本结构的价值基础

资本的属性结构和期限结构均尚未具体指明资本的价值计量基础。资本的价值计量基础有账面价值、市场价值和目标价值。一个企业的资本分别按这三种价值计量基础来计量和表达资本结构，就形成三种不同价值计量基础反映的资本结构，即资本的账面价值结构、资本的市场价值结构和资本的目标价值结构。

（1）资本的账面价值结构指企业资本按历史账面价值基础计量反映的资本结构。一个企业资产负债表右方"负债及所有者权益"或"负债及股东权益"所反映的资本结构就是按账面价值计量反映的，由此形成的资本结构是资本的账面价值结构。

（2）资本的市场价值结构指企业资本按现时市场价值基础计量反映的资本结构。当一个企业的资本具有现时市场价格时，可以按其市场价格计量反映资本结构。通常，上市公司发行的股票和债券具有现时的市场价格，因此，上市公司可以以市场价格计量反映其资本的现时市场价值结构。它比较适合于上市公司资本结构决策的要求。

（3）资本的目标价值结构指企业按未来目标价值计量反映的资本结构。当一家公司能够比较准确地预计其资本的未来目标价值时，则可以按其目标价值计量反映资本结构。从理想的角度讲，它更适合企业资本结构决策的要求，但资本的未来目标价值不易客观准确地进行估计。

三、资本结构与企业价值的关系

企业价值指企业全部资产的市场价值。按照会计恒等式"资产=负债+所有者权益"，企业价值等于负债的市场价值与所有者权益的市场价值之和，即企业价值V的计算公式为

$$V=B+S$$

式中，B为负债的市场价值；S为所有者权益的市场价值。

图13-1描绘了在负债和所有者权益之间进行划分的两种可能的方式——60%∶40%和40%∶60%。如果企业财务管理的目标是企业价值最大化，则财务决策者应选择使"蛋糕"——企业总价值最大的负债—权益比。

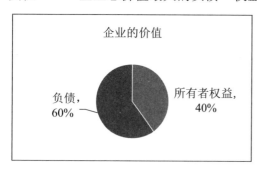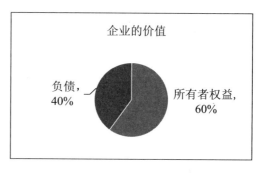

图13-1　资本结构的两个"蛋糕"模型

然而，关于负债与所有者权益的比例即资本结构是否会影响到企业价值这一问题，早期的理论研究未达成一致结论，有的认为资本结构不影响企业价值，有的认为资本结构会影响企业价值。即使认同资本结构影响企业价值这一观点的学者，在关于资本结构如何影响企业价值方面，又有不同的观点：有的认为企业资本结构中的负债比例越高，企业价值越大；也有的认为二者关系相反，即负债比例越高，企业价值越小；还有学者认为，资本结构中的负债比例与企业价值之间的关系既不是简单的正相关关系，也不是简单的负相关关系，而是非线性关系，即倒U形关系。如果资本结构与企业价值之间的关系为倒U形关系，则意味着存在一个使企业价值最大化的最佳资本结构。但如果你问最佳资本结构中的负债比例是多少，没有人能给你确切的回答。这就是企业财务管理领域的一个著名问题——资本结构之谜。世界各国的学者一直致力于解开这一谜团，并取得了许多研究成果。

以1958年莫迪格利安尼（Franco Modigliani）和米勒（Merton Miller）在其《资本成本、公司财务和投资理论》一文中提出的MM理论为界，可将有关资本结构的理论分

为早期的资本结构理论和现代资本结构理论两大类。在MM理论出现以前，西方资本结构理论还处于原始的、传统的研究阶段，被称为早期的资本结构理论。1958年提出的MM理论既代表着现代资本结构理论的开端，又标志着现代财务理论的诞生。该理论以数学模型为基础，极大地丰富了财务管理理论，开辟了新的财务问题研究方法。

第二节　早期的资本结构理论

1952年，美国的戴维·都兰德（David Durand）把当时资本结构研究中具有代表性的观点归纳总结为三种：净收益理论、净营业收入理论和传统折中理论，分别表明资本结构对企业价值的不同影响。这三种理论的共同假设包括：①不存在企业所得税和个人所得税，不存在破产成本；②不存在交易成本，企业可以通过随时增加债务以回购股票，或发行股票以偿还债务来改变资本结构；③企业的股利支付率为100%；④企业的规模保持不变，息税前利润也保持不变。

一、净收益理论

净收益理论是一种典型的资本结构相关论。该理论认为，资本结构的变动会影响企业的价值，而且是负债越多，企业价值越大。企业价值为负债价值和权益价值之和，权益价值是由企业的净收益决定的。当负债增加时，为保持企业规模不变，企业将回购其股票，由于债务利息较低，因此，在总的息税前利润不变的情况下，股东的每股收益将会增加，股东财富会相应增加，企业价值也相应增加。

净收益理论的假设前提是，企业的借入资本成本（K_D）和权益资本成本（K_S）不受负债比率的影响，始终保持不变，企业能以固定的利率取得所需的全部负债，即当负债率提高时，投资者和债权人并不认为企业的风险会相应增加。在这样的前提条件下，股东的投资报酬率将会随着负债率的增加而增加，权益价值和企业价值也会因此而增加。

因此，净收益理论认为，企业的最佳资本结构应是完全负债，即100%的负债率。因为负债的成本比权益资本的成本低，负债越多，企业的加权平均资本成本就越低，企业的价值就越大（如图13-2所示）。

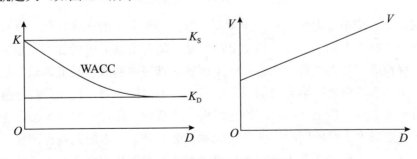

图13-2　净收益理论示意图

二、净营业收入理论

净营业收入理论是一种典型的资本结构无关论。该理论认为，资本结构的变动不会影响企业价值，随着负债率的增加，企业价值保持不变。企业的价值只取决于其息税前利润和加权平均资本成本，只要企业的息税前利润和加权平均资本成本保持不变，企业的价值就不会改变。当企业利用负债时，即使债务成本本身不变，但由于加大了权益的风险，因此会使权益成本上升，而加权平均资本成本维持不变。由于资本结构的改变并不影响企业的息税前利润，因此，企业的总价值也就固定不变（如图13-3所示）。

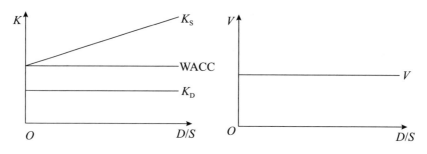

图13-3　净营业收入理论示意图

三、传统折中理论

传统折中理论是一种介于净收益理论和净营业收入理论之间的折中理论。该理论认为，企业应该利用负债的低成本，适度的负债会增加企业价值，但过度负债又会导致企业价值下降（如图13-4所示）。

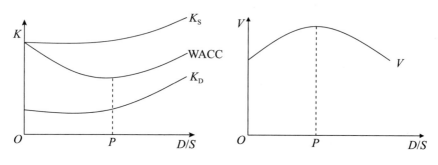

图13-4　传统折中理论示意图

当企业的资本结构由无负债转为少量负债时，由于负债的成本较低，因此会使企业的加权平均资本成本降低，企业价值上升。但是，随着负债率的增加，企业的财务风险逐渐增加，权益成本随之上升，这会在一定程度上抵消利用成本较低的债务所获得的好处，因此，负债率的增加虽然会使加权平均资本成本继续下降，但下降的速度减慢，同时企业价值还会上升，但上升的速度也会减慢。当负债率超过一定限度后，企业风险继续加大，在权益成本上升的同时，债务的成本也会上升，二者的共同作用使得加权平均资本成本上升，企业价值开始下降。在加权平均资本成本从下降变为上升的转折点（如图13-4中的P点），企业价值开始由上升转为下降，此时，加权平均资本成本最低，企业价值最大，这时的资本结构为最佳资本结构。

第三节　现代资本结构理论

一、MM理论

1958年6月，美国两位著名财务学家弗兰克·莫迪格利安尼和默顿·米勒在《美国经济评论》（*American Economic Review*）杂志上发表了《资本成本、公司财务和投资理论》（*The Cost of Captial, Corporation Finance and the Theory of Investment*）一文，此文及后来他们对此文的修正合称为MM理论。MM理论及此后人们对其的补充、修正共同构成了现代资本结构理论，成为现代财务理论的柱石之一。根据是否考虑企业所得税和个人所得税，MM理论有不同的内容和表示方法。最初提出的MM理论是不考虑任何所得税的，我们现在就先介绍不考虑所得税时的MM理论。

（一）无税的MM理论

简单地说，MM理论所表达的是这样一种基本思想：无论企业采用什么样的资本结构，企业的总价值保持不变。也就是说，企业的总价值取决于潜在的获利能力和风险水平，而不是资本结构，故企业总价值与资本结构无关。如图13-5所示，企业的资本这块"蛋糕"无论如何在负债和权益之间进行分配，整个"蛋糕"的大小不会变化，即企业价值不会因为资本结构的变化而变化。

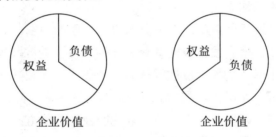

图13-5　资本结构的"蛋糕"模型

MM理论是在严格的假设下得出的正确结论，这些假设虽然不符合现实情况，但它们像物理学中对真空的假设和经济学中对完全竞争的假设一样，使人们能够先在理想的情况下研究问题，然后再去考虑现实生活中的复杂情况。

1.MM理论的假设

为了研究的方便起见，MM理论提出了五个假设。①资本市场是完美的：所有的信息都是公开的，任何投资者都可以方便地免费获得任何信息；不存在交易成本，任何证券都可以无限分割；投资者的行为都是理性的。②所有投资者对某一企业未来息税前利润的期望值及分布状况都具有完全相同的估计，且未来各期息税前利润的期望值等于现在的息税前利润。③企业可根据息税前利润划分为相同的收入等级，在同一等级内的企业具有相同的经营风险。④所有债务均无风险，投资者个人和企业均可以按照无风险利率无限量地借贷。⑤不存在企业所得税和个人所得税。

MM理论认为，根据前述假设，如果两个企业除了资本结构不同外，其他都是相同的，那么，在没有企业所得税和个人所得税的情况下，企业的价值是相等的，而且其加权平均资本成本也是相等的。

2. MM理论的两个命题

命题一：无论是否负债，企业的价值都是相等的，即

$$V_{\mathrm{L}} = V_{\mathrm{U}} = \frac{\mathrm{EBIT}}{\mathrm{WACC}} = \frac{\mathrm{EBIT}}{K_{\mathrm{SU}}}$$

式中，V_{L}为有负债企业的价值；V_{U}为无负债企业的价值。

其中：

$$V_{\mathrm{L}} = \frac{\mathrm{EBIT}}{\mathrm{WACC}}$$

$$V_{\mathrm{U}} = \frac{\mathrm{EBIT}}{K_{\mathrm{SU}}}$$

式中，EBIT为息税前利润（earnings before interest and taxes）；WACC为有负债企业的加权平均资本成本；K_{SU}为无负债企业的权益成本。

这一命题说明：①企业的价值与其资本结构无关，即$V_{\mathrm{L}}=V_{\mathrm{U}}$；②有负债企业的加权平均资本成本与其资本结构无关，它等于与它风险等级相同的无负债企业的权益成本，即WACC=K_{SU}。这是一种典型的资本结构无关论，这一理论与前面的净营业收入理论所表达的结论是一样的，但MM理论绝不是简单重复前人的结论，它的伟大贡献在于它用套利的方法证明了资本结构无关论的正确性。

MM理论认为，如果两个企业只存在资本结构方面的差别，其他方面完全相同，则其价值必然相等，否则，就会发生投资者套利行为。投资者会抛售价值被高估的企业股票，导致其股票价格下降；购入价值被低估的企业股票，导致其股票价格上升，最终使两个企业的总价值相等。实际上，在MM理论假定的完美资本市场中，无负债企业的投资者可以通过自制负债，即以其个人负债来取代企业负债的方式，复制出有负债企业可能采取的任何资本结构，因此，资本结构变动不具有什么价值，即资本结构的改变不会影响企业价值。

【例13-1】假设有两家公司，U公司（无负债）和L公司（有负债），两家公司除资本结构外，其他重要方面完全相同，二者有相同的风险等级，息税前利润相同，均为100万元且保持不变，普通股股东要求的必要收益率也相同，均为10%。但U公司的资本结构中只有普通股，L公司有400万元的负债，利率为7%。两家公司的市场价值计算如表13-1所示。

表13-1　U公司和L公司的市场价值　　　　　　　　　　　　单位：万元

项　　目	U公司	L公司
息税前利润	100	100
债务利息	0	28
净收益	100	72
股东要求的必要报酬率	10%	10%

续表

项　　目	U公司	L公司
股票价值	1000	720
债务价值	0	400
企业价值	1000	1120
加权平均资本成本	10%	8.9%

这意味着，如果两家公司股东要求的必要报酬率相等，则L公司的市场价值将大于U公司的市场价值，这是一种不均衡的现象。MM理论认为，这种不均衡现象会立即引起投资者套利行为。整个套利行为可分为三个步骤：第一步是卖掉价值被高估的L公司股票；第二步是自制负债；第三步是购买U公司股票。这三个步骤会一直持续下去，直至两公司的市场价值相等，套利行为才会结束。现举例说明如下。

如果你是一个L公司的投资者，拥有该公司10%的股票，即你所拥有的股票市场价值为72万元，你可以采取如下方式进行套利。

（1）卖掉价值72万元的L公司股票。

（2）向银行借入利率为7%的负债40万元（相当于L公司负债的10%），你此时拥有112万元的资金。

（3）购买U公司10%的股票，只需100万元。你可以将另外的12万元进行其他投资，假设可获利10%。

这样，你的投资收入为

原投资：L公司的股利收入=72×10%=7.2（万元）

新投资：U公司的股利收入=100×10%=10（万元）

减去：贷款利息=40×7%=2.8（万元）

此时，你的总收益已经达到7.2万元，如果再加上其他投资收入1.2万元，那么，你的总投资收益将达到8.4万元。

你会很高兴地发现，仅仅是通过卖掉L公司的股票，然后向银行借款来自制负债，用自有资金和银行借款来购买U公司的股票和进行其他投资，即可使投资收益比原投资高出1.2万元。

当然，聪明人并不只有你一个，其他投资者也必然会采取这种套利行为，从而使L公司的股票供大于求，引起股价下跌，必要报酬率上升，而U公司的股票会供不应求，引起股价上升，必要报酬率下降，最终使两家公司的市场价值逐渐趋于一致，其加权平均资本成本也会逐渐相等，而两家公司股东要求的必要报酬率将不再相等，L公司的权益成本将会大于U公司的权益成本，二者之间的关系见命题二。

命题二：既然企业的价值不会因为负债的增加而上升，加权平均资本成本也不会因为负债的增加而下降，那么，有负债企业的权益成本必然会随着负债程度的增大而上升。其计算公式为

$$K_{SL} = K_{SU} + (K_{SU} - K_D)\frac{D}{S_L}$$

式中，K_{SL} 为有负债企业的权益成本；D 为企业的负债价值；K_D 为债务成本；S_L 为有负债企业的权益价值。

上述公式的推导如下。

因为 $V_L = S_L + D = \dfrac{\text{EBIT}}{K_{SU}} = V_U$，所以 $\text{EBIT} = K_{SU}(S_L + D)$。

而 $S_L = \dfrac{\text{EBIT} - K_D D}{K_{SL}}$，所以

$$K_{SL} = \frac{\text{EBIT} - K_D D}{S_L} = \frac{K_{SU}(S_L + D) - K_D D}{S_L} = K_{SU} + (K_{SU} - K_D)\frac{D}{S_L}$$

那么，有负债企业的加权平均资本成本为

$$\begin{aligned}
\text{WACC} &= K_D \frac{D}{V_L} + K_{SL}\frac{S_L}{V_L} \\
&= K_D \frac{D}{V_L} + \left[K_{SU} + (K_{SU} - K_D)\frac{D}{S_L} \right]\frac{S_L}{V_L} \\
&= K_D \frac{D}{V_L} + K_{SU}\frac{S_L}{V_L} + (K_{SU} - K_D)\frac{D}{V_L} \\
&= K_{SU}\left(\frac{S_L}{V_L} + \frac{D}{V_L} \right) = K_{SU}
\end{aligned}$$

综合命题一、命题二可知，如果没有企业所得税和个人所得税，且市场处于均衡的状态下，那么，资本结构既不影响企业价值，也不影响加权平均资本成本。

（二）考虑企业所得税的MM理论

我们知道，企业所得税是客观存在的，且由于负债的利息是在纳税前支付，股东的股利是在税后支付，因此必然导致负债和权益资本的不同结构对企业价值的不同影响。

由于国家要通过税收的方式参与对企业收入的分配，而纳税所得是企业支付利息后的利润，因此，当企业的息税前利润相同时，增加负债可增加利息支出，从而可以减少所得税的支出。从图13-6可以看出，企业价值这块"蛋糕"要在股东、债权人和国家之间进行分配，在企业创造的总财富不变的情况下，增加负债，可使企业的所得税支出减少，因而，属于股东和债权人的全部收益就会增加，因此，企业价值也会相应增加。也就是说，税收是对企业价值的一个减项，当税收减少时，企业价值就会增加。

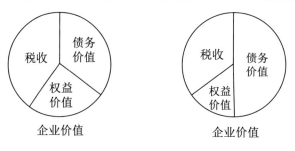

图13-6 存在所得税时的"蛋糕"模型

正是出于以上考虑，1963年，莫迪格利安尼和米勒又在《美国经济评论》杂志上发表了《公司所得税与资本成本：一个更正》（*Corporate Income Taxes and the Cost of Capital: A Correction*）一文，修正了最初的两个命题，并重新提出了两个新的命题。

（1）命题三：有负债企业的价值等于无负债企业的价值加上利息税盾的价值，即

$$V_L = V_U + \text{利息税盾的现值} = V_U + T_C D$$

式中，T_C 为企业所得税率。

当存在企业所得税时，债务的利息在税前支付，而股东的收入在税后支付，因此，债权人的利息收入为 $K_D D$，股东的收入为（EBIT$-K_D D$）（$1-T_C$），股东和债权人的全部收入为

$$(\text{EBIT} - K_D D)(1-T_C) + K_D D = \text{EBIT}(1-T_C) + K_D D T_C$$

由上式可知，当企业没有负债时，$K_D D T_C$ 为零，随着负债额的增加，$K_D D T_C$ 也随之增加。

由此可见，有负债企业和无负债企业的股东和债权人的全部收益之间的差额为 $K_D D T_C$，它是由利息抵税引起的。由于利息在税前支付，可以使企业少缴一部分所得税，因而使有负债企业的股东和债权人的全部收益较大。

我们把这个差额 $K_D D T_C$ 称为利息税盾。如果企业的债务永续存在且保持不变，那么，利息税盾也会永远存在，它是一个永续年金，其现值为

$$PV = \sum_{t=1}^{\infty} \frac{D K_D T_C}{(1+K_D)^t} = \frac{D K_D T_C}{K_D} = T_C D$$

由于这是因负债而增加的价值，因此，有负债企业的价值应等于无负债企业的价值加上利息税盾的价值，即

$$V_L = V_U + \text{利息税盾的现值} = V_U + T_C D$$

【例13-2】假设现有A和B两家公司，它们的息税前利润均为2000元，除资本结构不同外，其他一切主要方面都是相同的，如表13-2所示。A公司没有负债，其股东要求的必要报酬率为20%，B公司的资本结构中有利率为12%的债务5000元，如果所得税率为25%，那么，分别计算A公司和B公司的价值。

表13-2　有负债公司的市场价值计算　　　　　　　　　　　单位：万元

项　　目	A公司	B公司
息税前利润	2000	2000
利息	0	600
税前利润	2000	1400
所得税	500	350
可供股东分配的利润	1500	1050
股东和债权人的全部收益	1500	1650
利息税盾		150

B公司股东和债权人的全部收益比A公司高出150元，这就是利息税盾的作用，其现值为

$$PV = \sum_{t=1}^{\infty} \frac{DK_D T_C}{(1+K_D)^t} = \frac{DK_D T_C}{K_D} = \frac{150}{12\%} = 1250 \ （万元）$$

或 $PV = T_C D = 5000 \times 25\% = 1250 \ （元）$

A公司的市场价值为

$$V_X = \frac{\text{EBIT}(1-T_C)}{K_S} = \frac{1500}{20\%} = 7500 \ （万元）$$

那么，B公司的市场价值为

$$V_B = V_A + T_C D = 7500 + 1250 = 8750 \ （万元）$$

由此可见，利息税盾的存在使有负债企业的价值比无负债企业的价值高出1250元。

（2）命题四：负债企业的权益成本大于无负债企业的权益成本，其计算公式为

$$K_{SL} = K_{SU} + (K_{SU} - K_D)(1-T_C)\frac{D}{S_L}$$

而有负债企业的加权平均资本成本为

$$\text{WACC} = K_D(1-T_C)\frac{D}{V_L} + K_{SL}\frac{S_L}{V_L}$$

$$= K_D(1-T_C)\frac{D}{V_L} + [K_{SU} + (K_{SU} - K_D)(1-T_C)\frac{D}{S_L}]\frac{S_L}{V_L}$$

$$= K_D(1-T_C)\frac{D}{V_L} + K_{SU}\frac{S_L}{V_L} + (K_{SU} - K_D)(1-T_C)\frac{D}{V_L}$$

$$= K_{SU}\left[\frac{S_L}{V_L} + (1-T_C)\frac{D}{V_L}\right] = K_{SU}\frac{S_L + D - T_C D}{V_L}$$

$$= K_{SU}\frac{V_L - T_C D}{V_L} = K_{SU}\frac{V_U}{V_L} = K_{SU}\frac{V_U}{V_U + T_C D}$$

这说明，随着负债额的增加，企业的加权平均资本成本会逐渐下降。

（三）考虑企业所得税和个人所得税的米勒模型

上述修正的MM理论表明，当存在企业所得税时，企业的负债越多，企业价值越大，加权平均资本成本越低，最佳的资本结构应是100%的负债，而这显然与事实不符。于是，默顿·米勒于1977年5月在《财务学刊》（*Journal of Finance*）上发表了《负债与税收》一文，阐述了同时存在企业所得税和个人所得税时，资本结构对企业价值的影响，称为米勒模型。

米勒认为，在同时存在企业所得税和个人所得税时，无负债企业和有负债企业的价值分别为

$$V_U = \frac{\text{EBIT}(1-T_C)(1-T_{PS})}{K_{SU}}$$

$$V_L = V_U + [1 - \frac{(1-T_C)(1-T_{PS})}{1-T_{PD}}]D$$

式中，T_{PS}为股息收入的个人所得税率；T_{PD}为利息收入的个人所得税率。

当同时存在企业所得税和个人所得税时，债务的利息在税前支付，但债权人在收到利息后，还要缴纳个人所得税，股利在企业缴纳企业所得税后支付，股东在收到股利后还要缴纳个人所得税，因此，债权人在缴纳个人所得税后的利息收益为$K_D D$（$1-T_{PD}$），股东在缴纳个人所得税后的收益为EBIT（$1-T_C$）（$1-T_{PS}$），股东和债权人的全部收益为：

$$股东税后收益+债权人税后收益=（EBIT-K_D D）（1-T_C）（1-T_{PS}）+K_D D（1-T_{PD}）$$
$$=EBIT（1-T_C）（1-T_{PS}）+K_D D[（1-T_{PD}）-（1-T_C）（1-T_{PS}）]$$

由上式可知，当企业没有负债时，$K_D D[$（$1-T_{PD}$）$-$（$1-T_C$）（$1-T_{PS}$）$]$为零，随着负债额的增加，$K_D D[$（$1-T_{PD}$）$-$（$1-T_C$）（$1-T_{PS}$）$]$也随着增加。

由此可见，有负债企业和无负债企业的股东和债权人的全部收益之间的差额为$K_D D[$（$1-T_{PD}$）$-$（$1-T_C$）（$1-T_{PS}$）$]$，这是存在企业所得税和个人所得税时的利息税盾。

当存在个人所得税时，债权人的税后收益为$K_D D$（$1-T_{PD}$），收益率为K_D（$1-T_{PD}$），可以作为贴现率来计算利息税盾的现值。假设企业的债务是永续存在的，那么，利息税盾就是一个永续年金，其现值为

$$PV = \frac{K_D D[(1-T_{PD})-(1-T_C)(1-T_{PS})]}{K_D(1-T_{PD})} = \left[1 - \frac{(1-T_C)(1-T_{PS})}{1-T_{PD}}\right]D$$

（四）对MM理论的评价

1958年提出的MM理论既代表着现代资本结构理论的开端，又标志着现代财务理论的诞生。该理论对资本结构与企业价值之间的相关性进行了科学的论证，尤为关键的是将"套利"证明的方法引进到财务理论的研究过程当中，并使其成为财务理论的基本研究方法，从而实现了金融经济学与传统古典经济学在方法论方面的分离。莫迪格利安尼和米勒也因此而分别获得了1985年和1990年的诺贝尔经济学奖。

从企业价值理论的角度来讲，MM理论具有不可颠覆的正确性，即企业的价值取决于企业经营活动所创造的现金流量的数量和时间分布，与企业的融资行为和资本结构无关，即使考虑企业经营过程中的诸多实际因素，这一结论也同样具有充分的合理性。

但是，MM理论是在完美市场的假设前提下得出的，现实世界不可能满足其全部假设。自从MM理论提出后，一些学者就对其理论的可行性提出了质疑，认为这一模型没有考虑企业的财务风险、代理成本、不对称信息，以及决策的信号传递等因素，而这些因素对企业的资本结构决策是非常重要的。为完善资本结构理论，在MM理论的基础上，学者们提出了权衡理论、代理成本理论、不对称信息理论和信号理论等，这些理论和MM理论一起，共同构成了现代资本结构理论。

二、权衡理论

根据MM理论，如果考虑税收因素，则企业负债比率越高，企业价值就越大。然

而，在"税收和死亡是人生不可避免的两件大事"的现实世界中，几乎没有企业使用100%的债务。因为现实世界并不像MM理论所假设的那么完美。因此，后来的研究者通过放松MM理论的假设对MM资本结构理论进行了修正，其中最重要的修正就是考虑财务拮据成本和代理成本。

权衡理论认为，现实世界是不完美的，随着企业负债的增加，企业出现财务拮据和破产的可能性越来越大，随之而来的财务拮据成本也会越来越大，由此会抵减一部分甚至是全部的企业价值。但与此同时，负债的增加又可以在一定程度上减少代理成本，从而增加企业价值。因此，企业在确定资本结构时，必须在负债带来的避税效应与财务拮据成本、代理成本之间进行权衡。

（一）财务拮据成本

财务拮据指企业不能清偿到期债务时的困境，其极端情形为破产，因财务拮据或破产而引起的成本被称为财务拮据成本或破产成本。企业的财务拮据成本包括间接成本和直接成本。

财务拮据的间接成本指企业因发生财务拮据而在经营管理方面遇到的种种困难和发生的各种损失。例如：债权人对正常经营活动的限制；供应商对企业赊销政策的限制；顾客因担心企业破产而不愿意购买企业产品；企业管理者因将精力集中到各种债务纠纷上而对经营管理工作无暇顾及；企业为尽快清偿债务而发生的短期经营行为等。财务拮据成本还包括因企业风险加大而逐渐增加的有关预防风险的费用。

财务拮据的直接成本又称破产成本，指企业在被宣告破产的过程中，以及为处理破产事务而发生的各种费用，如法律费用、清算费用、会计费用等。此外，破产还会导致企业资产的贬值损失，如固定资产破损、存货过期失效、技术优势丧失、人力资源流失等，从而使企业资产的清算价值低于其经济价值。

当企业破产时，其投资者肯定会遭受一定的损失。在其他方面都相同时，有负债企业的破产概率大于无负债企业的破产概率，破产概率随着负债率的上升而上升，但二者之间并不是线性关系。当负债率较低时，破产概率非常小，可以忽略不计；但当负债率超过一定界线后，破产概率的增长越来越快。

破产成本的存在会为企业价值和资本成本带来一定的负面影响。债权人因为担心企业破产后难以偿还债务本息，所以，他们会在签订贷款协议时，通过提高利率来把这种成本转嫁到股东身上，同时，当负债率提高时，企业的权益成本也会上升。总之，企业股东要承担破产成本，以及破产导致的企业价值下降的后果，即股价下跌。

因此，在考虑财务拮据成本时，企业价值应为：

$$V_L = V_U + T_C D - 财务拮据成本$$

（二）代理成本

詹森和麦克林（Jensen and Meckling）最早利用代理理论来对企业资本结构问题进行解释。代理理论认为，企业的资本结构会影响经理人员的工作努力水平和其他行为选择，从而影响企业的未来现金收入和市场价值。当企业采用股权融资且拥有较多自由现金流量时，经理人可能会降低工作努力水平，增加在职消费，从而降低企业价值。但当企业增加负债时，由于利息的支付压力减少了经理人可支配的自由现金流量，因而促使经理人提高工作努力水平，减少在职消费，增加企业价值。

现代企业的典型特征是所有权与经营权高度分离，所有者和经营者之间实际上是一种委托代理关系，在这种委托代理关系中，股东是委托人，经营者是代理人，委托人和代理人之间因目标的不同而存在的冲突和矛盾被称为代理问题。从代理人即经营者的角度来看，代理问题主要表现在这样两个方面。第一，一般说来，他们有着不同于委托人的利益和目标，有其自身最大合理的效用追求，在委托关系产生后，只有当他们对自己的利益感到较为满意时，才会积极努力地促使股东目标的达成。经营者的目标主要包括报酬（如工资奖金）、精神满足（如因企业规模大而提高名誉等）和避免风险等，因此，委托人与代理人的目标是不一致的，有时甚至是背离的。另外，由于利润是属于股东的，而为获取利润所做出努力的成本却是代理人的，所以只要有可能，经营者更多追求的是规模、收入和在职消费等。第二，由于信息不对称，代理人对自己的知识和才能，对掌握的信息和做出的努力拥有私人信息，这些是委托人不花成本就无法知道的，这就有可能使经营者在经营活动中违背股东的利益而去谋取自己的利益，因此说，这里存在着一个道德风险和逆向选择的问题。

总之，由于代理问题会引起代理成本，所以会降低企业总价值。对于外部股权来说，代理成本包括三个方面：①委托人的监督成本，即委托人激励和监控代理人，以使代理人为股东利益尽力的成本；②代理人的担保成本，即代理人用以保证不采取损害委托人行为的成本，以及如果采取了那种行为，将给予赔偿的成本；③剩余损失，它是委托人因代理人代行决策而产生的一种价值损失，等于代理人决策和委托人在假定具有与代理人相同信息和才能的情况下自行进行效用最大化决策之间的差异，即代理人决策时的企业价值会小于股东自行决策时的企业价值，这个差额便是剩余损失。

这时，通过增加负债来减少代理人可支配的自由现金流量，由于利息支付的刚性及破产的压力，代理人必须使企业继续生存下去才能保住自己的职位，因此，他们此时的目标在一定程度上是和股东相同的，他们会更加努力地工作，减少在职消费，提高企业的收入和利润，避免企业破产。因此，适度地增加负债会提高企业价值。

但是，对于外部债权来说，也存在着代理问题，其代理成本包括三个方面。一是资产转移引起的机会财富损失，即企业经营者利用不对称信息，在同债权人谈判时，许诺保证投资的安全性，但当资金一到手，却投资于高风险项目，甚至投资于净现值的期望值为负的项目。这样，一旦投资成功，债权人仍只能收取固定利息，超额利润由股东获取，但如果投资失败，债权人则遭受无法收回本金及利息的损失。二是监控和担保成本，一方面，债权人可以设法限制上述损失的发生，如限制资金的投放及使用，但会因此产生监控成本，另一方面，债权人会要求企业提供担保，而担保也是有成本的。三是破产和重组成本，若企业不能及时清偿债务，或违反合同中的破产条款，那么，就会被申请重组或破产，这时，股东将丧失全部索取权。所以，代理成本最后总是由企业承担，因而代理成本的存在会降低企业的总价值。

因为代理成本是客观存在的，所以，企业在确定资本结构时，必须考虑代理成本。当存在代理成本时，企业价值为：

$$V_L = V_U + T_C D - 财务拮据成本 - 代理成本$$

如图13-7所示。

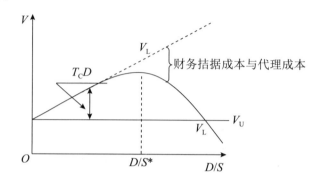

图13-7　权衡理论示意图

由图13-7可知，随着负债率的提高，利息税盾的现值越来越大，有负债企业的价值会随之上升，但当负债率超过最佳资本结构（D/S^*）时，破产概率越来越大，财务拮据成本和代理成本也越来越大，利息税盾的好处被部分抵销，企业价值开始下降。因此，企业在确定资本结构时，应在利息税盾与财务拮据成本和代理成本之间进行权衡。

三、优序融资理论

优序融资理论是美国财务学者斯图尔特·迈尔斯（Stewart C. Myers）提出的一种资本结构理论。该理论认为，企业的管理者和投资者在拥有的信息方面是不对称的，管理者有着明显的信息优势，即内部信息，而这种内部信息会通过管理者的决策行为传递给投资者，比如，当企业宣告增加正常股利时，该企业的股价一般会上涨，这是因为，外部投资者把增加股利理解为管理者对企业的未来充满信心。信息不对称会影响企业的筹资决策，最终形成一个筹资的优先顺序，即首先是采用内部融资，其次是发行债券，最后才是发行股票。

（一）信息不对称与融资方式选择

假设有两家企业，它们对于外部投资者来说是完全相同的，每家企业都很成功，都有很好的增长机会。但是，这两家企业都是有风险的，投资者根据经验知道，两家企业的实际价值可能比预期的更好或更坏，两家企业的目前股价期望值为100元，但股价的真实价值可能更高或更低：较高价值可能为120元，较低价值可能为80元。

现在，两家企业都需要为新的投资项目进行外部融资，它们要在发行债券和发行新股之间进行选择。

此时，一家企业的财务经理可能这样想：按每股100元发行股票？荒唐！我们公司的股票每股至少值120元，现在发行新股对新的投资者来说真是太便宜了。我们的新工厂在全世界将是成本最低的制造者，将来肯定能赚大钱。所以我们肯定要发行债券而不是发行价格被低估的股票。

另一家企业的财务经理可能此时的心情却完全不一样：说实话，这个新的投资项目将来是否能盈利，我心里也没有把握。但好在我们向媒体和证券分析师提供了一些短期的利好消息，目前的股价还保持得很好。因此，现在是发行股票的好时机，我们应该发行股票来为新的项目融资。

当然，投资者不可能知道财务经理是怎么想的。如果他们知道两位财务经理的真实想法，那么，一家企业的股价将会上升到120元，另一家企业的股价将会下降到80元。尽管如此，投资者可以从财务经理发布的消息中得知他们是怎么想的。比如，现在，两家企业分别公布了这样的消息。

（1）发行1.2亿元的5年期抵押债券。

（2）发行120万股普通股，期望筹集到1.2亿元。

作为一个理性的投资者，你可以马上从这些消息中得出以下两个结论：第一，发行债券的企业财务经理是乐观的，而发行股票的企业财务经理是悲观的；第二，发行股票筹资的财务经理认为投资者会花100元购买新股，这种想法是愚蠢的。于是，两企业的股票价格会随之发生变化，第一个企业的股票价格可能会上涨到120元，而第二个企业的股票价格可能会下降到80元。

当然，精明的经理会提前对这些问题进行考虑，结果呢？两企业最终都会选择发行债券。第一个企业发行债券是因为它的财务经理是乐观的，他不愿意发行价值被低估的股票。精明但悲观的第二个企业的财务经理也会发行债券，这是因为发行股票会导致股价下跌，从而抵销发行股票的好处，而且，发行股票会立即暴露财务经理的悲观情绪，大部分经理不愿过早暴露，而通过发行债券可以暂时推迟坏消息的暴露。

以上这种推理似乎排斥了任何股票的发行，这是不完全正确的。因为在有些场合，起作用的不是信息不对称理论，而是其他因素。比如说，B企业已经有较多负债，如果继续负债，则将可能面临财务危机，这时，发行股票可能是一个较明智的选择。在这种情况下，宣告发行新股并不完全是一个坏消息，它虽然会使股价下跌，但还不至于使新股发行显得不明智或不可行。

还有，高科技、高增长的企业也常常通过发行股票来筹集资金。因为这些企业的大部分资产是无形资产，而且破产成本特别高，这要求它们必须要保持一个较低的负债率，唯一能既保持高增长，又保持较低负债率的筹资方式就是发行股票。

（二）优序融资理论的融资顺序

基于信息的不对称及信号的传递效应，企业融资的优先顺序应为优先选择内部融资，其次选择负债，最后才是发行股票。

在优先选择内部融资时，企业应保持股利政策的稳定。当企业现金流量较多时，可偿还一部分债务，或投资于有价证券；当现金流量较少时，可减少企业的现金余额或卖出有价证券；另外，股利支付率要和投资机会相适应，尽量避免股利的突然变化。

当需要外部融资时，企业应首先选择负债，即先发行债券或银行贷款，然后是可转换债券。当负债也不能满足资金需要时，企业才会选择发行股票。

在这种理论中，不存在最佳资本结构。两种不同的权益融资，内部融资和向外部投资者发行股票，一个在融资顺序中排在最前，另一个却排在最后。

优序融资理论解释了为什么具有最好盈利能力的企业却往往负债较少：不是因为它们的目标负债率较低，而是它们不需要外部资金。盈利能力较差的企业发行债券是因为它们没有足够的内部融资来满足投资需求，而发行债券又在外部融资中排在第一位。

思考题

1. 早期的资本结构理论有哪些？
2. MM理论的假设是什么？
3. MM理论是一种资本结构无关论吗？
4. 什么是权衡理论？
5. 什么是优序融资理论？
6. 你认为资本结构对企业价值有着什么样的影响？

练习题

1. K公司和G公司的息税前利润均为60万元，股东要求的必要报酬率为15%，但两公司有着不同的资本结构，K公司没有负债，而G公司发行有200万元，利率为12%的债券，除此之外，两公司是完全相同的。假设资本市场是完美的，也不存在税收。

（1）计算两公司的市场价值。

（2）如果你拥有G公司股票的1%，那么，你将如何进行套利以增加自己的收入？

（3）套利过程什么时候会停止？

2. FEU公司是一家刚刚成立的从事国际贸易的企业，公司资产的账面值为1000万元，预期息税前利润为160万元。公司处于免税期，所以没有任何所得税。经理们正在考虑如何筹集所需的1000万元资本。已知在这个经营范围内无负债企业的权益资本成本为10%，即$K_{su}=10\%$。公司能以6%的利率负债。假设本题符合MM理论的假设条件。

（1）根据MM理论，在公司无负债或负债为600万元，负债利率为6%时，公司的价值各为多少？

（2）在负债为0、600万元、1000万元时，公司的权益成本和加权平均资本成本各为多少？负债对企业价值有何影响？为什么？

（3）现在假设公司税率为25%。用MM理论确定在负债为0、600万元、1000万元时，公司的权益成本和加权平均资本成本各为多少？

3. 某企业的息税前利润为300万元，该企业现在没有负债，其投资者要求的必要报酬率为18%，该企业的所得税率为25%。

（1）当不存在个人所得税时，请根据MM理论计算下列情况下，该企业的价值。

①维持现有的单一普通股结构。

②增加400万元的债务，债务的利息率为10%。

③债务增加到700万元，债务的利息率为10%。

（2）如果存在个人所得税，普通股股息的所得税率为25%，利息收入的所得税率为30%，那么，请计算，在$D=0$、$D=400$万元及$D=700$万元三种情况下，该企业的价值。

扩展阅读13.1

XH 公司的资本
结构决策

第十四章 资本结构决策

本章学习提示

本章重点：资本成本的计算，财务杠杆，最优资本结构的确定。

本章难点：边际资本成本，财务杠杆，最优资本结构决策的确定。

本章导读

"我只是不喜欢欠钱"，当问及为什么公司资产负债表上几乎没有负债且现金余额不断增长时，美国家用产品公司的总裁威廉·F.拉波特（William F. Laport）如此说。在Laport担任总裁期间，美国家用产品债务一直很少，尽管销售收入和收益增长已经令人称道，同期现金余额增长有过之而无不及，现金余额占其净资产的40%，但Laport仍然不喜欢通过负债的方式进行融资。《商务周刊》上的一篇关于该公司的报道评论道："公司的使命是为股东赚钱，是资本成本最小，利润最大。这句话是管理中常见的陈词滥调，但在美国家庭用品公司，这已经成为一种执着的生活方式。"但是该公司的这种做法却遭到了很多分析师的批评，认为该公司的资本结构过于保守。那么，究竟什么样的资本结构才是最优的资本结构呢？

资料来源：https://wenku.baidu.com/view/bc8e5bfe7c192279168884868762caaedd33baec.html。

第一节 资 本 成 本

人们对资本成本的理解往往仅是基于表面的观察。比如，许多人觉得借款利率是资本成本的典型代表。在我国为数不少的上市公司中，很多人会以为，股权资本由于可以不分派现金股利，因此是没有资本成本的，这些都是对资本成本理解的偏差。

一、资本成本的概念与意义

（一）资本成本的概念

在市场经济条件下，资本成本是因资本所有权和资本使用权相分离而形成的一种财务概念。在不考虑筹资费和所得税的条件下，它既是筹资者为获得资本所必须支付的代价，如筹资企业向银行支付的借款利息和向股东支付的股利等，又是投资者提供资本所要求的必要报酬。在这里，资本成本、投资必要收益率的含义是一样的，可以相互替换。

假设公司正在考虑一个一年期的项目，该项目需要投资1000万元，其中，股权资本为600万元，债务资本为400万元。如果这个项目的风险与该公司的风险相同，那么，股东要求最低获得与该公司股权资本成本相等的收益率，债权人要求获得与该公司负债成本相等的收益率。如果该公司的股权资本成本为12%，债务资本成本为6%，那么，一年后，归属于债权人的现金流量至少为424（400+400×6%）万元，归属于股东的现金流量为672（600+600×12%）万元。也就是说，这个项目必须至少创造1096（424+672）万元的现金流量，才能满足债权人和股东的要求。这意味着这个项目的收益率应为9.6%。我们称9.6%为项目的资本成本，或项目为了满足资本提供者的要求而必须产生的最低收益率。

所以，人们可以从企业和投资者两个方面看待资本成本的问题。当企业使用资金的代价被看作是投资者的报酬率时，这种代价就被称为是企业的资本成本。在公司理财的活动中：在进行资本结构决策时，只有了解不同资金来源资本成本的大小，才能使企业选择资本成本最小，同时企业价值最大的筹资组合；在企业进行资本预算决策时，只有当项目的预期报酬率大于资本成本时，这个项目才是可行的。

（二）资本成本的内容

资本成本从绝对量的构成来看，包括用资费用和筹资费用两部分。

用资费用为资本成本的主要部分，指企业在生产经营和投资活动中因使用成本而承付的费用，如向债权人支付利息，向股东支付股利等。长期资本的用资费用是经常性的，并随着使用资本数量的多少和时期长短而变动，因此属于变动性资本成本。

筹资费用是在企业筹集资本的活动中为获取资本而付出的费用，如发行股票、债券而支付的发行费用。由于筹资费用通常一次性全部支付，因而属于固定性资本成本，可视为对筹资额的一项扣除。

（三）资本成本的属性

资本成本作为企业的一种成本，既具有一般商品成本的基本属性，又有不同于一般商品成本的某些特性。在企业正常的生产经营活动中，一般商品的生产成本是其生产所耗费的直接材料、直接人工和制造费用之和，对于这种商品的成本而言，企业需从其收入中予以补偿。资本成本也是企业的一种耗费，也需由企业的收益补偿，但它是为获得和使用资本而付出的代价，通常并不直接表现为生产成本。产品成本一般用绝对金额表示，而资本成本一般用相对数表示。此外，产品成本需要计算实际数，而资本成本则只要求计算预测数或估计数。

资本成本与货币的时间价值既有联系，又有区别。货币的时间价值是资本成本的基础，而资本成本既包括货币时间价值，又包括投资的风险价值。因此，在有风险的条件下，资本成本也是投资者要求的必要报酬率。

（四）资本成本的种类

资本成本按用途可分为个别资本成本、综合资本成本和边际资本成本。

个别资本成本是单种筹资方式的资本成本，包括长期借款成本、长期债券成本、优先股成本、普通股成本和留存收益成本。其中，前二者称为债务资本成本，后三者称为权益资本成本或自有资本成本。个别资本成本一般用于比较和评价各种筹资方式。

综合资本成本是对各种个别资本成本进行加权平均而得的结果，其权数可以在账面价值、市场价值和目标价值之中进行选择。综合资本成本一般用于资本结构决策。

边际资本成本的实质是新筹集部分资本的成本，在计算时，也需要进行加权平均。边际资本成本一般用于追加筹资决策。

上述三种资本成本之间存在着密切的关系。个别资本成本是综合资本成本和边际资本成本的基础，综合资本成本和边际资本成本都是针对个别资本成本的加权平均。三者都与资本结构紧密相关，但具体关系有所不同。个别资本成本的高低与资本性质关系很大：债务资本成本一般低于自有资本成本；综合资本成本主要用于评价和选择资本结构；边际资本成本主要用于在已经确定目标资本结构的情况下，考察资本成本随筹资规模变动而变动的情况。当然，三种资本成本在实务中往往同时运用，缺一不可。

（五）资本成本的意义

资本成本在财务管理中处于至关重要的地位。资本成本不仅是资本预算决策的依据，还是许多其他类型决策包括租赁决策、债券偿还决策，以及制定有关营运资本管理政策的直接依据。

1. 资本成本是选择筹资方式，进行资本结构决策的依据

首先，个别资本成本是比较各种筹资方式的依据。随着我国金融市场的逐步完善，企业的筹资方式日益多元化。评价各种筹资方式的标准是多种多样的，如对企业控制权的影响、对投资者的吸引力大小、取得资本的难易、财务风险的大小、资本成本的高低等。其中，资本成本是个极为重要的因素。在其他条件基本相同或对企业影响不大时，应选择资本成本最低的筹资方式。

其次，综合资本成本是衡量资本结构合理性的依据。衡量资本结构是否最佳的标准主要是资本成本最小化和企业价值最大化。西方财务理论认为，综合资本成本最低时的资本结构才是最佳资本结构，这时的企业价值达到最大。

最后，边际资本成本是选择追加筹资方案的依据。企业有时为了扩大生产规模，需要增大资本投入量。这时，企业无论是维持原有资本结构，还是希望达到新的目标资本结构，都可以通过计算边际资本成本的大小来选择是否追加筹资。

2. 资本成本是评价投资方案，进行投资决策的重要标准

在对相容的多个投资项目进行评价时，只要预期投资报酬率大于资本成本，投资项目就具有经济上的可行性。在多个投资项目不相容时，可以将各自的投资报酬率与其资本成本相比较，其中差额最大的项目是效益最高的，应予以首选。当然，投资评价还涉及技术的可行性、社会效益等方面的考虑，但资本成本毕竟是综合评价的一个重要方面。

3. 资本成本是评价企业经营业绩的重要依据

资本成本是企业使用资本应获得收益的最低界限。一定时期内，资本成本的高低不仅反映了财务经理的管理水平，还可用于衡量企业整体的经营业绩。更进一步，资本成

本还可以促进企业增强和转变观念，充分挖掘资本的潜力，提高资本的使用效益。

此外，资本成本还是很多重要财务决策（如最佳现金持有量决策）的相关成本。读者可参阅本书有关内容。

二、个别资本成本的计算

企业资金来源从性质上可分为债务资本和股权资本两大类，它们的资本成本在计算上也存在着一定区别。因此，个别资本成本的计算也可分为债务资本成本和股权资本成本两类。

（一）债务资本成本

债务资本成本包括长期借款资本成本和债券资本成本两种。根据《中华人民共和国企业所得税法》的规定，企业债务的利息允许从税前利润中扣除，从而可以抵免企业所得税。因此，企业实际负担的债务资本成本应是扣除利息抵税后的，即

$$K_d = R_d (1-T)$$

式中，K_d 为债务资本成本，也可称税后债务资本成本；R_d 为企业债务利息率，也可称税前债务资本成本；T 为企业所得税率。

债务资本成本有两种计算方法：一种是不考虑时间价值的较为简单的简化公式计算法，另一种是考虑时间价值的到期收益率法。

1. 简化公式计算法

企业在筹集债务资本时，因使用债务资本所支付的代价主要包含利息与筹集的手续费用两大部分内容，即用资费用与筹资费用，因此，企业债务资本成本主要受这两大因素影响。此外，还要受公司的融资规模、筹资期限、市场利率、企业的信用等级、抵押担保、筹资工作效率、通货膨胀率、政策因素、资本结构，以及资本市场条件等其他因素的影响。对于一次还本、分期付息的债务资金而言，其资本成本的简化计算公式如下：

$$K_d = \frac{用资费用}{实际用资额} = \frac{I_d(1-T)}{B(1-f_d)}$$

式中：K_d 为债务资本成本；I_d 为债务资金的年利息额；B 为实际筹集的债务资金数额；f_d 为债务资金的筹资费用率。

由于债务资金的利息是在所得税前列支，债务资金的利息可以抵税，因此公式中的实际用资费用应是考虑利息抵税后的。也正是因为负债的利息可以抵税，所以，公司的债务资本成本小于债权人要求的收益率，这是由于政府承担了部分债务成本。

债券资本成本在计算时，需要注意以下两点。①由于债券的发行价格有等价、溢价和折价等情况，与债券面值可能存在差异，因此，在计算实际用资额时，要按照预计的发行价格来确定其将来实际能够筹集到的筹资总额。②债券筹资时的筹资费用一般较高。债券的筹资费用即发行费用，主要包括申请费、注册费、印刷费和上市费，以及路演推介费等，在计算企业实际用资额时，需要将筹资费用从其实际筹资额中扣除。

【例14-1】 某公司等价发行总面额为500万元的10年期债券，票面利率为12%，发行费用率为5%，公司所得税率为25%。该债券的资本成本为

$$K_\mathrm{d} = \frac{500 \times 12\% \times (1-25\%)}{500 \times (1-5\%)} = 9.47\%$$

或

$$K_\mathrm{d} = \frac{12\% \times (1-25\%)}{(1-5\%)} = 9.47\%$$

假定债券按面值的110%溢价发行，其他均相同。则该债券的资本成本为

$$K_\mathrm{d} = \frac{500 \times 12\% \times (1-25\%)}{500 \times 110\% \times (1-5\%)} = 8.61\%$$

假定债券按面值的90%折价发行，其他均相同。则该债券的资本成本为

$$K_\mathrm{d} = \frac{500 \times 12\% \times (1-25\%)}{500 \times 90\% \times (1-5\%)} = 10.53\%$$

【例14-2】 某公司计划从银行取得一笔500万元的长期借款，手续费率为0.1%，年利率为5%，期限为3年，每年结息一次，到期一次还本。企业所得税税率为25%。该项长期借款的资本成本为

$$K_\mathrm{l} = \frac{500 \times 5\% \times (1-25\%)}{500 \times (1-0.1\%)} = 3.75\%$$

如果该项长期借款的手续费忽略不计，则其资本成本的计算为

$$K_\mathrm{l} = 5\% \times (1-25\%) = 3.75\%$$

2. 到期收益率法

上述计算债务资金资本成本的方法虽然比较简单，但由于没有考虑货币的时间价值，因而这种方法的计算结果不是十分精确。如果对资本成本计算结果的精确度要求较高，则可利用证券估价中的债券估价模型，先计算债权人的到期收益率，然后在此基础上进行调整。在不考虑交易费用与所得税的情况下，债权人所获得的收益就是债务人的成本。所谓到期收益率，即是现金流入与流出相等的那个贴现率。对于投资者债权人而言，其现金流出就是其投资额，其现金流入就是投资期内每期所获得的利息，以及债务到期时所收回的本金。使下式成立的K即为投资者的到期收益率。

$$P_0 = \sum_{t=1}^{n} \frac{I_t}{(1+K)^t} + \frac{B_0}{(1+K)^n}$$

式中，P_0为债权人所借贷给企业的资金额；I_t为每期的利息；B_0为债务的到期数额。

对于筹资者债务人而言，使其现金流入与流出相等的贴现率就是其筹资成本。由于存在所得税与筹资费用，因此我们要对上述估价模型进行调整，以计算出其所筹资金的资本成本。由于存在筹资费用，因此，筹资者所获得的现金流入应该是扣除筹资费用后的筹资净额，其现金流出包含两方面，一是筹资期内每期支付的利息I_t，二是到期时偿还的本金数额B_0。由于筹资者的利息费用可以在税前列支，具有抵税效应，因此，筹资

者每期所产生的实际现金流出应是扣除所得税后的利息支出额，即I_t（$1-T$），使下式相等的K即为筹资者的债务资本成本。

$$P_0(1-f) = \sum_{t=1}^{n} \frac{I_t(1-T)}{(1+K)^t} + \frac{B_0}{(1+K)^n}$$

式中，f为筹资费率；P_0（$1-f$）为企业的实际用资数额；I_t为每年的利息支付额；B_0为到期还本的数额；T为所得税税率。

对于以一次还本、分期付息的方式发行的债券而言，使下式成立的K即为债券的资本成本。

$$B(1-f_d) = I_t(1-T)(P/A,K,n) + B_0(P/F,K,n)$$

式中，B（$1-f_d$）为发行债券所筹集到的实际资金数额；I_t为每年的利息支付额；B_0为到期还本的数额；T为所得税税率。

【例14-3】 某公司等价发行总面额为100万元的3年期债券，票面利率为11%，发行费用率为2%，公司所得税税率为25%。该债券的资本成本为

100×（1-2%）=100×11%（1-25%）×（P/A，K，3）+100×（P/F，K，3）

运用"逐步测试法"与"内插法"，计算出K=9.04%。

假设债券溢价发行，总价为105万元，则该债券的资本成本计算如下。

105×（1-2%）=100×11%（1-25%）×（P/A，K，3）+100×（P/F，K，3）

K=7.14%

假设债券折价发行，总价为95万元，则该债券的资本成本计算如下。

95×（1-2%）=100×11%（1-25%）×（P/A，K，3）+100×（P/F，K，3）

K=11.08%

对于长期借款而言，其资本成本的计算方法与债券资本成本的计算方法基本相同。

从理论上看，债务资本成本的计算并不困难，但由于债务的形式多样，有浮动利率债务、利随本清债务，还有利息和本金偿还时间不固定的债务等，这些都会加大债务资本成本的计算复杂程度。

在估计债务资本成本时，要注意区分以下几个问题。

一要注意区分债务的历史成本与未来成本。由于现有的历史成本属于与过去相关的沉没成本，对未来的决策没有影响，因此，作为企业投资决策和企业价值评估依据的资本成本，只能是未来借入的新债务成本。

二要注意区分债务人的承诺收益与债权人的期望收益。通常情况下，债权人的期望收益就是债务人的筹资成本，但在债务人违约的情形下，债务人的实际债务成本就要低于债权人的期望收益。在实务中，通常把债务人的承诺收益率当作其债务成本，这主要是因为：一是计算容易，二是在多数情况下，债务人违约情况很少发生，此时，债务人的承诺收益与债权人的期望收益差别不大。一旦债务人筹资时处于财务困境或财务状况不佳的情形，为了筹集资金，就可能会出现债务人的承诺收益率高于债权人的期望收益率，但此时，债务人的违约风险也较高。

三要注意区分企业的长期债务与短期债务。按照债务期限的长短划分，债务可以划

分为长期债务与短期债务。由于短期债务作为企业营运资金的一部分，其数额和筹资成本经常发生变动，导致企业在进行筹资决策时无法进行估算，加上企业在理财活动中所使用的资金大多是长期资金，因此，企业在做融资决策时，通常只考虑长期债务，而忽略各种短期债务。但在企业无法取得长期债务资金来源时，只能通过举借短期债务来获取资金，并通过不断借新债还旧债的方式将短期债务演变成一种长期债务，此时，这种短期债务实质上已经成为企业的长期债务。企业在计算债务的资本成本时，不能忽视这种特殊的短期债务的资本成本。

（二）股权资本成本

股权资本成本包括普通股资本成本、优先股资本成本和留存收益资本成本，它是最难以测量的成本。根据《中华人民共和国企业所得税法》的规定，企业需以税后利润向股东分派股利，故没有抵税利益，所以其成本计算有别于债务资本成本。

1. 普通股资本成本

按照筹资者的资本成本实质上就是投资者的必要报酬率的思路，普通股的资本成本就是普通股投资者的必要报酬率。其计算方法一般有三种：股利折现模型法、资本资产定价模型法和风险溢价法。

（1）股利折现模型法

股利折现模型的基本形式如下：

$$P_0 = \sum_{t=1}^{\infty} \frac{D_t}{(1+K_c)^t}$$

式中，P_0 为普通股融资净额，即发行价格扣除发行费用；D_t 为普通股第 t 年的股利；K_c 为普通股投资必要报酬率，即普通股资本成本。

由于企业是否分配股利通常是不确定的，因此要运用上列模型计算普通股资本成本，就必须对各年股利分配额作出相应的假定。

如果企业各年的股利分配额固定不变，即每年分派现金股利 D 元，则由于普通股没有到期期限，所以普通股股价为永续年金的现值，即

$$P_0 = \frac{D}{K_c}$$

则普通股的资本成本可按下式计算

$$K_c = \frac{D}{P_0}$$

【例14-4】某公司拟发行一批普通股，发行价格为10元，发行费用率为20%，预计每年分派现金股利1.1元/股。其资本成本计算为

$$K_c = \frac{1.1}{10 \times (1-20\%)} = 13.75\%$$

如果企业各年的股利按照固定比例增长，即第0年股利为 D_0，第一年股利为 D_1，股利年增长率为 g，即 $D_1 = D_0(1+g)$，则

$$P_0 = \frac{D_0(1+g)}{(1+K_c)} + \frac{D_0(1+g)^2}{(1+K_c)^2} + \frac{D_0(1+g)^3}{(1+K_c)^3} + \cdots$$

上式可简化为

$$P_0 = \frac{D_0(1+g)}{K_c - g} = \frac{D_1}{K_c - g}$$

则普通股资本成本可按下式计算

$$K_c = \frac{D_1}{P_0} + g$$

【例14-5】 某公司最近一年向股东分配了每股0.50元的现金股利，预计公司股利将以每年6%的增长率持续增长，当前公司普通股的市价为10元/股，则该公司的普通股资本成本计算为

$$K_c = \frac{D_0(1+g)}{P_0} + g = \frac{0.5 \times (1+6\%)}{10} + 6\% = 11.3\%$$

（2）资本资产定价模型法

普通股资本成本也可以不通过估计企业的未来股利进行计算，而直接通过估计公司普通股的预期报酬率来计算，即利用资本资产定价模型（CAPM）来估计。资本资产定价模型的含义可以简单地描述为，普通股投资的必要报酬率等于无风险报酬率加上风险报酬率，用公式表示如下：

$$K_c = R_f + \beta(R_m - R_f)$$

式中，R_f为无风险报酬率，通常以短期国库券的利息率为无风险报酬率；β为某种股票的贝他系数，用来衡量股票的风险程度大小；R_m为市场报酬率。

在已知无风险报酬率、市场报酬率和某种股票的β值后，就可计算出该股票的必要报酬率，即其资本成本。

【例14-6】 假定市场无风险报酬率为10%，市场报酬率为14%，某公司普通股β值为1.2。则该普通股资本成本为

$$K_c = 10\% + 1.2 \times (14\% - 10\%) = 14.8\%$$

（3）风险溢价法

股利折现模型法和资本资产定价模型法在理论上具有较可靠的依据，但在实际应用中显得比较复杂，面临一些困难。尤其是对于一些长年不发放股利的企业，或者是未上市的企业来说，要利用前面两种方法来计算投资者的必要报酬率很难。因此，为操作方便，可以考虑采用在理论上比较"粗糙"，但在应用上比较简单明了、便于操作的风险溢价法。这种方法的基本思路是：从投资者的角度来看，股票投资的风险高于债券，根据风险与收益相匹配的原理，股票投资的必要报酬率可以在债券利率的基础上再加上股票投资高于债券投资的风险报酬率。即普通股资本成本的计算公式为：

$$K_c = K_d + RP$$

式中，K_d为税后的债务资本成本；RP为股东对预期承担的比债券持有人更大风险而要求追加的报酬率。

这里，由于 K_d 比较容易估算，因此，计算普通股资本成本的关键是估计风险溢价 RP。但 RP 并无直接的计算方法，只能从经验中获得信息。资本市场经验表明，公司普通股的风险溢价对公司自己的债券来讲，绝大部分在 3%～5%。

【例14-7】 某公司已发行的债券的投资报酬率为 11%，采用风险溢价法，我们发现，该公司的股权资本成本大致将是：

$$K_c = 11\% + 3\% = 14\%$$

这一方法的优点是不必使用 β 值和进行股利折现所包括的运算，但是不能随时间改变风险溢价，计算结果比较粗糙。

2. 优先股资本成本

优先股的股利通常是固定的，企业发行优先股需支付发行费用。根据优先股的估价模型，我们可以反推出优先股的资本成本。计算公式是：

$$P = \frac{D}{K_p} \Rightarrow K_p = \frac{D}{P}$$

考虑优先股发行时的筹资费用，优先股资本成本的计算公式为：

$$K_p = \frac{D}{P_0}$$

式中，K_p 为优先股资本成本；D 为优先股每股年股利额；P_0 为扣除发行费用后的优先股的融资净额。

【例14-8】 某公司准备发行一批优先股，每股发行价格为 6 元，发行费用为 0.2 元，预计年股利为 0.5 元。其资本成本的计算如下：

$$K_p = \frac{0.5}{6 - 0.2} = 8.62\%$$

3. 留存收益资本成本

企业的留存收益是由企业税后利润形成的，属于股权资本。从表面上看，企业留存收益并不需要付出什么代价，只是把钱"从左边口袋转移到右边口袋"而已。实际上，股东愿意将其留用于企业而不作为股利取出投资于别处，总是要求获得与普通股等价的报酬。因此，留存收益也有资本成本，只不过是一种机会资本成本。留存收益资本成本的计算与普通股基本相同，只是无须考虑筹资费用。

总结以上各类资本成本，可以了解它们之间的异同点。各类资本成本的相同之处在于：各类资本成本均表示投资者提供资本所要求的最低收益率；各类资本成本都可表现为预期现金流量的折现率。不同之处在于各类资本的风险程度不同。通过比较个别资本成本，可以帮助企业选择出比较有利的融资方式。在不考虑其他因素的条件下，筹资成本低的融资方式更容易为企业所接受。

三、综合资本成本的计算

（一）加权平均资本成本

公司从不同来源取得的资本成本是不相同的。为进行筹资和投资决策，需计算全部资本来源的加权平均资本成本。加权平均资本成本是以各种不同资本来源的资本成本为基数，以各种不同资本来源占资本总额的比重为权数计算的加权平均数。其计算公式为：

$$K_w = \sum_{j=1}^{n}(K_j \times W_j)$$

式中，K_w 为加权平均资本成本；W_j 为第 j 种资本来源所占比重；K_j 为第 j 种资本来源的资本成本。

在确定加权平均资本成本时，各种资本在全部资本中所占的比重（权数）起着重要作用。资本权数取决于各种资本价值按什么来确定，一般来说，有三种方案进行选择：账面价值加权、市场价值加权和目标资本结构加权。

1. 账面价值加权

账面价值加权指根据企业资产负债表上显示的负债和权益的价值来衡量每种资本的比例。这种做法的优点是资料容易取得。但账面结构显示的是历史结构，当资本的账面价值与市场价值差别较大，尤其是股票债券的市场价格发生较大变动时，计算结果会与实际有较大背离，从而不利于企业做出正确的融资决策。

【例14-9】某公司账面上反映的现有长期资本总额为10 000万元，其中：长期借款2000万元、债券3500万元、优先股1000万元、普通股3000万元、留存收益500万元；个别资本成本分别为4%、6%、10%、14%、13%。则该公司加权平均资本成本可计算如下（见表14-1）。

表14-1　加权平均资本成本计算（账面价值加权）　　　　　单位：万元

资 本 种 类	资本账面价值	比重（%）	个别资本成本（%）	加权资本成本（%）
长期借款	2000	20	4	0.80
债券	3500	35	6	2.10
优先股	1000	10	10	1.00
普通股	3000	30	14	4.20
留存收益	500	5	13	0.65
合计	10 000	100	—	8.75

2. 市场价值加权

市场价值加权指根据当前负债和权益的市场价值比例衡量每种资本的比例。由于市场价值不断变动，负债和权益的比例也随之变动，因此，计算的加权平均资本成本能反映企业目前的资本实际情况。假定【例14-9】中的股票和债券发行半年后采用资本的市场价值权数，其加权平均资本成本可计算如下（见表14-2）。

表14-2　加权平均资本成本计算（市场价值加权）　　　　　单位：万元

资 本 种 类	资本市场价值	比重（%）	个别资本成本（%）	加权资本成本（%）
长期借款	2000	13	4	0.52
债券	4000	27	6	1.62
优先股	1500	10	10	1.00
普通股	6000	40	14	5.60

资 本 种 类	资本市场价值	比重（%）	个别资本成本（%）	加权资本成本（%）
留存收益	1500	10	13	1.30
合计	15 000	100	—	10.04

证券价格的市场变化并不影响其账面价值。为弥补证券市场价格频繁变动带来的不便，也可采用一定时期内的证券平均市场价格来代表资本价值。

3. 目标资本结构加权

目标资本结构加权指根据市场价值计量的目标资本结构衡量每种资本要素的比例。管理层决定的目标资本结构代表未来将如何筹资的最佳估计。如果企业向目标结构发展，则目标加权是最有意义的。这种加权方法可以选用平均市场价格，回避证券市场价格变动频繁的不便；适用于企业筹措新资金，而不像账面价值权数和市场价值权数那样，只能反映过去和现在的资本结构。调查表明，目前，大多数公司在计算资本成本时，以按平均市场价值计算的目标资本结构为权重。假定【例14-9】采用资本的目标价值权数，其加权资本成本可计算如下（见表14-3）。

表14-3　加权资本成本计算（目标价值加权）　　　　　单位：万元

资 本 种 类	资本目标价值	比重（%）	个别资本成本（%）	加权资本成本（%）
长期借款	3000	15	4	0.60
债券	6000	30	6	1.80
优先股	2000	10	10	1.00
普通股	7000	35	14	4.90
留存收益	2000	10	13	1.30
合计	20 000	100	—	9.60

（二）边际资本成本的计算

上述各种资本成本和加权平均资本成本是公司过去筹集资本或目前使用资本的成本。随着公司筹资规模的扩大和筹资条件的变化，新增资本的成本也会发生变化。也就是说，企业不可能以某一固定不变的资本成本来筹措无限的资本，当其筹措的资本超过一定限度时，原来的资本成本就会增加。在多方式筹资条件下，即使企业的资本结构不变，随着追加筹资的不断增加，也会因个别资本成本的变化而使企业加权平均资本成本发生变动。因此，企业在追加筹资时，需要知道筹资额在什么范围内加权平均资本成本不变，超出什么范围会使加权平均资本成本发生变化，以及发生多大的变化，这就产生了边际资本成本的概念。

边际资本成本本意指资本每增加一个单位而增加的成本。在这里，"一个单位"不是指一个特定的资本量，而是指一定范围的资本总额。由于多方式筹资的原因，不同范围的资本总额有其特定的加权平均资本成本，这些对应于不同资本总额范围的各个加权平均资本成本，因此就组成特定意义上的"边际资本成本"。边际资本成本是按加权平均法（考虑个别资本成本和资本的权数）计算的，是企业追加筹资时所预期的资本成本变化，故也称随筹资总额增加而相应变化的加权平均资本成本。由于边际资本成本产生于企业追加筹资的情况下，因此，资本的权数应采用目标价值权数，不宜以账面价值或市场价值为权数。

影响加权平均边际资本成本的因素有两个：一是各种资本来源的资本成本，二是目标资本结构。在计算边际资本成本时：如果新增资本的结构与原资本结构一致，且新增各类资本的成本保持不变，则边际资本成本等于加权平均资本成本；如果资本成本不变，为筹措新资本而改变了原有的资本结构，那么，新增资本的边际成本也将发生变化；同样，如果资本结构不变，资本成本变化，新增资本的成本也会发生变化。事实上，在资本市场中，资本需要量越大，资本供应者要求的收益率就越高，公司筹措资本的成本就会越高。也就是说，边际资本成本将会随筹资规模的扩大而上升。如果资本成本在某一点发生变化，那么，加权平均资本成本也必然在这一点上发生变化，这一点称为筹资总额分界点（或者突破点），即特定筹资方式成本变化的分界点（或突破点）。在分界点之前，筹资的成本水平不变，超过分界点筹资，其资本成本将发生变化。也就是说，筹资分界点（突破点）指在保持其资本成本不变的条件下可以筹集到的资本总额。换言之，在筹资分界点（突破点）以内筹资，资本成本不会改变，一旦超过了筹资分界点（突破点），即使保持原有的资本结构，其资本成本也会增加。筹资分界点（突破点）的计算公式可表示如下：

$$筹资总额分界点(突破点) = \frac{可用某一特定成本筹集到某种资本的最大额}{该种资本在总资本中所占的比重}$$

下面举例说明边际资本成本的计算过程。

【例14-10】某公司目前拥有长期资本4000万元，其中：长期借款600万元，资本成本3%；债券1000万元，资本成本10%；普通股2400万元，资本成本13%。公司由于经营规模扩大，拟筹集新的长期资本，要求确定追加筹资的边际资本成本。

（1）确定目标资本结构。经分析研究认为，公司筹集新资本后仍应保持目前的资本结构，即长期借款占15%，债券占25%，普通股占60%。

（2）测算个别资本成本的变化。通过分析资本市场状况和公司融资能力，测算出随筹资的增加，各种资本成本的变化，见表14-4。

表14-4 公司增资额及个别资本成本变动

资 本 种 类	目标资本结构（%）	新增筹资	资本成本（%）
长期借款	15	45万元以内	3
		45万~90万元	5
		90万元以上	7
债券	25	200万元以内	10
		200万~400万元	11
		400万元以上	12
普通股	60	300万元以内	13
		300万~600万元	14
		600万元以上	15

（3）计算追加筹资总额的分界点（突破点），并划分追加筹资总额的范围。

根据上述资料，可计算该公司各追加筹资总额的分界点（突破点），如表14-5所示。

表14-5 筹资总额分界点及资本成本

资 本 种 类	筹资总额分界点（万元）	总筹资规模	资本成本（％）
长期借款	45÷15%=300 90÷15%=600	300万元以内 300万～600万元 600万元以上	3 5 7
债券	200÷25%=800 400÷25%=1600	800万元以内 800万～1600万元 1600万元以上	10 11 12
普通股	300÷60%=500 600÷60%=1000	500万元以内 500万～1000万元 1000万元以上	13 14 15

表14-5表明了在目标资本结构的前提下，每一种资本成本变化的分界点及相应的筹资范围。针对不同的筹资总额范围，分别计算加权平均资本成本，即可得出各种筹资范围的边际资本成本。

根据表14-5中计算的各筹资突破点，可以得到该公司追加筹资总额的范围如下：① 300万元以内；② 300万～500万元；③ 500万～600万元；④ 600万～800万元；⑤ 800万～1000万元；⑥ 1000万～1600万元；⑦ 1600万元以上。

（4）计算边际资本成本。对以上各筹资总额范围分别计算加权平均资本成本，即可得到该公司追加筹资的边际资本成本。计算过程及结果见表14-6。

表14-6 公司不同筹资总额的边际成本　　　　　　　单位：万元

筹资范围	资本种类	目标资本结构（％）	个别资本成本（％）	加权平均资本成本（％）
300以内	长期借款 债券 普通股	15 25 60	3 10 13	10.75
300～500	长期借款 债券 普通股	15 25 60	5 10 13	11.05
500～600	长期借款 债券 普通股	15 25 60	5 10 14	11.65
600～800	长期借款 债券 普通股	15 25 60	7 10 14	11.95
800～1000	长期借款 债券 普通股	15 25 60	7 11 14	12.20

续表

筹资范围	资本种类	目标资本结构（%）	个别资本成本（%）	加权平均资本成本（%）
1000以上～ 1600	长期借款 债券 普通股	15 25 60	7 11 15	12.80
1600以上	长期借款 债券 普通股	15 25 60	7 12 15	13.05

由【例14-10】我们可以看出，在不同的筹资范围内，边际资本成本是不同的，且边际资本成本随着筹资总额的增长而增加。因此，公司应根据自身的需要，考虑边际资本成本，做出追加筹资的决策。

第二节　杠杆利益与风险的衡量

财务管理中所说的杠杆效应指固定费用的存在提高了公司期望收益，同时也增加了公司风险的现象。经营杠杆是由与产品生产或提供劳务有关的固定性经营成本引起的，而财务杠杆是由债务利息等固定性融资成本引起的。两种杠杆具有放大盈利波动性的作用，影响企业的风险与收益。杠杆利益与风险是企业资本结构决策的基本因素之一，企业的资本结构决策应在杠杆利益与风险之间进行权衡。

一、与杠杆有关的几个财务概念

财务管理中的杠杆通常有三种形式，即经营杠杆、财务杠杆和复合杠杆。每一种杠杆效应都包含杠杆利益与杠杆风险两个方面。要说明这些杠杆的原理，就有必要了解成本习性、边际贡献、息税前利润和普通股每股收益等几个相关概念。

（一）成本习性

成本习性指成本总额与业务量在数量上的依存关系。按成本习性可把企业的全部成本划分为固定成本、变动成本和混合成本三类。

（1）固定成本。固定成本指其总额在一定时期和一定业务量范围内不随业务量变化而发生任何变动的那部分成本。属于固定成本的主要有管理人员工资、折旧费、办公费、利息费等，这些费用的每年支出水平基本相同，即使产销业务量在一定范围内变动，它们也保持固定不变。正是由于这些成本是固定不变的，因此，随着业务量的增加，它将分配给更多数量的产品，即单位固定成本将随产量的增加而逐渐变小。应当指出的是，固定成本总额只在一定时期和业务量的一定范围内保持不变。因此，固定成本必须和一定时期、一定业务量联系起来进行分析，没有绝对不变的固定成本。

（2）变动成本。变动成本指其总额随业务量成正比例变动的那部分成本。属于变动成本的主要有直接材料、直接人工等。但若就单位产品中的变动成本而言，则是不变的。必须指出，变动成本同业务量成正比例变动的关系是有一定范围的，超过一定范围，变动成本同业务量的比例关系可能会改变。例如，当一种新产品还是小批量生产时，由于生产还处于不熟练阶段，直接材料和直接人工的耗费可能较多，随着产量的增加，生产人员对生产过程的逐渐熟悉，可使单位产品的材料和人工费降低。在这一阶段，变动成本不一定与产量完全成同比例变化，而是表现为小于产量增长幅度。在这以后，生产过程比较稳定，变动成本与产量成同比例变动，这一阶段的产量便是变动成本的相关范围。然而，当产量达到一定程度以后，就有可能使变动成本的增长幅度大于产量的增长幅度。

（3）混合成本。混合成本指其总额虽受业务量变动的影响，但其变动幅度并不同业务量的变动保持同比例关系的那部分成本。也就是说，混合成本兼有固定成本和变动成本两种特性，不能简单地归入固定成本或变动成本。

从理论上说，成本按习性可分成固定成本、变动成本和混合成本三类，但在管理实践中，可利用一定技术方法将混合成本分到固定成本和变动成本两部分之中。所以，成本按习性分类，从根本上说应当只有固定成本和变动成本两部分。这样，总成本习性模型可用下式表示：

$$Y = a + bX$$

式中，Y为总成本；a为固定成本；b为单位变动成本；X为产销业务量（额）。

（二）边际贡献

边际贡献指销售收入减去变动成本之后的差额。其计算公式可表示如下：

$$\begin{aligned}
M &= PX - bX \\
&= (P - b)X \\
&= S(1 - b') \\
&= S - V
\end{aligned}$$

式中，M为边际贡献；P为销售单价；X为产销量；b为单位变动成本；S为销售收入；b'为变动成本率；V为变动成本。

（三）息税前利润

息税前利润指企业支付利息和缴纳所得税之前的利润。在成本习性模型的基础上，息税前利润可按下列公式计算：

$$\begin{aligned}
\text{EBIT} &= S - V - a \\
&= M - a \\
&= S(1 - b') - a \\
&= (P - b)X - a \\
&= PX - bX - a
\end{aligned}$$

式中，EBIT为息税前利润；a为固定成本（生产经营性固定成本）；

其他符号含义同上。

（四）普通股每股收益

普通股每股收益指一定时期内，企业为普通股股东所创造的收益，计算公式可表示为：

$$EPS = \frac{(EBIT - I)(1 - T) - D}{N}$$

式中，EPS为普通股每股收益；I为负债利息；T为所得税税率；D为优先股股利；N为普通股股数。

二、经营杠杆和经营风险

（一）经营杠杆的概念

经营杠杆也称营业杠杆，指由于企业经营成本中存在固定成本而对企业经营收益带来的影响。经营杠杆现象形成于企业的生产经营过程，这里所说的经营成本指与产品生产、销售有关的销售成本、销售税金、营业费用等（可分为变动成本与固定成本）；经营收益则指息税前利润。在一定的经营规模条件下，固定成本需要由单位产品来分摊，当产品销售量发生变动时，单位产品分摊的固定成本会随之变动，从而导致息税前利润发生更大幅度的变动，这就形成了经营杠杆现象。

（二）经营杠杆利益

经营杠杆利益指在销售收入增长的条件下，经营成本中固定成本的存在会使息税前利润增长率大于销售增长率。在销售价格、单位变动成本及固定成本总额保持不变的情况下，当企业增加产销数量时，销售收入和变动成本总额将等比例增加。但是，固定成本总额却保持不变的水平，与产销量变化无关，产销量越大，单位固定成本越小，单位产品的利润就越高，从而使息税前利润的变动率大于产销量的变动率。

【例14-11】A公司2019—2021年的销售收入有关资料如表14-7所示。

表14-7 经营杠杆利益测算表

项　　目	2019年	2020年	2021年
（1）销售增长率	—	10.00%	15.00%
（2）销售收入	1000万元	1100万元	1265万元
（3）变动成本率	60.00%	60.00%	60.00%
（4）变动成本	600万元	660万元	759万元
（5）边际贡献	400万元	440万元	506万元
（6）固定成本	200万元	200万元	200万元
（7）息税前利润	200万元	240万元	306万元
（8）息税前利润增长率	—	20.00%	27.50%

由表14-7可以看出，在变动成本率不变的条件下，由于固定成本每年都是200万元，因此，一旦销售增长，则必然会带来息税前利润更大程度的增长。在本例中：A公

司2020年与2019年相比，销售增长率为10%，同期，息税前利润的增长率为20%；2021
年与2020年相比，销售增长率为15%，同期，息税前利润的增长率为27.5%。这表明，
A公司有效地利用了经营杠杆，获得了较高的经营杠杆利益。

（三）经营杠杆损失

经营风险指在销售收入下降的情况下，经营成本中固定成本的存在会使息税前利润
下降的幅度更大。这是经营杠杆给企业带来的负面效应，我们称之为经营杠杆损失。经
营杠杆本身并不是利润不稳定的根源，但经营杠杆放大了市场和生产成本等不确定因素
对利润变动的影响，且经营杠杆利益越高，经营杠杆损失就越大。企业要想获得经营杠
杆利益，就需要承担由此带来的经营杠杆风险，因此，必须在这种杠杆利益与杠杆风险
之间做出权衡。

【例14-12】B公司2019—2021年的销售收入有关资料如表14-8所示。

表14-8　经营风险测算表

项　　目	2019年	2020年	2021年
（1）销售增长率	—	−10.00%	−15.00%
（2）销售收入	1000万元	900万元	765万元
（3）变动成本率	60.00%	60.00%	60.00%
（4）变动成本	600万元	540万元	459万元
（5）边际贡献	400万元	360万元	306万元
（6）固定成本	200万元	200万元	200万元
（7）息税前利润	200万元	160万元	106万元
（8）息税前利润增长率	—	−20.00%	−33.75%

由表14-8可以看出，在变动成本率不变的条件下，由于固定成本每年都是200万
元，因此，一旦销售收入下降，则必然会带来息税前利润更大程度的下降。在本例中：
B公司2020年与2019年相比，销售增长率为−10%，同期息税前利润的增长率为−20%；
2021年与2020年相比，销售增长率为−15%，同期息税前利润的增长率为−33.75%，这
表明，该公司存在经营杠杆风险。

（四）经营杠杆的计量

一个企业只要存在固定成本，经营杠杆就会发挥作用。由于经营杠杆对经营风险的
影响最为综合，因此常常用来衡量经营风险的大小。但对于不同企业而言，经营杠杆作
用的程度往往不等。因此，人们便通过经营杠杆系数来计量经营杠杆作用的程度。经营
杠杆系数（degree of operating leverage，DOL）指企业息税前利润变动率相当于产销量
变动率的倍数。用公式表示为：

$$DOL = \frac{\Delta EBIT / EBIT}{\Delta Q / Q}$$

式中，DOL为经营杠杆系数，反映公司息税前利润对销售量的敏感程度；ΔEBIT为息税前利润变动额；EBIT为基期息税前利润；ΔQ为销售变动量；Q为基期销售量。

为便于计算，可将公式变换为

$$DOL = \frac{Q \times (P-V)}{Q \times (P-V) - F}$$

或

$$DOL = \frac{Q \times (P-V)}{EBIT}$$

或

$$DOL = \frac{M}{EBIT}$$

式中，M为边际贡献。

公式的优点是可清晰地表明在某一销售水平上的经营杠杆系数。不同销售水平上的DOL是不相同的，这一点在计算DOL时应特别注意。

【例14-13】某公司甲产品年销售量20 000件，单位售价5元，产品单位变动成本3元，固定成本总额2000元，息税前利润总额为20 000元。假定销售单价及成本水平不变，当销售量是20 000元时，经营杠杆系数可计算如下：

$$DOL = \frac{20\,000 \times (5-3)}{20\,000 \times (5-3) - 20\,000} = \frac{40\,000}{20\,000} = 2$$

上述计算结果表明，在销售量为20 000件的基础上，销售量每增加1个百分点，息税前收益就增加2个百分点。如果销售量增加10%，则息税前收益将增长20%（销售量增长百分比×DOL=10%×2）；或者说，当销售量增长10%时，息税前收益就从20 000元上升到24 000[20 000×（1+10%×2）]元；反之，当销售量下降10%时，息税前利润也会随之下降20%。前一种情况表现为经营杠杆利益，后一种情况表现为经营杠杆损失。

（五）经营杠杆与经营风险的关系

经营风险指企业因经营上的原因而导致息税前利润变动的风险。影响企业经营风险的因素很多，主要有以下几方面。

（1）产品需求。市场对企业产品的需求越稳定，经营风险就越小；反之，经营风险则越大。

（2）产品售价。产品售价变动不大，经营风险则小，否则，经营风险则大。

（3）产品成本。产品成本是收入的抵减，成本不稳定会导致利润不稳定，因此，产品成本变动大的，经营风险就大；反之，经营风险就小。

（4）调整价格的能力。当产品成本变动时，若企业具有较强的价格调整能力，则经营风险就小；反之，经营风险则大。

（5）固定成本的比重。一般来说，在其他因素不变的情况下，固定成本越高，经营风险越大。

根据这些影响因素可知，经营杠杆本身并不是利润不稳定的根源。但是，产销业务量增加时，息税前利润将以DOL倍数的幅度增加；而产销业务量减少时，息税前利润又将以DOL倍数的幅度减少。可见，经营杠杆放大了市场和生产等不确定因素对利润变动的影响。而且，经营杠杆系数越大，利润变动越激烈，企业的经营风险就越大。因此，企业经营风险的大小和经营杠杆有重要关系：经营杠杆系数越大，经营风险越大。

三、财务杠杆与财务风险

（一）财务杠杆的概念

财务杠杆也称筹资杠杆或资本杠杆，指由于企业债务资本中固定费用的存在而导致普通股每股收益变动率大于息税前利润变动率的现象。现代企业的全部资本是由股权资本和债权资本构成的，在企业资本结构一定的条件下，企业从息税前利润中支付的债务利息等资本成本是相对固定的。当息税前利润增长时，每一元利润所负担的固定资本成本就会减少，从而使普通股的每股收益以更快的速度增长；当息税前利润减少时，每一元利润所负担的固定资本成本就会相应增加，从而导致普通股的每股收益以更快的速度下降。这种因负债资本成本的固定而引起的普通股每股收益的波动幅度大于息税前利润的波动幅度的现象称为财务杠杆。同样，财务杠杆既有利益的一面，也有风险的一面。

（二）财务杠杆利益

财务杠杆利益指在企业息税前利润增长的条件下，债务利息这个杠杆会使股权资本收益（通常用普通股每股收益）增长的幅度更大。在企业资本规模和资本结构一定的前提下，企业从息税前利润中支付的债务利息是相对固定的，当息税前利润增多时，每一元息税前利润所负担的利息就会相应降低，扣除所得税后，可分配给企业股权资本所有者的利润就会增加。息税前利润越大，单位资本的利息负担越小，单位资本的税后盈余就越高，从而使普通股收益的变动率大于息税前利润的变动率。

财务杠杆主要反映息税前利润与普通股每股收益之间的关系，用于衡量息税前利润变动对普通股每股收益变动的影响程度。两者之间的关系如下：

$$EPS = \frac{(EBIT - I)(1 - T) - D}{N}$$

【例14-14】X公司2019—2021年的有关资料如表14-9所示。

表14-9 财务杠杆利益测算 单位：万元

项　　目	2019年	2020年	2021年
公司资本结构：			
（1）普通股（面值5元，股数10万股）	50	50	50
（2）留存收益	10	10	10
（3）债务资本	40	40	40
（4）债务利息率	10%	10%	10%
（5）所得税税率	33%	33%	33%

续表

项　　目	2019年	2020年	2021年
公司收益：			
（6）息税前利润	10	12	15.300
（7）债务利息	4	4	4
（8）所得税	1.980	2.640	3.730
（9）税后净利	4.020	5.360	7.570
（10）每股收益	0.402	0.536	0.757
（11）息税前利润增长率	—	20.000%	27.500%
（12）普通股每股收益增长率	—	33.330%	41.230%

由表14-9可以看出，在资本结构、债务利息率不变的条件下，由于债务利息每年都固定支出4万元，因此，一旦息税前利润增长，则必然会带来普通股每股收益更大程度的增长。在本例中：该公司2020年与2019年相比，息税前利润增长率为20.000%，同期普通股每股收益的增长率为33.330%；2021年与2020年相比，息税前利润增长率为27.500%，同期普通股每股收益的增长率为41.230%。这表明该公司有效地利用了负债手段，获得了较高的财务杠杆利益。

（三）财务杠杆损失

财务风险指在息税前利润下降的情况下，固定性债务利息会使普通股每股收益下降的幅度更大。这是财务杠杆给企业带来的负面效应，表现为财务风险。企业为获得财务杠杆利益，就要增加负债，一旦其息税前利润下降，不足以补偿固定利息支出，则企业的普通股每股收益就会下降得更快。而且，财务杠杆的利益越高，财务风险就越大。运用负债可以获得财务杠杆利益，同时也承担相应的财务风险。

【例14-15】Y公司资本总额为500万元，其中：债务资本200万元，年利息率10%；普通股300万元，股数100万股，所得税率33%。该公司2019—2021年的有关资料如表14-10所示。

表14-10　财务杠杆风险测算 单位：万元

项　　目	2019年	2020年	2021年
（1）息税前利润增长率	—	−10%	−20%
（2）息税前利润	60	54	43.200
（3）利息	20	20	20
（4）所得税	13.200	11.220	7.660
（5）净利润	26.800	22.78	15.540
（6）普通股每股收益	0.268	0.228	0.155
（7）普通股每股收益下降率	—	−14.930%	−32.020%

由表14-10可以看出，在资本结构、所得税率不变的条件下，由于利息每年都需固定支出20万元，因此，一旦息税前利润下降，则必然会带来普通股每股收益更大程度的

下降。在本例中：该公司2020年与2019年相比，息税前利润降低率为10%，同期普通股每股收益的降低率为14.93%；2021年与2020年相比，息税前利润降低率为20%，同期普通股每股收益的降低率为32.02%。这表明该公司存在财务杠杆风险。

（四）财务杠杆的计量

从上述分析可知，只要企业的融资方式中有债务融资，有数额固定的利息支出，就存在财务杠杆作用。财务杠杆作用的大小可通过财务杠杆系数来衡量。对财务杠杆进行计量的常用指标是财务杠杆系数（degree of financial leverage，DFL），即普通股每股收益的变动率与息税前利润变动率的比率。用公式表示为：

$$DFL = \frac{\Delta EPS / EPS}{\Delta EBIT / EBIT}$$

式中，ΔEPS为普通股每股收益的变动额或普通股全部收益的变动额；EPS为基期普通股每股收益额或基期普通股全部收益额；$\Delta EBIT$为息税前利润变动额；EBIT为基期息税前利润；DFL为财务杠杆系数。

为了便于计算，可将上列公式变换如下：

因为

$$EPS = \frac{(EBIT - I)(1 - T)}{N}$$

$$\Delta EPS = \Delta EBIT \frac{(1 - T)}{N}$$

所以

$$DFL = \frac{EBIT}{EBIT - I}$$

【例14-16】某公司全部长期资本为75 000万元，债务资本比重为40%，债务年利率为8%，公司所得税率为25%。当息税前利润为8000万元时，税后净利润为3000万元。其财务杠杆系数测算如下：

$$DFL = \frac{EBIT}{EBIT - I}$$
$$= \frac{8000}{8000 - 75\,000 \times 0.4 \times 8\%}$$
$$= 1.43$$

在【例14-16】中，财务杠杆系数1.43表示：当息税前利润增长1倍时，普通股每股收益将增长1.43倍；反之，当息税前利润下降1倍时，普通股每股收益将下降1.43倍。前一种情形表现为财务杠杆利益，后一种情形表现为财务风险。一般而言，财务杠杆系数越大，企业的财务杠杆利益和风险就越高；财务杠杆系数越小，企业财务杠杆利益和财务风险就越低。

需要指出的是，如果企业有优先股，那么，由于优先股股息相对固定，也会产生财务杠杆效应，在此情况下，财务杠杆系数的计算公式可表示为

$$DFL = \frac{EBIT}{EBIT - I - \dfrac{d}{1-T}}$$

式中，d 为优先股年股息；其他符号释义同前。

【例14-17】某公司有普通股500万股，优先股100万股（每股年股息为0.35元），债务资本300万元（年利息率10%）。年息税前利润200万元，所得税税率30%，则该公司的财务杠杆系数为

$$DFL = \frac{200}{200 - 300 \times 10\% - \dfrac{100 \times 0.35}{1-30\%}} = 1.67$$

计算结果表明，该公司在息税前利润200万元的基础上，EBIT每变动1个百分点，普通股每股收益（EPS）就变动1.67个百分点。如果EBIT增长20%，那么，每股收益就增长33.4%（20%×1.67）；每股收益将由8元变为10.67（8×（1+20%×1.67））元。从公式中可知，财务风险主要取决于财务杠杆的大小，当公司在资本结构中增加负债或优先股筹资比例时，固定的现金流出量就会增加，从而加大了公司财务杠杆系数和财务风险。一般来说，财务杠杆系数越大，每股收益因息税前收益变动而变动的幅度就越大；反之，则越小。较大的财务杠杆可以为公司带来较强的每股收益扩张能力，但固定筹资费用越多，按期支付的可能性就越小，由此引发的财务风险就越大。如果公司全部资产收益率低于固定筹资费率，那么，普通股收益率就会低于公司投资收益率或出现资本亏损的情况。

（五）财务杠杆与财务风险的关系

财务风险亦称筹资风险，指企业在经营活动中与筹资有关的风险，尤其指在筹资活动中利用财务杠杆可能导致企业股权资本所有者收益波动（上升或下降）的风险。由于人们更害怕损失，所以财务风险在更多情况下指企业在筹资活动中利用财务杠杆可能导致企业股权资本所有者收益下降的风险，甚至是可能导致企业破产的风险。除债务资金固定利息外，财务风险还受许多其他因素的影响，主要有以下几方面：

（1）资本规模的变动。在其他因素保持不变的情况下，企业资本规模发生变化，则财务杠杆系数也会随之变化。若资本规模变大，则财务杠杆系数变大，财务风险就越大。

（2）资本结构的变动。在其他因素保持不变的情况下，若企业结构发生变化（即债务资本比例发生变动），则财务杠杆系数也会随之变化。债务资本比例越高，财务杠杆系数越大，财务风险越大。

（3）债务利率的变动。在其他因素保持不变的情况下，若债务利率发生变化，则财务杠杆系数也会随之变化。债务利率越高，财务杠杆系数越大，财务风险越大。

（4）息税前利润的变动。在其他因素保持不变的情况下，若息税前利润发生变化，则财务杠杆系数也会随之变化。息税前利润越高，财务杠杆系数越小，财务风险越小。

财务杠杆系数是资本结构决策的一个重要因素。一般而言，财务杠杆系数越大，企业的财务风险就越高；财务杠杆系数越小，企业财务风险就越低。

四、总杠杆和企业风险

（一）总杠杆

总杠杆也称复合杠杆、联合杠杆，用来反映企业综合利用财务杠杆和经营杠杆给企业普通股收益带来的影响。前已述及，经营杠杆通过扩大销售量来影响息税前利润，而财务杠杆则通过息税前利润来影响普通股每股收益，两者最终都影响普通股股东的收益。而且，这两种杠杆的作用是相互影响和有关联的。如果企业同时利用经营杠杆和财务杠杆，那么，销售额变动对普通股收益的影响就会更大，总的风险也就更高。

对经营杠杆和财务杠杆的综合利用程度可以用复合杠杆系数（degree of combined leverage，DCL）或总杠杆系数（degree of total leverage，DTL）来衡量。DCL或DTL是经营杠杆系数与财务杠杆系数之乘积。其计算公式如下：

$$DTL（或DCL）= DOL \times DFL$$

或

$$DTL = \frac{\Delta EPS/EPS}{\Delta Q/Q}$$

或

$$DTL = \frac{M}{EBIT - I}$$

式中，符号的含义同前。

经营杠杆是因固定经营成本的存在而产生的，而财务杠杆则来自固定的筹资成本。如果一个公司的筹资成本包含固定的债务资本（如从银行借款、签订长期筹资租赁合同、发行公司债券）及股权资本（如优先股），从而使得息税前收益的某个变化引起普通股每股收益更大的变化时，就被认为在使用财务杠杆。也就是说，在公司资本结构一定的条件下，公司从息税前收益中支付的固定筹资成本是相对固定的。当息税前收益发生增减变动时，每1元息税前收益所负担的固定资本成本就会相应地减少或增加，从而给普通股股东带来一定的财务杠杆利益或损失。事实上，总杠杆是两步收益放大的过程：第一步是经营杠杆放大了销售量变动对息税前收益的影响；第二步是利用财务杠杆将前一步导致的息税前收益变动对每股收益变动的影响进一步放大。

【例14-18】某公司资本总额为20 000万元，其中债务资本占50%，年利息率为10%，公司销售总额为5000万元，变动成本率60%，固定成本额为500万元。则该公司的总杠杆系数可计算如下：

因为M=5000×（1-60%）=2000（万元）

EBIT=[5000×（1-60%）-500]=1500（万元）

I=（20 000×50%×10%）=1000（万元）

则

$$DTL = \frac{2000}{1500 - 1000} = 4$$

或

$$DOL = \frac{2000}{1500} = 1.3333$$

$$DFL = \frac{1500}{1500 - 1000} = 3$$

故

$$DTL = 1.3333 \times 3 \approx 4$$

显然，总杠杆的作用大于经营杠杆与财务杠杆的单独影响作用，而两种杠杆又可以有多种组合。一般情况下，企业将总杠杆系数即总风险控制在一定范围内，这样，经营杠杆系数较高（低）的企业只能在较低（高）的程度上使用财务杠杆。

（二）总杠杆和企业风险

企业经营风险和财务风险的总和构成了企业的总风险。一般来说，企业总杠杆系数越大，每股收益随销售量增长而扩张的能力就越强，但风险也随之越大。企业的风险越大，债权人和投资者要求的贷款利率和预期的投资收益率就越高。或者说：过多使用总杠杆的企业将不得不为此付出较高的固定成本；而较高的固定成本支出反过来又在一定程度上抵消了普通股股东因企业发挥财务杠杆和经营杠杆的作用而获得的收益。除此之外，企业总风险的增大还会引起企业股票的市价下跌。

在企业总风险中，经营风险是由其资产组合中各资产的特性决定的，组合中，各资产的风险系数共同决定了企业整体的经营风险。与此不同的是，财务风险不是由单项资产决定的，而是由企业整体决定的。如果企业完全通过股权资本筹资，则它只存在经营风险，没有财务风险。由于财务杠杆决定了财务风险，所以，对财务风险的影响进行调整的行为一定发生在那些有债务的企业中。

一般来说，企业对财务风险的控制程度相对大于对经营风险的控制。在合理的范围内（通常以合理的成本），企业可以通过财务政策的选择（资本结构的选择及债务到期日的选择）来控制其财务风险。相对而言，企业经营风险的控制难度较大。尽管企业可以在投资项目或资产的选择中通过经营杠杆来影响它的经营风险，但对项目或资产的选择通常会受到一些限制，技术上的某些问题会迫使企业使用一些固定费用或变动费用占较大比例的生产工艺（有些产品只有一种生产方法，别无选择）。

在实际工作中，企业对经营杠杆和财务杠杆的运用可以有各种不同的组合。例如：某企业较多地使用了财务杠杆，为达到或维持某种适度的总杠杆系数，就可用较低的经营杠杆系数来抵消较高的财务杠杆系数的影响；反之，假如企业过多地发挥了经营杠杆的作用，那么，就可通过减少使用财务杠杆来加以平衡。假设某企业正在考虑一项资本支出，为抵消较高经营杠杆的影响，企业可在其资本结构中减少债务或优先股的比重，即通过降低财务杠杆系数来实现一个适宜的总杠杆系数。

第三节　资本结构决策分析

资本结构决策是企业财务决策的核心内容之一。在做企业资本结构决策时，结合企业相关情况，分析有关因素的影响，运用一定方法，确定最佳资本结构。从理论上讲，最佳资本结构指企业在适度的财务风险条件下，使其预期的综合资本成本率最低，同时使企业价值最大的资本结构，它应作为企业的目标资本结构。

一、最优资本结构及其影响因素

（一）最优资本结构的判断标准

从理财人员的角度来讲，寻找最优的资本结构一直是其一大期待，因为这样就可以对资本结构实施有效控制。最优资本结构应当与企业的理财目标紧密结合，同时还要充分考虑理财环境中各种可能的变化。按照现代财务理论，最广为接受的理财目标是企业价值最大化，要达到这一目标，企业就必须合理确定并不断优化其资本结构，使企业的资金得到充分而有效的使用。因此，从这一角度出发，企业的最优资本结构应是实现企业价值最大化，并同时实现资本成本最小化的统一的点上。

（二）企业确定最优资本结构应考虑的因素

从理论上讲，每个企业均应有其最佳资本结构，但是，实际上，企业却难以准确地确定这个最佳资本结构。其原因在于：一是理论上的最佳资本结构取决于各种假定条件的正确性和可靠性；二是企业生产经营过程中的情况比较复杂，很难完全符合理论上的假定条件。尽管如此，作为一个现代企业，为逐步提高筹资效益，降低筹资成本，优化筹资结构，仍然有必要确定一个适合企业发展的相对最佳的资本结构。

企业在确定其最佳资本结构时应考虑以下一些重要因素。

（1）企业经营者与所有者的态度。股权比较集中的企业的所有者往往不愿分散其控制权，故不愿因增发新股而要求经营者去举债。从经营者的角度来看，一旦发生财务危机，其职务和利益将受到重大影响，故经营者可能较少使用财务杠杆，以尽量降低债务资金的比例。因此，经营者与所有者在资本结构这个重大问题上是有矛盾的，企业财务人员对此往往无能为力。被大股东控制的企业资本结构的最终决定权在所有者或其代表（如董事会）手中。

股权比较分散的企业由于其投资者众多，很难就企业资本结构达成一致意见，因此，这类企业的资本结构的决定权在经营者手中。经营者的风险态度决定着其资本结构中债务资金所占比重的大小。工作方式稳健和风险意识不强的经营者一般比较注重企业的资本结构，尽量保持现有的资本结构，不会为追求较高的财务杠杆作用而使企业的负债比例过高，他们不会去冒很大风险来追求理想中的资本结构，但可能因过于谨慎而不能充分利用财务杠杆为企业增加净利润。那些承受风险能力强，比较乐于显示经营业绩和才能的经营者则会敢冒风险，过分追求财务杠杆作用，从而选择负债比重较大的资本结构，使企业的潜在风险增加。

（2）企业信用等级与债权人的态度。企业能否以借债的方式筹资和能筹集到多少资金不仅取决于企业经营者和所有者的态度，而且取决于企业的信用等级和债权人的态度。如果企业的信用等级不高，而且负债率已经较高，那么，即使企业的管理部门对本企业的前途充满信心，试图在超出企业偿债能力的条件下运用财务杠杆，债权人也不愿意向企业提供信用，从而使企业无法达到它所希望的负债水平。

（3）政府税收。因为利息费用可以在应税所得额中合法抵扣，所以，所得税税率越高，利息的抵税效果就越明显，因而，企业举债的愿望就越强。如果企业所在国的所得税税率较高，那么，其资本结构中债务资金的比重就会大一些。当然，企业还要分析其折旧抵税效果的好坏，如果折旧抵税效果明显，则企业就没有必要过多负债，以避免承受较大的财务风险。企业必须详细了解、分析国家税收政策及有关规定，以保证真正从中受益。

（4）企业的盈利能力。盈利能力强的企业可以产生大量的税后利润，其内部积累可以在很大程度上满足企业扩大再生产的资本需求，对债务资金的依赖程度较低。

（5）企业的资产结构。资产结构指企业全部资产的构成及其比例关系，即资产负债表中各类资产项目占总资产的比重及其之间的比例关系。资产结构状况在一定程度上反映了企业的经营性质、经营方向和经营规模。不同的资产结构必然要有相应的资本结构与之相适应，只有这样，才能保证企业正常生产经营活动的开展。一般说来，固定资产等长期资产占较大比重的企业，其资本结构中应有较大份额的股权资本，而流动资产占较大比重的企业，则应有较多的债务资金来支撑。具体地说，在技术密集型企业的资产中，固定资产所占比重较高，总资产周转速度较慢，在这些企业中，必须有相当数量的股权资本作后盾。劳动密集型企业的流动资产所占比重很大，资本周转速度快，这些企业对负债，特别是短期负债很青睐。可以说，资产结构是由企业的经营性质决定的，是一种客观存在。资本结构是企业理财的结果，是由主观因素决定的。根据客观决定主观之基本原理，企业已经存在或预计将要达到的资产结构是决定其资本结构的重要因素之一。

（6）企业的成长性。企业成长性一般可用销售增长率来度量。成长性好的企业，在固定成本既定的情况下，息税前利润会随销售的增长而更为快速地增长。因此，一般来说，企业成长性越强，预期利润增长越快，就可以更多地负债。不过，企业成长过程的稳定性或波动性也是影响企业资本结构形成的一个重要方面。企业成长过程的波动性越大，说明企业经营风险越大，预期利润就越不稳定。这样的企业就应对负债持更为慎重的态度。

（7）理财水平。一个善于理财的企业可使投入生产经营的资本顺利实现正常的循环和周转，使资产配置合理，并保持良好的流动性，从而促进资本利用效果不断提高，这样的企业对负债的按期还本付息将不会发生财务上的困难，即不会出现"财务上无力清偿"的情况。因而，可较多地通过负债筹资，提高资本结构中债务资金的份额。反之，如果企业的理财水平较低，在生产经营的一些环节形成了积压、浪费，那么就会降低其支付能力。在这样的企业资本结构中，债务资金比重越大，其财务上的困难就越多，因而不宜过多地负债筹资。

（8）法律限制。法律对企业的筹资行为是有限制的。比如《中华人民共和国证券法》规定：企业公开发行债券，需要足最近三年平均可分配利润足以支付公司债券一年的利息。这就使得企业资本结构中的债券比重受到限制。

（9）利率水平的变动趋势。利率水平的变动趋势也会影响企业的资本结构。如果公司的财务管理人员认为目前的利率较低，但不久的将来有可能上升，则会增加发行长期债券，从而在若干年内把利率固定在较低水平。在这种情况下，企业资本结构中的债务资金所占比重会上升。

（10）行业因素和企业规模。不同行业的资本结构差别很大。一般而言，从事公用事业的企业有责任提供持续不断的服务，因而其在运用财务杠杆时就谨慎得多，举债较少。从日本和美国的制造业和非制造业的情况来看，制造业的负债率较低，非制造业的负债率较高。此外，企业规模不同，其资本结构也有区别：企业规模越大，筹资的方式越多，因而负债比率一般较低；而一些中小企业筹资方式比较单一，主要靠银行借款来解决资金需求，所以负债比率一般较高。

二、资本结构决策

资本结构决策是企业财务决策的重要组成部分。企业应综合考虑有关影响因素，运用适当的方法确定最佳资本结构，并在以后追加筹资时继续保持。若发现目前的资本结构不合理，则应通过有效的手段进行调整，使其趋于合理，以达到最优化。

（一）企业资本结构的决策方法

企业资本结构决策就是要确定最佳资本结构。毫无疑问，最佳资本结构是一个理性的理财者所追求的目标，因此又称为目标资本结构。在确定企业的最佳资本结构时，可以采用每股收益分析法、资本成本比较法和公司价值比较法等定量评价方法。

1. 每股收益分析法

资本结构是否合理可以通过每股收益的变化进行分析。一般而言：凡是能够提高每股收益的资本结构都是合理的（实际上未考虑因每股收益提高而相应增加的风险）；反之，则认为不合理。每股收益分析法就是在息税前利润的基础上，通过比较不同资本结构方案的普通股每股收益的大小，来选择最佳资本结构或评价债务资本与权益资本如何安排更为合理，也叫EBIT-EPS分析法。

这种方法侧重于从资本的产出角度来分析资本结构。在具体应用时，需要引入不同筹资方案之间的临界点（无差别点）概念。不同筹资方案之间的临界点（无差别点）指每股收益（EPS）不受融资方式影响的企业息税前利润（EBIT）水平。EBIT与EPS之间的关系可以用下式来表示：

$$EPS = \frac{(EBIT - I)(1 - T)}{N}$$

式中，I为负债的利息支出；T为公司所得税率；N为普通股股数。

对于一套拥有债务和权益两种融资方式的备选方案而言，若以EPS_1代表负债融资，以EPS_2代表权益融资，则有

$$EPS_1 = EPS_2$$

假设临界点（无差别点）的息税前利润为$\overline{EBIT}$，则有以下等式：

$$\frac{(\overline{EBIT} - I_1)(1 - T)}{N_1} = \frac{(\overline{EBIT} - I_2)(1 - T)}{N_2}$$

企业管理人员可根据上式计算出不同筹资方案间的临界点（无差别点）。如果企业预计息税前利润大于无差别点息税前利润，那么，企业就应该选择债务比例较高的筹资方案；反之，则应选择债务比例较低的筹资方案。

【例14-19】某公司现有资本总额8500万元，其中：债务资本1000万元，债务利息率为10%；普通股7500万元，普通股股数目前为1000万股。为扩大经营规模，公司准备追加筹资1500万元，有A、B两种筹资方案：A方案为增发普通股票200万股，B方案为增加1500万元负债。假定无论哪种方案，增资后均可使公司年息税前利润达到800万元，所得税率为25%，有关数据如表14-11所示。

表14-11　该公司追加筹资前后的资本结构　　单位：万元

项　　目	公司目前资本结构	公司追加筹资后的资本结构	
		A　方　案	B　方　案
债务	1000	1000	2500
普通股	7500	9000	7500
资本总额	8500	10 000	10 000

根据上述资料，可计算不同追加筹资方案实施后，对该公司普通股每股收益的影响，如表14-12所示。

表14-12　不同方案增资后的每股收益计算　　单位：万元

项　　目	A　方　案	B　方　案
息税前利润	800	800
减：债务利息	100	250
减：所得税	175	137.5
税后净利	525	412.5
普通股股数/万股	1200	1000
普通股每股收益/元	0.44	0.41

由表14-12可以看出，采用不同方式追加筹资后，引起了公司资本结构的变化，同时会导致普通股每股收益的大小不同。本例中，在息税前利润为800万元的条件下：若增发普通股股票，则会使普通股每股收益预期为0.44元；若增加负债，则普通股每股收

益预期为0.41元。这表明，从每股收益立场来看，该公司应采用A方案增资，即资本结构中债务资本与权益资本为1∶9较为理想。

需要指出的是，上述选择是在息税前利润限定为800万元的前提下做出的。那么，息税前利润为多少时，会对筹资方案的选择产生"转折性"变化呢？这就需要利用每股收益无差别点（$\overline{EBIT}$）来判断，可计算如下：

$$\frac{(\overline{EBIT}-1000\times10\%)\times(1-25\%)}{1200}=\frac{(\overline{EBIT}-2500\times10\%)\times(1-25\%)}{1000}$$

解之：

$$\overline{EBIT}=1000（万元）$$

计算表明，当预期息税前利润为1000万元时，增发普通股和增加负债两种方案的每股收益相等。在本例中，由于息税前利润预计为800万元（＜$\overline{EBIT}$），故应选择A方案，即应增发普通股筹资。

【例14-20】某公司现有资本总额1000万元，其结构为10%的长期债券400万元，普通股600万元（60万股）。现拟追加筹资500万元，有以下三种方案可供选择。

甲方案：发行长期债券500万元，年利率为12%。

乙方案：发行长期债券300万元，年利率12%，发行普通股200万元（20万股）。

丙方案：发行长期债券100万元，年利率10%，发行优先股100万元，年股息率5%，发行普通股300万元（30万股）。

假定该企业预计的息税前利润为180万元，所得税率为30%，试问何种资本结构最佳？

首先，将甲方案与乙方案进行比较，求出第一个无差别点。

$$\frac{(\overline{EBIT}_1-100)(1-30\%)}{60}=\frac{(\overline{EBIT}_1-76)(1-30\%)}{80}$$

得 $\overline{EBIT}_1=172(万元)$。

如果该企业只有甲、乙两个资本结构方案，则当预计息税前利润为180万元时（大于无差别点），负债比例较大的方案，即甲方案最佳。

其次，将甲方案与丙方案进行比较，求出第二个无差别点：

$$\frac{(\overline{EBIT}_2-100)(1-30\%)}{60}=\frac{(\overline{EBIT}_2-50)(1-30\%)-5}{90}$$

得 $\overline{EBIT}_2=185.71(万元)$。

如果该企业只有甲、丙两个资本结构方案，则当预计息税前利润为180万元时（小于无差别点），负债比例比较小的方案，即丙方案最佳。

最后，将乙方案与丙方案进行比较，求出第三个无差别点。

$$\frac{(\overline{EBIT}_3-76)(1-30\%)}{80}=\frac{(\overline{EBIT}_3-50)(1-30\%)-5}{90}$$

得 $\overline{EBIT}_3=226.86(万元)$。

如果该企业只有乙、丙两个资本结构方案，则当预计息税前利润为180万元时（小于无差别点），负债比例较小的方案，即丙方案最佳。

综合以上计算分析结果，当预计息税前利润为180万元时，在三种资本结构方案中，丙方案最佳，甲方案次之，乙方案最差。这一点可以从图14-1中明显看出。

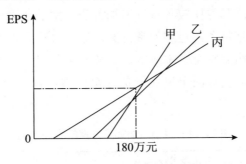

图14-1　三种资本结构方案的比较

资本成本比较法在资本成本计量原理的基础上，通过计算和比较各种预设资本结构方案的加权平均资本成本，选择加权平均资本成本最低的那个方案所设定的资本结构为企业最佳资本结构。这种方法侧重于从资本投入的角度对资本结构进行优选分析评价。

企业的资本结构决策可分为初始资本结构决策和追加资本结构决策两种。

（1）初始资本结构决策

企业对拟定的筹资总额可以采取多种筹资方式筹集，同时，每种筹资方式的数额亦可有不同的安排，由此形成不同的资本结构可供选择，现举例说明。

【例14-21】某公司需筹集10 000万元的长期资本，可以通过银行借款、发行债券、发行普通股票三种方式筹措，其个别资本成本已分别测定，并在该融资规模内保持不变，有关资料如表14-13所示。

表14-13　公司资本结构与资本成本数据　　　　　　　　　　　单位：%

融资方式	资本结构			个别资本成本
	A方案	B方案	C方案	
长期借款	40	30	20	6
债券	10	15	20	8
普通股	50	55	60	9
合计	100	100	100	—

根据资料，分别计算三种方案的加权平均资本成本（K_w），如下：

A方案：K_w=40%×6%+10%×8%+50%×9%=7.7%

B方案：K_w=30%×6%+15%×8%+55%×9%=7.95%

C方案：K_w=20%×6%+20%×8%+60%×9%=8.2%

由以上计算可以看出，A方案的加权平均资本成本最低，这就表明，在其他有关因素大体相同的情况下，该公司的最佳资本结构应为长期借款400万元、债券100万元、普通股500万元。

（2）追加资本结构决策

企业在持续的生产经营过程中，因扩大业务或对外投资的需要，有时需要追加筹资。因追加筹资及筹资环境的变化，企业原有的资本结构就会发生变化，从而原定的最佳资本结构也未必仍是最优的。因此,企业应在资本结构不断变化中寻求其最佳值,保持资本结构的最优化。一般而言,按照最佳资本结构的要求,选择追加筹资方案可有两种方法:一种方法是直接测算比较各备选追加筹资方案的边际资本成本,从中选择最优筹资方案;另一种方法是将备选追加筹资方案与原有最优资本结构汇总,测算各追加筹资条件下,汇总资本结构的综合资本成本,比较确定最优追加筹资方案。

【例14-22】某公司现有两个追加筹资方案可供选择,有关资料整理后如表14-14所示。

表14-14 两个追加筹资方案的有关数据　　　　　　　　　单位:万元

筹资方式	追加筹资方案A		追加筹资方案B	
	追加筹资额	资本成本(%)	追加筹资额	资本成本(%)
长期借款	2500	7.0	3000	7.5
优先股	1000	13.0	1000	13.0
普通股	1500	16.0	1000	16.0
合计	5000	—	5000	—

追加筹资方案的边际资本成本也要按加权平均法计算,根据表14-14所列资料,两个追加筹资方案的边际资本成本计算如下:

方案A:

$$2500÷5000×7\%+1000÷5000×13\%+1500÷5000×16\%=10.9\%$$

方案B:

$$3000÷5000×7.5\%+1000÷5000×13\%+1000÷5000×16\%=10.3\%$$

两个追加筹资方案相比,方案B的边际资本成本低于方案A,因此,追加筹资方案B优于方案A。

该企业原有的资本结构为长期借款7000万元,债券1500万元,优先股1500万元,普通股(含留用利润)10 000万元,资本总额20 000万元。现将其与追加筹资方案A、B汇总列示于表14-15。

表14-15 初始筹资和追加筹资方案的资本成本和资本结构　　　　单位:万元

筹资方式	原资本结构		追加筹资方案A		追加筹资方案B		追加筹资后的资本结构	
	资本额	资本成本(%)	追加筹资额	资本成本(%)	追加筹资额	资本成本(%)	方案A	方案B
长期借款	5000	6.5	2500	7.0	3000	7.5	7500	8000
债券	2500	8	—	—	—	—	2500	2500
优先股	2500	12	1000	13.0	1000	13	3500	3500
普通股	10 000	16	1500	16.0	1000	16	11 500	11 000
合计	20 000		5000	10.9	5000	10.3	25 000	25 000

下面我们采用最优追加筹资方案的第二种方法,对第一种方法的选择结果做一个验证。

①若采用方案A，则追加筹资后的综合资本成本计算为

$$\frac{5000}{25\,000}\times6.5\%+\frac{2500}{25\,000}\times7\%+\frac{2500}{25\,000}\times8\%+\frac{2500}{25\,000}\times12\%+$$

$$\frac{1000}{25\,000}\times13\%+\frac{10\,000+1500}{25\,000}\times16\%=11.88\%$$

②若采用方案B，则追加筹资后的综合资本成本计算为

$$\frac{5000}{25\,000}\times6.5\%+\frac{3000}{25\,000}\times7.5\%+\frac{2500}{25\,000}\times8\%+\frac{2500}{25\,000}\times12\%+$$

$$\frac{1000}{25\,000}\times13\%+\frac{10\,000+1000}{25\,000}\times16\%=11.76\%$$

在以上计算中，根据同股同利原则，原有普通股应按新普通股的资本成本计算其加权平均数。这里假定股票的成本与报酬等价。

③比较两个方案追加筹资后，两个新资本结构下的综合资本成本，结果是方案B追加筹资后的综合资本成本低于方案A追加筹资后的综合资本成本。因此，追加筹资方案B优于方案A。

由此可见，该企业追加筹资后，虽然改变了资本结构，但经过科学的测算，做出正确的筹资决策，企业仍可保持其资本结构的最优化。

2. 公司价值比较法

这种方法是在充分反映公司财务风险的前提下，以公司价值的大小为标准，经过测算，确定公司最佳资本结构的方法。与资本成本比较法和EBIT-EPS分析法相比，公司价值比较法充分考虑了公司的财务风险和资本成本等因素的影响，进行资本结构的决策以公司价值最大化为标准，更符合公司价值最大化的财务目标，但其测算原理及测算过程较为复杂。通常用于资本规模较大的上市公司。

（1）公司价值的测算。在公司价值的内涵及其确定问题上，目前主要存在以下三种认识。

①公司价值等于其未来净收益（或现金流量，下同）按照一定折现率折现的价值，即公司未来净收益的折现值。用公式简要表示如下：

$$V=\frac{\text{EAT}}{K}$$

式中，V为公司的价值，即公司未来净收益的折现值；EAT为公司未来的年净收益；K为公司未来净收益的折现率。

这种测算方法的原理有其合理性，但不易确定的因素很多，主要有二：一是公司未来的净收益不易确定，在上列公式中还有一个假定，即公司未来每年的净收益为年金，事实上未必都是如此；二是公司未来净收益的折现率不易确定。因此，这种测算方法尚难以在实践中加以应用。

②公司价值是其股票现行市场价值。根据这种认识，公司股票的现行市场价值可按其现行价格来计算，故有其客观合理性，但还存在两个问题：一是公司股票受各种因素的影响，其市场价格处于经常的波动之中，每个交易日都有不同的价格，在这种现实条

件下，公司的股票究竟按哪个交易日的市场价格来计算，这个问题尚未得到解决；二是公司价值的内容是否只包括股票的价值，是否还应包括长期债务的价值，而这两者之间是相互影响的。如果公司的价值只包括股票的价值，那么就无须进行资本结构的决策，这种测算方法也就不能用于资本结构选择。

③公司价值等于其长期债务和股票的折现价值之和。与上述两种测算方法相比，这种测算方法比较合理，也比较现实。它至少有两个优点：一是从公司价值的内容来看，它不仅包括了公司股票的价值，还包括了公司长期债务的价值；二是从公司净收益的归属来看，它属于公司的所有者，即属于股东。因此，在测算公司价值时，这种测算方法用公式表示为

$$V = B + S$$

式中，V为公司的总价值；B为公司长期债务的折现价值；S为公司股票的折现价值。

为简化测算起见：设长期债务（含长期借款和长期债券）的现值等于其面值（或本金）；股票的现值按公司未来净收益的折现现值测算，测算公式如下：

$$S = \frac{(\text{EBIT} - I)(1 - T)}{K_\text{S}}$$

式中，S为公司股票的折现价值；EBIT为公司未来的年息税前利润；I为公司长期债务年利息；T为公司所得税率；K_S为公司股票资本成本。

（2）公司资本成本的测算。在公司价值测算的基础上，如果公司的全部长期资本由长期债务和普通股组成，则公司的全部资本成本，即综合资本成本按下列公式测算。

$$K_\text{w} = K_\text{B}\left(\frac{B}{V}\right)(1 - T) + K_\text{S}\left(\frac{S}{V}\right)$$

式中，K_w为公司综合资本成本；K_B为公司长期债务税前资本成本，可按公司长期债务年利息率计算；K_S为公司普通股资本成本。

通过运用上述原理测算公司的总价值和综合资本成本，即可以公司价值最大化为标准比较确定公司的最佳资本结构。

【例14-23】某公司目前的资本总额全部由普通股资本组成，普通股账面价值1000万元，所得税税率40%，预计年息税前利润为300万元。该公司认为目前的资本结构不合理，拟改变目前的资本结构，准备用发行债券的办法回购部分股票以调整资本结构，有关债务利率和权益资本情况如表14-16所示。根据表14-16所列资料，计算公司价值及加权平均资本成本。

表14-16 公司不同长期债务水平下的债务年利率和普通股资本成本率

债务资金规模（万元）	税前债务资本成本 K_B（%）	β系数	无风险报酬率 RF（%）	股票市场平均报酬率RM（%）	权益资本成本K_S（%）
0		1.20	10	15	16.00
100	8	1.40	10	15	17.00
200	10	1.60	10	15	18.00

债务资金规模（万元）	税前债务资本成本 K_B（%）	β系数	无风险报酬率 RF（%）	股票市场平均报酬率RM（%）	权益资本成本K_S（%）
300	12	1.90	10	15	19.50
400	14	2.20	10	15	21.00
500	16	2.50	10	15	22.50

①计算公司价值

当B=100万元时，$S = \dfrac{(300-100\times8\%)(1-40\%)}{17\%}=1031$（万元）

$$V=B+S=100+1031=1131（万元）$$

②计算加权平均资本

$$\text{WACC} = 8\%\times\frac{100}{1131}\times(1-40\%)+17\%\times\frac{1031}{1131}=15.92\%$$

按照同样的方法，可以计算出不同债务水平下，公司的股票价值和总价值，以及对应的公司加权平均资本成本，计算结果参见表14-17，根据结果可以对公司的总价值与加权平均资本成本进行比较，以确定公司的最佳资本结构。

表14-17 不同债务规模下的公司价值和公司加权平均资本成本

债务资金规模（万元）	股票市场价值（万元）	公司价值（万元）	税前K_B（%）	K_S（%）	WACC（%）
0	1125	1125		16.00	16.00
100	1031	1131	8	17.00	15.92
200	933	1133	10	18.00	15.88
300	812	1112	12	19.50	16.18
400	697	1097	14	21.00	16.41
500	587	1087	16	22.50	16.57

从表14-17中我们可以看出，在负债为0时，公司总价值就是其股票的市场价值。随着负债额的增加，公司价值也在上升，当负债额为200万元时，公司价值达到最高，加权平均资本成本最低，当负债额超过200万元后，公司价值开始下降，加权平均资本成本开始上升。因此，负债额为200万元时的资本结构为公司最佳资本结构。

需要指出的是，在现实生活中，财务人员常常使用每股收益分析法来衡量筹资方式的优劣，并对资本结构进行决策。但这种方法的缺陷在于没有考虑风险因素。从根本上讲，财务管理的目标在于追求公司价值最大化或股价最大化。然而，只有在风险不变的情况下，每股收益的增长才会直接导致股价的上升，实际上，经常是随着每股收益的增长，风险也随之加大。如果每股收益的增长不足以补偿风险增加所需的报酬，那么，虽然每股收益增加，但股价仍然会下降。所以，从理论上讲，公司的最佳资本结构应是可使公司总价值最高，而不一定是每股收益最大的资本结构。同时，有关实证研究表明，在公司总价值最大的资本结构下，公司的加权平均资本成本也是最低的。

（二）资本结构调整的方法

在企业财务管理实践中，当发现现有的资本结构不合理时，可采用以下方法进行调整：

（1）债转股。当企业资产负债率过高时，通过与现有的债权人进行协商的办法来改善资本结构。对于可转换债券来说，可以设计赎回条款，以敦促债权人尽快行使转换权。

（2）从外部取得增量资本，如发行新债券、举借新贷款、进行融资租赁、发行新的股票等。

（3）调整现有负债结构。与债权人协商，将短期负债转为长期负债，或将长期负债列入短期负债，收回发行在外的可提前收回债券。还可采用债务托管、债务转移负担等方法降低公司负债水平。

（4）调整权益资本结构，如优先股转换为普通股、股票回购减少公司股本等。

（5）兼并其他企业、控股其他企业或进行企业分立，改善企业的资本结构。

思考题

1. 早期的资本结构理论的主要观点是什么？缺陷是什么？

2. 如何理解资本成本对企业财务管理的作用？

3. 为什么说"经营风险是不可避免的，而财务风险是可选择的"？

4. 比较分析每股收益分析法、资本成本比较法和公司价值比较法在基本原理和决策标准上的异同之处。

练习题

1. 某公司发行面值为1000元、期限为8年、票面利率为15%的每年付息，到期还本的长期债券，发行价格为1100元，所得税率为25%。计算该债券的资本成本。

2. 公司由于业务经营的需要，需借入三年期资金为150万元的借款。银行要求其维持15%的补偿性余额，借款年利率为12%。假定所得税率为25%。

（1）公司向银行申请的借款金额为多少时，才能满足业务需要？

（2）计算该笔借款的实际资本成本。

3. 某公司拟筹集资本总额5000万元，其中：发行普通股1000万股，每股面值1元，发行价格2.5元，筹资费用100万元，预计下一年每股股利0.4元，以后每年增长5%；向银行长期借款1000万元，年利率10%，期限3年，手续费率0.2%；按面值发行3年期债券1500万元，年利率12%，发行费用50万元，所得税率为25%。计算该公司的加权平均资本成本。

4. 某公司拥有长期资金500万元，其中，长期借款200万元，普通股300万元。该资本结构为公司理想的目标结构。公司拟筹集新的资金，并维持目前的资本结构。预计随筹资额增加，各种资本成本的变化如表14-18所示。

表14-18 各种资本成本的变化

资 金 种 类	新 筹 资 额	资 本 成 本
长期借款	50万元及以下	6%
	50万元以上	8%
普通股	80万元及以下	12%
	80万元以上	14%

计算各筹资总额的突破点及相应各筹资范围的边际资本成本。

5. 某企业资本总额为250万元，负债比率为40%，负债利率为10%，该企业的年度销售额为320万元，固定成本为48万元，变动成本率为60%，所得税率为25%。

（1）计算保本点的销售额。

（2）计算经营杠杆系数、财务杠杆系数、复合杠杆系数。

6. 某公司目前发行在外普通股100万股（每股1元），已发行10%利率的债券400万元。该公司打算为一个新的投资项目融资500万元，新项目投产后，公司每年的息税前利润增加到200万元。现有两个方案可供选择：按12%的利率发行债券（方案1）；按每股20元发行新股（方案2），公司适用所得税率25%。

（1）计算两个方案的每股收益。

（2）计算两个方案的每股收益无差别点的息税前利润。

（3）计算两个方案的财务杠杆系数。

（4）根据计算结果，判断那个方案最优。

扩展阅读 14.1

案例分析

第十五章 股利理论与政策

本章学习提示

本章重点：股利理论、股利政策的评价与选择、影响股利政策的因素。

本章难点：股利政策的评价与选择。

本章导读

GL公司成立至今已有30多年，发展迅速，高速增长，在所处行业位居前列。2019年4月25日，公司披露2018年年报，该年度营业收入148 286亿元，同比增长37%，净利润22 402亿元，同比增长45%，创出历史新高，基本每股收益372元，现金充足。然而，2018年，公司宣布本年度没有分红计划。自从1997年上市以来，这是公司20年内第二次没有分红，距2008年首次未分红已有11年之久。受此消息冲击，2019年4月26日，公司股票跌停，2019年4月27日，股票收跌329%。两日之内，市值蒸发近200亿元。

这一案例说明：股利分配及政策是股份公司非常重要的决策，稍有考虑不周，便会影响公司形象和公司价值。因此，公司需要根据现行的财务状况和未来的企业发展需要，对股利政策进行合理选择，以决定股利分配方案。

资料来源：作者根据GL公司年报及相关资料整理。

第一节　股利理论

股利理论是研究股利分配及政策与公司价值（含股票价格）关系的理论，具体可以分为两大理论：股利无关论和股利相关论。

一、股利无关论

股利无关论认为公司的股利分配及政策不会影响公司价值。该理论是由美国经济学家米勒和莫迪利亚尼于1961年首先提出的，也被称为MM股利无关论。MM理论认为，在满足一定假设的前提下，企业的股利分配及政策与企业价值无关。这些假设包括：①公司的投资政策确定，且为投资者所理解；②股票的发行和交易费用不存在；③公司所得税或个人所得税不存在；④信息不对称的情形不存在；⑤经理与外部投资者之间不存在代理成本。

具体来说，股利无关论的观点如下。①投资者不关心公司股利的分配。如果公司留存较多的利润用于再投资，那么就会导致公司股票价格上升，此时，尽管股利较低，但投资者可以通过出售股票来换取现金，以满足对现金的需要。②股利的支付比率不影响公司的价值。既然投资者不关心股利的分配，那么，公司的价值就完全由其投资政策及获利能力所决定，所以，公司盈余在股利和保留盈余之间的分配比例并不影响公司的价值，既不会使公司价值增加，也不会使公司价值降低。股利无关论是在完美资本市场的假设下提出的，如果放宽这些假设条件，则股利政策就会显现出对公司价值（或股票价格）的影响。

二、股利相关论

股利相关论认为，在现实市场环境下，公司的利润分配及政策会影响公司价值（含股票价格），因此，公司价值与股利政策是相关的。代表性观点主要有"在手之鸟"理论、税差理论、信号传递理论、代理理论等。

（一）"在手之鸟"理论

"在手之鸟"理论的主要代表人物是迈伦·戈登和约翰·林特纳。该理论认为，由于公司的未来经营活动存在诸多不确定性，投资者会认为现在获得股利的风险低于将来获得资本利得的风险，因此，出于对风险的回避，股东更喜欢确定的现金股利，这样，公司如何分配股利就会影响股票价格和公司价值，即公司价值与股利政策是相关的。当公司支付较少的现金股利而留用较多的利润时，就会增加投资者的风险，股东要求的必要投资报酬率就会提高，从而导致股票价格和公司价值下降；当公司支付较多的现金股利而留用较少的利润时，就会降低投资者风险，股东要求的必要报酬率就会降低，从而促使股票价格和公司价值上升。

"在手之鸟"理论广为流行，但是，也有学者对这种理论提出了批评，他们指出：一方面，"在手之鸟"理论混淆了投资决策和股利政策对公司风险的不同影响，另一方面，认为资本利得的风险高于股利的风险是不符合实际情况的，并将"在手之鸟"理论称为"在手之鸟谬论"。批评者认为，用留用利润再投资形成的资本利得风险取决于公司的投资决策，与股利支付率高低无关。在投资决策一定的情况下，公司如何分配利润并不会改变公司的投资风险。股东在收到现金股利后，仍然可以根据自己的风险偏好进行再投资。例如，他们可以用现金股利重新购买公司发行的新股来进行再投资。因此，投资者所承担的风险最终由公司的投资决策决定，不受股利政策影响。当然也不能想当然地认为，资本利得的风险一定高于股利的风险。

（二）税差理论

股利无关论假设不存在所得税，在这种情况下，公司的股利支付比例并不重要。但是，如果对现金红利和资本利得课以不同的税赋，如现金股利的税赋高于资本利得的税赋，那么，在公司及投资者看来，支付现金股利就不再是最优的股利分配政策。

税差理论强调税收在股利分配中对股东财富的重要作用。当股利收益税率与资本利得税率存在差异时，将促使股东在继续持有股票以取得预期资本利得与立即实现股利收益这两者之间进行权衡。税差理论认为，当不考虑股票交易成本，同时，股利所得税率高于资本利得税率时，分配现金股利的比率越高，股东的纳税负担越重，这时，企业应采取低现金股利支付率政策，以提高留存收益再投资的比率，使股东在实现未来的资本利得中享有税收节省的好处。如果存在股票交易成本，即当资本利得税与交易成本之和大于股利收益税时，股东会倾向于企业采用高现金股利支付率政策。

（三）信号传递理论

股利无关论假设投资者可以自由地、免费地获取各种信息，且投资者和公司管理层之间的信息是对称的。但在现实生活中，投资者与公司管理层之间存在信息不对称，公司管理层拥有更多公司发展前景的内部信息，而投资者处于信息劣势，对公司未来的发展前景、经营状况和风险情况等信息，他们知道得较少。

信号传递理论认为，在投资者与管理层信息不对称的情况下，股利政策包含公司经营状况和未来发展前景的信息，投资者在这些信息中可以捕捉公司未来盈利能力的变化趋势，以决定是否投资其股票，从而引起股票价格的变化。因此，股利政策的改变会影响股票价格，二者存在相关性，实证研究的结果也证实了这一结论。如果公司提高股利支付水平，那么就等于向市场传递了利好信息，投资者会据此认为公司未来的盈利水平将提高，管理层对公司的未来发展前景有信心，从而投资购买公司股票，引起股票价格上涨；如果公司以往的股利支付水平一直比较稳定，现在突然降低股利支付水平，那么就等于向市场传递了利空信息，投资者会据此对公司做出悲观的判断，从而出售股票，导致股票价格下跌。因此，信号传递理论认为，稳定的股利政策向外界传递了公司经营状况稳定的信息，有利于公司股票价格的稳定，所以，公司在制定股利政策时，应考虑市场反应，避免传递的信息被投资者误解。

（四）代理理论

股东、债权人、经理人员等企业利益相关者的目标并不完全一致，他们在追求自身利益最大化的同时，有可能会牺牲另一方的利益，这种利益冲突关系反映在公司股利分配的决策过程中就表现为不同形式的代理成本：反映两类投资者之间利益冲突的是股东与债权人之间的代理关系；反映股权分散情形下内部经理人员与外部分散投资者之间利益冲突的是经理人员与股东之间的代理关系；反映股权集中情形下控制性大股东与外部中小股东之间利益冲突的是控股股东与中小股东之间的代理关系。

1. 股东与债权人之间的代理冲突

股东在进行投资与融资决策时，可能会为了增加自身的财富而选择加大债权人风险的政策，如通过发行债务来支付股利，或者为了发放股利而拒绝净现值为正的投资项目。当股东与债权人之间存在代理冲突时，债权人为了保护自身利益，会希望企业采取低股利支付率政策，即采取多留存、少分配的股利政策，以保证企业拥有较为充裕的现金，避免发生债务支付困难的情形。因此，债权人在与企业签订借款合同时，通常会制定约束性条款，以制约企业发放股利的水平。

2. 经理人员与股东之间的代理冲突

当企业拥有较多的自由现金流时，企业经理人员可能会把资金投资于低回报项目，或者为了取得个人私利而追求额外的津贴，以及在职消费等。因此，当经理人员与股东之间存在代理冲突时，高股利支付率的股利政策有利于降低上述自由现金流过多而导致的代理成本。实施多分配少留存的股利政策，既有利于抑制经理人随意支配自由现金流的代理成本，也有利于满足股东取得股利收益的愿望。

3. 控股股东与中小股东之间的代理冲突

现代企业股权结构的一个显著特征是所有权与控制权集中于一个或少数几个大股东手中，企业管理层通常由大股东直接出任或直接指派，因此，管理层与控股股东在利益上趋于一致。在这种情况下，企业就会发生控股股东与中小股东之间的代理冲突。凭借过度集中的控制权，控股股东有可能，也有能力通过各种手段侵害小股东的利益，股利分配就是其中很重要的一种手段。当法律制度较为完善，对外部投资者的利益保护受到高度重视时，可以促使企业实施较为合理的股利分配政策，这时，大股东的代理成本会被有效降低。反之，当法律制度建设滞后，对外部投资者的利益保护重视程度较低时，控股股东会忽视基于所有权的正常股利分配，转而通过控制权对中小股东的利益进行侵占，甚至会因过多的利益侵占导致企业缺乏可供分配的现金。因此，在外部投资者利益保护程度较低的情况下，为减少控股股东的利益侵害，中小股东一般希望企业采用少留存、多分配的股利政策。为向外部中小投资者传递自身盈利前景与企业治理状况良好的声誉信息，企业也乐于采用少留存、多分配的股利政策。

第二节 股利政策选择

一、股利政策类型

股利政策是在支付给股东的盈余与留在企业的保留盈余之间进行决策的政策。因此，股利政策既决定给股东分配多少红利，又决定有多少净利润留在企业。减少股利分配会增加保留盈余，从而减少外部筹资。因此，企业应针对自身的实际情况，考虑影响股利政策的多种因素，权衡利弊得失，选择最佳的股利政策。常用的股利政策主要有以下几种类型。

（一）剩余型股利政策

1. 剩余型股利政策的内容

剩余型股利政策指企业在分配税后利润，确定股利支付率时，首先考虑盈利性投资项目的资金需要，将可供分配的税后利润先用于满足投资项目所需的权益性资金：如果有剩余，则将剩余的税后利润用于发放股利；如果没有剩余，则不发放股利。这种政策主要考虑未来投资机会的影响，即当企业面临良好的投资机会时，在目标资金结构既定的约束下，最大限度地使用留存收益，以满足投资方案所需的自有资金数额。

2. 剩余型股利政策的主要步骤

第一步：确定最佳资本结构，即确定权益资本和债务资本的最佳比率，此时，综合资本成本最低。

第二步：在最佳目标资本结构约束下，确定投资项目所需增加的权益资本数额。

第三步：最大限度地使用公司盈余，满足最佳资本结构下投资方案所需的权益资本数额。

第四步：在投资方案所需权益资本满足后，如果还有盈余，则作为股利发放给股东。

【例15-1】 某公司上年税后利润600万元，今年年初，公司讨论决定股利分配的数额。预计今年需增加投资资本800万元。公司目前的权益资本占60%，债务资本占40%，该比例符合公司的目标资本结构，今年将继续保持。要求：在公司采用剩余型股利政策时，计算公司应分配多少现金股利。

$$应分配的现金股利 = 600 - 800 \times 60\% = 120（万元）$$

3. 采用剩余型股利政策的理由

一般来说，目标资本结构是企业的最优资本结构，即资本成本最低，企业价值最高。因此，采用剩余型股利政策的最根本理由就是保持理想的资本结构，使加权平均资本成本最低，从而实现公司价值的最大化。

4. 剩余型股利政策的优缺点

这种政策的主要优点是，在公司有着良好的投资机会时，可以节省筹资成本，因为与外部筹资相比，将公司的留存收益直接进行再投资，可以节约时间，减少各种外部环节和手续，节省各类费用，包括利息开支。这种政策的主要缺点是，股利支付的多少取决于公司的盈利情况，以及公司的再投资情况，这在某种程度上造成了股利支付的不确定性。一方面，股利支付不确定不利于投资者的收支安排，另一方面，也不利于企业树立经营稳定的良好形象。

（二）固定型股利政策

1. 固定型股利政策的内容

固定型股利政策指在一个较长的时期内，不论经济情况如何，也不论公司经营状况好坏，每期都按固定的股利支付给股东。采用固定型股利政策的企业，大多属于收益比较稳定或正处于成长期、信誉较好的企业。

2. 固定型股利政策的优缺点

这种政策的主要优点是：固定的股利支付可以给投资者传递公司稳定发展的信息，从而有利于公司股票价格的稳定；固定的股利支付有利于投资者安排收入与支出，对固定股利有较强依赖性的股东更青睐固定股利政策。这种政策的主要缺点是：股利支付与企业盈利能力脱节，在盈利不佳的情况下采用这一政策，会减少公司的留存盈余，削弱公司的财务实力，可能会给公司的股票价格带来负面影响。

（三）增长型股利政策

1. 增长型股利政策的内容

增长型股利政策指在发放固定股利的基础上，公司根据经营情况使股利逐期增长，并努力做到多收益多分配、少收益照样分配。因此，采用增长型股利政策，对公司的盈余和现金要求比较高。

2. 增长型股利政策的优缺点

这种政策的主要优点是：有利于树立公司的良好形象，增强投资者对公司的信心，以及稳定或提高公司的股票价格。这种政策的主要缺点是：股利支付与公司的盈余脱节，当公司盈余较低时，采用这一政策可能会导致企业资金短缺、财务状况恶化。同时，为了保持股利支付的不断增长，可能需要推迟某些投资方案或暂时偏离目标资本结构，所以难以像剩余股利政策那样保持较低的资金成本。

（四）固定股利支付率政策

1. 固定股利支付率政策的内容

固定股利支付率政策指公司确定一个股利占盈余的比率，在较长时期内按照这一比率从税后利润中支付股利。采用固定股利支付率政策，股利支付与盈利状况保持稳定的比例，而每年的股利额却随公司盈余的波动而变化。当然，固定股利支付率不是随意确定的，需要根据公司的未来盈利状况和投资情况来确定。

2. 固定股利支付率政策的优缺点

这种政策的主要优点是：股利支付与公司盈余密切联系，体现了多盈多分、少盈少分、不盈不分的原则，对公司的财务压力较小。这种政策的主要缺点是：股利支付波动会给投资者传递公司发展不稳定的信息，从而影响投资者对公司成长的信心，一方面不利于股票价格稳定，另一方面不利于股东财富实现最大化。

（五）低正常股利加额外股利政策

1. 低正常股利加额外股利政策的内容

低正常股利加额外股利政策指在一般情况下，公司每年只支付固定的、数额较低的股利，当公司盈余较多时，再根据实际盈余情况，向股东临时发放一部分额外股利。

2. 低正常股利加额外股利政策的优缺点

这种政策的主要优点如下。第一，公司在支付股利方面具有充分的灵活性。当公司盈利状况较好且资金又比较充裕时，可以向股东支付额外股利，一方面使股东感受公司经济的繁荣，从而增强对公司未来发展的信心，另一方面有利于稳定和提高公司股票价格；当公司盈利状况不佳时，可以少支付或者不支付额外股利，一方面能够减轻公司财务负担，另一方面股东也不会产生股利下跌的感觉。第二，平常情况下的低正常股利再配以经济繁荣情况下的额外股利，有利于吸引对固定收入有较强依赖性的投资者，因为低正常股利加额外股利政策给这部分投资者提供了较低，但较稳定的股利保证。这种政策的主要缺点是：因为有平常情况下的低正常股利支付，所以，这种政策不够灵活，同时，经济繁荣情况下的额外股利支付又容易提高投资者对额外股利发放的期望值。

【例15-2】某公司发行在外的普通股为30万股，该公司2019年的税后利润为300万元。2020年的税后利润为500万元。该公司准备在2021年再投资250万元，目前的资本结构为最佳资本结构，资本总额为10 000万元，其中，权益资本为6000万元，负债资本为4000万元。另外，已知该企业2019年的每股股利为4.8元。

要求：

（1）如果该公司采用剩余政策，则其在2020年的每股股利为多少？

（2）如果该公司采用固定股利政策，则其在2020年的每股股利为多少？

（3）如果该公司采用固定股利支付率政策，则其在2020年的每股股利为多少？

解：

（1）采用剩余股利政策

权益资本占总资本的比率 = 6000 ÷ 10 000 = 60%

负债资本占总资本的比率 = 4000 ÷ 10 000 = 40%

目标资本结构下投资所需的股东权益数额 = 250 × 60% = 150（万元）

用于股利发放的剩余盈余 = 500 - 150 = 350（万元）

所以，发放的每股股利为 = 350 ÷ 30 = 11.67（元/股）

（2）采用固定股利政策

固定股利政策将每年发放的现金股利固定在某一水平上，并在较长时期内保持不变，只有当公司认为未来盈余将会显著地、不可逆转地增长时，才会提高年度的现金股利发放额。所以，2020年每股发放的现金股利应该和2019年每股发放的现金股利相等，为4.8元。

（3）采用固定股利支付率政策，公司确定一个现金股利占盈余的比例，长期按此比例支付现金股利，有关计算如下。

2019年，每股收益 = 300 ÷ 30 = 10（元/股）

2019年，每股现金股利占每股收益的比例 = 4.8 ÷ 10 = 48%

2020年发放的现金股利 = 500 × 48% = 240（万元）

2020年发放的每股股利 = 240 ÷ 30 = 8（元/股）

二、影响股利政策的因素

在制定股利政策时，必然会受到各种因素的影响和制约，因此，公司必须认真审查这些影响因素，以便制定出适合本公司的股利政策。一般来说，影响股利政策的主要因素有法律因素、公司因素、股东因素，以及其他因素等。

（一）法律因素

为保护投资者的利益，《中华人民共和国公司法》《中华人民共和国证券法》等法律都对公司的股利分配进行了一定程度的限制。影响公司股利政策的法律因素主要有以下几方面。

（1）资本保全的约束。股份公司在分配股利时，应保证资本的完整。公司只能采用当期利润或留用利润来分配股利，不能采用公司募集的资本发放股利，股利支付也不能侵蚀公司的资本等，这样的法律限制不仅是为了保全公司的股权资本，也是为了维护债权人的利益。

（2）企业积累的约束。股份公司在分配股利之前，应按照法定的程序先提取各种公积金。根据我国有关法律法规，股份公司应按照税后利润的10%提取法定公积金，并鼓励企业在分配普通股股利之前提取任意盈余公积金，只有当公积金累计数额达到注册资本的50%时，才可以不再提取。企业积累的约束有利于提高企业的生产经营能力，增强企业抵御风险的能力，还可以维护债权人的利益。

（3）企业利润的约束。利润是发放股利的基础，公司可以采用当年利润或以前的年度利润发放股利。但是，在公司以前的年度亏损没有全部弥补时，不能发放股利。根据我国有关法律法规，只有在以前年度亏损得到足额弥补，且还有剩余利润的情况下，才能分配股利。

（4）偿债能力的约束。公司在分配股利时，必须保持充分的偿债能力。公司分配股利不能只考虑利润表上净利润的数额，还必须考虑公司的现金是否充足。如果因为分配现金股利而影响了公司的偿债能力或正常的生产经营活动，那么，股利分配就要受到限制。

（二）公司因素

公司自身因素的影响指公司内部各种因素及其面临的各种环境、机会对其股利政策产生的影响，主要包括现金流量、筹资能力、投资机会、资本成本、盈利状况、公司所处的生命周期等。

（1）现金流量。公司在分配现金股利时，必须有充足的现金流量，否则就会发生支付困难。如果公司的现金流量充足，特别是在满足投资所需资本后，仍然有剩余的自由现金流量，那么就可以适当提高股利水平。反之，如果公司的现金流量不充足，即使当期利润较多，也应限制现金股利的支付。因为过多地分配现金股利会减少公司的现金持有量，如果现金流量不够充足的话，就会影响公司未来的支付能力，甚至可能导致财务困难。

（2）筹资能力。在资本市场上，不同企业的筹资能力肯定会有一定的差异，因此，公司在分配现金股利时，应根据自身的筹资能力来确定股利支付水平。如果公司的筹资能力比较强，能够比较容易地在资本市场上筹集到资本，就可以采取比较宽松的股利政策，适当提高股利支付水平；反之，如果筹资能力比较弱，就应当采取比较紧缩的股利政策，发放较少的现金股利，以增加留用利润。

（3）投资机会。未来投资对资本的需求会影响公司的股利政策选择及股利水平高低。如果公司拥有较好的投资机会，就应适当降低现金股利的发放水平，以便增加留用利润。将存留下来的资本用于再投资，就可以加速企业的发展，增加未来的收益，这种低股利政策往往易于被股东所接受。如果公司没有良好的投资机会，就往往倾向于发放较多的现金股利。许多研究表明，成长快的公司经常采用低股利支付政策，原因在于这样的公司一般都具有较多的投资机会，增加留用利润可以保证拥有更多的资本用于再投资。

（4）资本成本。资本成本是企业选择筹资方式的基本依据，留用利润是企业内部筹资的一种重要方式，与发行新股或举借债务相比，具有资本成本低的优点。如果公司在大量发放现金股利的同时，需要通过资本市场发行新股来筹集资本，那么，一方面，发行新股存在交易费用，会增加公司的综合资本成本；另一方面，发放现金股利，股东需要缴纳所得税，会减少股东财富。因此，公司在制定股利政策时，应充分考虑资本需求及资本成本等问题。

（5）盈利状况。公司的股利政策在很大程度上受其盈利能力的影响。如果公司未来的盈利能力较强，且盈利稳定性较好，则倾向于采用高股利支付率政策；反之，如果公司盈利能力较弱，盈利稳定性较差，则会为了应对未来经营和财务风险的需要而采用低股利支付率政策。

（6）公司所处的生命周期。公司的生命周期主要包括初创阶段、成长阶段、成熟阶段和衰退阶段四个时期。在不同发展阶段，公司的经营状况和经营风险会表现出不同的特点，对资本的需求情况也会有很大差异，这必然会影响公司股利政策的选择，因此，公司应根据所处的发展阶段采取相应的股利政策。

（三）股东因素

公司的股利分配方案必须经股东大会决议并通过才能实施，因此，股东对公司股利政策具有举足轻重的影响。一般来说，影响股利政策的股东因素主要有以下几个方面。

（1）追求稳定收入，规避未来风险。有的股东依靠公司发放的现金股利维持生活，如退休人群，他们往往要求公司定期支付稳定的现金股利，反对公司留用过多的利润。还有一些股东是"在手之鸟"理论的支持者，他们认为，留用过多利润进行再投资，虽然可能会使股票价格在未来上升，但所带来的收益具有较大的不确定性，相比而言，还是取得现实的现金股利比较稳妥，这样可以规避较大的风险，因此，这些股东也倾向于多分配现金股利。

（2）担心控制权被稀释。有的大股东持股比例较高，对公司拥有一定的控制权，他们出于对公司控制权可能被稀释的担心，往往倾向于少分配现金股利，多留用利润。因为如果公司发放大量的现金股利，则可能会造成未来经营所需的现金流短缺，公司不得不通过发行新股来筹集资本。虽然公司老股东拥有优先认股权，但必须拿出一笔数额可观的现金来购买股票，否则其持股比例就会被降低，他们对公司的控制权就有被稀释的危险。因此，他们宁愿少分现金股利，也不愿看到自己的控制权被稀释。当他们拿不出足够的现金认购新股时，就会对分配现金股利的方案投反对票。

（3）规避所得税。如果发放现金股利会影响股东的所得税税率，那么，股东就愿意采取可避税的股利政策。如果股东的收入很高，为了避免更高的税率，他们往往反对公司发放过多的现金股利；反过来，如果股东的收入很低，他们会因为个人税负较轻，甚至免税，而支持公司多分配现金股利。一般而言，多数国家的红利所得税税率都高于资本利得所得税税率，有的国家红利所得税采用累进税率，边际税率很高。这种税率的差异会使股东更愿意采取可避税的股利政策。对股东来说，股票价格上涨获得的收益比分得现金股利更具有避税功能，因此，股东往往支持较低的现金股利水平。

（四）其他因素

影响现金股利政策的其他因素主要包括债务合同约束，以及通货膨胀对企业重置资金的影响等。

1. 债务合同约束

一般来说，现金股利支付水平越高，留存收益越少，公司的破产风险越大，就越有可能损害到债权人的利益。因此，为保证自己的利益不受损害，债权人通常会在公司借款合同、债券契约，以及租赁合约中加入关于借款公司股利政策的条款，以限制公司现金股利的发放水平。

这些限制条款经常包括以下几个方面：①未来的股利只能以签订合同之后的收益来发放，即不能以过去的留存收益来发放现金股利；②当运营资金低于某一特定金额时，不得发放现金股利；③将利润的一部分以偿债基金的形式留存下来；④当已获利息倍数低于一定水平时，不得发放现金股利。

2. 通货膨胀的影响

通货膨胀会带来货币购买力水平下降、固定资产重置资金不足，此时，企业往往不得不考虑留用一定的利润，以弥补因货币购买力水平下降而造成的固定资产重置资金缺口。因此，在通货膨胀时期，企业一般会采取偏紧的现金股利分配政策。

第三节　股利支付方式

股利支付方式一般有现金股利、股票股利、财产股利和负债股利。财产股利和负债股利实际上是现金股利的替代。目前，这两种股利在我国实务中很少使用。

一、现金股利

现金股利指公司以现金方式向股东支付的股利。现金股利是公司最常见、最易被投资者接受的股利支付方式。公司支付现金股利，除了要有累积的未分配利润外，还要有足够的现金。因此，公司在支付现金股利前，必须规划好财务安排，以便拥有充足的现金用于支付现金股利。

二、股票股利

股票股利指公司以增发股票的方式向股东支付的股利。股票股利一般按照在册股东持有股份的一定比例来发放，对于不满一股的股利仍然采用现金发放的方式。股票股利最大的优点是节约现金支出，因而常被现金短缺的企业所采用。

三、财产股利

财产股利指公司采用现金以外的资产向股东支付的股利。这些资产主要包括公司拥有的其他企业的有价证券，如债券、股票等，可以作为股利支付给股东。

四、负债股利

负债股利指公司以负债的形式向股东支付的股利。这些负债通常包括公司的应付票据，还包括在不得已情况下发行的公司债券等，可以作为股利支付给股东。使用负债股利的形式：对于股东而言，虽然收到现金的时间推迟了，但可以得到相应的利息补偿；对于公司来说，解决了暂时的现金短缺问题。不过，需要注意的是，负债股利同时带来了负债的增加及留存收益的减少，会相应增加公司的财务风险。

第四节　股票分割与股票回购

一、股票分割①

（一）股票分割的内容

股票分割指企业管理当局将某一特定数额的新股，按照一定比例，交换成一定数量的流通在外的普通股的行为。例如，两股换一股的股票分割指用两股新股换取一股旧股。股票分割对企业的财务结构和股东权益不会产生任何影响，它只增加发行在外的普通股数量，使每股面值、每股盈余、每股净资产和每股市价降低。

【例15-3】假定某公司在股票分割前的股东权益情况如表15-1所示，现在该公司按照1股换成2股的比例进行股票分割，分割以后的股东权益情况如表15-2所示。

表15-1　股票分割前某公司的股东权益情况　　　　　　　　单位：万元

项　　目	发放股票股利前
股本（普通股200 000万股，面额1元）	200 000
资本公积	400 000
未分配利润	2 000 000
股东权益合计	2 600 000

表15-2　股票分割后某公司的股东权益情况　　　　　　　　单位：万元

项　　目	发放股票股利前
股本（普通股400 000万股，面额0.5元）	200 000
资本公积	400 000
未分配利润	2 000 000
股东权益合计	2 600 000

---

① 为了更准确地理解股票分割，需要注意两个问题。第一，尽管股票分割与发放股票股利都能达到降低企业股价的目的，但一般地讲，只有在企业股价剧涨且预期难以下降时，才采用股票分割的办法降低股价，而在企业股价上涨幅度不大时，往往通过发放股票股利将股价维持在理想的范围之内。第二，与股票分割相反，企业有时也进行反分割或股票合并操作，即将数股面额较低的股票合并为一股面额较高的股票。显然，反分割将减少流通在外的股票数量，提高每股股票的面值和每股股票代表的净资产数额，进而提高股票的市场价格。反分割通常为一些业绩不佳、股价过低的公司所选择，他们希望通过这种操作来提高股票价格，使之达到一个合理的交易价格。

值得注意的是，股票分割前后，普通股的股数和面额均发生了变动，普通股股数由原来的200 000万股增加到400 000万股，股票面值则由原来的每股1元降低为每股0.5元。股东权益总额及股东权益内部各项目的金额均未发生变动。

（二）股票分割的意义

1.降低公司股票价格

由于股票分割是在不增加股东权益的情况下增加流通在外的股票数量，所以，分割后，每股股票所代表的股东权益价值将会降低，每股股票的市场价格也将会相应降低。一般来说，股票分割适用于股票价格居高不下的情况。因为当股票的市场价格过高时，股票交易会因每手交易所需要的资金量过大而受到影响，特别是许多小户、散户，因为资金实力有限而难以进行交易，股票的流通性会因此降低。因此，许多公司在其股价过高时，通常采用股票分割的方法来降低股票的交易价格，以便增加公司的股东规模，提高公司股票的流通性。

2.传递远期良好的信号

一般而言，股票分割往往为成长中的公司所选择，因此，企业进行股票分割往往被视为一种利好消息。公司远期经营良好的消息肯定会影响其股票价格，同时股东也能够从股份数量和股票价格的变动中获得相对收益。

3.增加股东的现金股利

在某些情况下，股票分割会增加股东的现金股利。股票分割会增加各股东持有的股数，相应地，公司可能会降低每股现金股利。但只要股票分割后，每股现金股利的下降幅度小于股票分割的幅度，股东就能获得比较多的现金股利。例如，某企业股票分割前，每股现金股利3元，某股东持有100股，可以分得现金股利300元。企业按照1∶2的比例进行股票分割后，该股东持股股数增为200股，若现金股利降为每股1.8元，则该股东可得现金股利360元，将大于其股票分割前所得的现金股利。

4.为新股发行做准备

在新股发行之前利用股票分割降低股价，可以增加投资者对股票的兴趣，有利于提高股票的可转让性，促进新发行股票的畅销。

二、股票回购

（一）股票回购的内容

股票回购指上市公司从股票市场上购回本公司一定数额、发行在外的股票的行为。公司在股票回购完成以后，可以将所回购的股票注销，也可以将回购的股票作为"库藏股"保留，仍属于发行在外的股票，但不参与每股收益的计算和收益分配。库藏股在日后可以移作他用，如用作雇员福利计划、发行可转换债券等，也可以在需要资金时将其出售。

股票回购既是一项重要的股利政策，也是完善公司治理结构、优化企业资本结构的重要方法。股票回购作为较成熟证券市场上一项常见的公司理财行为，不仅对市场参与各方产生一定的影响，而且为上市公司本身带来显著的财务效应。

【例15-4】 某公司流通在外的普通股每股收益和每股价格如表15-3所示，分析股票回购对公司每股收益和每股价格的影响。

表15-3 某公司流通在外普通股的每股收益和每股价格

项　　目	金　　额
税后净利润/万元	100
流通在外普通股股数/万股	50
每股收益/元	$100 \div 50 = 2$
每股市价/元	30
市盈率（倍）	$30 \div 2 = 15$

假定公司准备从税后净利润（盈余）中拿出75万元发放现金股利，那么，每股可得现金股利1.5元（75÷50），支付现金股利前的每股价格将定为31.5元，其中，1.5元是预期股利。如果公司将这75万元改为以每股31.5元的价格回购股票，那么，可以购回2.381万股（75÷31.5），市场上的流通股股数就变为47.619万股，每股收益为2.1（100÷47.619）元。显然，每股收益比股票回购前有所上升。由此可见，股票回购会影响每股收益，进而影响每股价格。

（二）股票回购的意义

（1）对于股东而言，股票回购的主要意义在于：与现金股利相比，它通常能够帮助股东获得纳税方面的好处。因为股票回购以后，股东得到的资本利得在所得税税率上与现金股利有差异，资本利得的税率通常较低，所以，在股票回购时，股东的资本利得税较低，而如果采用现金股利的方式，则股东必须缴纳较高的个人所得税。因此，股票回购通常被看做公司向股东分配利润的一种重要形式，可以用来替代现金股利，在避税效果显著时更是如此。

（2）对于公司而言，股票回购的意义表现为以下几个方面。

①可以用作反收购措施

股票回购经常被看做一种重要的反收购措施，此举有助于公司管理者避开竞争对手收购的企图和威胁。原因如下。第一，股票回购一方面会导致股价上升，另一方面会导致公司流通在外的股票数量减少，在这种情况下，收购方想要获得控制公司的法定股份比例就变得相对困难。第二，股票回购以后，公司流通在外的股份减少了，可以防止更多股票落入进攻企业手中。不过，需要注意的是，由于回购的股票没有表决权，回购以后进攻企业的持股比例也会有所上升，因此，公司需要将回购股票再出售给能够稳定本公司地位的股东，只有这样，才能够起到反收购的作用。第三，在反收购战中，目标公司通常在股价已经上升的情况下实施股票回购，此举会使得目标公司的流动资金减少，财务状况恶化，减弱了公司被作为收购目标的吸引力。

②改善资本结构，追求财务杠杆利益

当企业管理当局认为，权益资本在整个企业资本结构中所占的比例过大，资产负债率过小时，就有可能利用留存收益或通过对外举债来回购企业发行在外的普通股，这是一种迅速提高资产负债率的方法。

无论是采用现金，还是通过负债来回购公司发行在外的股票，都会改变公司的资本结构，提高资产负债率。在现金回购方式下，假定公司的长期负债规模不变，伴随股票回购而来的是，股权资本在公司资本结构中的比重下降，公司财务杠杆比率提高；在增加债务回购股票的情况下，一方面是公司的长期负债增加，另一方面是股权资本比重下降，两方面共同作用使得公司财务杠杆比率提高。在公司资本结构中，权益资本比重下降和公司财务杠杆比率提高，一般来说会导致两个相互联系的结果：一是公司的加权平均资本成本会发生变化；二是公司的财务风险可能会在债务比重增大到一定点之后大幅增大。所以，公司在股票回购时必须以最优资本结构为标杆，以便一方面合理发挥财务杠杆效应，另一方面实现最低的资本成本和最大的企业价值。

③稳定公司股价

股价过低，无疑将对公司经营造成严重影响，降低人们对公司经营的信心，引起消费者对公司产品的怀疑，最终会削弱公司出售产品、开拓市场的能力。在这种情况下，公司通过实施股票回购来支撑本公司股价，改善公司形象。在股价上升过程中，投资者会增强对公司经营情况的信心，消费者会增加对公司产品的信任，公司也因此有了进一步配股融资的可能。因此，在股价过低时，股票回购是维护公司形象的有力途径。

④分配公司超额现金

如果公司拥有的现金量超过其投资机会的需要量，同时又没有较好的投资机会，则可以考虑分配超额现金。此时，出于股东避税、维持控股权等多种因素的考虑，公司可以通过股票回购而非现金股利的方式进行分配。

⑤作为实行股权激励计划的股票来源

如果公司对管理层或员工实施股票期权计划，那么，直接发行新股就会稀释原有股东的权益，而通过股票回购回收部分股份，再将这部分股份赋予管理层或者员工，则不仅满足了管理层或员工的持股需求，还不会影响原有股东的权益。

思考题

1. 企业可以选择的股利理论有哪些？
2. 股利支付有哪几种方式？
3. 影响股利政策的因素有哪些？
4. 股利政策的基本类型有哪些？
5. 公司的股利政策是否必须保持稳定？如何评价股利政策是否合理？
6. 简述股票分割与股票回购的异同。

练习题

1. 某公司是一家能源类上市公司，当年取得的利润在下年分配。2018年，公司净利润10 000万元。2019年，分配现金股利3000万元，预计2019年可分配利润12 000万元。2020年只投资一个新项目，总投资额8000万元。

（1）如果某公司采用固定股利政策，计算2019年净利润的股利支付率。

（2）如果某公司采用固定股利支付率政策，计算2019年净利润的股利支付率。

（3）如果某公司采用剩余股利政策，目标资本结构是负债/权益等于2/3，计算2019年净利润的股利支付率。

（4）如果某公司采用低正常股利政策加额外股利支付政策，低正常股利为2000万元，额外股利为2019年净利润扣除低正常股利余额的16%，计算2019年净利润的股利支付率。

2. 某投资者拥有某公司8%的普通股，在某公司宣布1股分割为2股之前，某公司股票的市价为98元，某公司现有发行在外的普通股股票30 000股。

（1）与现在的情况相比较，拆股后，投资者的财产状况会有什么变动？（假定股票价格同比例下降）

（2）某公司财务部经理认为，股票价格只会下降45%，如果这一判断是正确的，那么投资者的收益是多少？

扩展阅读 15.1

案例分析

参 考 文 献

[1] 上海国家会计学院.财务战略[M].北京：经济科学出版社，2010.

[2] 莫玲娜.财务管理学[M].长沙：中南大学出版社，2011.

[3] 吴琳芳.中级财务管理[M].北京：首都经济贸易大学出版社，中国农业大学出版社，2011.

[4] 杨雄胜，等.高级财务管理理论与案例[M].大连：东北财经大学出版社，2012.

[5] 张功富.财务管理学[M].北京：清华大学出版社，2012.

[6] 顾惠忠.中航工业会计职业道德[M].北京：航空工业出版社，2012.

[7] 张功富，索建宏.财务管理原理[M].北京：首都经济贸易大学出版社，中国农业大学出版社，2012.

[8] 周守华，汤谷良，陆正飞，等.财务管理理论前言专题[M].北京：中国人民大学出版社，2013.

[9] 杨忠智.财务管理[M].厦门：厦门大学出版社，2014.

[10] 边俊杰，孟鹰，余来文.企业资本运营理论与应用[M].北京：经济管理出版社，2014.

[11] 切奥尔·S.尤恩.国际财务管理（第7版）[M].北京：机械工业出版社，2015.

[12] 胡玉明.财务报表分析[M].3版.大连：东北财经大学出版社，2016.

[13] 曲远洋，吕超.财务管理[M].上海：上海财经大学出版社，2016.

[14] 王化成，等.高级财务管理学[M].北京：中国人民大学出版社，2017.

[15] 汤谷良，等.高级财务管理学[M].北京：清华大学出版社，2017.

[16] 斯蒂芬·A.罗斯，等.公司理财(第11版)[M].北京：机械工业出版社，2017.

[17] 张先治，等.高级财务管理[M].大连：东北财经大学出版社，2018.

[18] 陆正飞，等.高级财务管理[M].北京：北京大学出版社，2018.

[19] 迈克尔·A.希特，R.杜安·爱尔兰.战略管理：竞争与全球化[M].北京：机械工业出版社，2018.

[20] 张新民，钱爱民.财务报表分析[M].5版.北京：中国人民大学出版社，2019.

[21] 曾江洪.资本运营与公司治理[M].北京：清华大学出版社，2019.

[22] 刘淑莲.财务管理[M].大连：东北财经大学出版社，2019.

[23] 马忠.公司财务管理[M].北京：机械工业出版社，2019.

[24] 马永斌.公司并购重组与整合[M].北京：清华大学出版社，2020.

[25] 彭娟，陈虎，王泽霞，等.数字财务[M].北京：清华大学出版社，2020.

[26] 陈汉文，韩洪灵.商业伦理与会计职业道德[M].北京：中国人民大学出版社，2020.

[27] 曹仰锋.组织韧性：如何穿越危机持续增长？[M].北京：中信出版社，2020.

[28] 杰夫·马杜拉.国际财务管理（第13版）[M].北京：中国人民大学出版社，2020.

[29] 何建国，黄金曦. 财务管理[M]. 3版. 北京：清华大学出版社，2020.

[30] 荆新，王化成，刘俊彦. 财务管理学[M]. 9版. 北京：中国人民大学出版社，2021.

[31] 郭永清. 财务报表分析与股票估值[M]. 2版. 北京：机械工业出版社，2021.

[32] 中国注册会计师协会. 财务成本管理[M]. 北京：中国财政经济出版社，2021.

[33] 韩慧博，汤谷良，祝继高. 财务管理学[M]. 4版. 北京：北京大学出版社，2021.

[34] 杨昀，杜剑. 高级财务管理[M]. 北京：科学出版社，2021.

[35] 李青原，田晨阳，唐建新，等. 公司横向并购动机：效率理论还是市场势力理论——来自汇源果汁与可口可乐的案例研究[J]. 会计研究，2011（5）：58-64+96.

[36] 李帆，杜志涛，李玲娟. 企业财务预警模型：理论回顾及其评论[J]. 管理评论，2011（9）：144-151.

[37] 唐兵，田留文，曹锦周. 企业并购如何创造价值——基于东航和上航并购重组案例研究[J]. 管理世界，2012（11）：1-8+44.

[38] 戴天婧，张茹，汤谷良. 财务战略驱动企业盈利模式——美国苹果公司轻资产模式案例研究[J]. 会计研究，2012（11）：23-32.

[39] 尹筑嘉，杨晓光，黄建欢. 大股东主导的资产重组、公司效率与利益侵占——基于中国重组类整体上市案例的研究[J]. 管理科学学报，2013，16（8）：54-67.

[40] 王竹泉，张晓涵. 资金供求关系视角下的财务困境预警研究[J]. 会计与经济研究，2021（6）：21-36.

[41] 郭柳荣. 我国上市公司股利分配政策研究——基于格力电器不分红事件的思考[J]. 管理观察，2019（31）：157-160.

[42] 王庆成，郭复初. 财务管理学[M]. 北京：高等教育出版社，2000.

[43] 陆正飞，王化成，宋献中. 当代财务管理主流[M]. 大连：东北财经大学出版社，2004.

[44] 潘飞. 管理会计[M]. 上海：上海财经大学出版社，2003.

[45] 陆宇建. 财务管理[M]. 大连：东北财经大学出版社，2010.

[46] 汤谷良. 企业财务管理[M]. 杭州：浙江人民出版社，2000.

[47] 刘玉平. 财务管理学[M]. 北京：中国人民大学出版社，2009.

[48] 张先治. 财务分析[M]. 大连：东北财经大学出版社，2001.

[49] 乔世震，王满. 财务管理基础[M]. 大连：东北财经大学出版社，2005.

[50] 乔世震，乔阳. 漫话财务管理[M]. 北京，中国财政经济出版社，2003.

[51] 邵军，程春梅. 财务管理学[M]. 大连：东北大学出版社，2009.

[52] 夏伟. 证券投资理论与实务[M]. 大连：东北财经大学出版社，2009.

[53] 张功富，刘娟. 中级财务管理[M]. 北京：首都经济贸易大学出版社，2006.

[54] 周昌仕. 财务管理[M]. 大连：东北财经大学出版社，2011.

[55] 何瑞丰，徐斌. 财务管理学[M]. 上海：华东师范大学出版社，2009.

附　表

附表一　复利终值系数表

期数	1%	2%	3%	4%	5%	6%	7%	8%	9%	10%	12%
1	1.0100	1.0200	1.0300	1.0400	1.0500	1.0600	1.0700	1.0800	1.0900	1.1000	1.1200
2	1.0201	1.0404	1.0609	1.0816	1.1025	1.1236	1.1449	1.1664	1.1881	1.2100	1.2544
3	1.0303	1.0612	1.0927	1.1249	1.1576	1.1910	1.2250	1.2597	1.2950	1.3310	1.4049
4	1.0406	1.0824	1.1255	1.1699	1.2155	1.2625	1.3108	1.3605	1.4116	1.4641	1.5735
5	1.0510	1.1041	1.1593	1.2167	1.2763	1.3382	1.4026	1.4693	1.5386	1.6105	1.7623
6	1.0615	1.1262	1.1941	1.2653	1.3401	1.4185	1.5007	1.5869	1.6771	1.7716	1.9738
7	1.0721	1.1487	1.2299	1.3159	1.4071	1.5036	1.6058	1.7138	1.8280	1.9487	2.2107
8	1.0829	1.1717	1.2668	1.3686	1.4775	1.5938	1.7182	1.8509	1.9926	2.1436	2.4760
9	1.0937	1.1951	1.3048	1.4233	1.5513	1.6895	1.8385	1.9990	2.1719	2.3579	2.7731
10	1.1046	1.2190	1.3439	1.4802	1.6289	1.7908	1.9672	2.1589	2.3674	2.5937	3.1058
11	1.1157	1.2434	1.3842	1.5395	1.7103	1.8983	2.1049	2.3316	2.5804	2.8531	3.4785
12	1.1268	1.2682	1.4258	1.6010	1.7959	2.0122	2.2522	2.5182	2.8127	3.1384	3.8960
13	1.1381	1.2936	1.4685	1.6651	1.8856	2.1329	2.4098	2.7196	3.0658	3.4523	4.3635
14	1.1495	1.3195	1.5126	1.7317	1.9799	2.2609	2.5785	2.9372	3.3417	3.7975	4.8871
15	1.1610	1.3459	1.5580	1.8009	2.0789	2.3966	2.7590	3.1722	3.6425	4.1772	5.4736
16	1.1726	1.3728	1.6047	1.8730	2.1829	2.5404	2.9522	3.4259	3.9703	4.5950	6.1304
17	1.1843	1.4002	1.6528	1.9479	2.2920	2.6928	3.1588	3.7000	4.3276	5.0545	6.8660
18	1.1961	1.4282	1.7024	2.0258	2.4066	2.8543	3.3799	3.9960	4.7171	5.5599	7.6900
19	1.2081	1.4568	1.7535	2.1068	2.5270	3.0256	3.6165	4.3157	5.1417	6.1159	8.6128
20	1.2202	1.4859	1.8061	2.1911	2.6533	3.2071	3.8697	4.6610	5.6044	6.7275	9.6463
21	1.2324	1.5157	1.8603	2.2788	2.7860	3.3996	4.1406	5.0338	6.1088	7.4002	10.8038
22	1.2447	1.5460	1.9161	2.3699	2.9253	3.6035	4.4304	5.4365	6.6586	8.1403	12.1003
23	1.2572	1.5769	1.9736	2.4647	3.0715	3.8197	4.7405	5.8715	7.2579	8.9543	13.5523
24	1.2697	1.6084	2.0328	2.5633	3.2251	4.0489	5.0724	6.3412	7.9111	9.8497	15.1786
25	1.2824	1.6406	2.0938	2.6658	3.3864	4.2919	5.4274	6.8485	8.6231	10.8347	17.0001
26	1.2953	1.6734	2.1566	2.7725	3.5557	4.5494	5.8074	7.3964	9.3992	11.9182	19.0401
27	1.3082	1.7069	2.2213	2.8834	3.7335	4.8223	6.2139	7.9881	10.2451	13.1100	21.3249
28	1.3213	1.7410	2.2879	2.9987	3.9201	5.1117	6.6488	8.6271	11.1671	14.4210	23.8839
29	1.3345	1.7758	2.3566	3.1187	4.1161	5.4184	7.1143	9.3173	12.1722	15.8631	26.7499
30	1.3478	1.8114	2.4273	3.2434	4.3219	5.7435	7.6123	10.0627	13.2677	17.4494	29.9599
40	1.4889	2.2080	3.2620	4.8010	7.0400	10.2857	14.9745	21.7245	31.4094	45.2593	93.0510
50	1.6446	2.6916	4.3839	7.1067	11.4674	18.4202	29.4570	46.9016	74.3575	117.3909	289.0022
60	1.8167	3.2810	5.8916	10.5196	18.6792	32.9877	57.9464	101.2571	176.0313	304.4816	897.5969

续表

期数	14%	15%	16%	18%	20%	24%	28%	32%	36%
1	1.1400	1.1500	1.1600	1.1800	1.2000	1.2400	1.2800	1.3200	1.3600
2	1.2996	1.3225	1.3456	1.3924	1.4400	1.5376	1.6384	1.7424	1.8496
3	1.4815	1.5209	1.5609	1.6430	1.7280	1.9066	2.0972	2.3000	2.5155
4	1.6890	1.7490	1.8106	1.9388	2.0736	2.3642	2.6844	3.0360	3.4210
5	1.9254	2.0114	2.1003	2.2878	2.4883	2.9316	3.4360	4.0075	4.6526
6	2.1950	2.3131	2.4364	2.6996	2.9860	3.6352	4.3980	5.2899	6.3275
7	2.5023	2.6600	2.8262	3.1855	3.5832	4.5077	5.6295	6.9826	8.6054
8	2.8526	3.0590	3.2784	3.7589	4.2998	5.5895	7.2058	9.2170	11.7034
9	3.2519	3.5179	3.8030	4.4355	5.1598	6.9310	9.2234	12.1665	15.9166
10	3.7072	4.0456	4.4114	5.2338	6.1917	8.5944	11.8059	16.0598	21.6466
11	4.2262	4.6524	5.1173	6.1759	7.4301	10.6571	15.1116	21.1989	29.4393
12	4.8179	5.3503	5.9360	7.2876	8.9161	13.2148	19.3428	27.9825	40.0375
13	5.4924	6.1528	6.8858	8.5994	10.6993	16.3863	24.7588	36.9370	54.4510
14	6.2613	7.0757	7.9875	10.1472	12.8392	20.3191	31.6913	48.7568	74.0534
15	7.1379	8.1371	9.2655	11.9737	15.4070	25.1956	40.5648	64.3590	100.7126
16	8.1372	9.3576	10.7480	14.1290	18.4884	31.2426	51.9230	84.9538	136.9691
17	9.2765	10.7613	12.4677	16.6722	22.1861	38.7408	66.4614	112.1390	186.2779
18	10.5752	12.3755	14.4625	19.6733	26.6233	48.0386	85.0706	148.0235	253.3380
19	12.0557	14.2318	16.7765	23.2144	31.9480	59.5679	108.8904	195.3911	344.5397
20	13.7435	16.3665	19.4608	27.3930	38.3376	73.8641	139.3797	257.9162	468.5740
21	15.6676	18.8215	22.5745	32.3238	46.0051	91.5915	178.4060	340.4494	637.2606
22	17.8610	21.6447	26.1864	38.1421	55.2061	113.5735	228.3596	449.3932	866.6744
23	20.3616	24.8915	30.3762	45.0076	66.2474	140.8312	292.3003	593.1990	1178.6772
24	23.2122	28.6252	35.2364	53.1090	79.4968	174.6306	374.1444	783.0227	1603.0010
25	26.4619	32.9190	40.8742	62.6686	95.3962	216.5420	478.9049	1033.5900	2180.0814
26	30.1666	37.8568	47.4141	73.9490	114.4755	268.5121	612.9982	1364.3387	2964.9107
27	34.3899	43.5353	55.0004	87.2598	137.3706	332.9550	784.6377	1800.9271	4032.2786
28	39.2045	50.0656	63.8004	102.9666	164.8447	412.8642	1004.3363	2377.2238	5483.8988
29	44.6931	57.5755	74.0085	121.5005	197.8136	511.9516	1285.5504	3137.9354	7458.1024
30	50.9502	66.2118	85.8499	143.3706	237.3763	634.8199	1645.5046	4142.0748	10143.0193
40	188.8835	267.8635	378.7212	750.3783	1469.7716	5455.9126	19426.6889	66520.7670	*
50	700.2330	1083.6574	1670.7038	3927.3569	9100.4382	46890.4346	*	*	*
60	2595.9187	4383.9987	7370.2014	20555.1400	56347.5144	*	*	*	*

附表二　一元复利现值系数表

期数	1%	2%	3%	4%	5%	6%	7%	8%	9%	10%
1	0.9901	0.9804	0.9709	0.9615	0.9524	0.9434	0.9346	0.9259	0.9174	0.9091
2	0.9803	0.9612	0.9426	0.9246	0.9070	0.8900	0.8734	0.8573	0.8417	0.8264
3	0.9706	0.9423	0.9151	0.8890	0.8638	0.8396	0.8163	0.7938	0.7722	0.7513
4	0.9610	0.9238	0.8885	0.8548	0.8227	0.7921	0.7629	0.7350	0.7084	0.6830
5	0.9515	0.9057	0.8626	0.8219	0.7835	0.7473	0.7130	0.6806	0.6499	0.6209
6	0.9420	0.8880	0.8375	0.7903	0.7462	0.7050	0.6663	0.6302	0.5963	0.5645
7	0.9327	0.8706	0.8131	0.7599	0.7107	0.6651	0.6227	0.5835	0.5470	0.5132
8	0.9235	0.8535	0.7894	0.7307	0.6768	0.6274	0.5820	0.5403	0.5019	0.4665
9	0.9143	0.8368	0.7664	0.7026	0.6446	0.5919	0.5439	0.5002	0.4604	0.4241
10	0.9053	0.8203	0.7441	0.6756	0.6139	0.5584	0.5083	0.4632	0.4224	0.3855
11	0.8963	0.8043	0.7224	0.6496	0.5847	0.5268	0.4751	0.4289	0.3875	0.3505
12	0.8874	0.7885	0.7014	0.6246	0.5568	0.4970	0.4440	0.3971	0.3555	0.3186
13	0.8787	0.7730	0.6810	0.6006	0.5303	0.4688	0.4150	0.3677	0.3262	0.2897
14	0.8700	0.7579	0.6611	0.5775	0.5051	0.4423	0.3878	0.3405	0.2992	0.2633
15	0.8613	0.7430	0.6419	0.5553	0.4810	0.4173	0.3624	0.3152	0.2745	0.2394
16	0.8528	0.7284	0.6232	0.5339	0.4581	0.3936	0.3387	0.2919	0.2519	0.2176
17	0.8444	0.7142	0.6050	0.5134	0.4363	0.3714	0.3166	0.2703	0.2311	0.1978
18	0.8360	0.7002	0.5874	0.4936	0.4155	0.3503	0.2959	0.2502	0.2120	0.1799
19	0.8277	0.6864	0.5703	0.4746	0.3957	0.3305	0.2765	0.2317	0.1945	0.1635
20	0.8195	0.6730	0.5537	0.4564	0.3769	0.3118	0.2584	0.2145	0.1784	0.1486
21	0.8114	0.6598	0.5375	0.4388	0.3589	0.2942	0.2415	0.1987	0.1637	0.1351
22	0.8034	0.6468	0.5219	0.4220	0.3418	0.2775	0.2257	0.1839	0.1502	0.1228
23	0.7954	0.6342	0.5067	0.4057	0.3256	0.2618	0.2109	0.1703	0.1378	0.1117
24	0.7876	0.6217	0.4919	0.3901	0.3101	0.2470	0.1971	0.1577	0.1264	0.1015
25	0.7798	0.6095	0.4776	0.3751	0.2953	0.2330	0.1842	0.1460	0.1160	0.0923
26	0.7720	0.5976	0.4637	0.3607	0.2812	0.2198	0.1722	0.1352	0.1064	0.0839
27	0.7644	0.5859	0.4502	0.3468	0.2678	0.2074	0.1609	0.1252	0.0976	0.0763
28	0.7568	0.5744	0.4371	0.3335	0.2551	0.1956	0.1504	0.1159	0.0895	0.0693
29	0.7493	0.5631	0.4243	0.3207	0.2429	0.1846	0.1406	0.1073	0.0822	0.0630
30	0.7419	0.5521	0.4120	0.3083	0.2314	0.1741	0.1314	0.0994	0.0754	0.0573
35	0.7059	0.5000	0.3554	0.2534	0.1813	0.1301	0.0937	0.0676	0.0490	0.0356
40	0.6717	0.4529	0.3066	0.2083	0.1420	0.0972	0.0668	0.0460	0.0318	0.0221
45	0.6391	0.4102	0.2644	0.1712	0.1113	0.0727	0.0476	0.0313	0.0207	0.0137
50	0.6080	0.3715	0.2281	0.1407	0.0872	0.0543	0.0339	0.0213	0.0134	0.0085
55	0.5785	0.3365	0.1968	0.1157	0.0683	0.0406	0.0242	0.0145	0.0087	0.0053

续表

期数	12%	14%	15%	16%	18%	20%	24%	28%	32%	36%
1	0.8929	0.8772	0.8696	0.8621	0.8475	0.8333	0.8065	0.7812	0.7576	0.7353
2	0.7972	0.7695	0.7561	0.7432	0.7182	0.6944	0.6504	0.6104	0.5739	0.5407
3	0.7118	0.6750	0.6575	0.6407	0.6086	0.5787	0.5245	0.4768	0.4348	0.3975
4	0.6355	0.5921	0.5718	0.5523	0.5158	0.4823	0.4230	0.3725	0.3294	0.2923
5	0.5674	0.5194	0.4972	0.4761	0.4371	0.4019	0.3411	0.2910	0.2495	0.2149
6	0.5066	0.4556	0.4323	0.4104	0.3704	0.3349	0.2751	0.2274	0.1890	0.1580
7	0.4523	0.3996	0.3759	0.3538	0.3139	0.2791	0.2218	0.1776	0.1432	0.1162
8	0.4039	0.3506	0.3269	0.3050	0.2660	0.2326	0.1789	0.1388	0.1085	0.0854
9	0.3606	0.3075	0.2843	0.2630	0.2255	0.1938	0.1443	0.1084	0.0822	0.0628
10	0.3220	0.2697	0.2472	0.2267	0.1911	0.1615	0.1164	0.0847	0.0623	0.0462
11	0.2875	0.2366	0.2149	0.1954	0.1619	0.1346	0.0938	0.0662	0.0472	0.0340
12	0.2567	0.2076	0.1869	0.1685	0.1372	0.1122	0.0757	0.0517	0.0357	0.0250
13	0.2292	0.1821	0.1625	0.1452	0.1163	0.0935	0.0610	0.0404	0.0271	0.0184
14	0.2046	0.1597	0.1413	0.1252	0.0985	0.0779	0.0492	0.0316	0.0205	0.0135
15	0.1827	0.1401	0.1229	0.1079	0.0835	0.0649	0.0397	0.0247	0.0155	0.0099
16	0.1631	0.1229	0.1069	0.0930	0.0708	0.0541	0.0320	0.0193	0.0118	0.0073
17	0.1456	0.1078	0.0929	0.0802	0.0600	0.0451	0.0258	0.0150	0.0089	0.0054
18	0.1300	0.0946	0.0808	0.0691	0.0508	0.0376	0.0208	0.0118	0.0068	0.0039
19	0.1161	0.0829	0.0703	0.0596	0.0431	0.0313	0.0168	0.0092	0.0051	0.0029
20	0.1037	0.0728	0.0611	0.0514	0.0365	0.0261	0.0135	0.0072	0.0039	0.0021
21	0.0926	0.0638	0.0531	0.0443	0.0309	0.0217	0.0109	0.0056	0.0029	0.0016
22	0.0826	0.0560	0.0462	0.0382	0.0262	0.0181	0.0088	0.0044	0.0022	0.0012
23	0.0738	0.0491	0.0402	0.0329	0.0222	0.0151	0.0071	0.0034	0.0017	0.0008
24	0.0659	0.0431	0.0349	0.0284	0.0188	0.0126	0.0057	0.0027	0.0013	0.0006
25	0.0588	0.0378	0.0304	0.0245	0.0160	0.0105	0.0046	0.0021	0.0010	0.0005
26	0.0525	0.0331	0.0264	0.0211	0.0135	0.0087	0.0037	0.0016	0.0007	0.0003
27	0.0469	0.0291	0.0230	0.0182	0.0115	0.0073	0.0030	0.0013	0.0006	0.0002
28	0.0419	0.0255	0.0200	0.0157	0.0097	0.0061	0.0024	0.0010	0.0004	0.0002
29	0.0374	0.0224	0.0174	0.0135	0.0082	0.0051	0.0020	0.0008	0.0003	0.0001
30	0.0334	0.0196	0.0151	0.0116	0.0070	0.0042	0.0016	0.0006	0.0002	0.0001
35	0.0189	0.0102	0.0075	0.0055	0.0030	0.0017	0.0005	0.0002	0.0001	*
40	0.0107	0.0053	0.0037	0.0026	0.0013	0.0007	0.0002	0.0001	*	*
45	0.0061	0.0027	0.0019	0.0013	0.0006	0.0003	0.0001	*	*	*
50	0.0035	0.0014	0.0009	0.0006	0.0003	0.0001	*	*	*	*
55	0.0020	0.0007	0.0005	0.0003	0.0001	*	*	*	*	*

附表三 年金终值系数表

期数	1%	2%	3%	4%	5%	6%	7%	8%	9%	10%
1	1.0000	1.0000	1.0000	1.0000	1.0000	1.0000	1.0000	1.0000	1.0000	1.0000
2	2.0100	2.0200	2.0300	2.0400	2.0500	2.0600	2.0700	2.0800	2.0900	2.1000
3	3.0301	3.0604	3.0909	3.1216	3.1525	3.1836	3.2149	3.2464	3.2781	3.3100
4	4.0604	4.1216	4.1836	4.2465	4.3101	4.3746	4.4399	4.5061	4.5731	4.6410
5	5.1010	5.2040	5.3091	5.4163	5.5256	5.6371	5.7507	5.8666	5.9847	6.1051
6	6.1520	6.3081	6.4684	6.6330	6.8019	6.9753	7.1533	7.3359	7.5233	7.7156
7	7.2135	7.4343	7.6625	7.8983	8.1420	8.3938	8.6540	8.9228	9.2004	9.4872
8	8.2857	8.5830	8.8923	9.2142	9.5491	9.8975	10.2598	10.6366	11.0285	11.4359
9	9.3685	9.7546	10.1591	10.5828	11.0266	11.4913	11.9780	12.4876	13.0210	13.5795
10	10.4622	10.9497	11.4639	12.0061	12.5779	13.1808	13.8164	14.4866	15.1929	15.9374
11	11.5668	12.1687	12.8078	13.4864	14.2068	14.9716	15.7836	16.6455	17.5603	18.5312
12	12.6825	13.4121	14.1920	15.0258	15.9171	16.8699	17.8885	18.9771	20.1407	21.3843
13	13.8093	14.6803	15.6178	16.6268	17.7130	18.8821	20.1406	21.4953	22.9534	24.5227
14	14.9474	15.9739	17.0863	18.2919	19.5986	21.0151	22.5505	24.2149	26.0192	27.9750
15	16.0969	17.2934	18.5989	20.0236	21.5786	23.2760	25.1290	27.1521	29.3609	31.7725
16	17.2579	18.6393	20.1569	21.8245	23.6575	25.6725	27.8881	30.3243	33.0034	35.9497
17	18.4304	20.0121	21.7616	23.6975	25.8404	28.2129	30.8402	33.7502	36.9737	40.5447
18	19.6147	21.4123	23.4144	25.6454	28.1324	30.9057	33.9990	37.4502	41.3013	45.5992
19	20.8109	22.8406	25.1169	27.6712	30.5390	33.7600	37.3790	41.4463	46.0185	51.1591
20	22.0190	24.2974	26.8704	29.7781	33.0660	36.7856	40.9955	45.7620	51.1601	57.2750
21	23.2392	25.7833	28.6765	31.9692	35.7193	39.9927	44.8652	50.4229	56.7645	64.0025
22	24.4716	27.2990	30.5368	34.2480	38.5052	43.3923	49.0057	55.4568	62.8733	71.4027
23	25.7163	28.8450	32.4529	36.6179	41.4305	46.9958	53.4361	60.8933	69.5319	79.5430
24	26.9735	30.4219	34.4265	39.0826	44.5020	50.8156	58.1767	66.7648	76.7898	88.4973
25	28.2432	32.0303	36.4593	41.6459	47.7271	54.8645	63.2490	73.1059	84.7009	98.3471
26	29.5256	33.6709	38.5530	44.3117	51.1135	59.1564	68.6765	79.9544	93.3240	109.1818
27	30.8209	35.3443	40.7096	47.0842	54.6691	63.7058	74.4838	87.3508	102.7231	121.0999
28	32.1291	37.0512	42.9309	49.9676	58.4026	68.5281	80.6977	95.3388	112.9682	134.2099
29	33.4504	38.7922	45.2189	52.9663	62.3227	73.6398	87.3465	103.9659	124.1354	148.6309
30	34.7849	40.5681	47.5754	56.0849	66.4388	79.0582	94.4608	113.2832	136.3075	164.4940
40	48.8864	60.4020	75.4013	95.0255	120.7998	154.7620	199.6351	259.0565	337.8824	442.5926
50	64.4632	84.5794	112.7969	152.6671	209.3480	290.3359	406.5289	573.7702	815.0836	1163.9085
60	81.6697	114.0515	163.0534	237.9907	353.5837	533.1282	813.5204	1253.2133	1944.7921	3034.8164

期数	12%	14%	15%	16%	18%	20%	24%	28%	32%	36%
1	1.0000	1.0000	1.0000	1.0000	1.0000	1.0000	1.0000	1.0000	1.0000	1.0000
2	2.1200	2.1400	2.1500	2.1600	2.1800	2.2000	2.2400	2.2800	2.3200	2.3600
3	3.3744	3.4396	3.4725	3.5056	3.5724	3.6400	3.7776	3.9184	4.0624	4.2096
4	4.7793	4.9211	4.9934	5.0665	5.2154	5.3680	5.6842	6.0156	6.3624	6.7251
5	6.3528	6.6101	6.7424	6.8771	7.1542	7.4416	8.0484	8.6999	9.3983	10.1461
6	8.1152	8.5355	8.7537	8.9775	9.4420	9.9299	10.9801	12.1359	13.4058	14.7987
7	10.0890	10.7305	11.0668	11.4139	12.1415	12.9159	14.6153	16.5339	18.6956	21.1262
8	12.2997	13.2328	13.7268	14.2401	15.3270	16.4991	19.1229	22.1634	25.6782	29.7316
9	14.7757	16.0853	16.7858	17.5185	19.0859	20.7989	24.7125	29.3692	34.8953	41.4350
10	17.5487	19.3373	20.3037	21.3215	23.5213	25.9587	31.6434	38.5926	47.0618	57.3516
11	20.6546	23.0445	24.3493	25.7329	28.7551	32.1504	40.2379	50.3985	63.1215	78.9982
12	24.1331	27.2707	29.0017	30.8502	34.9311	39.5805	50.8950	65.5100	84.3204	108.4375
13	28.0291	32.0887	34.3519	36.7862	42.2187	48.4966	64.1097	84.8529	112.3030	148.4750
14	32.3926	37.5811	40.5047	43.6720	50.8180	59.1959	80.4961	109.6117	149.2399	202.9260
15	37.2797	43.8424	47.5804	51.6595	60.9653	72.0351	100.8151	141.3029	197.9967	276.9793
16	42.7533	50.9804	55.7175	60.9250	72.9390	87.4421	126.0108	181.8677	262.3557	377.6919
17	48.8837	59.1176	65.0751	71.6730	87.0680	105.9306	157.2534	233.7907	347.3095	514.6610
18	55.7497	68.3941	75.8364	84.1407	103.7403	128.1167	195.9942	300.2521	459.4485	700.9389
19	63.4397	78.9692	88.2118	98.6032	123.4135	154.7400	244.0328	385.3227	607.4721	954.2769
20	72.0524	91.0249	102.4436	115.3797	146.6280	186.6880	303.6006	494.2131	802.8631	1298.8166
21	81.6987	104.7684	118.8101	134.8405	174.0210	225.0256	377.4648	633.5927	1060.7793	1767.3906
22	92.5026	120.4360	137.6316	157.4150	206.3448	271.0307	469.0563	811.9987	1401.2287	2404.6512
23	104.6029	138.2970	159.2764	183.6014	244.4868	326.2369	582.6298	1040.3583	1850.6219	3271.3256
24	118.1552	158.6586	184.1678	213.9776	289.4945	392.4842	723.4610	1332.6586	2443.8209	4450.0029
25	133.3339	181.8708	212.7930	249.2140	342.6035	471.9811	898.0916	1706.8031	3226.8436	6053.0039
26	150.3339	208.3327	245.7120	290.0883	405.2721	567.3773	1114.6336	2185.7079	4260.4336	8233.0853
27	169.3740	238.4993	283.5688	337.5024	479.2211	681.8528	1383.1457	2798.7061	5624.7723	11197.9960
28	190.6989	272.8892	327.1041	392.5028	566.4809	819.2233	1716.1007	3583.3438	7425.6994	15230.2745
29	214.5828	312.0937	377.1697	456.3032	669.4475	984.0680	2128.9648	4587.6801	9802.9233	20714.1734
30	241.3327	356.7868	434.7451	530.3117	790.9480	1181.8816	2640.9164	5873.2306	12940.8587	28172.2758
40	767.0914	1342.0251	1779.0903	2360.7572	4163.2130	7343.8578	22728.8026	69377.4604	*	*
50	2400.0182	4994.5213	7217.7163	10435.6488	21813.0937	45497.1908	*	*	*	*
60	7471.6411	18535.1333	29219.9916	46057.5085	*	*	*	*	*	*

附表四　年金现值系数表

期数	1%	2%	3%	4%	5%	6%	7%	8%	9%
1	0.9901	0.9804	0.9709	0.9615	0.9524	0.9434	0.9346	0.9259	0.9174
2	1.9704	1.9416	1.9135	1.8861	1.8594	1.8334	1.8080	1.7833	1.7591
3	2.9410	2.8839	2.8286	2.7751	2.7232	2.6730	2.6243	2.5771	2.5313
4	3.9020	3.8077	3.7171	3.6299	3.5460	3.4651	3.3872	3.3121	3.2397
5	4.8534	4.7135	4.5797	4.4518	4.3295	4.2124	4.1002	3.9927	3.8897
6	5.7955	5.6014	5.4172	5.2421	5.0757	4.9173	4.7665	4.6229	4.4859
7	6.7282	6.4720	6.2303	6.0021	5.7864	5.5824	5.3893	5.2064	5.0330
8	7.6517	7.3255	7.0197	6.7327	6.4632	6.2098	5.9713	5.7466	5.5348
9	8.5660	8.1622	7.7861	7.4353	7.1078	6.8017	6.5152	6.2469	5.9952
10	9.4713	8.9826	8.5302	8.1109	7.7217	7.3601	7.0236	6.7101	6.4177
11	10.3676	9.7868	9.2526	8.7605	8.3064	7.8869	7.4987	7.1390	6.8052
12	11.2551	10.5753	9.9540	9.3851	8.8633	8.3838	7.9427	7.5361	7.1607
13	12.1337	11.3484	10.6350	9.9856	9.3936	8.8527	8.3577	7.9038	7.4869
14	13.0037	12.1062	11.2961	10.5631	9.8986	9.2950	8.7455	8.2442	7.7862
15	13.8651	12.8493	11.9379	11.1184	10.3797	9.7122	9.1079	8.5595	8.0607
16	14.7179	13.5777	12.5611	11.6523	10.8378	10.1059	9.4466	8.8514	8.3126
17	15.5623	14.2919	13.1661	12.1657	11.2741	10.4773	9.7632	9.1216	8.5436
18	16.3983	14.9920	13.7535	12.6593	11.6896	10.8276	10.0591	9.3719	8.7556
19	17.2260	15.6785	14.3238	13.1339	12.0853	11.1581	10.3356	9.6036	8.9501
20	18.0456	16.3514	14.8775	13.5903	12.4622	11.4699	10.5940	9.8181	9.1285
21	18.8570	17.0112	15.4150	14.0292	12.8212	11.7641	10.8355	10.0168	9.2922
22	19.6604	17.6580	15.9369	14.4511	13.1630	12.0416	11.0612	10.2007	9.4424
23	20.4558	18.2922	16.4436	14.8568	13.4886	12.3034	11.2722	10.3711	9.5802
24	21.2434	18.9139	16.9355	15.2470	13.7986	12.5504	11.4693	10.5288	9.7066
25	22.0232	19.5235	17.4131	15.6221	14.0939	12.7834	11.6536	10.6748	9.8226
26	22.7952	20.1210	17.8768	15.9828	14.3752	13.0032	11.8258	10.8100	9.9290
27	23.5596	20.7069	18.3270	16.3296	14.6430	13.2105	11.9867	10.9352	10.0266
28	24.3164	21.2813	18.7641	16.6631	14.8981	13.4062	12.1371	11.0511	10.1161
29	25.0658	21.8444	19.1885	16.9837	15.1411	13.5907	12.2777	11.1584	10.1983
30	25.8077	22.3965	19.6004	17.2920	15.3725	13.7648	12.4090	11.2578	10.2737
35	29.4086	24.9986	21.4872	18.6646	16.3742	14.4982	12.9477	11.6546	10.5668
40	32.8347	27.3555	23.1148	19.7928	17.1591	15.0463	13.3317	11.9246	10.7574
45	36.0945	29.4902	24.5187	20.7200	17.7741	15.4558	13.6055	12.1084	10.8812
50	39.1961	31.4236	25.7298	21.4822	18.2559	15.7619	13.8007	12.2335	10.9617
55	42.1472	33.1748	26.7744	22.1086	18.6335	15.9905	13.9399	12.3186	11.0140

续表

期数	10%	12%	14%	15%	16%	18%	20%	24%	28%	32%
1	0.9091	0.8929	0.8772	0.8696	0.8621	0.8475	0.8333	0.8065	0.7812	0.7576
2	1.7355	1.6901	1.6467	1.6257	1.6052	1.5656	1.5278	1.4568	1.3916	1.3315
3	2.4869	2.4018	2.3216	2.2832	2.2459	2.1743	2.1065	1.9813	1.8684	1.7663
4	3.1699	3.0373	2.9137	2.8550	2.7982	2.6901	2.5887	2.4043	2.2410	2.0957
5	3.7908	3.6048	3.4331	3.3522	3.2743	3.1272	2.9906	2.7454	2.5320	2.3452
6	4.3553	4.1114	3.8887	3.7845	3.6847	3.4976	3.3255	3.0205	2.7594	2.5342
7	4.8684	4.5638	4.2883	4.1604	4.0386	3.8115	3.6046	3.2423	2.9370	2.6775
8	5.3349	4.9676	4.6389	4.4873	4.3436	4.0776	3.8372	3.4212	3.0758	2.7860
9	5.7590	5.3282	4.9464	4.7716	4.6065	4.3030	4.0310	3.5655	3.1842	2.8681
10	6.1446	5.6502	5.2161	5.0188	4.8332	4.4941	4.1925	3.6819	3.2689	2.9304
11	6.4951	5.9377	5.4527	5.2337	5.0286	4.6560	4.3271	3.7757	3.3351	2.9776
12	6.8137	6.1944	5.6603	5.4206	5.1971	4.7932	4.4392	3.8514	3.3868	3.0133
13	7.1034	6.4235	5.8424	5.5831	5.3423	4.9095	4.5327	3.9124	3.4272	3.0404
14	7.3667	6.6282	6.0021	5.7245	5.4675	5.0081	4.6106	3.9616	3.4587	3.0609
15	7.6061	6.8109	6.1422	5.8474	5.5755	5.0916	4.6755	4.0013	3.4834	3.0764
16	7.8237	6.9740	6.2651	5.9542	5.6685	5.1624	4.7296	4.0333	3.5026	3.0882
17	8.0216	7.1196	6.3729	6.0472	5.7487	5.2223	4.7746	4.0591	3.5177	3.0971
18	8.2014	7.2497	6.4674	6.1280	5.8178	5.2732	4.8122	4.0799	3.5294	3.1039
19	8.3649	7.3658	6.5504	6.1982	5.8775	5.3162	4.8435	4.0967	3.5386	3.1090
20	8.5136	7.4694	6.6231	6.2593	5.9288	5.3527	4.8696	4.1103	3.5458	3.1129
21	8.6487	7.5620	6.6870	6.3125	5.9731	5.3837	4.8913	4.1212	3.5514	3.1158
22	8.7715	7.6446	6.7429	6.3587	6.0113	5.4099	4.9094	4.1300	3.5558	3.1180
23	8.8832	7.7184	6.7921	6.3988	6.0442	5.4321	4.9245	4.1371	3.5592	3.1197
24	8.9847	7.7843	6.8351	6.4338	6.0726	5.4509	4.9371	4.1428	3.5619	3.1210
25	9.0770	7.8431	6.8729	6.4641	6.0971	5.4669	4.9476	4.1474	3.5640	3.1220
26	9.1609	7.8957	6.9061	6.4906	6.1182	5.4804	4.9563	4.1511	3.5656	3.1227
27	9.2372	7.9426	6.9352	6.5135	6.1364	5.4919	4.9636	4.1542	3.5669	3.1233
28	9.3066	7.9844	6.9607	6.5335	6.1520	5.5016	4.9697	4.1566	3.5679	3.1237
29	9.3696	8.0218	6.9830	6.5509	6.1656	5.5098	4.9747	4.1585	3.5687	3.1240
30	9.4269	8.0552	7.0027	6.5660	6.1772	5.5168	4.9789	4.1601	3.5693	3.1242
35	9.6442	8.1755	7.0700	6.6166	6.2153	5.5386	4.9915	4.1644	3.5708	3.1248
40	9.7791	8.2438	7.1050	6.6418	6.2335	5.5482	4.9966	4.1659	3.5712	3.1250
45	9.8628	8.2825	7.1232	6.6543	6.2421	5.5523	4.9986	4.1664	3.5714	3.1250
50	9.9148	8.3045	7.1327	6.6605	6.2463	5.5541	4.9995	4.1666	3.5714	3.1250
55	9.9471	8.3170	7.1376	6.6636	6.2482	5.5549	4.9998	4.1666	3.5714	3.1250

附表五　正态分布曲线的面积

Z	0.00	0.01	0.02	0.03	0.04	0.05	0.06	0.07	0.08	0.09
0.00	0.0000	0.0040	0.0080	0.0120	0.0160	0.0199	0.0239	0.0279	0.0319	0.0359
0.10	0.0398	0.0438	0.0478	0.0517	0.0557	0.0596	0.0636	0.0675	0.0714	0.0753
0.20	0.0793	0.0832	0.0871	0.0910	0.0948	0.0987	0.1026	0.1064	0.1103	0.1141
0.30	0.1179	0.1217	0.1255	0.1293	0.1331	0.1368	0.1406	0.1443	0.1480	0.1517
0.40	0.1554	0.1594	0.1628	0.1661	0.1700	0.1736	0.1772	0.1808	0.1844	0.1879
0.50	0.1915	0.1950	0.1985	0.2010	0.2054	0.2088	0.2123	0.2157	0.2190	0.2224
0.60	0.2257	0.2291	0.2324	0.2357	0.2389	0.2422	0.2454	0.2486	0.2517	0.2549
0.70	0.2580	0.2611	0.2642	0.2673	0.2703	0.2734	0.2764	0.2793	0.2823	0.2852
0.80	0.2881	0.2910	0.2939	0.2967	0.2995	0.3023	0.3051	0.3078	0.3106	0.3133
0.90	0.3159	0.3186	0.3212	0.3238	0.3264	0.3289	0.3315	0.3340	0.3365	0.3389
1.00	0.3413	0.3438	0.3461	0.3485	0.3508	0.3531	0.3554	0.3577	0.3599	0.3621
1.10	0.3643	0.3665	0.3686	0.3703	0.3729	0.3749	0.3770	0.3790	0.3810	0.3830
1.20	0.3849	0.3869	0.3888	0.3907	0.3925	0.3943	0.3962	0.3980	0.3997	0.4015
1.30	0.4032	0.4049	0.4066	0.4082	0.4099	0.4115	0.4115	0.4147	0.4162	0.4177
1.40	0.4192	0.4207	0.4222	0.4236	0.4251	0.4265	0.4279	0.4292	0.4306	0.4319
1.50	0.4332	0.4345	0.4357	0.4370	0.4382	0.4394	0.4406	0.4418	0.4429	0.4441
1.60	0.4452	0.4463	0.4474	0.4484	0.4495	0.4550	0.4515	0.4525	0.4535	0.4545
1.70	0.4554	0.4564	0.4573	0.4582	0.4591	0.4599	0.4608	0.4616	0.4625	0.4633
1.80	0.4641	0.4649	0.4656	0.4664	0.4671	0.4678	0.4686	0.4693	0.4699	0.4706
1.90	0.4713	0.4719	0.4726	0.4732	0.4738	0.4744	0.4750	0.4756	0.4761	0.4767
2.00	0.4772	0.4778	0.4783	0.4788	0.4793	0.4798	0.4803	0.4808	0.4812	0.4812
2.10	0.4821	0.4826	0.4830	0.4834	0.4838	0.4842	0.4846	0.4850	0.4854	0.4857
2.20	0.4861	0.4884	0.4868	0.4871	0.4875	0.4878	0.4881	0.4884	0.4887	0.4890
2.30	0.4893	0.4896	0.4898	0.4901	0.4904	0.4906	0.4909	0.4911	0.4913	0.4916
2.40	0.4918	0.4920	0.4922	0.4925	0.4927	0.4929	0.4931	0.4932	0.4934	0.4936
2.50	0.4938	0.4940	0.4941	0.4943	0.4945	0.4946	0.4948	0.4949	0.4951	0.4952
2.60	0.4953	0.4955	0.4956	0.4957	0.4959	0.4960	0.4961	0.4962	0.4963	0.496
2.70	0.4965	0.4966	0.4967	0.4968	0.4969	0.4970	0.4971	0.4972	0.4973	0.4981
2.80	0.4974	0.4975	0.4976	0.4977	0.4977	0.4978	0.4979	0.4979	0.4980	0.4986
2.90	0.4981	0.4982	0.4982	0.4983	0.4984	0.4984	0.4985	0.4985	0.498	0.4990
3.00	0.4986	0.4987	0.4987	0.4988	0.4988	0.4989	0.4989	0.4989	0.4	0.4993
3.10	0.4990	0.4991	0.4991	0.4991	0.4992	0.4992	0.4992	0.4992		0.4995
3.20	0.4993	0.4993	0.4994	0.4994	0.4994	0.4994	0.4994	0.4995 96	0.4997	
3.30	0.4995	0.4995	0.4995	0.4996	0.4996	0.4996	0.4996	0.49		

3.40	0.4997	0.4997	0.4997	0.4997	0.4997	0.4997	0.4997	0.4977	0.4997	0.4998
3.50	0.4998	0.4998	0.4998	0.4998	0.4998	0.4998	0.4998	0.4998	0.4998	0.4998
3.60	0.4998	0.4998	0.4999	0.4999	0.4999	0.4999	0.4999	0.4999	0.4999	0.4999
3.70	0.4999	0.4999	0.4999	0.4999	0.4999	0.4999	0.4999	0.4999	0.4999	0.4999
3.80	0.4999	0.4999	0.4999	0.4999	0.4999	0.4999	0.4999	0.4999	0.4999	0.4999
3.90	0.5000	0.5000	0.5000	0.5000	0.5000	0.5000	0.5000	0.5000	0.5000	0.5000

Z为标准差的个数，表中数据是平均数和Z个标准差之间的那部分正态曲线下的总面积

教师服务

感谢您选用清华大学出版社的教材！为了更好地服务教学，我们为授课教师提供本书的教学辅助资源，以及本学科重点教材信息。请您扫码获取。

》》 教辅获取

本书教辅资源，授课教师扫码获取

》》 样书赠送

会计学类重点教材，教师扫码获取样书

 清华大学出版社

E-mail: tupfuwu@163.com	网址：http://www.tup.com.cn/
电话：010-83470332 / 83470142	传真：8610-83470107
地址：北京市海淀区双清路学研大厦 B 座 509	邮编：100084